国家社科基金青年项目"巴勒斯坦民族国家构建的进程与困境研究"(项目编号:13CSS014)结项成果

本书获得中国社会科学院创新工程学术出版资助

巴勒斯坦国家构建的历史进程与困境研究

Palestinian
Nation-State Building:

Historical Processes
and Dilemmas

姚惠娜　著

中国社会科学出版社

图书在版编目（CIP）数据

巴勒斯坦国家构建的历史进程与困境研究 / 姚惠娜著. -- 北京：中国社会科学出版社，2025.4. -- ISBN 978-7-5227-4653-1

Ⅰ.K381.07

中国国家版本馆 CIP 数据核字第 2024UL0814 号

出 版 人	赵剑英	
责任编辑	宋燕鹏	
责任校对	王佳玉	
责任印制	李寡寡	

出　　版	中国社会科学出版社	
社　　址	北京鼓楼西大街甲 158 号	
邮　　编	100720	
网　　址	http：//www.csspw.cn	
发 行 部	010－84083685	
门 市 部	010－84029450	
经　　销	新华书店及其他书店	
印　　刷	北京明恒达印务有限公司	
装　　订	廊坊市广阳区广增装订厂	
版　　次	2025 年 4 月第 1 版	
印　　次	2025 年 4 月第 1 次印刷	
开　　本	710×1000　1/16	
印　　张	22.5	
插　　页	2	
字　　数	343 千字	
定　　价	125.00 元	

凡购买中国社会科学出版社图书，如有质量问题请与本社营销中心联系调换
电话：010－84083683
版权所有　侵权必究

目　　录

导　言 ………………………………………………………（1）
  第一节　概念解析…………………………………………（1）
  第二节　国内外研究概况…………………………………（5）
  第三节　研究的意义与内容………………………………（29）

第一章　早期巴勒斯坦民族运动的缘起与兴衰 …………（32）
  第一节　巴勒斯坦人民族意识产生的历史基础…………（32）
  第二节　巴勒斯坦人面临的生存危机……………………（43）
  第三节　巴勒斯坦大起义与非正式战争状态……………（49）
  第四节　从阿拉伯民族主义到巴勒斯坦民族主义………（54）

第二章　巴勒斯坦人争取独立建国的历史进程 …………（60）
  第一节　巴勒斯坦人丧失建立独立国家的历史机遇……（60）
  第二节　巴勒斯坦人的武装斗争建国之路………………（67）
  第三节　《奥斯陆协议》与和谈建国………………………（75）

第三章　巴勒斯坦国家构建的外部环境变迁 ……………（82）
  第一节　阿拉伯国家外交重心的转移……………………（82）
  第二节　以色列的政策转向强硬…………………………（100）
  第三节　美国对待巴勒斯坦问题的双重标准……………（110）
  第四节　西欧国家共同立场的形成及其内部分歧………（119）
  第五节　苏联、俄罗斯与巴勒斯坦关系的起伏…………（132）
  第六节　联合国对巴勒斯坦的支持………………………（138）

第四章　国家制度建设与两种国家模式之争 (145)
 第一节　巴勒斯坦政治体制的建立与发展 (145)
 第二节　法塔赫与巴勒斯坦的政党政治 (154)
 第三节　两种巴勒斯坦国模式之争 (160)
 第四节　巴勒斯坦的法制建设与挑战 (166)
 第五节　地方政府制度与地方治理 (178)

第五章　巴勒斯坦安全体制与巴以安全合作 (195)
 第一节　武装斗争与巴勒斯坦军事力量的发展 (195)
 第二节　巴勒斯坦安全体制的建立 (201)
 第三节　巴以安全合作的困境与挫败 (206)
 第四节　巴勒斯坦安全机构改革与巴以安全合作的重建 (211)

第六章　限制与依附下的经济发展 (218)
 第一节　巴勒斯坦经济发展的历史条件 (218)
 第二节　巴勒斯坦自治后的经济发展 (223)
 第三节　巴勒斯坦经济发展面临的困难 (231)
 第四节　冲突对巴勒斯坦经济的破坏 (237)

第七章　社会整合与国家认同塑造 (251)
 第一节　巴勒斯坦社会的组织与动员 (251)
 第二节　教育发展及存在的问题 (266)
 第三节　历史记忆与公共文化 (289)

结　语 (303)

大事纪年 (310)

参考文献 (316)

索　引 (344)

后　记 (352)

导　言

第一节　概念解析

一　巴勒斯坦

在不同的历史时期,"巴勒斯坦"具有不同的含义。在历史上,巴勒斯坦是指地中海和约旦河之间及其毗邻地区,该地区并非单独的政治—地理区域,也没有严格的疆界。奥斯曼帝国统治后期和英国委任统治时期陆续划定的外围疆界使该地区东邻约旦及叙利亚、北接黎巴嫩、南连埃及的西奈半岛,面积约为 2.7 万平方千米。联合国大会 1947 年 11 月 29 日通过的《巴勒斯坦将来治理(分治计划)问题的决议》,即联大第 181 (二) 号决议,将巴勒斯坦分为"阿拉伯国"和"犹太国"及耶路撒冷市辖区,占当时巴勒斯坦总人口 69% 的阿拉伯人得到了约 40.7% 的土地,约 1.1 万平方千米;面积为 158 平方千米的耶路撒冷市由联合国管理。[1] 1948 年,阿拉伯人在第一次中东战争[2]中失败,分治决议中规定的"阿拉伯国"未能建立,其领土被以色列、约旦和埃及分别占领;耶路撒冷老城和东部新区被约旦占领,西部新城由以色列占领。1967 年第三次中东战争[3]后,包括耶路

---

[1] 联合国分治决议没有明确标出各方的领土面积,对相关数据的估算与分析,参见殷罡主编《阿以冲突——问题与出路》,国际文化出版公司 2002 年版,第 250 页。

[2] 又称巴勒斯坦战争。

[3] 以色列方面称为六日战争,阿拉伯方面称为六月战争,亦称六五战争、六天战争。

撒冷在内的整个巴勒斯坦被以色列占领。

为建立独立主权国家，巴勒斯坦阿拉伯人进行了艰苦的斗争。巴勒斯坦全国委员会第 19 次特别会议于 1988 年 11 月 15 日宣布成立巴勒斯坦国，首都为耶路撒冷。① 此后，巴解组织向一些国家派驻的办事处被升格为"大使馆"，阿拉法特在一些场合被称为"总统"，但巴勒斯坦没有任何领土可供治理，没有取得联合国正式成员国资格。在 1998 年以前，巴解组织一直以观察员身份参加联合国工作，直到 1998 年 7 月被提升为"无投票权的成员地位"，成为"事实国家"。巴勒斯坦在 1993 年 9 月与以色列正式签署《奥斯陆协议》，选择通过谈判建立真正的国家。由于双方极端势力的阻扰和政局变化，巴以和谈一再受挫。在这种情况下，巴勒斯坦试图通过外交途径实现建国问题的突破，2011 年 9 月申请加入联合国。2012 年 11 月，联合国大会通过决议，将巴勒斯坦从联合国观察员实体升格为观察员国。随后，巴勒斯坦和联合国在官方文件中正式采用"巴勒斯坦国"称谓。目前，巴勒斯坦作为一个国家的存在得到 130 多个国家承认，但巴勒斯坦国仍不具有"完全独立主权"。②

随着形势的发展，巴勒斯坦的领土范围被限制在原约旦兼并的约旦河西岸和原埃及控制的加沙地带。1967 年 11 月 22 日联合国安理会通过的第 242 号决议要求："以色列军队撤离其在最近冲突中占领的领土"，即是对这一事实的承认。根据《奥斯陆协议》安排，巴勒斯坦在约旦河西岸和加沙地带建立民族权力机构进行有限自治，并在 5 年过渡期结束之前与以色列达成永久地位协议。

所谓的"约旦河西岸"，就是第一次中东战争中，约旦占领的巴勒斯坦中部以耶路撒冷为中心的"阿拉伯国"领土，其边缘部分被以色列占领。根据巴勒斯坦中央统计局（Palestinian Central Bureau of

---

① 此次会议同时宣布了巴勒斯坦国的国旗，但国徽未正式制定，官方长期采用的是巴勒斯坦解放组织的标志。

② 对巴勒斯坦国地位问题的研究，参见《对"1988 年巴勒斯坦宣布建国"的法律解释》，载殷罡主编《阿以冲突——问题与出路》，第 234—239 页；王京烈《巴以冲突：理论构建与前瞻分析》，《阿拉伯世界研究》2006 年第 1 期，第 8—14 页。

Statistics，PCBS）数字，约旦河西岸面积为5655平方千米，[1] 另外还有约220平方千米的死海水面。同以色列的边界线为330千米，同约旦的边界线为148千米。[2]

现在的加沙地带，指巴勒斯坦南部沿海的狭长地区，与以色列的边界线为59千米，与埃及的边界线为13千米，海岸线长40千米，面积只有365平方千米。[3] 而联合国分治决议中划定的加沙地带，沿埃及边界向内陆延伸，面积约2000平方千米。第一次中东战争中，它的北段和同埃及接壤的大部分内陆区域被以色列占领。

通过多次谈判，以色列分阶段向巴勒斯坦移交了被占领土的部分土地。包括巴以共同管理的区域在内，巴勒斯坦控制了约旦河西岸约40%的领土和加沙地带，[4] 面积约2700平方千米。但双方仍未就耶路撒冷永久地位问题达成协议。

二　巴勒斯坦人

巴勒斯坦全国委员会1968年7月修订的《巴勒斯坦国民宪章》第五条规定："巴勒斯坦人是指那些1947年在正常情况下居住在巴勒斯坦的阿拉伯人民，不管是后来被人赶走的还是仍然留在那里的。从那以后，不管是在巴勒斯坦还是其他地方，凡巴勒斯坦人的后代都是巴勒斯坦人。"第六条规定："在犹太复国主义入侵以前，在正常情况下居住在巴勒斯坦的犹太人也被视为巴勒斯坦人。"[5] 巴勒斯坦阿拉伯人属欧罗巴人种地中海类型，闪含语系闪语族。自7世纪开始，古

---

[1] 巴勒斯坦中央统计局，http：//www.pcbs.gov.ps/site/lang_ _ en/881/default.aspx# Census。

[2] 美国中央情报局，https：//www.cia.gov/library/publications/the-world-factbook/geos/we.html。

[3] 美国中央情报局，https：//www.cia.gov/library/publications/the-world-factbook/geos/gt.html。

[4] B'Tselem（The Israeli Information Center for Human Rights in the Occupied Territories），What is Area C？9 Oct 2013 Published，18 May 2014 Updated，http：//www.btselem.org/area_c/what_ is_ area_ c.

[5] 《巴勒斯坦国民宪章》，载巴勒斯坦解放组织驻京办事处编《巴勒斯坦问题和巴解组织》，巴勒斯坦解放组织驻京办事处1980年版，第23页。

代迦南人、腓力斯人及其他居民的后裔，与逐步迁入的阿拉伯人融合，并阿拉伯化，形成巴勒斯坦阿拉伯人。

三　国家

国家的形态不断演进，城邦国家、王朝国家等国家形态是前现代时期的国家体制，近代以来，民族国家在西欧起源后，不断向全球扩展，成为构成现代世界的基本政治形式，"到目前为止，民族国家仍然是唯一得到国际承认的政治组织结构"[1]。作为现代理性国家，民族国家是"一种自立于其它制度之外的、独特的、集权的社会制度，并且在已经界定和得到承认的领土内拥有强制和获取的垄断权力"。民族国家是"民族"与"国家"两种不同的结构和原则的融合，[2] 因而带有这两者的基本特点。民族国家以民族对国家的认同为基础，它"是主权国家"，"是民族认同与国家认同相统一的国家"，"是人民的国家"[3]。但严格来讲，世界上只有约10%的国家存在一个唯一的掌握国家政权的民族，[4] 绝大多数民族国家都是由多民族组成的。民族主义是民族国家形成的推动力量。[5]

四　国家构建

巴勒斯坦国家构建是民族构建和国家构建的双重进程。民族构建是"一个建筑学上的比喻"，指"为促进民族一体化而制订的诸项政策之总和"[6]，是民族作为文化—政治共同体的构建过程和民族认同的

---

[1] ［英］安东尼·史密斯：《全球化时代的民族与民族主义》，龚维斌等译，中央编译出版社2002年版，第122页。
[2] ［英］戴维·米勒、［英］韦农·波格丹诺主编：《布莱克维尔政治学百科全书》，邓正来译，中国政法大学出版社2002年版，第528页。
[3] 周平：《对民族国家的再认识》，《政治学研究》2009年第4期，第89—99页。
[4] ［英］戴维·米勒、［英］韦农·波格丹诺主编：《布莱克维尔政治学百科全书》，第528页。
[5] ［英］安东尼·史密斯：《全球化时代的民族与民族主义》，第130—134页。
[6] ［英］戴维·米勒、［英］韦农·波格丹诺主编：《布莱克维尔政治学百科全书》，第527页。

形成过程。国家构建是"国家政治结构、制度、法律的建设，包括行政资源的整合和集中，使国家能够对其主权范围内的领土实施统一的行政控制"①。这包含两个层面，在具体层面，指的是国家获得诸如中央集权、分离化、强制性、合法性、科层制等特征的过程，在抽象层面，指的是政治权力的产生、存在、使用和更替的合理化过程，也就是政治权力与社会权力、经济权力之间关系建构的合理化过程。②建立现代国家体制是国家构建的目标。

第二节 国内外研究概况

巴勒斯坦国家构建，是一个持续了近百年的历史问题，最终演变成为现代国际关系中的重大现实问题和理论问题。在巴勒斯坦，"民族构建"和"国家构建"这两个进程叠加在一起同步进行，由于面临的障碍和制约不同，巴勒斯坦民族构建和国家构建的进展程度不同。在巴勒斯坦实施自治之前，学术界对此问题的研究主要集中于巴勒斯坦民族构建。

一 对巴勒斯坦民族构建的研究

（一）巴勒斯坦学者的有关研究

为塑造民族精神、增强民族凝聚力和自信心，巴勒斯坦学者梳理本民族的独立发展脉络，再现祖辈的历史生活与成就，强调本地区的独特传统，以此强化巴勒斯坦人的民族认同。他们总结巴勒斯坦民族运动发展的经验教训，整合民族创伤记忆，鼓励巴勒斯坦人寻求新生，承担建立祖国的重任。为此，他们主要从以下几个方面对民族历史进行研究和撰述。

1. 巴勒斯坦人的民族起源

美国布朗大学的巴勒斯坦裔教授贝沙拉·杜马尼（Beshara

---

① 王建娥：《族际政治：20世纪的理论与实践》，社会科学文献出版社2011年版，第59页。

② 杨雪冬：《民族国家与国家构建：一个理论综述》，《执政的逻辑：政党国家与社会（复旦政治学评论第3辑）》，上海辞书出版社2005年版。

Doumani）认为，对根源的确认和对认同的肯定是20世纪巴勒斯坦民族主义的两个关键因素。[1] 巴勒斯坦学者将祖先追溯到当地已知的最早定居文明迦南人，证明在犹太移民到达之前，阿拉伯人就在这里长期生活。他们认为，公元前2500年左右从阿拉伯半岛迁来的迦南人，与公元前1500年左右从希腊群岛迁来的腓力斯人，共同构成现今巴勒斯坦阿拉伯人的核心祖先。[2] 历史学者穆斯塔法·穆拉德·达巴格（Mustafa Murad al-Dabbagh）在其编撰的多卷本百科全书《我们的祖国，巴勒斯坦》[3] 中就论证了这个观点。委任统治时期的巴勒斯坦学者都有着相似的观点。[4] 巴勒斯坦学者亨利·卡坦（Henry Cattan）认为，"巴勒斯坦阿拉伯人是巴勒斯坦地区原有的居民，他们在伊斯兰教出现以前便居住在当地和中东其他地区"；"今天的巴勒斯坦人是腓力斯人、迦南人和其他各早期部落居民的后裔。巴勒斯坦人的血统中也注入了一些其他的种族成分，主要是希腊人、罗马人、穆斯林阿拉伯人和十字军"；到1948年被以色列人驱逐为止，他们一直是巴勒斯坦人口的主要成分。[5] 他们以腓力斯人的神鸟图案作为巴勒斯坦古代艺术和文化的象征，证明巴勒斯坦人在这块土地上生活了数千年。也有学者把巴勒斯坦人的起源追溯到远古时期。

巴勒斯坦人把村庄历史书写作为论证他们在当地长期生活的重要举措。大量被连根拔起的巴勒斯坦人流离失所，对故土乡村的怀念眷恋，成为他们灾难记忆的一部分。对巴勒斯坦人来说，这些村庄虽然遭到破坏，但仍然是他们个人和民族身份的象征。比尔宰特大学的谢里夫·卡纳阿纳（Sharif Cana'ana），领导巴勒斯坦社会研究和文献中

---

[1] Beshara Doumani, *Rediscovering Palestine: Merchants and Peasants in Jabal Nablus, 1700–1900*, Berkeley: University of California Press, 1995, p. 61.

[2] Meir Litvak, "A Palestinian Past: National Construction and Reconstruction", *History and Memory*, Vol. 6, No. 2, 1994, p. 28.

[3] Mustafa Murad al-Dabbagh, *Biladuna Filastin (Our Country, Palestine)*, 11 vols, Beirut, 1965 and 1972–86.

[4] Meir Litvak, "A Palestinian Past: National Construction and Reconstruction", p. 28.

[5] ［巴勒斯坦］亨利·卡坦：《巴勒斯坦，阿拉伯人和以色列》，西北大学伊斯兰教研究所译，北京人民出版社1975年版，第21—22页。

心，收集1948年之前巴勒斯坦村庄的历史、地理与人口数据，详细记载当地的社会、经济和文化生活。① 瓦立德·哈立迪（Walid Khalidi）主编的《在流亡以前：图说巴勒斯坦历史》用将近五百幅精心挑选的照片展示巴勒斯坦的历史面貌。② 在《剩下的一切：1948年以色列占领和缩减人口的巴勒斯坦村庄》中，记载了四百多个遭到以色列破坏的巴勒斯坦村庄。③ 一些村民协会及个人也编写了自己村庄的纪念书（village memorial book）。巴勒斯坦学者努尔·马萨勒哈（Nur Masalha）认为，这些村庄史书写，保存着巴勒斯坦人的创伤记忆，也成为一种"文件证据"，证明他们在祖先的土地上生活，拥有对这块土地的合法权利。④

2. 巴勒斯坦人的民族认同

认同问题是巴勒斯坦历史研究中最重要的问题。⑤ 努尔·马萨勒哈所著《巴勒斯坦：四千年的历史》借助最新的考古学资料，从古埃及和亚述文本的记录开始，探索青铜时代以来，巴勒斯坦和巴勒斯坦认同数千年的演变。他认为，巴勒斯坦的概念自古以来就有，并不是现代人的发明，也不是在与以色列对抗的过程中构建的。《圣经》传说和巴以冲突扭曲了巴勒斯坦的多元文化。⑥

美国哥伦比亚大学的巴勒斯坦裔教授拉希德·哈立迪（Rashid Khalidi）认为，所有的认同都是由多重元素构建而成。在现代巴勒斯坦认同形成过程中，《圣经》时代、罗马、拜占庭、倭马亚、法蒂玛、十字军、阿尤布、马穆鲁克和奥斯曼时期的历史记忆，都构成其中的

---

① Rochelle Davis, "Peasant Narratives: Memorial Book Sources for Jerusalem Village History", *Jerusalem Quarterly*, 2004, Issue 20, pp. 63 – 64.

② Walid Khalidi, *Before Their Diaspora: A Photographic History of The Palestinians 1876 – 1948*, Washington, D. C.: Institute for Palestine Studies, 1984.

③ Walid Khalidi, *All That Remains: The Palestinian Villages Occupied and Depopulated by Israel in 1948*, Washington, D. C.: Institute for Palestine Studies, 1992.

④ Nur Masalha, *The Palestine Nakba, Decolonising History, Narrating the Subaltern, Reclaiming Memory*, London: Zed Books, 2012, p. 210.

⑤ Rashid Khalidi, *Palestinian Identity: The Construction of Modern National Consciousness*, New York: Columbia University Press, 1998, p. viii.

⑥ Nur Masalha, *Palestine: A Four Thousand Year History*, London: Zed Books, 2018.

有机组成部分,而"阿拉伯主义、宗教和地方忠诚"发挥了重要作用。① 他的《巴勒斯坦认同:现代民族意识的构建》,通过深入研究1911年以后巴勒斯坦地区的新闻媒体,探讨巴勒斯坦认同的形成。这本书被著名中东问题专家威廉·匡特(William B. Quandt)誉为"对历史地理解巴勒斯坦民族主义的重大贡献",荣获北美中东学会(Middle East Studies Association, MESA)的最高荣誉——阿尔伯特·胡拉尼图书奖(Albert Hourani Book Award)。他认为,受民族主义思潮影响,巴勒斯坦地区的人在19世纪末,就已经意识到自身独特的"巴勒斯坦属性"(Palestinianness)。这是巴勒斯坦人现代民族认同的缘起。到20世纪20年代早期,巴勒斯坦人已经有了高度发展的民族认同感。

贝沙拉·杜马尼反对用传统和现代的二分法简单地划分巴勒斯坦的历史。他认为,当地的社会经济转型由外界引入,并不预示着与过去的急剧决裂。他所著《重新发现巴勒斯坦:1700—1900年纳布卢斯山地的商人和农民》改变把本地人口排除在外的巴勒斯坦历史叙事,将目光放在巴勒斯坦腹地的主要贸易和制造业中心纳布卢斯地区,着眼于商人、农民等土著群体,通过自下而上的视角,揭示他们的社会组织和文化生活在转型时期的弹性和适应能力。他对巴勒斯坦土著居民经济、社会和文化关系的研究,为理解当代的巴勒斯坦认同政治做出了重要贡献。② 因为,"促成巴勒斯坦团结和认同的经济力量、社会特征或更深层次的文化基础,支撑了成千上万的流亡难民,并促成了巴解组织领导下的民族运动的出现"③。

巴勒斯坦学者罗斯玛丽·萨伊格(Rosemary Sayigh)是社会人类学者、中东历史学者。她在黎巴嫩采访巴勒斯坦难民,搜集口述史资料,研究在犹太复国主义兴起之前、第一次中东战争期间、流亡在外

---

① Rashid Khalidi, *Palestinian Identity: The Construction of Modern National Consciousness*, pp. 18 – 22.

② Beshara Doumani, *Rediscovering Palestine: Merchants and Peasants in Jabal Nablus, 1700 – 1900*, p. 245.

③ Beshara Doumani, "Rediscovering Ottoman Palestine: Writing Palestinians into History", *Journal of Palestine Studies*, Vol. 21, No. 2, 1992, p. 13.

等阶段，巴勒斯坦人的生活变迁，以此为基础写成《巴勒斯坦人：从农民到革命者》一书。她的研究表明，家族、部落、村庄团结以及集体记忆，成为巴勒斯坦流亡难民的社会组织基础和自我认同来源，这些因素对巴勒斯坦民族主义发展同样具有重要作用。①

3. 巴勒斯坦民族主义的产生和发展

研究巴勒斯坦民族主义，绕不开犹太复国主义。针对巴勒斯坦民族主义是对犹太复国主义挑战的回应这种观点，拉希德·哈立迪认为，这体现了一个古老的事实：被十字军征服的沉重历史，使巴勒斯坦人长期以来高度警惕圣地耶路撒冷和巴勒斯坦可能面临的外部威胁；巴勒斯坦现代民族主义就植根于这个传统；欧洲列强入侵和犹太复国主义只是这种威胁的最新例子。②

美国巴勒斯坦裔学者穆罕默德·穆斯利（Muhammad Y. Muslih）从奥斯曼帝国统治中寻找巴勒斯坦民族主义产生的根源。他认为巴勒斯坦人的"爱乡思想"发展成为具有特定意识形态和制度框架的成熟民族主义，是第一次世界大战后两个重要形势发展的结果："在内部，是阿拉伯民族主义运动的分裂；在外部，与英国和法国分割叙利亚有关。"③他的著作《巴勒斯坦民族主义的起源》，研究巴勒斯坦民族主义的社会基础，分析从1856年到1920年，巴勒斯坦的政治制度框架，详细介绍奥斯曼主义和阿拉伯民族主义，探讨它们与巴勒斯坦民族主义的关系。

巴勒斯坦学者承认犹太复国主义在巴勒斯坦民族主义产生和发展中的作用。巴勒斯坦学者A. W. 卡雅利（A. W. Kayyali）所著《巴勒斯坦现代历史》，没有探究巴勒斯坦民族主义的根源。④ 他的分析框

---

① Rosemary Sayigh, *Palestinians: From Peasants to Revolutionaries: A People's History*, London: Zed Books, 1979.
② Rashid Khalidi, *Palestinian Identity: The Construction of Modern National Consciousness*, p. 30.
③ Muhammad Y. Muslih, *The Origins of Palestinian Nationalism*, New York: Columbia University Press, 1988, p. 216.
④ 作者的博士学位论文，1970年首次出版，多次重印，是很多阿拉伯大学的教材。后被翻译为英文和法文。英文版信息：A. W. Kayyali, *Palestine: A Modern History*, London: Croom Helm, 1978。

架假设,巴勒斯坦民族主义只是阿拉伯民族主义与巴勒斯坦人对犹太复国主义反应的混合体。① 这个分析受到很多巴勒斯坦学者的质疑。穆罕默德·穆斯利承认"如果不了解巴勒斯坦人对犹太复国主义的反对,就不可能分析巴勒斯坦民族主义的演变"。但他认为,犹太复国主义并不是导致巴勒斯坦民族主义产生的主要因素,只是它发展的催化剂。② 穆斯利的观点代表了当代巴勒斯坦学者的一个普遍看法。③ 拉希德·哈立迪同样认为,虽然犹太复国主义在塑造巴勒斯坦认同方面起了作用,但"把巴勒斯坦认同视为主要是对犹太复国主义的回应,是一个严重错误"④。

耶齐德·萨伊格(Yezid Sayigh)强调武装斗争在巴勒斯坦民族与国家构建中的作用。他认为,武装斗争巩固和强化了巴勒斯坦民族认同,为建立准国家机构、培养新一代民族精英提供政治、组织基础。萨伊格与巴解组织关系密切。他在撰写《武装斗争和寻求建国:1949—1993年巴勒斯坦民族运动》时,除了参考巴解组织档案、官方出版物和各游击队组织的内部文件外,还对巴解组织官员进行了四百多次访谈。这本书深入研究了20世纪后半叶巴勒斯坦民族运动的发展演变,认为巴勒斯坦民族主义体现了族群民族主义和领土民族主义的共存与转化。⑤

4. 巴勒斯坦人与第一次中东战争

第一次中东战争是当代中东最重要的事件之一,对巴以双方都产生了超越时间和地域的深远影响。对这场战争的历史书写也成为巴以两种历史叙事的斗争。⑥ 巴勒斯坦人在与以色列的政治和军事斗争中

---

① Beshara Doumani, "Rediscovering Ottoman Palestine: Writing Palestinians into History", p. 13.
② Muhammad Y. Muslih, *The Origins of Palestinian Nationalism*, pp. 69, 86 – 87, 216 – 217.
③ Meir Litvak, "A Palestinian Past: National Construction and Reconstruction", p. 25.
④ Rashid Khalidi, *Palestinian Identity: The Construction of Modern National Consciousness*, p. 20.
⑤ Yezid Sayigh, *Armed Struggle and the Search for State: The Palestinian National Movement, 1949 – 1993*, Oxford University Press, 1999.
⑥ Saleh Abdel Jawad, "The Arab and Palestinian Narratives of the 1948 War", in Robert I. Rotberg ed., *Israeli and Palestinian Narratives of Conflict: History's Double Helix*, Bloomington and Indianapolis: Indiana University Press, 2006, pp. 72 – 114.

惨遭失败。探求巴勒斯坦人失败的原因，不仅影响到巴勒斯坦人的民族斗争，还关系着巴勒斯坦人返回家园的民族权利。

拉希德·哈立迪认为，探求巴勒斯坦人在1948年惨败的原因，必须考察英国委任统治给巴勒斯坦人造成的特殊困境，以及巴勒斯坦社会和巴勒斯坦领导层中存在的结构性问题，正是这些问题导致他们无法更好地应对这些困境。① 他在《铁笼：巴勒斯坦人的建国斗争》中指出，就实际社会指数而言，巴勒斯坦当时比其他阿拉伯社会更先进。② 但在英国当局的制度设计下，巴勒斯坦人无法建立起真正的代议制政府。英国人新建的宗教结构，赋予巴勒斯坦精英没有任何实质内容的优惠和特权，从而牵制了他们相当大的精力。巴勒斯坦人未能建立国家结构，政治力量缺乏组织性、凝聚力和一致性。这导致1936—1939年的巴勒斯坦大起义惨遭镇压，巴勒斯坦社会在1948年前后迅速解体。必须同时与英国和犹太人这两大强敌作战，更增加巴勒斯坦人应对挑战的难度。美国巴勒斯坦裔学者伊萨·哈拉夫（Issa Khalaf）所著《1939—1948年的巴勒斯坦政治：阿拉伯派系斗争与社会解体》③ 则认为，巴勒斯坦阿拉伯人在建立主权国家时，主要面临组织上的困难。在急剧的社会经济变革中，政治领导阶层受到冲击，地位削弱，无法充分动员并领导民众打败敌人。激烈的派系斗争从整体上削弱了巴勒斯坦民族运动，而社会分裂加剧了巴勒斯坦阿拉伯人的困境。

第一次中东战争前后，巴勒斯坦阿拉伯人大规模逃亡。巴勒斯坦学者通过大量史料证明，巴勒斯坦人是被犹太人驱逐出境，并非自愿离开，他们应当拥有返回家园的权利。根据大英博物馆的档案，瓦立德·哈立迪指出，阿拉伯电台和报纸不仅没有命令巴勒斯坦人撤离，

---

① Rashid Khalidi, *The Iron Cage: The Story of the Palestinian Struggle for Statehood*, Boston: Beacon Press, 2006, p. XLI.

② Rashid Khalidi, *The Iron Cage: The Story of the Palestinian Struggle for Statehood*, p. XXXIX.

③ Issa Khalaf, *Politics in Palestine: Arab Factionalism and Social Disintegration, 1939-1948*, Albany: State University of New York Press, 1991.

还要求他们坚守家园。犹太人的广播电台则不断对阿拉伯平民进行激烈的心理战。① 他认为，巴勒斯坦人外逃和流散的责任在犹太人。作为以色列建国计划的一部分，犹太人早就考虑将巴勒斯坦人"迁移"到其他阿拉伯国家。他们在1948年4、5月执行的军事行动计划——"D计划"，目的就是破坏巴勒斯坦的阿拉伯社区、驱逐巴勒斯坦人。②

（二）犹太学者的有关研究

犹太复国主义运动促进了犹太民族主义史观的出现和发展。20世纪20年代兴起的"耶路撒冷学派"主张以巴勒斯坦为中心来研究犹太历史。他们的"巴勒斯坦中心"（Palestinocentric）史观，试图证明从《圣经》时代到现在，犹太人与以色列古老土地的联系从没间断。③ 许多犹太复国主义学者认识到，理解奥斯曼帝国的遗产对于建立犹太国家至关重要，在以色列建国之前，就开始研究奥斯曼帝国统治时期的巴勒斯坦。以色列建国之后，学术机构广泛建立，学术制度日益完善，欧洲移民中的历史学者也促进了史学人才的培养，以色列的史学得到迅速发展。自20世纪60年代以来，在对奥斯曼时期的巴勒斯坦历史研究中，无论从作品的数量还是质量来看，以色列历史学者都占据主导地位。④

1. 传统犹太复国主义史学对巴勒斯坦民族历史的研究

传统的犹太复国主义理论完全否认巴勒斯坦人作为一个民族的存在，进而否认巴勒斯坦人建立国家的权力。这种理论认为，在犹太复国主义出现之前，不存在任何巴勒斯坦认同。巴勒斯坦人的认同是在

---

① Walid Khalidi, "Why Did the Palestinians Leave, revisited", *Journal of Palestine Studies*, Vol. 34, No. 2, 2005, pp. 42 - 54, first published as "Why Did the Palestinians Leave?", *Middle East Forum*, July 1959.

② Walid Khalidi, "Plan Dalet: Master Plan for the Conquest of Palestine", *Journal of Palestine Studies*, Vol. 18, No. 1, 1988, pp. 4 - 33, first published in *Middle East Forum*, November 1961.

③ David Myers, "History as Ideology: The Case of Ben Zion Dinur, Zionist Historian 'Par Excellence'", *Modern Judaism*, Vol. 8, No. 2, 1988, pp. 167 - 193.

④ Beshara Doumani, "Rediscovering Ottoman Palestine: Writing Palestinians into History", p. 18.

犹太复国主义的刺激下才产生的。早期的犹太复国主义作家就通过否认巴勒斯坦人的存在，塑造当地原始落后、缺乏原住民的形象，以此证明他们主张在巴勒斯坦建国的合法性，并号召犹太移民去"拯救"巴勒斯坦。大卫·本—古里安是以色列第一任总理和最主要的政治家，他和同时代的犹太复国主义者都认为，不存在名副其实的巴勒斯坦人，巴勒斯坦阿拉伯人仅仅是阿拉伯人，他们的民族主义目标应该在其他阿拉伯国家实现。①

一些犹太裔历史学者认为，巴勒斯坦民族主义仅仅是对犹太复国主义的回应。美国犹太裔中东历史学者丹尼尔·派普斯（Daniel Pipes）就认为，巴勒斯坦认同在1920年才形成，在此之前，不存在"巴勒斯坦阿拉伯人"；19世纪末以前，生活在约旦河与地中海之间的居民，认同的主要因素是宗教。② 著名的英国犹太裔历史学家埃里克·霍布斯鲍姆（Eric Hobsbawm）也认为，"巴勒斯坦民族主义的产生，完全是由于犹太复国运动在此屯垦占领"③。以色列学者梅厄·利特瓦克（Meir Litvak）认为，20世纪巴勒斯坦民族史学的发展，就是巴勒斯坦人构建民族历史的过程；委任统治期间，反对犹太复国主义是巴勒斯坦民族主义存在的唯一原因。④

即便是同情巴勒斯坦人的犹太学者，也在某些方面支持犹太复国主义者的立场。以色列历史学者约书亚·波拉特（Yehoshua Porath）的《1918—1929年巴勒斯坦—阿拉伯民族运动的出现》⑤，被誉为研究委任统治时期巴勒斯坦人历史的最好作品。⑥ 他全面分析了巴勒斯

---

① Haim Gerber, *Remembering and Imagining Palestine: Identity and Nationalism from the Crusades to the Present*, New York: Palgrave Macmillan, 2008, p. 34.

② Daniel Pipes, "The Year the Arabs Discovered Palestine", *Jerusalem Post*, September 13, 2000.

③ [英]埃里克·霍布斯鲍姆:《民族与民族主义》，李金梅译，上海人民出版社2006年版，第135页。

④ Meir Litvak, "A Palestinian Past: National Construction and Reconstruction", pp. 24–56.

⑤ Yehoshua Porath, *The Emergence of the Palestinian-Arab National Movement 1918–1929*, London: Frank Cass, 1974.

⑥ Haim Gerber, *Remembering and Imagining Palestine: Identity and Nationalism from the Crusades to the Present*, p. 35.

坦民族运动的早期发展，赞誉并支持黎巴嫩裔学者乔治·安东尼斯（George Antonius）对《侯赛因—麦克马洪通信》的研究①，认为巴勒斯坦地区属于麦克马洪在信中承诺的阿拉伯独立国家的领土范围，②这突破了犹太复国主义史学的固有观点。但波拉特认为，巴勒斯坦民族主义的形成是犹太复国主义这个外部压力的结果。抵抗犹太复国主义是巴勒斯坦民族主义行动的首要动力，这促使巴勒斯坦阿拉伯人在政治上组织起来，并形成统一纲领。③ 在《1929—1939年巴勒斯坦阿拉伯民族运动：从骚乱到叛乱》一书中，波拉特延续了对巴勒斯坦民族运动的研究。④

犹太复国主义者向国际社会和世界犹太人宣传巴勒斯坦土地贫瘠、无人居住的观念，鼓励犹太移民去拯救、开发。犹太人强调他们返回巴勒斯坦不是占据其他人的土地，而是"没有土地的民族回到没有民族的土地"（for a people without a land, a land without a people）。⑤一些学者试图论证，奥斯曼统治下的巴勒斯坦地区人口稀少，社会原始落后，政治腐败，经济崩溃，缺乏安全，是犹太移民拯救了巴勒斯坦。阿米兰（D. H. K. Amiran）研究巴勒斯坦土著居民的定居模式，在分析历史上巴勒斯坦人集中在山地居住的原因时，他忽略当地的社会结构和历史发展，单纯归因于贝都因人劫掠造成的安全隐患以及落后的生产方式，认为"不是土地不好，而是占据和管理土地的人或政府不能妥善利用它"⑥。摩西·毛兹（Moshe Ma'oz）认为，贝都因人

---

① George Antonius, *The Arab Awakening: The Story of the Arab National Movement*, Philadelphia: J. B. Lippincott Company, 1939, pp. 164 – 183.

② Yehoshua Porath, *The Emergence of the Palestinian Arab National Movement, 1918 – 1929*, pp. 44 – 48.

③ Yehoshua Porath, *The Emergence of the Palestinian Arab National Movement, 1918 – 1929*, pp. 63, 304.

④ Yehoshua Porath, *The Palestinian Arab National Movement: From Riots to Rebellion, 1929 – 1939*, London: Frank Cass, 1977.

⑤ Adam M. Garfinkle, "On the Origin, Meaning, Use and Abuse of a Phrase", *Middle Eastern Studies*, Vol. 27, No. 4, 1991, pp. 539 – 550.

⑥ D. H. K. Amiran, "The Pattern of Settlement in Palestine", *Israel Exploration Journal*, Vol. 3, No. 3, 1953, p. 260.

的掠夺、贪婪的奥斯曼统治者、派系斗争、伊斯兰教与西方政府和行政管理模式不相容，这些内部因素是巴勒斯坦现代化的障碍；巴勒斯坦的现代化发展主要源于外部刺激，如埃及占领、奥斯曼改革及犹太人的定居活动；特别是欧洲犹太移民的大规模到来，促进了巴勒斯坦的经济增长。① 犹太复国主义作家们普遍认为，19 世纪 80 年代第一批犹太人到达巴勒斯坦后，当地的每个进步都是犹太复国主义者的功劳。②

以色列传统史学认为，1948 年巴勒斯坦人迅速崩溃，源于自身固有的功能缺陷，即社会原始，经济落后，政治发展水平低下，没有发展出"真正的"民族主义。③ 在以色列官方和约瑟·谢克特曼（Joseph Schectman）、利奥·科恩（Leo Kohn）、乔恩·金奇（Jon Kimche）和玛丽亚·瑟尔金（Maria Syrkin）等犹太学者的叙述中，除了那些"自愿"离开的人以外，大量巴勒斯坦人逃离家乡，是遵从阿拉伯领导人的命令撤离。犹太人并没有强迫巴勒斯坦人离开，相反还要求他们留下来作为犹太国家的公民。巴勒斯坦人选择离开，就丧失了返回家园的权利。④

2. 以色列"新历史学家"对巴勒斯坦人民族历史的研究

20 世纪 70 年代末 80 年代初，随着以色列等国有关第一次中东战争的档案陆续解密，以及地区形势的发展变化，以色列学术界兴起了反思与批评犹太复国主义的社会思潮。1988 年前后，在以色列建国 40 周年之际，西姆哈·弗拉潘（Simha Flapan）出版了《以色列的诞生：神话与现实》⑤，本尼·莫里斯（Benny Morris）出版了《1947—

---

① Moshe Ma'oz, *Ottoman Reform in Syria and Palestine, 1840–1861*, Oxford: Clarendon Press, 1968, pp. 8–10.

② Haim Gerber, "Modernization in Nineteenth-Century Palestine: The Role of Foreign Trade", *Middle Eastern Studies*, Vol. 18, No. 3, 1982, p. 250.

③ Haim Gerber, "Zionism, Orientalism, and the Palestinians", *Journal of Palestine Studies*, Vol. 33, No. 1, 2003, pp. 23–41.

④ Steven Glazer, "The Palestinian Exodus in 1948", *Journal of Palestine Studies*, Vol. 9, No. 4, 1980, p. 97.

⑤ Simha Flapan, *The Birth of Israel: Myths and Realities*, London: Croom Helm, 1987.

1949年巴勒斯坦难民问题的产生》[1]，艾兰·佩普（Ilan Pappé）出版了《1947—1951年英国与阿以冲突》[2]，阿维·施莱姆（Avi Shlaim）出版了《跨过约旦河的共谋：阿卜杜拉国王、犹太复国主义运动和巴勒斯坦分治》[3]。他们根据以色列和英国解密的档案文件，重新审视以色列建国及第一次中东战争的历史，拉开了挑战传统史学、反思犹太复国主义的序幕。巴鲁赫·基默林（Baruch Kimmerling）、乔尔·米格代尔（Joel S. Migdal）、汤姆·塞格夫（Tom Segev）、希勒·科亨（Hillel Cohen）、艾迪特·泽塔尔（Idit Zertal）和施罗默·桑德（Shlomo Sand）等一批犹太历史和历史社会学者，都陆续加入重新书写历史的队伍，形成以色列历史编纂中的"新历史学家"（New Historians）学派。

"新历史学家"首先围绕第一次中东战争给巴勒斯坦人造成的"浩劫"（Nakba），与传统历史学者展开了针锋相对的争论。随着中东政治形势的发展，"新历史学家"把研究领域扩展到巴勒斯坦难民、巴以冲突解决前景、以色列的发展方向等问题，巴勒斯坦人的真实历史与现实状况也是他们关注的一个重点。哈依姆·格伯（Haim Gerber）进一步主张，"新历史学家"在研究第一次中东战争时采用的自我批评的方法，应该扩展到对整个巴勒斯坦历史的研究。[4] 在有关巴勒斯坦人民族历史的研究方面，"新历史学家"提出了与传统犹太复国主义历史叙述不同的观点。

巴鲁赫·基默林是"第一位用学术来重新审视犹太复国主义和以色列国家信条的学者"[5]。他和乔尔·米格代尔合著的《巴勒斯坦人：

---

[1] Benny Morris, *The Birth of the Palestinian Refugee Problem 1947 – 1949*, Cambridge: Cambridge University Press, 1987.

[2] Ilan Pappé, *Britain and the Arab-Israeli Conflict, 1948 – 51*, New York: St. Martin's Press, 1988.

[3] Avi Shlaim, *Collusion Across the Jordan: King Abdullah, the Zionist Movement, and the Partition of Palestine*, New York: Columbia University Press, 1988.

[4] Haim Gerber, "Zionism, Orientalism, and the Palestinians", p. 23.

[5] "Professor Baruch Kimmerling", *The Times*, 14 June 2007.

一个民族的构建》①探讨了巴勒斯坦人作为一个民族的形成。他们认为，与大多数民族一样，巴勒斯坦人的民族认同也形成于19、20世纪。1834年反抗埃及的统治，是巴勒斯坦人民族认同形成的首个关键事件。这件事与1936—1939年巴勒斯坦大起义和1987年被占领土因提法达等，共同塑造了巴勒斯坦民族认同。阿米·亚隆（Ami Ayalon）所著《阅读巴勒斯坦：1900—1948年的印刷与扫盲》，②通过研究档案资料、官方报告、自传、早期的新闻报道等材料，探讨巴勒斯坦现代教育体系发展背景下，印刷业、图书馆、读书俱乐部以及平面媒体对城乡阿拉伯人的影响。他认为，识字率的迅猛增长，彻底改变了巴勒斯坦人的政治行为模式，文本和阅读在巴勒斯坦集体认同和公共取向形成中发挥了重要的作用。哈依姆·格伯的《回忆与想象巴勒斯坦：从十字军东征到现在的认同与民族主义》③，挖掘巴勒斯坦民族主义和认同的历史，把巴勒斯坦认同追溯到十字军东征时期。他认为，自十字军东征以来，当地存在大量巴勒斯坦认同的萌芽和其他形式的地方认同，这些认同历经马穆鲁克和奥斯曼统治时期，对英国委任统治早期巴勒斯坦民族主义的兴起产生了重要影响。

哈依姆·格伯对犹太复国主义传统史学塑造的巴勒斯坦地区人口稀少、腐败落后、缺乏安全的状况持保留态度。④通过研究当地的外贸，哈依姆证明巴勒斯坦地区整个19世纪都在发展。在欧洲工业革命刺激下，当地与西方的经济联系加强，外贸、旅游业、工业等经济部门都获得发展，城镇人口增长，为民族运动打下基础。即使在第一

---

① Baruch Kimmerling and Joel S. Migdal, *Palestinian: The Making of a People*, Mass: Harvard University Press, 1994.

② Ami Ayalon, *Reading Palestine: Printing and Literacy, 1900 – 1948*, Austin: University of Texas Press, 2004.

③ Haim Gerber, *Remembering and Imagining Palestine: Identity and Nationalism from the Crusades to the Present*.

④ Haim Gerber, "Modernization in Nineteenth Century Palestine: The Role of Foreign Trade", pp. 250 – 264; "The Population of Syria and Palestine in the Nineteenth Century", *African and Asian Studies*, Vol. 13, No. 1, 1979, pp. 59 – 80.

批犹太移民到达以后，当地的大部分发展也都归功于阿拉伯土著人口。①

"新历史学家"对阿以冲突起源与责任的探讨，从另一角度解释了巴勒斯坦民族运动为什么失败。"新历史学家"认为，委任统治末期，英国在巴勒斯坦的政策目标是防止建立一个阿拉伯国家，而不是阻止犹太国家的建立；1948 年前后，在与阿拉伯世界的武装力量对比中，以色列占有优势；巴勒斯坦人的大规模流亡，是以色列有计划地驱逐和镇压下的逃亡，而不是他们自愿选择离开；第一次中东战争时，阿拉伯世界由于内部分裂，并没有统一的战争目标；1948 年 9 月以后，阿拉伯人就寻求与以色列和谈，政治解决长期陷入僵局，责任主要在以色列。② 而本尼·莫里斯认为，巴勒斯坦人的失败在很大程度上是由于他们的发展水平低，社会和政治"原始"落后，以及植根于历史的严重分裂，如城市和乡村、侯赛尼家族和纳沙希比家族、穆斯林和基督徒、贝都因人和定居社区之间的对立。③

本尼·莫里斯全面研究了第一次中东战争期间巴勒斯坦难民问题的产生。他将难民的产生分为四个阶段，认为在第二、第三和第四阶段，巴勒斯坦人被以军驱逐出境，以色列的军事进攻及其造成的恐惧也刺激了巴勒斯坦人逃离家园。他虽然谈到了 1948 年之前犹太复国主义领导层关于"转移"阿拉伯人口的讨论，但他认为这与 D 计划没有联系。④ 这本书引起极大的争议，无论是犹太复国主义者还是巴勒斯坦人，都对他的研究不满。在修订版中，他回应了对第一版的批评，并补充了以色列政府新公开的档案材料。新材料对以色列驱逐巴勒斯坦人及其暴行揭露更多，也列出了更多证据，表明阿拉伯官员向

---

① Haim Gerber, "Modernization in Nineteenth-Century Palestine: The Role of Foreign Trade", p. 250.

② Avi Shlaim, "The War of the Israeli Historians", *Annales*, Oxford University, 59: 1, January-February 2004, pp. 161–167.

③ Benny Morris, *The Birth of the Palestinian Refugee Problem Revisited*, Cambridge: Cambridge University Press, 2004, p. 17.

④ Benny Morris, *The Birth of the Palestinian Refugee Problem*, 1947–1949.

巴勒斯坦人发出了撤离村庄的命令,或者至少命令妇女和儿童撤离。[1] 作为"新历史学家"中最激进的学者,艾兰·佩普突破巴以民族历史编纂的固有范式,在《现代巴勒斯坦史》中,他从奥斯曼帝国统治后期开始,撰写犹太人和阿拉伯人在巴勒斯坦共同生存、"一块土地,两个民族"的历史,一直写到20世纪90年代《奥斯陆协议》签署后巴勒斯坦的社会状况。他关注精英人士,也重视底层社会,同情弱势群体和失败者,揭露以色列对巴勒斯坦人的残酷掠夺、镇压与驱逐。他认为,以色列在第一次中东战争中对阿拉伯人进行了有计划的种族清洗行动。[2]

(三) 西方学者的有关研究

西方学者对巴勒斯坦近现代历史的关注相对较晚,17世纪没有一本关于巴勒斯坦的英文专著,18世纪也只有两本。进入19世纪,巴勒斯坦由于圣地地位,是除埃及以外欧洲历史学者关注最多的中东地区。但这些历史作品的主题都比较集中,在时间上,主要关注与欧洲历史直接相关的《圣经》时期和十字军时期,在地域上,主要集中于耶路撒冷市,忽视巴勒斯坦的其他城市和广大的农村地区,在内容上,对当地人的历史缺乏兴趣,主要集中于旅行指南和历史地理。通过这些作品,欧洲的东方学者为巴勒斯坦历史建构了奥斯曼帝国衰落和西方进步的一般框架。[3] 从20世纪50年代开始,利用奥斯曼帝国中央档案馆和当地资料的原创研究增多,丰富了对巴勒斯坦历史的认识。

巴勒斯坦民族主义兴起后,成为西方学者研究的重要内容。民族运动的领导力量,如传统政治精英、以巴解组织为代表的政治组织等,以及他们之间的冲突与斗争;各个历史阶段民族运动的发展演

---

[1] Benny Morris, *The Birth of the Palestinian Refugee Problem Revisited*, p. 2.
[2] Ilan Pappé, *A History of Modern Palestine: One Land, Two Peoples*, 2 edition, Cambridge: Cambridge University Press, 2006. [以色列] 艾兰·佩普:《现代巴勒斯坦史》(第二版),王健等译,上海人民出版社2010年版。
[3] Beshara Doumani, "Rediscovering Ottoman Palestine: Writing Palestinians into History", pp. 6-9.

变；流亡巴勒斯坦人在巴勒斯坦民族与国家构建中的作用；伊斯兰教与民族主义的关系；巴以和平进程等，都是他们关注的重要内容。美国中东问题专家威廉·匡特与海伦娜·库班（Helena Cobban）夫妇对巴以和平进程、巴勒斯坦民族主义、巴勒斯坦政治的研究尤为引人注目。威廉·匡特曾在尼克松和卡特政府时期的国家安全委员会任职，参与了《戴维营协议》和《埃及—以色列和平条约》的谈判，依靠掌握的第一手资料，写出了相当有分量的著作。① 海伦娜·库班所著《巴勒斯坦解放组织：人民、权力和政治》研究了巴解组织的历史、巴勒斯坦各派别及其对外关系，并早在20世纪80年代初就指出，巴勒斯坦民族运动的政治中心在被占领土。② 安·莫斯利·莱施（Ann Mosely Lesch）也是美国著名的巴勒斯坦问题专家，她的《1917—1939年的巴勒斯坦阿拉伯政治：民族运动的失败》③深入研究1917年至1939年巴勒斯坦阿拉伯政治，探讨早期巴勒斯坦民族运动失败的原因。④ 她认为，主要是外部原因，而不是内部因素，阻碍了巴勒斯坦民族运动的发展；犹太复国主义与巴勒斯坦阿拉伯民族主义之间的力量平衡、统治者的战略要求、国际社会对殖民主义的态度，是决定双方斗争结果的三个最重要因素。美国南加州大学的劳里·A. 布兰德（Laurie A. Brand）教授所著《阿拉伯世界的巴勒斯坦人：制度构建与寻求建国》梳理了自1948年以来巴勒斯坦人流亡阿拉伯世界的历史，研究在埃及、科威特和约旦的巴勒斯坦学生、妇女、教师和

---

① William B. Quandt, *Peace Process: American Diplomacy and Arab-Israeli Conflict since 1967*, Brookings Institution Press and the University of California Press, 1993; *Camp David: Peacemaking and Politics*, Washington, D. C.: Brookings Institution Press, 1986; *Decade of Decision: American Policy toward the Arab-Israeli Conflict, 1967 – 76*, Berkeley: University of California Press, 1977; *The Politics of Palestinian Nationalism*, Berkeley: University of California Press, 1973.

② Helena Cobban, *The Palestinian Liberation Organisation: People, Power, and Politics*, Cambridge: Cambridge University Press, 1984.

③ Ann Mosely Lesch, *Arab Politics in Palestine, 1917 – 1939: The Frustration of a Nationalist Movement*, Ithaca, NY: Cornell University Press, 1979.

④ Ann Mosely Lesch, *Arab Politics in Palestine, 1917 – 1939: The Frustration of a Nationalist Movement*, 1979.

工人组织的发展。她认为,这些基层社会政治组织是巴勒斯坦民族运动重新出现的基础。①

(四) 中国学者的相关研究

国内学术界对巴勒斯坦问题的关注和研究,大致可以分为两个阶段。在 1978 年以前,主要以介绍相关历史事件、整理史料、翻译国外著作为主。介绍性的著作如徐敏的《巴勒斯坦问题真相》②、西北大学伊斯兰教研究所主编的《巴勒斯坦问题历史概况》③ 等。国际关系研究所主编了《巴勒斯坦问题参考资料》。④ 翻译的国外著作包括:《不回故乡,毋宁死亡》⑤《巴勒斯坦,阿拉伯人和以色列》⑥《巴勒斯坦地理》⑦ 等。这些工作初步探讨了巴勒斯坦问题的由来,今天仍具有一定的参考价值。

1978 年后,国内学术界对巴勒斯坦问题的研究逐渐走向深入。阿以冲突是学者们关注的首个重要问题。季国兴、陈和丰等著的《第二次世界大战后中东战争史》,在论述阿拉伯世界与以色列之间爆发的历次战争时,对涉及巴勒斯坦的问题也都进行了深入分析。⑧ 赵国忠主编的《八十年代中东内幕》,介绍了巴解组织在黎巴嫩的发展历程及其军事力量情况,详细分析了几次中东战争。⑨ 彭树智主编的《中东国家和中东问题》,论述阿以冲突的根源和历史演变、巴勒斯坦抵

---

① Laurie A. Brand, *Palestinians in the Arab World: Institution Building and the Search for State*, New York: Columbia University Press, 1988.
② 徐敏:《巴勒斯坦问题真相》,东北新华书店 1949 年版。
③ 西北大学伊斯兰教研究所编:《巴勒斯坦问题历史概况》,陕西人民出版社 1973 年版。
④ 国际关系研究所编:《巴勒斯坦问题参考资料》,世界知识出版社 1960 年版。
⑤ [巴勒斯坦]阿布·伊亚德:《不回故乡,毋宁死亡》,阎瑞松译,西北大学中东研究所、历史系资料室 1983 年版。
⑥ [巴勒斯坦]亨利·卡坦:《巴勒斯坦,阿拉伯人和以色列》,西北大学伊斯兰教研究所译,北京人民出版社 1975 年版。
⑦ [巴勒斯坦]穆罕默德·萨拉马·纳哈勒:《巴勒斯坦地理》,潘定宇、杨灏城译,北京出版社 1978 年版。
⑧ 季国兴、陈和丰等:《第二次世界大战后中东战争史》,中国社会科学出版社 1987 年版。
⑨ 赵国忠主编:《八十年代中东内幕》,浙江人民出版社 1989 年版。

抗运动及国际社会解决阿以冲突的努力等。① 李平民所著《英国的分而治之与阿—以冲突的根源》，深入研究英国在委任统治初期对巴勒斯坦的政策，认为英国的"分而治之"是导致阿以冲突的根源。② 王三义所著《英国在中东的委任统治研究》，剖析了英国委任统治的背景、对巴勒斯坦等地的政策、委任统治的终结及其影响等问题。他认为，英国对巴勒斯坦的统治造成了灾难性的后果。③ 李兴刚所著《阿以冲突中的犹太定居点问题研究》，系统地研究了被占领土上的犹太定居点问题，包括犹太定居点的类型、地理分布及其对当地巴勒斯坦人的危害，以色列历届政府对此问题的政策，探讨和分析了犹太定居点活动的收益和代价。④

中东和平进程开启后，学术界的研究很快跟进。徐向群、宫少朋主编的《中东和谈史（1913—1995年）》是研究阿犹谈判的代表性著作，披露了双方谈判中大量鲜为人知的事实，总结了中东和平进程的三种模式，即"日内瓦模式""戴维营模式"和"马德里模式"，指出了巴以和谈的症结所在。⑤ 王新刚、王立红所著《中东和平进程》探讨了中东和平进程的演变过程及其影响因素、发展前景等诸多问题。⑥ 赵克仁的《美国与中东和平进程研究》梳理美国参与中东和平进程的历史，分析了中东和平进程出现逆转和倒退的美国因素。⑦

除专著外，还有众多学术论文，深入研究巴勒斯坦问题的各个方面。对巴勒斯坦民族构建的研究主要有：巴勒斯坦民族主义的理论、

---

① 彭树智主编：《中东国家和中东问题》，河南大学出版社1991年版。
② 李平民：《英国的分而治之与阿—以冲突的根源》，上海社会科学院出版社2000年版。
③ 王三义：《英国在中东的委任统治研究》，世界知识出版社2008年版。
④ 李兴刚：《阿以冲突中的犹太定居点问题研究》，云南大学出版社2011年版。
⑤ 徐向群、宫少朋主编：《中东和谈史（1913—1995年）》，中国社会科学出版社1998年版。
⑥ 王新刚、王立红：《中东和平进程》，时事出版社2012年版。
⑦ 赵克仁：《美国与中东和平进程研究》，世界知识出版社2005年版。

起源与发展,① 巴解组织战略目标和斗争方式的转变,② 巴勒斯坦内部的分歧与斗争,③ 巴勒斯坦民族自决权等。④

二 对巴勒斯坦国家构建的研究

中东和平进程开启后,学术界开始研究巴勒斯坦国家构建的相关问题,巴勒斯坦国家构建的前景与途径、相关的制度建设、巴勒斯坦的内部政治、安全建设、经济发展及面临的外部制约等,都是学者们关心的内容。

(一) 外国学者的相关研究

在巴以和谈伊始,学术界对巴勒斯坦的建国前景相对乐观。安·莫斯利·莱施的《向巴勒斯坦自治政府过渡:迈向以巴和平的实际步骤》认为,独立的巴勒斯坦实际上会使以色列受益;在巴以和谈取得突破的背景下,作者假设,在包括东耶路撒冷在内的约旦河西岸和加沙地带,会出现一个完全独立的巴勒斯坦国;在此基础上,作者探讨了以色列应该采取的措施,以促使巴勒斯坦向独立国家过渡。⑤ 希勒尔·弗里希(Hillel Frisch)的《建国倒计时:在西岸和加沙建立的巴勒斯坦国家》探讨巴勒斯坦国可能采取的形式。他研究了流亡的巴解组织与被占领土巴勒斯坦人之间的关系,认为法塔赫通过建立学生组织"沙比巴"(Shabiba)等确保巴解组织在被占领土的主导地位,而

---

① 张世均:《阿拉法特的民族主义思想及其实践》,《西亚非洲》2008年第12期;杨辉、马学清:《巴勒斯坦民族主义起源及早期实践》,《西亚非洲》2002年第2期;赵克仁:《从阿拉伯民族主义到巴勒斯坦民族主义——巴勒斯坦民族的成长历程》,《世界民族》2007年第1期;刘中民:《从阿拉伯民族主义到巴勒斯坦民族主义——20世纪上半叶巴勒斯坦地区民族主义的发展与转型》,《西亚非洲》2011年第7期。

② 杨辉、马学清:《巴勒斯坦战略目标的演变》,《西亚非洲》2002年第6期;杨辉:《巴勒斯坦斗争方式的演变》,《西亚非洲》2004年第4期。

③ 杨辉:《试论巴勒斯坦民族构建问题——本土与流亡民族主义的磨合与分歧》,《西亚非洲》2006年第9期;刘中民:《巴勒斯坦内部伊斯兰主义与世俗民族主义的矛盾纷争——以哈马斯和巴勒斯坦解放组织的关系为例》,《西亚非洲》2013年第2期。

④ 赵克仁:《联合国与巴勒斯坦民族自决权》,《世界民族》2001年第4期。

⑤ Ann Mosely Lesch, *Transition to Palestinian Self-Government: Practical Steps toward Israeli-Palestinian Peace*, Bloomington: Indiana University Press, 1992.

流亡民族主义与本土民族主义之间的竞争塑造了巴勒斯坦的政治模式，巴解组织试图削弱被占领土任何威胁到自己民族运动领导地位的自治机构。[1] 巴里·鲁宾（Barry Rubin）的《巴勒斯坦的政治转型：从革命到国家建设》审视了巴勒斯坦的建国前景，他分析了巴勒斯坦民族运动从革命走向国家的艰辛，着重研究《奥斯陆协议》签署后的巴勒斯坦政治以及巴勒斯坦民族权力机构面临的内外挑战；通过探讨巴勒斯坦建国的有利因素和困难，他认为巴民族权力机构的积极因素大于消极方面，未来将建立一个巴勒斯坦国，但前提是与以色列达成和平协议，建立坚实的制度基础。[2]

随着巴以和平进程的停滞，学者开始思考"两国方案"的未来及巴勒斯坦的建国前景。贾米勒·希拉勒（Jamil Hilal）的《巴勒斯坦现在在哪里？两国解决方案的终结》批判性地重新审视了解决巴勒斯坦问题的"两国方案"，综合分析地区和国际政治变化对巴勒斯坦政治的影响；以色列人对巴勒斯坦问题的看法；巴勒斯坦侨民的影响；加沙地带和约旦河西岸环境的破坏；巴勒斯坦国的经济可行性以及美国外交政策对该地区的影响等问题。[3] 马丁·贝克（Martin Beck）将巴勒斯坦建国问题置于国际体系中进行整体考察，他认为在可预见的将来，不太可能建立一个完全成熟的独立主权的巴勒斯坦国。[4]

巴勒斯坦黯淡的建国前景，促使一些学者和政治活动家将巴勒斯坦的形势与南非进行对比，以此探索巴勒斯坦的抵抗策略，构想未来可能出现的局面。早在20世纪70年代初期，巴勒斯坦知识分子就将

---

[1] Hillel Frisch, *Countdown to Statehood: Palestinian State Formation in the West Bank and Gaza*, Albany: State University of New York Press, 1998.

[2] Barry Rubin, *The Transformation of Palestinian Politics: From Revolution to State-Building*, Boston: Harvard University Press, 1999.

[3] Jamil Hilal, *Where now for Palestine? The demise of the two-state solution*, London: Zed Books, 2013.

[4] Martin Beck, "Failed Attempts or Failures to Attempt? Western Policies toward Palestinian Statehood", in Martin Beck, Dietrich Jung, Peter Seeberg eds., *The Levant in Turmoil: Syria, Palestine, and the Transformation of Middle Eastern Politics*, New York: Palgrave Macmillan, 2016, p.183.

南非的"班图斯坦制度"与以色列提出的巴勒斯坦"自治"建议相提并论。《奥斯陆协议》签署之后,这种比较越来越多。安迪·克拉诺(Andy Clarno)所著《新自由主义种族隔离制:1994年之后的巴勒斯坦/以色列与南非》将巴以局势置于全球背景下进行考察,他将1994年之前的南非和1994年之后的巴勒斯坦进行类比,综合运用比较历史社会学与比较城市民族志的研究方法,通过档案、田野调查和访谈,研究巴勒斯坦人与南非黑人在定居者殖民主义和种族资本主义的双重压迫下的生活,他认为这是一种新形式的"新自由主义种族隔离制"。[1]

巴勒斯坦的内部政治,如自治后的制度建设、巴解组织的转型、回归精英与本土精英的竞争、国家与社会的关系等,是学者们关注的重要内容。阿萨德·加尼姆(As'ad Ghanem)的《巴勒斯坦政权:"部分民主"》,研究巴勒斯坦的政治发展进程,探讨巴勒斯坦民族运动中的民主与中央集权、阿拉法特对巴解组织的控制、被占领土的社会发展,以及巴民族权力机构正式权力结构的建立和集权化发展等内容。[2] 内森·J. 布朗(Nathan J. Brown)所著《奥斯陆协议后的巴勒斯坦政治:重新开始的阿拉伯巴勒斯坦》,研究《奥斯陆协议》签署后巴勒斯坦政治的新模式,重点包括巴勒斯坦的法律发展、宪法起草、巴勒斯坦立法委员会、民间社会以及新教材编写等五个方面。他认为,许多巴勒斯坦改革者将《奥斯陆协议》作为恢复正常政治生活的机会,通过按照阿拉伯模式建立他们的新制度,巴勒斯坦人寻求重新加入阿拉伯世界。[3] 奈杰尔·帕森斯(Nigel Parsons)的《巴勒斯坦权力机构的政治:从奥斯陆到阿克萨》探讨巴解组织从民族解放运动到国家权力机构的转型,分析巴勒斯坦的内部政治及其

---

[1] Andy Clarno, *Neoliberal Apartheid: Palestine/Israel and South Africa after 1994*, Chicago: University of Chicago Press, 2017.

[2] As'ad Ghanem, *The Palestinian Regime: A 'partial democracy'*, Brighton: Sussex Academic Press, 2002.

[3] Nathan J. Brown, *Palestinian Politics after the Oslo Accords, Resuming Arab Palestine*, Berkeley: University of California Press, 2003.

制度建设。①

格伦·鲁滨逊（Glenn E. Robinson）的《构建巴勒斯坦国：不完全的革命》，分析约旦河西岸和加沙地带的基层组织及其与新兴国家机构的互动。他研究了20世纪80年代被占领土出现的新政治精英，以及他们在第一次因提法达期间发起的基层政治和社会革命，他认为这些本土成长起来的新政治精英通过成立地方自助组织，从传统的土地精英手中夺取权力，并将巴勒斯坦社会组织起来，但阿拉法特和巴解组织取代本土新政治精英后，两者之间的脱节成为未来巴勒斯坦国的不稳定因素。② 阿马尔·贾马尔（Amal Jamal）所著《1967—2005年的巴勒斯坦民族运动：竞争的政治》考察政治精英的内部分歧及其对巴勒斯坦建国的影响，他认为约旦河西岸和加沙地带崛起的年轻地方精英成为巴解组织的挑战；法塔赫的政策导致地方年轻精英激进化；以色列的政策削弱了世俗民族精英，增强了伊斯兰反对派的意识形态合法性；内部不团结和政治分歧成为巴勒斯坦国家构建的障碍。③ 阿马内·A. 贾马尔（Amaney A. Jamal）的《民主的障碍：巴勒斯坦和阿拉伯世界社会资本的另一面》，研究民间社会组织在促进巴勒斯坦和阿拉伯世界的民主态度和行为模式方面的作用。通过考察1993年至1999年奥斯陆和平进程期间约旦河西岸的民间社会，作者认为民间社会并不直接促进民主，这方面的研究必须考虑政治背景，包括社团、领导者和政治机构之间的关系。④

对巴勒斯坦建国相关问题，国外的智库也有不少专门研究。美国兰德公司的巴勒斯坦研究团队在2005年推出系列研究报告，评估巴

---

① Nigel Parsons, *The Politics of the Palestinian Authority: From Oslo to al-Aqsa*, London and New York: Routledge, 2005.

② Glenn E. Robinson, *Building a Palestinian State: The Incomplete Revolution*, Bloomington: Indiana University Press, 1997.

③ Amal Jamal, *The Palestinian National Movement: Politics of Contention, 1967 – 2005*, Bloomington: Indiana University Press, 2005.

④ Amaney A. Jamal, *Barriers to Democracy: The Other Side of Social Capital in Palestine and the Arab World*, Princeton: Princeton University Press, 2007.

勒斯坦建国的现实条件。① 华盛顿近东政策研究所发表的研究报告《没有军队的国家，没有国家的军队》由内里·齐尔伯（Neri Zilber）和盖斯·奥马里（Ghaith al-Omari）合作完成，他们梳理、评估巴勒斯坦安全机构在各个阶段的发展演变，分析约旦河西岸的安全形势与巴以安全合作，认为巴勒斯坦安全机构是影响未来巴勒斯坦国能否建立的关键因素。②

（二）国内学术界的相关研究

国内学术界从不同角度研究巴勒斯坦国家的构建。王京烈所著《阿拉法特——头上顶着国土的总统》是国内学者最早撰写的阿拉法特传记，就是在巴勒斯坦人进行民族解放斗争、争取建立国家的框架下记述阿拉法特的生平。③ 杨辉所著《中东国家通史·巴勒斯坦卷》是国内学者撰写的第一部巴勒斯坦通史，全书以文明交往论为指导，系统梳理了巴勒斯坦的历史和社会演变，对巴勒斯坦民族解放运动的发展及中东和平进程的论述更为详尽。④ 殷罡主编的《阿以冲突——问题和出路》论述阿以冲突的来龙去脉，系统、深入研究中东和平进程的症结，从历史、现实、国际法等角度对巴勒斯坦独立建国问题进行全方位地阐述，并探讨了相关问题的解决途径。陈天社所著《阿拉伯世界与巴勒斯坦问题》探讨影响巴勒斯坦问题解决的阿拉伯因素，认为阿拉伯国家支持巴勒斯坦事业具有双重性，在支持巴勒斯坦人的同时又有对自身利益的不同考虑。⑤ 陈天社的《哈马斯研究》是国内首部系统研究哈马斯的学术专著，深入探讨了哈马斯的社会基础、发

---

① The Rand Palestinian State Study Team, *Building a successful Palestinian state*, The RAND Corporation, 2005; The Rand Palestinian State Study Team, *The Arc: A Formal Structure for a Palestinian State*, the RAND Corporation, 2005; The Rand Palestinian State Study Team, *Helping a Palestinian state succeed: Key findings*, the RAND Corporation, 2005.

② Neri Zilber and Ghaith al-Omari, *State with No Army, Army with No State: Evolution of the Palestinian Authority Security Forces, 1994－2018*, Washington, D.C.: The Washington Institute for Near East Policy, 2018.

③ 王京烈：《阿拉法特全传——头上顶着国土的总统》，长春出版社1996年版。

④ 杨辉：《中东国家通史·巴勒斯坦卷》，商务印书馆2002年版。

⑤ 陈天社：《阿拉伯世界与巴勒斯坦问题》，世界知识出版社2013年版。

展演变、理论渊源、组织结构、纲领政策及其对巴勒斯坦国家构建、中东和平进程的影响等问题。① 姚惠娜的《列国志·巴勒斯坦》在梳理巴勒斯坦历史的基础上，全面介绍了巴民族权力机构建立后，巴勒斯坦的社会、政治、军事、经济、文化、外交等。②

有关巴勒斯坦国家构建的论文，探讨的问题包括：巴勒斯坦的建国前景，③ 巴勒斯坦建国的权利与途径，④ 巴勒斯坦建立独立国家的掣肘因素，⑤ 巴勒斯坦独立建国的国际环境，⑥ 等等。还有很多论文研究巴勒斯坦的经济、政治、内部的分裂与斗争，政府与民间社会的关系、安全局势、与以色列的关系等问题。

从总体上看，国际学术界对巴勒斯坦民族构建和国家构建的研究成果相对较多，特别是巴勒斯坦学者和犹太学者，他们作为巴勒斯坦近现代历史的主要撰述者，尤为关注这些问题。然而，正如巴勒斯坦国家构建的复杂形势，学术界对此问题的研究也是观点纷争，"巴勒斯坦史是最极端化和政治化的史学之一，受到派系、以色列人、巴勒

---

① 陈天社：《哈马斯研究》，人民出版社2017年版。
② 姚惠娜编著：《列国志·巴勒斯坦》，社会科学文献出版社2010年版。
③ 王维周：《中东局势中的重大事件——巴勒斯坦国的建立及前景》，《国际展望》1988年第23期；卢光盛：《巴勒斯坦建国前景分析》，《阿拉伯世界研究》1999年第2期；王京烈：《阿拉法特推迟宣布建国》，《世界知识》1999年第10期；赵宏图：《巴勒斯坦建国问题的由来及前景》，《现代国际关系》2000年第9期；王京烈：《巴勒斯坦向何处去》，《国际政治》2003年第1期；余国庆：《巴勒斯坦建国梦难圆》，《时事报告》2011年第10期；殷罡：《巴勒斯坦国：从无人理睬到呼之欲出》，《当代世界》2008年第4期。
④ 毛文莉：《从国际法看巴勒斯坦建国》，《阿拉伯世界》2003年第3期；梁洁：《试论巴勒斯坦的建国权利及其实现》，《西亚非洲》2013年第3期；赵洲：《联合国会员国的身份获得与主权国家身份建构——以巴勒斯坦申请加入联合国为例》，《太平洋学报》2012年第5期。
⑤ 陈天社：《巴勒斯坦民族认同与国家构建探析》，《郑州大学学报》（哲学社会科学版）2016年第1期；马晓霖：《掣肘巴勒斯坦独立建国的外部因素》，《西亚非洲》2017年第4期；姚惠娜：《论巴勒斯坦建国困境形成的因素》，《郑州大学学报》（哲学社会科学版）2017年第4期。
⑥ 赵洲：《巴勒斯坦入联的国际博弈与体系责任》，《西亚非洲》2012年第4期；钮松、路璐：《欧盟主要国家承认巴勒斯坦国之因及其影响》，《江南社会学院学报》2015年第4期。

斯坦人及他们各自支持者的影响"①。为建立自己的国家，巴勒斯坦人和犹太复国主义者围绕巴勒斯坦土地进行了激烈的争夺。除政治、军事和经济斗争外，双方学者竞相加入重新发现巴勒斯坦历史的队伍。他们以民族主义为指导书写当地历史，试图通过挖掘、整理民族记忆来构建民族认同，培养民族情感，增强民族凝聚力，论证建国的合法性，鼓舞群众，争取国际社会支持，并作为斗争的武器。因此，"巴勒斯坦和以色列的许多历史都不是作为纯粹的学术去研究和撰写，而是与各自的民族叙事相一致"②，甚至存在为论证己方观点而不惜剪裁史料的现象。西方学者在研究巴勒斯坦国家构建时，大多以西方民主制度为指导，分析巴勒斯坦的制度构建、政党政治、国家与社会的关系等问题。国内学术界目前对巴勒斯坦民族构建的研究多于对国家构建的研究，与国外学术界相比，研究整体较为薄弱。

第三节　研究的意义与内容

一　研究的意义

巴勒斯坦国家构建不仅是当代的国际热点问题，更是一个历史问题。巴勒斯坦与以色列各自构建国家的努力所导致的冲突持续了将近上百年，其影响远远超出巴以的范围，它左右着中东的地区局势，引发了国际社会多种力量的博弈。近一个世纪以来，国际社会一直面临着如何解决巴以冲突的现实问题。虽然巴解组织选择了通过与以色列谈判建立国家的道路，但巴勒斯坦建立具有完全主权的独立国家的问题一直悬而不决，激进的伊斯兰势力哈马斯崛起，与巴解组织分裂而治，使巴勒斯坦独立建国的前途更加扑朔迷离。独立的巴勒斯坦主权国家能够建成吗？回答这个问题，必须深入研究巴勒斯坦民族与国家构建的历史进程，综合分析巴勒斯坦国家构建的进展、前景及限制因

---

① Philip Mattar ed., *Encyclopedia of the Palestinians*, "Preface", New York: Facts on File, 2000, p. vi.

② Lauren Banko, "Occupational Hazards, Revisited: Palestinian Historiography", *Middle East Journal*, Vol. 66, No. 3, 2012, p. 441.

素，特别是从中国学者的视角，结合巴勒斯坦的社会发展阶段，对此进行客观分析。这对于我国的相关政策选择，也具有一定的借鉴意义。

二 研究的主要内容

要想透彻地理解巴勒斯坦问题，仅着眼当前国际政治是不够的。本书将历史与现实有机结合起来，站在历史的高度关注现实问题，从现实出发研究历史问题，并借鉴国际政治等学科的研究方法，在纵向和横向两个方面深入研究巴勒斯坦国家构建的进程及其面临的障碍。

本书前两章主要是纵向考察巴勒斯坦民族与国家构建的历史进程。在起源阶段，着重研究早期巴勒斯坦民族运动的缘起与兴衰，分析巴勒斯坦人建立国家的初步尝试。在流亡阶段，梳理巴勒斯坦人建立独立国家的斗争历史，分析武装斗争对巴勒斯坦民族认同、民族构建、国家构建的重要意义；研究被占领土社会结构变迁，尤其是世俗与宗教两种本土领导力量的崛起及其对巴解组织建立独立国家战略目标的影响。在自治阶段，论述巴勒斯坦民族权力机构在约旦河西岸和加沙地带进行的国家构建工作。

奥斯陆模式为巴勒斯坦分阶段建国打下基础，但巴勒斯坦独立国家构建面临诸多障碍，本书的后半部分从内外两大视角横向分析这些制约因素，这部分是研究的重点。首先在第三章分析巴勒斯坦国家构建的外部环境。巴勒斯坦建立独立主权国家乃至巴勒斯坦问题的解决，都离不开国际社会的斡旋与支持，而国际和地区局势的变化使巴勒斯坦问题日益边缘化。特别是以色列依靠自1967年第三次中东战争后形成的战略优势，推行强硬不妥协政策，坚决反对建立独立的巴勒斯坦主权国家。第四章研究巴勒斯坦国家构建的政治举措，从立法、行政、司法三个方面入手，梳理巴勒斯坦政治体制的建立和发展，涉及政治演变、制度建设、政党政治、建国模式、法制建设和地方治理等问题。第五章研究巴勒斯坦国家构建的军事举措，梳理巴勒斯坦武装力量的演变、巴勒斯坦安全体制的建立和巴以安全合作的发展，分析安全机构存在的问题及其改革进程，以及法塔赫与哈马斯对安全机构控制权的争夺。第六章研究巴勒斯坦国家构建的经济举措，分析巴勒斯坦自治前后的经济发展状况、存在的问题及其原因。由于巴勒斯坦经济基础薄弱，外贸渠道单一，经济结构失衡，尽管自治政府采取各种措施发展经济，但以色列控制着约旦河西岸和加沙地带的所有边界，掌握着主要的资源、能源及劳动力和商品的流通，控制着自治政府的财政收入，导致巴勒斯坦经济无法摆脱对以色列的依附。第七章研究巴勒斯坦国家构建的社会举措，涉及国家与社会的关系、教育发展、塑造国民精神与增强民族国家凝聚力等内容。

第一章

早期巴勒斯坦民族运动的缘起与兴衰

巴勒斯坦传统精英很早就意识到犹太复国主义的威胁，推动巴勒斯坦现代民族意识觉醒并逐渐从阿拉伯民族主义中分离出来，发展成为独立的巴勒斯坦民族主义。在英国委任统治下，他们同犹太复国主义者争夺巴勒斯坦的斗争没能取得成功，传统精英领导的早期巴勒斯坦民族运动衰落。

第一节 巴勒斯坦人民族意识产生的历史基础

在西方当代的主要民族理论范式中，虽然"现代主义"（modernism）强调民族的现代性，但"原生主义"（primordialism）、"永存主义"（perennialism）、"族群—象征主义"（ethnic—symbolism）等都对民族的历史性给予足够的关注。在巴勒斯坦现代民族意识产生过程中，历史记忆和地方忠诚发挥着重要作用，对当地古代文明与悠久历史的自豪感，是巴勒斯坦民族情感的一部分；对巴勒斯坦这片土地上发生的所有历史事件的集体记忆，是现代巴勒斯坦认同的有机组成部分。

一 阿拉伯征服以前的巴勒斯坦

（一）巴勒斯坦的古代文明

巴勒斯坦的概念历史久远。巴勒斯坦历史学者努尔·马萨勒哈

（Nur Masalha）考证，在3200年前的青铜时代晚期，有文字可考的"巴勒斯坦"一词就已经出现。① 公元前5世纪的希腊历史学家希罗多德是首个记述巴勒斯坦的地理范围的学者。② 他在《历史》中，多次提到巴勒斯坦③，并指出这是叙利亚的沿岸地带以及一直到埃及的地方总称。④

巴勒斯坦人将自己的历史追溯到远古时期，"世界上最古老的城市"杰里科体现了当地悠久灿烂的古代文明。在一万年前的前陶新石器时代（pre-pottery neolithic period）初期，杰里科出现农业聚落。在新石器时代，杰里科出现灌溉农业，踏出了人类农业生产的第一步。⑤ 杰里科也被认为是世界上最古老的持续有人居住的城市之一。⑥

公元前3000—前2500年左右，闪族人从阿拉伯半岛迁居巴勒斯坦，其中有迦南人和亚摩利人。因此，阿卡德人称巴勒斯坦为"亚摩利人之地"。迦南人在地中海东岸的平原地区建立了早期的城市国家，《旧约》把巴勒斯坦称为"迦南地"或"迦南人的国家"。

由于地处大陆交汇地带，巴勒斯坦经常受到周围大国的侵扰，曾先后处于喜克索斯人和埃及人统治之下。巴勒斯坦与埃及的联系较为密切，早在公元前4000年两地就有商业往来，在埃及的考古发现了大量这一时期巴勒斯坦制造的陶器。⑦ 新王国时期的埃及统治着处于青铜文化晚期的巴勒斯坦，一直持续到拉美西斯三世统治时期。⑧ 米

---

① Nur Masalha, *Palestine: A Four Thousand Year History*, p. 1.
② Nur Masalha, *Palestine: A Four Thousand Year History*, p. 45.
③ ［古希腊］希罗多德：《历史》，王以铸译，商务印书馆2019年版，第一卷第105章；第二卷第104章和第106章；第三卷第5章和第91章；第四卷第39章；第七卷第89章。
④ ［古希腊］希罗多德：《历史》，第七卷第89章，第587页。
⑤ A. S. Issar, "A tale of two cities in ancient Canaan: How the groundwater storage capacity of Arad and Jericho decided their history", in Dragoni, W. and Sukhija, B. S. eds., *Climate Change and Groundwater*, London: Geological Society, Special Publications, 2008, p. 142.
⑥ Nur Masalha, *Palestine: A Four Thousand Year History*, p. 33.
⑦ Nur Masalha, *Palestine: A Four Thousand Year History*, pp. 58–59.
⑧ 郭丹彤：《论新王国时期埃及和巴勒斯坦地区的关系》，《东北师大学报》（哲学社会科学版）2004年第2期。

坦尼（Mitanni）和赫梯（Hittite）多次与埃及争夺巴勒斯坦及其周围地区的统治权。

公元前 13—前 12 世纪，克里特岛和爱琴海沿岸的腓力斯人（Philistine）进入迦南沿海地带，将这个地方命名为腓力斯提亚（Philistian），即"腓力斯人的地方"。腓力斯人将迈锡尼文明带入巴勒斯坦，特别是冶铁技术，使当地从铜器时代进入铁器时代。他们建立了五个城市国家，文明延续了约 600 年，在巴勒斯坦古代历史中占据着十分重要的地位。

（二）犹太人在巴勒斯坦的历史

根据《旧约》记载，公元前 2000 年前后，希伯来人从两河流域移居迦南，后又流亡埃及，在公元前 13 世纪左右重返迦南。公元前 1025 年，扫罗成为希伯来各部落的王，建立统一的希伯来王国。扫罗去世后，大卫继承王位，定都耶路撒冷。所罗门当政期间是希伯来王国最兴盛的时期，他在耶路撒冷建造了规模宏大的耶和华圣殿，史称"第一圣殿"。犹太学者认为，这确立了耶路撒冷作为犹太人的民族中心和宗教中心的地位。[①] 所罗门死后，王国分裂为北部的以色列王国和南方的犹大王国。

两河流域的亚述帝国崛起后，消灭了以色列王国，犹大王国沦为亚述的属国。公元前 586 年，新巴比伦国王尼布甲尼撒二世攻陷耶路撒冷城，摧毁所罗门神殿，将国王及贵族、祭司、工匠等数万名犹太人押往巴比伦，史称"巴比伦之囚"，犹大王国灭亡，"第一圣殿"时期结束。公元前 538 年，波斯帝国灭亡巴比伦王国，获得巴勒斯坦的统治权，允许犹太人返回故乡。返回耶路撒冷的犹太人在第一圣殿原址上重建圣殿，史称"第二圣殿"。

公元前 332 年，来自希腊的马其顿国王亚历山大征服地中海东南沿岸地区，巴勒斯坦进入希腊化时代，希腊文化广泛传播，希腊语成为当地正式语言。希腊化时代后期，塞琉古王朝的统治者们禁止犹太

[①] ［以色列］多尔·戈尔德：《耶路撒冷：伊斯兰激进派、西方及圣城的未来》，王育伟、关媛译，世界知识出版社 2014 年版，第 36 页。

教，洗劫了第二圣殿，激起犹太人的反抗。犹太人起义军建立了马卡比王国，存在 100 年左右，后被罗马大军征服。

公元前 63 年，庞培攻陷耶路撒冷，巴勒斯坦成为罗马帝国的行省。当地居民和犹太人多次起义反抗罗马人的残酷统治，均遭无情镇压。公元 70 年，罗马军队攻破耶路撒冷，焚毁第二圣殿。公元 135 年，罗马皇帝哈德良镇压巴尔·科赫巴起义后，禁止犹太人在耶路撒冷城内和周边居住。① 幸存的犹太人几乎全部逃离或被驱逐出巴勒斯坦。

（三）基督教的诞生

1 世纪，基督教在巴勒斯坦诞生。耶路撒冷建立了第一个基督徒社区。② 基督教最初作为犹太教的支派或异端出现，受到犹太人的反对和罗马人的残酷迫害。4 世纪，基督教的合法地位得到罗马帝国承认。第一位信仰基督教的罗马皇帝君士坦丁下令在耶路撒冷修建圣墓大教堂，在施工过程中，确定了耶稣的确切受难地——各各他。君士坦丁之母海伦娜在耶路撒冷发现了耶稣被钉死的"真十字架"。她亲自确定地址，在伯利恒修建"圣诞教堂"，在耶路撒冷的橄榄山修建另一座教堂。各各他圣墓和真十字架的发现及新基督教堂的建立，使耶路撒冷成为全世界基督徒争相朝拜的圣地。③ 4 世纪末，基督教成为罗马帝国的国教。巴勒斯坦居民除犹太人外，绝大多数信奉了基督教。451 年召开的卡尔西顿公会议决定，正式建立耶路撒冷牧首区，辖区包括巴勒斯坦、阿拉伯半岛等地区。④

罗马帝国分裂后，巴勒斯坦由拜占庭统治，直到 7 世纪初。这一时期，希腊语和拉丁语是受过良好教育的城市精英的通用语言，广泛

---

① ［以色列］多尔·戈尔德：《耶路撒冷：伊斯兰激进派、西方及圣城的未来》，第 73 页。
② ［以色列］多尔·戈尔德：《耶路撒冷：伊斯兰激进派、西方及圣城的未来》，第 67 页。
③ ［以色列］多尔·戈尔德：《耶路撒冷：伊斯兰激进派、西方及圣城的未来》，第 73 页。
④ 王美秀、段琦、文庸、乐峰等：《基督教史》，江苏人民出版社 2008 年版，第 71 页。

应用于巴勒斯坦和整个东地中海的教育、贸易、行政、艺术、建筑以及地名等。在占当地人口大多数的农民中，阿拉姆语（Aramic）则是通用语言。① 巴勒斯坦的凯撒里亚成为当时的一个文化学术中心。②

二　阿拉伯人在巴勒斯坦的统治

（一）阿拉伯人的征服和统治

7世纪初，阿拉伯人统一阿拉伯半岛后，大举进攻巴勒斯坦。636年，阿拉伯军队在雅穆克（Yarmūk）战役中大获全胜，除耶路撒冷和凯撒里亚外，巴勒斯坦都处于穆斯林控制之下。两年后，阿拉伯军队征服耶路撒冷。640年10月，凯撒里亚投降。③ 阿拉伯人统治时期，巴勒斯坦和叙利亚属同一个行政区，被称为沙姆（al-Shām）地区，包括当今的叙利亚、黎巴嫩、巴勒斯坦和约旦。沙姆地区被划分为四个军区，巴勒斯坦分属菲勒斯坦军区、约旦军区和大马士革军区。

第三任哈里发奥斯曼统治时期，穆斯林阵营发生严重分裂，穆阿维叶被拥戴为哈里发，建立倭马亚王朝，定都大马士革。巴勒斯坦的部落是倭马亚王朝的主要政治、军事支持者，因此哈里发及家人经常前往耶路撒冷和巴勒斯坦其他地方。④ 伴随着哈里发权力的争夺，巴勒斯坦各部落进行了残酷的战争。同阿拉伯其他地区一样，巴勒斯坦的部落也分为南北两大派系，南方部落组成也门（Yaman）联盟，北方部落组成凯斯（Qays）联盟。680年至692年，在倭马亚王朝与祖拜尔之子阿卜杜拉的斗争中，巴勒斯坦的也门部落支持倭马亚家族，成为他们打败阿卜杜拉的重要力量。⑤

---

① Nur Masalha, *Palestine: A Four Thousand Year History*, p. 47.
② Nur Masalha, *Palestine: A Four Thousand Year History*, pp. 99-105.
③ ［美］菲利浦·希提：《阿拉伯通史》（第十版），马坚译，新世界出版社2015年版，第137页。
④ Moshe Gil, *A History of Palestine 634-1099*, Cambridge: Cambridge University Press, 1992, p. 104.
⑤ Moshe Gil, *A History of Palestine 634-1099*, p. 79.

阿拔斯王朝时期，统治中心转移到伊拉克，巴勒斯坦的政治地位急剧下降，部落很少参与国家的政治事务，部落战争和起义时有发生。由于远离统治中心，巴勒斯坦经常遭到周边势力的侵袭，先后受到土伦王朝、伊赫希德王朝、埃及法蒂玛王朝的统治。

（二）巴勒斯坦的阿拉伯化

1. 伊斯兰教和阿拉伯语的传播

随着阿拉伯人的征服和伊斯兰教的传播，阿拉伯语开始在巴勒斯坦流传。倭马亚王朝时期推行阿拉伯化，规定阿拉伯语为官方语言，所有公文都用它书写，大大提高了阿拉伯语在政治和文化上的重要性。政府中的非阿拉伯公务人员开始学习阿拉伯语。

阿拉伯人统治时期，居民大体分为四个阶级。处于统治地位的穆斯林是最高阶级；改奉伊斯兰教的新穆斯林处于第二阶级，是阿拉伯贵族保护下的平民（mawāli）；第四阶级是奴隶；天启教的信徒处于第三阶级，被称为"迪米人"（dhimis），属于"有经典的人"。迪米人享有宗教信仰自由，保留私有财产，但要缴纳人丁税和土地税。① 阿拉伯人通过和平方式占领部分巴勒斯坦城市，他们通常与当地居民谈判签订归降和约，因此，巴勒斯坦的迪米人拥有相对宽松的社会氛围。迪米人为了获得较快的晋升或减免捐税，开始皈依伊斯兰教。特别是阿拔斯王朝时期，哈里发哈伦·赖世德和穆台瓦基勒对迪米人实施歧视和限制性的政策，加速了他们的伊斯兰化进程。② 巴勒斯坦人口由基督教徒占多数逐渐变为穆斯林占多数。

2. 耶路撒冷伊斯兰教圣地地位的确立

伊斯兰教创立初期，穆罕默德为了得到麦地那犹太社团的支持，曾沿用犹太教的一些习俗，面向耶路撒冷朝拜。相传穆罕默德曾乘飞马一夜之间从麦加行到耶路撒冷，登上七重霄，见到古代众位先知和天园，《古兰经·夜行》篇对此事也有记载。这奠定了耶路撒冷成为伊斯兰教圣地的基础。

----
① ［美］菲利浦·希提：《阿拉伯通史》（第十版），第212—215页。
② ［美］菲利浦·希提：《阿拉伯通史》（第十版），第326页。

阿拉伯人进入耶路撒冷后，在穆罕默德登霄圣石上修建了清真寺。倭马亚王朝时期，哈里发阿卜杜·马立克为了吸引更多的穆斯林到耶路撒冷朝觐，于691年将这座清真寺扩建成宏伟壮观的岩石清真寺。① 之后，又在岩石清真寺以南修建了阿克萨清真寺。岩石清真寺和阿克萨清真寺及其由高墙围筑的宽敞院落，构成穆斯林的"尊贵禁地"，耶路撒冷成为继麦加和麦地那之后伊斯兰教的第三圣地。

3. 城市的建设

拉姆拉（Ramla）是阿拉伯人征服巴勒斯坦后修建的新兴城市，也是巴勒斯坦最重要的城市之一。倭马亚王朝哈里发苏莱曼继位之前就住在这里，苏莱曼715年继位之后，把宫廷设在拉姆拉，将这里作为菲勒斯坦军区的首府，拉姆拉成为阿拉伯帝国的军事要塞。由于临近地中海和红海，道路网四通八达，拉姆拉也是当时的商业中心，埃及人的物资转运站。②

巴勒斯坦和叙利亚的沿海城镇是倭马亚王朝同拜占庭海战的前线基地。随着阿拉伯军队的驻防和伊斯兰舰队的建立，推罗（提尔）、阿卡、凯撒里亚、雅法和阿什凯隆的港口得到恢复和建设，城市获得很大发展。阿卡作为主要的海军基地，是约旦军区造船厂所在地。③

（三）巴勒斯坦人抗击十字军的斗争

11世纪，教皇组建十字军，借口夺回圣墓，打着宗教的旗号侵略东方。1099年7月，十字军攻克耶路撒冷，继而控制巴勒斯坦大部分地区，并建立耶路撒冷王国。

阿尤布王朝的萨拉丁国王是抗击十字军的著名英雄。1187年，萨拉丁在海廷（Hattīn）战役中打败十字军，歼灭其精锐部队。同年10月萨拉丁攻陷耶路撒冷，并乘胜攻克许多城市和要塞，仅剩安提克、的黎波里、提尔（苏尔）及一些较小的城镇和要塞尚在十字军手中。阿卡战役后，萨拉丁和英王查理一世签约，规定十字军保有从提尔到

---

① ［美］菲利浦·希提：《阿拉伯通史》（第十版），第239页。
② Nur Masalha, *Palestine: A Four Thousand Year History*, p. 97.
③ Moshe Gil, *A History of Palestine 634 – 1099*, p. 107.

雅法的沿海地区，穆斯林管理内陆地区和耶路撒冷，开辟一条从阿卡到圣城的走廊，供基督教徒自由朝圣。阿尤布王朝分裂后，埃及统治者把耶路撒冷以及连接圣城与阿卡的走廊交给十字军。1291年，埃及马木鲁克王朝军队攻破阿卡，结束了十字军对巴勒斯坦的占领。

从十字军占领耶路撒冷到全部被赶出去的近200年间，巴勒斯坦先后经过十字军、突厥人、阿尤布王朝、蒙古人和马木鲁克王朝统治。频繁的政权更迭严重破坏了当地的社会经济发展，加沙等沿海城市的重要性下降。

在巴勒斯坦现代民族主义形成之前，对欧洲人和十字军威胁的历史记忆是巴勒斯坦地方认同的一个重要因素，被征服的沉重历史使当地人高度警惕神圣的耶路撒冷和巴勒斯坦可能面临的外部威胁。拉希德·哈立迪在耶路撒冷的家族图书馆发现了一份1701年的请愿书，当地贵族们要求卡迪禁止一名法国领事参观耶路撒冷，理由就是担心重蹈十字军征服耶路撒冷的覆辙。[1]

三 奥斯曼帝国统治时期的巴勒斯坦

1518年，奥斯曼帝国素丹谢里姆一世打败埃及马木鲁克王朝，占领了巴勒斯坦。从此，巴勒斯坦处于奥斯曼帝国统治下，直到第一次世界大战结束。

（一）行政区划变迁与巴勒斯坦实体观念的形成

奥斯曼帝国的省份称"维拉亚特"（wilayat），即帕夏辖区，省以下的州称为"桑贾克"（sanajiq），州下设县（aqdiya）。在奥斯曼统治早期，巴勒斯坦由大马士革省管辖，被划分为加沙、耶路撒冷和纳布卢斯州，耶路撒冷城区被列为特别州。但是这种区划并不稳定，有时一个总督同时管理两个州。1525年，加沙和耶路撒冷合并为一个州，纳布卢斯也一度并入耶路撒冷州。

1864年奥斯曼政府《维拉亚特法》颁布后，巴勒斯坦大体上被

---

[1] Rashid Khalidi, *Palestinian Identity: The Construction of Modern National Consciousness*, pp. 29 – 30.

分为三个州。南部为耶路撒冷州，包括耶路撒冷、雅法、加沙、希伯伦、贝尔谢巴和哈菲尔。由于耶路撒冷特殊的宗教地位，1887年这个州由中央政府直属。北部为阿卡州，包括阿卡、海法、太巴列、萨法德、纳布卢斯、杰宁、图勒凯尔姆等地，属于贝鲁特省。中部地区的州属于大马士革省。

巴勒斯坦不仅在宗教上具有圣地地位，也位于穆斯林去麦加朝觐的主要通道上，加上欧洲列强对圣地的觊觎之心，使巴勒斯坦在奥斯曼帝国享有相对较高的优先地位。① 实际上，19世纪，巴勒斯坦行政实体的概念在大部分当地居民和中央政府的观念中已经逐渐形成，奥斯曼政府曾在1830年、1840年和1872年，三次计划将巴勒斯坦各州合并组成一个新的巴勒斯坦省，但都由于担心将圣地集中在一个行政区划中会引起西方的关注和干预而作罢。②

（二）土地私有化与外国人购买土地

奥斯曼统治时期，巴勒斯坦的土地制度基本上分为五种类型。绝大多数土地归国家所有，称为"米里"（miri），素丹为最高所有者，由乡村公用，农民拥有耕种权。③ 伊斯兰教宗教机构所有的土地，称为"瓦克夫"（vakif），是根据伊斯兰法律建立的永恒基金。私有土地，称为"木尔克"（mulk），有些是伊斯兰征服以来被允许保留的财产，有些是素丹给大臣的赏赐。此外，还有部落所有的土地（metruk）和荒地（mevat）。④

瓦克夫土地通过捐募形成，免缴税收。世俗封建主将大量地产捐赠给伊斯兰宗教机构，如清真寺、宗教学校、修道院等。中、小农民也常向瓦克夫捐赠土地，以使自己的土地免遭封建主侵吞。作为菜园

---

① Muhammad Y. Muslih, *The Origins of Palestinian Nationalism*, pp. 11 – 21.

② Alexander Schölch, *Palestine in Transformation, 1856 – 1882: Studies in Social, Economic and Political Development*, translated by William C. Young, Michael C. Gerrity, Washington, D.C.: Institute for Palestine Studies, 1993, pp. 10, 13 – 14, 16, 289.

③ Raja Shehadeh, "The Land Law of Palestine: An Analysis of the Definition of State Lands", *Journal of Palestine Studies*, Vol. 11, No. 2, 1982, p. 87.

④ Alan Dowty, *Arabs and Jews in Ottoman Palestine: Two Worlds Collide*, Bloomington: University of Indiana Press, 2019, p. 11.

和果园的私有土地几乎长期归农民耕种,但这类土地面积不大。大地主拥有的私有土地以分成制为基础,由农民租种。私有土地可以自由支配:出卖、赠送和继承。国家对私有土地征收土地税,税率可达收成的一半。村社土地由农民集体所有,一般在公有制的基础上进行耕种,产品归耕种者所有。在公有土地分配方面,巴勒斯坦普遍施行土地轮作制,被称为"穆沙"(musha)(轮换),即在土地集体所有制的基础上,根据农民意愿及拥有的耕牛数量,每年重新分配土地。[1]巴勒斯坦一般采用包税制,由谢赫(Sheikh)[2]或氏族上层人物承包土地税,在缴纳国库后,允许他们保留部分税收作为服务的薪金和有关开支。

19世纪中叶,奥斯曼帝国进行名为"坦齐马特"的现代化改革,巴勒斯坦的土地制度发生了较大变化。奥斯曼政府在1858年6月颁布具有现代资产阶级法律基本特征的《土地法》(Ottoman Imperial Land Code),承认土地为私有财产,大大增加了土地所有者的权利,[3]又通过"土地登记条例",对土地进行重新登记,目的是加强国家对土地的控制,制止土地私有化势头,增加国家税收。但在法令执行过程中,农民们为逃避债务或兵役,把土地登记在大家族名下,自己成为佃农或雇佣劳动者。这些登记后的土地在理论上仍然属于国有土地,但实际上已经与私有土地难以区分,大片未开垦的土地也由地主获得。土地法的实施和土地登记以及地契的发放,使地主拥有了自由处置地产的权利,加快了巴勒斯坦的土地私有化进程,导致大规模的土地兼并。

新的土地制度为向外国人出售土地打开了大门。在1867年之前,只有获得素丹的特别许可,外国非穆斯林才能在奥斯曼帝国购买土

---

[1] Ya'akov Firestone, "Crop-Sharing Economics in Mandatory Palestine-Part I", *Middle Eastern Studies*, Vol. 11, No. 1, 1975, pp. 3 – 23. And Part II, Vol. 11, No. 2, 1975, pp. 175 – 194.

[2] 谢赫有两个含义,一为伊斯兰教长老,二为部族长老、村长,本处为第二含义。

[3] E. Attila Aytekin, "Agrarian Relations, Property and Law: An Analysis of the Land Code of 1858 in the Ottoman Empire", *Middle Eastern Studies*, Vol. 45, No. 6, 2009, p. 936.

地。1850年和1852年，英国驻耶路撒冷领事詹姆士·费恩（James Finn）获得特许，在耶路撒冷附近购买土地。欧洲列强以非歧视为理由，要求奥斯曼政府扩大土地购买许可。1867年，奥斯曼帝国最终通过法律，给予许多欧洲人购买不动产的权利。①

（三）谢赫统治与精英家族的兴起

奥斯曼统治者依靠巴勒斯坦的阿拉伯部落统治当地。部落的长老谢赫掌握着基层权力，是农村的最高统治者。势力强大的家族控制着谢赫职务，也在一定程度上控制了地区行政长官瓦里的职务。在履行职责过程中，谢赫及其家族集聚了大量财富。

坦齐马特改革以后，巴勒斯坦的部落制度日益衰落，氏族转变为拥有小块土地的家庭。伴随着土地私有化进程，当地的权势家族转变成为大土地所有者，他们抓住巴勒斯坦成为欧洲农产品供应市场的契机，在农业商业化的过程中成长为城市精英家族。他们依靠家族的宗教或部落领袖地位、土地、财富及与奥斯曼政府的良好关系，充当着奥斯曼总督与当地民众的中间人，在地方事务中发挥重大作用，逐渐取代谢赫的地位，成为巴勒斯坦社会的实际统治者。

耶路撒冷的精英家族实力最为强大。②侯赛尼、纳沙希比、哈立迪、努赛巴和阿拉米等都是耶路撒冷的著名家族。侯赛尼斯家族是耶路撒冷最富有、最有权势的家族之一，他们把血统追溯到先知穆罕默德。侯赛尼家族成员自17世纪初期便担任耶路撒冷穆夫提（教法解释官），也在奥斯曼政府担任高级职务，如奥斯曼议会代表、耶路撒冷市长等职位。③纳沙希比家族在耶路撒冷、雅法和外约旦拥有大量土地，在奥斯曼帝国统治后期，家族几个著名成员入选奥斯曼议会，并担任行政官员。哈立迪家族自称是636年征服叙利亚的著名穆斯林指挥官哈立德·伊本·瓦立德（Khalid ibn al-Walid）的后裔，家族的许多成员都曾担任过较高的政府和宗教职务，涌现出大批知识分子和

---

① Alan Dowty, *Arabs and Jews in Ottoman Palestine: Two Worlds Collide*, p. 12.
② Muhammad Y. Muslih, *The Origins of Palestinian Nationalism*, p. 218.
③ Rashid Khalidi, *The Iron Cage: The Story of the Palestinian Struggle for Statehood*, p. 56.

专业技术人员，在宗教、教育界享有崇高声望。努赛巴家族是耶路撒冷古老的家族，从第二任哈里发欧麦尔执政时期开始，就一直控制着圣墓教堂。阿拉米家族同样以家族中出现的宗教学者、知识分子、政府官员而自豪。

家族统治在其他城市同样盛行，加沙、雅法、海法、拉姆拉、纳布卢斯、希伯伦和阿卡等地，重要的行政职务和宗教职务都由精英家族成员担任。19世纪后半期，围绕着财富和权力扩张、反对犹太复国主义和英国委任统治，精英家族之间的分歧和斗争，对巴勒斯坦产生了重要影响。

第二节　巴勒斯坦人面临的生存危机

犹太复国主义兴起后，英国人希望利用犹太人作为楔子打入巴勒斯坦，从而控制中东。1917年11月2日，英国外交大臣贝尔福致函英国犹太复国主义联盟副主席、银行家罗斯柴尔德，宣布英国政府"赞成在巴勒斯坦建立一个犹太人的民族之家，并将尽最大努力促其实现"，但"绝不应使巴勒斯坦现有非犹太团体的公民权利和宗教权利或其他任何国家内的犹太人所享有的权利和政治地位受到损害"。这就是《贝尔福宣言》。[①]《贝尔福宣言》为犹太复国主义在巴勒斯坦的发展开辟了道路。英国托管巴勒斯坦后，实施《贝尔福宣言》，推行"扶犹抑阿"政策。英国的殖民统治和犹太复国主义势力的迅猛发展，使巴勒斯坦阿拉伯人面临着严重的生存危机。

一　巴勒斯坦犹太社团的发展

（一）犹太人移民巴勒斯坦

奥斯曼帝国统治时期，巴勒斯坦的居民主要是信仰伊斯兰教和基督教的阿拉伯人，犹太人的数量很少。1170—1171年，巴勒斯坦只

---

① 《贝尔福宣言》，载尹崇敬主编《中东问题100年》，新华出版社1999年版，第11页。

有 1440 名犹太人。19 世纪初，巴勒斯坦约有 8000 名犹太人，1845 年增加到 1.1 万人，直到 1880 年，人数也不超过 2 万。① 犹太人主要集中在耶路撒冷等犹太教圣地。根据英国驻耶路撒冷领事穆尔 1864 年的统计，当地共有居民 1.5 万人，其中犹太人 8000 人，穆斯林 4500 人，基督教徒 2500 人。② 为接纳更多的移民，犹太社团在耶路撒冷旧城以西建造住宅，这里后来发展成为耶路撒冷新城。

1882 年，第一批来自东欧的犹太人到达巴勒斯坦，开始了现代犹太人移民巴勒斯坦的历史。1897 年 8 月，犹太人在瑞士巴塞尔召开第一次世界犹太复国主义代表大会，宣布向巴勒斯坦移民，并在那里建立"犹太家园"。经过 1881—1900 年、1904—1914 年两次大规模的移民浪潮，巴勒斯坦的犹太人口急剧增多，到 1908 年已经达到 8 万人。③ 他们建立了新的犹太社团，世界犹太复国主义组织也在雅法设立办事处，负责移民的安置和定居工作，并对犹太社团进行管理。1909 年，犹太移民开始在雅法附近建设特拉维夫城，它迅速发展成为巴勒斯坦犹太人最多的城市。但很多移民由于不堪忍受当地的艰苦生活而离开巴勒斯坦，留下的几千人成为劳工犹太复国主义运动的核心，一些人担任了犹太复国主义运动和以色列国家的领导人。

（二）奥斯曼政府的反对

早在 1882 年，奥斯曼地方政府就按照内政部的命令，禁止所有外国犹太人（朝圣者除外）访问巴勒斯坦。1895 年，奥斯曼帝国素丹阿卜杜勒·哈米德二世（Abdul Hamid II）称欧洲犹太复国主义者的计划为"邪恶计划"，对此态度谨慎。奥斯曼政府试图限制第一批东欧犹太人进入巴勒斯坦，但并未成功。到 1908 年，犹太人已经在巴勒斯坦获得了约 156 平方英里的土地，建立了 26 个定居点。④ 第一

---

① ［巴勒斯坦］亨利·卡坦：《巴勒斯坦，阿拉伯人和以色列》，第 23 页。
② Eliyahu Tal, *Whose Jerusalem?*, International Forum for A United Jersulem, 1994, p. 273.
③ Mim Kemal Öke, "The Ottoman Empire, Zionism, and the Question of Palestine (1880 - 1908)", *International Journal of Middle East Studies*, Vol. 14, No. 3, August 1982, p. 336.
④ Mim Kemal Öke, "The Ottoman Empire, Zionism, and the Question of Palestine (1880 - 1908)", pp. 332, 335, 336.

次世界大战开始后，奥斯曼政府禁止犹太复国主义组织在巴勒斯坦活动，取缔了他们的报纸、学校和政治机构。奥斯曼帝国参战后，没有加入奥斯曼国籍的犹太移民被视为"敌对国公民"，被流放到其他地区。大批犹太人离开巴勒斯坦，到1918年大战结束时，当地的犹太人口已减少到5.6万人。

二 英国占领巴勒斯坦

西方列强趁奥斯曼帝国衰落之际，加紧在巴勒斯坦扩张势力，他们把教会作为渗透巴勒斯坦的重要渠道。西方教会在传教的同时，通过开办学校、建立慈善机构等方式扩大本国的影响。18世纪后半期，法、俄竞相支持本国传教士在巴勒斯坦谋求特权，并借助宗教使团在巴勒斯坦互相对抗。英国新教会自1850年取得在奥斯曼帝国境内传教的合法地位后，逐渐发展成为巴勒斯坦势力最大的教会。军事占领是西方国家侵略巴勒斯坦的直接方式。1799年，拿破仑率军占领加沙、雅法和海法等城市，但在北上途中遭到英国和奥斯曼军队的合力抵抗，被迫退回埃及。

19世纪末，叙利亚、黎巴嫩和巴勒斯坦基本上成为英法两国的舞台。1914年第一次世界大战爆发后，奥斯曼帝国加入德国一方对英法作战。为争取阿拉伯人的支持，英国答应麦加的谢里夫侯赛因·本·阿里，战后在奥斯曼帝国亚洲阿拉伯属地建立独立的阿拉伯国家，侯赛因则发动反对奥斯曼土耳其的阿拉伯大起义，配合英军作战。[1] 侯赛因和英国驻埃及高级专员亨利·麦克马洪以通信的形式对此进行相互保证，这就是《侯赛因—麦克马洪通信》。[2] 但在阿拉伯

---

[1] 通信的具体内容见《麦克马洪—侯赛因书简》，载尹崇敬主编《中东问题100年》，新华出版社1999年版，第7—9页。

[2] 对于巴勒斯坦是否属于麦克马洪在通信中承诺的阿拉伯独立国家的领土范围，英国政府和阿拉伯人各执一词。1939年，乔治·安东尼斯在《阿拉伯人的觉醒》中首次向西方读者披露了《侯赛因—麦克马洪通信》的全部内容，他认为巴勒斯坦包含在麦克马洪承诺的范围之内。具体参见George Antonius, *The Arab Awakening: The Story of the Arab National Movement*, pp. 164–183。安东尼斯的观点引起国际学术界的争论，具体参见王锁劳《麦克马洪承诺与巴勒斯坦争端》，《世界历史》2000年第2期。

大起义前不久，英国就背着阿拉伯人，与法国秘密签订《塞克斯—皮科协定》，谋划战后瓜分奥斯曼帝国领土，划分两国的势力范围，决定将巴勒斯坦从叙利亚分离，由"国际共管"。① 1917 年，英国军队从埃及进入巴勒斯坦，在阿拉伯起义军的配合下，攻占贝尔谢巴、加沙、耶路撒冷和杰里科等地，开始对巴勒斯坦进行军事统治。

三 英国的"扶犹抑阿"政策

1918 年奥斯曼帝国投降后，英军占领巴勒斯坦全境，实施军事统治。第一次世界大战结束后，1920 年 4 月协约国在圣雷莫举行会议，将巴勒斯坦交给英国托管。1920 年 7 月 1 日，英籍犹太人赫伯特·塞缪尔（Herbert Samuel）就职英国首任巴勒斯坦高级专员，建立民事统治机构，开始对巴勒斯坦进行委任统治。

英国委任统治政府实施《贝尔福宣言》，推行"扶犹抑阿"政策，支持犹太复国主义，压制、削弱阿拉伯人的力量，使犹太复国主义势力得到迅猛发展，阿拉伯人的权利受到严重侵害。英国当局为犹太人移民巴勒斯坦敞开了大门，导致当地人口结构发生巨大变化。1922 年巴勒斯坦犹太人口增加到 8.3 万多人，到 1931 年就有 17.4 万多人，1946 年犹太人口则达到 60 多万人，在巴勒斯坦总人口中的比例也由 1/12 增加到 1/3。②

在委任统治获得正式批准之前，英国占领当局就颁布新法律，改变了巴勒斯坦关于公共土地管理、土地交易和继承以及森林和沙丘所有权的规则。③ 虽然奥斯曼帝国 1858 年《土地法》继续在巴勒斯坦实施，但英国当局通过引入新的法律程序等措施，使这部法律已经变成"完全不同的事物"。④ 委任统治官员在巴勒斯坦的司法解释中拥

---

① 《赛克斯—皮科协定》，载尹崇敬主编《中东问题 100 年》，第 9—11 页。
② ［巴勒斯坦］亨利·卡坦：《巴勒斯坦，阿拉伯人和以色列》，第 21 页。
③ Martin Bunton, "Inventing the Status Quo: Ottoman Land-Law during the Palestine Mandate, 1917–1936", *The International History Review*, Vol. 21, No. 1, 1999, p. 34.
④ Martin Bunton, "Inventing the Status Quo: Ottoman Land-Law during the Palestine Mandate, 1917–1936", p. 36.

有绝对的权力。① 这为犹太复国主义者大量购买、强占阿拉伯人土地打开了方便之门。失去土地的阿拉伯农民越来越多，贫困化日益加深，不得不到沿海城市寻找工作。但犹太复国主义组织所属企业均拒绝雇用阿拉伯劳动力。在委任统治政府的政策导向下，阿拉伯人获得的工作岗位少于犹太人，工资标准也低于犹太人。这些阿拉伯农民聚居在城市郊区的贫民窟，生活条件十分恶劣。

在英国委任统治政府的支持下，犹太复国主义组织在巴勒斯坦建立了民族委员会，管理犹太居民内部事务；成立犹太代办处，加强与世界犹太人、外国政府和委任统治政府的关系。犹太代办处的成立，成为犹太人有组织、有计划地实现"民族之家"的开始。委任统治政府支持犹太人建立军事组织，并为他们提供武器，利用犹太军事组织袭击阿拉伯人。

委任统治政府鼓励犹太人在巴勒斯坦投资，规定了免税政策和奖励机制，使犹太资本日益膨胀。在当局的政策歧视、犹太企业的竞争和外国进口产品的挤压下，巴勒斯坦原有的农村家庭手工业被摧毁，阿拉伯民族工业生存艰难。受阿拉伯经济衰退和欧洲进口廉价商品的冲击，小商人、手工业者及从事传统职业的工人经常处在失业、半失业状态，成为巴勒斯坦庞大失业队伍的一部分。

四 阿拉伯人的抗议

英国的委任统治及其推行的"扶犹抑阿"政策激起阿拉伯人的反抗。但在1929年以前，由于犹太移民数量有限，阿拉伯人对犹太复国主义的威胁感受尚不强烈，多采取非暴力形式抗议委任统治，与犹太人的冲突规模也比较小，巴勒斯坦总体上保持了相对平静。1918年《贝尔福宣言》发表一周年之际，巴勒斯坦人举行了非暴力的抗议活动。1920年4月，巴勒斯坦人在耶路撒冷举行集会和游行示威，抗议英国政府不履行战争期间对阿拉伯人许下的诺言，要求废除委任

---

① Martin Bunton, "Inventing the Status Quo: Ottoman Land-Law during the Palestine Mandate, 1917–1936", p. 56.

统治，实现民族独立。1921年5月，雅法发生了阿拉伯人反对犹太移民的武装暴动。

在巴勒斯坦人的压力下，委任统治政府采取了一些安抚政策，以缓和同阿拉伯人的紧张关系。1921年4月，英国高级专员塞缪尔任命穆斯林强硬派领导人阿明·侯赛尼为整个巴勒斯坦的伊斯兰教领袖——巴勒斯坦大穆夫提（Grand Mufti of Palestine），取代了原有的耶路撒冷穆夫提职位。1922年，成立了由侯赛尼任主席的穆斯林最高委员会（Supreme Muslim Council），负责处理穆斯林的宗教事务，掌管宗教基金瓦克夫，任命宗教机构人员，如伊斯兰法庭法官、地方穆夫提等，并代表阿拉伯社区同委任统治政府和犹太社区打交道。巴勒斯坦大穆夫提和穆斯林最高委员会都是英国委任统治当局新创立的宗教机构，这些机构在巴勒斯坦历史甚至整个伊斯兰教历史中都没有先例。巴勒斯坦逊尼派的宗教资源前所未有地集中到当地人手中。[1]

著名的巴勒斯坦裔历史学家拉希德·哈立迪认为，英国当局为巴勒斯坦穆斯林精英建立了全新的公共机构，让他们拥有部分自治权及可观收入，但这些机构在纯粹的宗教和公共领域之外没有权力或权威；此举目的是分裂阿拉伯人，防止他们以民族为基础联合起来反对委任统治当局及犹太人，阻止阿拉伯人建立国家机构或代表机构，使他们无法获得任何其他形式的国家权力；这样，在委任统治期间，只有犹太人拥有被正式承认的政治或民族实体。[2]

1922年委任统治政府又发表丘吉尔白皮书，声称将继续执行《贝尔福宣言》，但不打算将整个国家变成一个犹太民族之家；犹太移民无论如何不能超过这个国家的经济吸收能力。阿拉伯人不接受任何以《贝尔福宣言》为基础的政策，也拒绝了丘吉尔白皮书。以魏兹曼为首的犹太复国主义主流派接受了白皮书，并向英国保证，犹太复国主义组织的活动将依照英国的政策行事。此后，巴勒斯坦保持了相对

---

[1] Rashid Khalidi, *The Iron Cage: The Story of the Palestinian Struggle for Statehood*, pp. 55–56.

[2] Rashid Khalidi, *The Iron Cage: The Story of the Palestinian Struggle for Statehood*, p. 58.

的平静，没有发生较大规模的冲突。

第三节 巴勒斯坦大起义与非正式战争状态

犹太人持续大量涌入巴勒斯坦使阿犹矛盾激化，最终导致当地阿拉伯人在1936年爆发大规模政治运动，反抗犹太人的入侵和英国委任统治。英国难以控制局势，不得不将巴勒斯坦问题提交联合国。联合国分治决议通过后，巴勒斯坦陷入非战争状态。

一 1929年的阿犹冲突

随着犹太人的大量涌入，阿拉伯人与犹太人之间的矛盾日益尖锐。1929年8月，阿犹双方在耶路撒冷西墙①附近发生较大规模的流血冲突。为调和阿犹矛盾，巩固委任统治，英国先后组织了多个调查委员会，发表了一系列的报告和白皮书。1930年10月，以约翰·霍普—辛普森为首的调查委员会发表报告，认为巴勒斯坦耕地太少，经济吸收能力已经饱和，建议暂时停止犹太人迁入。但在犹太复国主义组织的强烈抗议下，英国政府随即表示无意禁止犹太人获得土地，也无意停止犹太人入境。对英国抱有希望的阿拉伯政治精英们受到沉重打击，不再信任委任统治政府，他们号召采取"合法的积极的斗争"恢复巴勒斯坦人的权利，并向阿拉伯国家和伊斯兰世界寻求帮助。

二 伊兹·丁·卡塞姆的斗争

1929—1935年是犹太人向巴勒斯坦移民的第五次高潮，尤其是1933年希特勒上台后，犹太移民史无前例地猛增。1935年约有6.2万名犹太人移民巴勒斯坦，是1931年的15倍多。② 然而，阿拉伯政

---

① 西墙：又称哭墙。
② ［英］理查德·艾伦：《阿拉伯—以色列冲突的背景和前途》，商务印书馆1981年版，第298页。

治精英们却对此毫无办法。日益不满的阿拉伯人开始以政党、结社等新的方式组织起具有民族主义或宗教政治倾向的团体，要求抵制英国统治，立即独立，如巴勒斯坦阿拉伯独立党（Palestinian Istiqlal Party）等。① 一些人试图以伊斯兰教为号召组织抵抗。来自叙利亚的宗教领袖谢赫伊兹·丁·卡塞姆（Izz al-Din al-Qassam）在巴勒斯坦北部开展伊斯兰教改革运动，同时准备发动反对英国人和犹太复国主义者的大规模群众起义。② 那些受到卡塞姆影响的基层组织，为巴勒斯坦城市和农村地区的地下武装打下基础，他们构成了日后武装反抗英国统治的骨干力量。③ 1935 年 11 月 20 日，卡塞姆及其追随者在杰宁与英国警察部队交火，卡塞姆被杀。卡塞姆的"殉道"激发了巴勒斯坦民族主义的高涨，最终导致巴勒斯坦阿拉伯人在 1936 年爆发大起义。④

三　1936—1939 年巴勒斯坦大起义

1936 年 4 月，阿拉伯人开始在特拉维夫和雅法等城市袭击犹太人居住区，袭击很快蔓延到巴勒斯坦全境。以阿明·侯赛尼为首的阿拉伯最高委员会宣布进行全境总罢工，直到英国人同意阿拉伯人自治、禁止犹太人迁入并停止购买阿拉伯人土地为止。罢工原计划和平进行，但阿犹仇恨导致暴力活动时有发生，甚至出现了袭击英国人的事件。为平息罢工，1937 年 7 月英国发表皮尔调查报告，首次建议将巴勒斯坦分成英国委任统治区、阿拉伯区和犹太区。皮尔分治方案遭到阿拉伯人的强烈谴责和断然拒绝，反对委任统治的暴力行动遍及整个巴勒斯坦。阿拉伯人的游击队组织在杰宁、纳布卢斯和图尔卡勒姆

---

① Rashid Khalidi, *The Iron Cage: The Story of the Palestinian Struggle for Statehood*, pp. 82–83.
② Basheer M. Nafi, "Shaykh 'Izz al-Din al-Qassam: A Reformist and a Rebel Leader", *Journal of Islamic Studies*, Vol. 8, No. 2, 1997, p. 185.
③ Rashid Khalidi, *The Iron Cage: The Story of the Palestinian Struggle for Statehood*, p. 83.
④ Rashid Khalidi, *The Iron Cage: The Story of the Palestinian Struggle for Statehood*, p. xxiii.

等地建立了基地,设立沙利亚法院,征收税款。① 阿拉伯人的武装斗争在 1938 年达到高潮,曾一度攻占耶路撒冷老城,但他们的武装斗争缺乏有效组织。起义刚开始四天,部分巴勒斯坦领导人就敦促结束暴力,以便他们可以接受官方邀请前往伦敦,与英国政府讨论如何防止卡塞姆之死造成的麻烦。② 阿拉伯人的武装斗争遭到委任统治政府的武力镇压,1937 年 10 月阿拉伯最高委员会被解散,部分委员被逮捕、流放,阿明·侯赛尼等人被迫出逃。1939 年春,英国当局终于控制了局势。"1936—1939 年起义是巴民族运动史上第一场全国性的大规模政治运动,表明巴民族主义组织已具备了较大的政治动员能力,奠定了当今已为国际社会所接受的巴勒斯坦'两国方案'的历史基础。"③

巴勒斯坦人的斗争得到阿拉伯各国的支持和响应。1937 年 9 月,埃及、伊拉克、叙利亚、黎巴嫩、外约旦、北非地中海沿岸各国及巴勒斯坦的代表在叙利亚举行阿拉伯代表大会,谴责《贝尔福宣言》、英国的委任统治以及分割巴勒斯坦领土的任何计划。1938 年 10 月,阿拉伯和伊斯兰国家在开罗举行各国议会会议,重申支持巴勒斯坦人的一切权利,宣布《贝尔福宣言》非法、无效。

四 英国改变"扶犹抑阿"政策

1939 年,第二次世界大战迫在眉睫。英国为确保在中东的利益,转而争取阿拉伯人的支持,采取平衡阿犹势力的做法,限制犹太复国主义组织的活动。当年 5 月,英国发表关于巴勒斯坦问题的白皮书,声称自己承担的关于建立犹太民族之家的义务结束;主张在 10 年内建立阿犹双方分享政府权力的独立巴勒斯坦国,犹太人在其中的比例

---

① Matthew Hughes, *Britain's Pacification of Palestine: The British Army, the Colonial State, and the Arab Revolt, 1936-1939*, Cambridge: Cambridge University Press, 2019, p. 18.

② Matthew Hughes, *Britain's Pacification of Palestine: The British Army, the Colonial State, and the Arab Revolt, 1936-1939*, p. 20.

③ 刘中民:《从阿拉伯民族主义到巴勒斯坦民族主义——20 世纪上半叶巴勒斯坦地区民族主义的发展与转型》,第 73 页。

应为 1/3 左右,故 5 年内在接受 7.5 万名犹太移民的基础上禁止犹太人非法入境,5 年后未经阿拉伯人默许不准更多的犹太移民入境;禁止或限制向犹太人转让土地。① 该计划"标志着英国巴勒斯坦政策从'扶犹压阿'到'限犹拉阿'的重大转变"。"尽管这一转变与英国实力衰落和国际局势变化有重要关系,但它无疑也是巴民族主义斗争的结果。"②

白皮书得到了以纳沙希比家族为代表的巴勒斯坦阿拉伯温和势力的支持,但没有满足阿拉伯激进势力立即禁止犹太移民的要求。犹太复国主义者拒绝接受白皮书,"哈加纳""伊尔贡"和"斯特恩帮"等犹太武装力量采取了一系列恐怖手段反对英国,威胁阿拉伯人,委任统治政府同犹太复国主义者的关系开始紧张起来。

五 美国介入阿犹冲突

第二次世界大战爆发后,进入巴勒斯坦的犹太移民特别是非法移民迅猛增加。委任统治政府严格限制非法移民,并在 1940 年 2 月颁布土地转让条例,制止犹太复国主义者兼并土地。这些政策没有取得什么效果,还加剧了英国与犹太复国主义者之间的紧张关系,双方矛盾激化。1942 年 5 月,犹太复国主义组织在纽约比尔特莫尔饭店召开紧急会议,拒绝英国在 1939 年 5 月提出的白皮书,要求在巴勒斯坦建立犹太人联邦,决定向巴勒斯坦大规模移民,并向美国谋求支持。③ 这就是《比尔特莫尔纲领》,它构成了从 1943 年起直到 1948 年以色列国建立期间,犹太复国主义运动进行政治斗争的基础。④ 这个纲领得到美国政府的赞同。从此美国取代英国,成为犹太复国主义运动的积极支持者。1943—1945 年,美国国会通过一系列决议和宣

---

① 《英国政府关于巴勒斯坦问题的白皮书(摘要)》,载尹崇敬主编《中东问题 100 年》,第 17—24 页。
② 刘中民:《从阿拉伯民族主义到巴勒斯坦民族主义——20 世纪上半叶巴勒斯坦地区民族主义的发展与转型》,第 73 页。
③ 《毕尔莫纲领》,载尹崇敬主编《中东问题 100 年》,第 25—26 页。
④ 《关于〈毕尔莫纲领〉》,载尹崇敬主编《中东问题 100 年》,第 28 页。

言，支持在巴勒斯坦实行无限制移民和建立犹太国家。1945 年 8 月，美国总统杜鲁门致函英国首相艾德礼，要求立即把无处遣返的犹太人送到巴勒斯坦。在美国的压力下，1945 年 11 月英美组成联合调查委员会，调查轴心国占领地区犹太人的处境和巴勒斯坦政治前途等问题。1946 年 4 月 30 日，调查委员会提出：立即向犹太难民发放 10 万张移民许可证；撤销对犹太人购买土地的限制。① 这个建议有利于犹太人，满足了美国的要求，遭到阿拉伯人的强烈反对。而英国政府将移民许可证发放与解除犹太复国主义组织非法武装联系在一起的做法，受到犹太复国主义者及其支持者们的强烈批评。②

在英国的坚持下，美国派出以亨利·格雷迪为首的代表团，与以赫伯特·莫里森为首的英国代表团对英美调查委员会的报告"作为一个整体加以研究"。1946 年 7 月，双方拟定了"地方自治计划"：将巴勒斯坦分成享有较大自治的犹太人省和阿拉伯人省，耶路撒冷地区和内格夫地区由中央政府直接管理，这四个地方仍受英国高级专员管辖。这就是后来著名的莫里森—格雷迪计划。③ 这个方案有利于英国，遭到阿犹双方的反对，也被杜鲁门拒绝。迫于形势压力，英国邀请阿犹双方的代表在伦敦讨论地方自治计划，由于双方立场相差巨大，会议陷入僵局。1947 年 2 月，英国宣布将巴勒斯坦问题提交联合国。

六 巴勒斯坦非正式战争状态

1947 年 11 月 29 日，联合国大会通过明显偏袒犹太人的巴勒斯坦分治决议后，抗议示威、暴力活动使巴勒斯坦处于非正式战争状态。巴勒斯坦阿拉伯人和阿拉伯各国强烈反对分治决议，阿拉伯最高委员会次日宣布进行为期三天的总罢工，抗议联合国通过的不公正决议。

---

① "The Anglo-American Committee of Inquiry, 1946", in Walter Laqueur ed., *The Israel-Arab Reader: A Documentary History of the Middle East Conflict*, New York: Penguin Books, 1970, pp. 111 – 122.

② [英] 乔治·柯克：《1945—1950 年的中东》，复旦大学历史系世界史教研组译，上海译文出版社 1980 年版，第 370 页。

③ [英] 乔治·柯克：《1945—1950 年的中东》，第 379、383—384 页。

阿拉伯国家联盟（简称"阿盟"）在12月17日发表声明，宣布阿拉伯人"决心为反对联合国分裂巴勒斯坦的决议而战"，采取"决定性手段"制止巴勒斯坦的分治。① 阿拉伯各国志愿人员组成"阿拉伯解放军"，从叙利亚进入巴勒斯坦。

犹太复国主义者支持分治决议，决心以武力保障建国权，积极备战，迅速壮大武装力量，部署抢占交通线和战略要地，到处围攻、驱赶巴勒斯坦平民，加紧扩大占领地。1948年4月9日，犹太复国主义地下武装"伊尔贡"在耶路撒冷附近的代尔·亚辛村制造了大屠杀惨案，打死了约250名阿拉伯人，其中约半数是妇女儿童。② 恐怖情绪加速了阿拉伯人的逃亡。

1948年1月至3月，阿犹双方在耶路撒冷、海法及周围地区多次发生激战。阿拉伯人在兵力上占优势，但内部矛盾交错，缺乏统一指挥，逐渐丧失主动权。委任统治结束前，犹太人相继占领太巴列、海法、雅法、贝桑、萨法德和阿卡等地。在犹太人的武力威逼下，阿拉伯人纷纷逃离这些地区。1948年年初，阿拉伯人占巴勒斯坦人口的绝对多数，在当地200万总人口中，约有140万名阿拉伯人，巴勒斯坦近90%的私有土地归阿拉伯人所有。从3月到10月，随着战争扩大，一半以上的阿拉伯人（可能超过75万人）被驱逐出境或被迫逃离成为以色列领土的地区。③

第四节　从阿拉伯民族主义到巴勒斯坦民族主义

来自犹太复国主义的直接威胁，促使巴勒斯坦民族主义从阿拉伯民族主义中脱离出来，更加关注巴勒斯坦的利益与目标。但与犹太人斗争的失败使巴勒斯坦传统精英遭到沉重打击，失去领导力量的巴勒

---

① 《阿拉伯联盟反对联合国关于巴勒斯坦分治的决议的声明》，载尹崇敬主编《中东问题100年》，第50—51页。

② ［英］乔治·柯克：《1945—1950年的中东》，第446页。

③ Rashid Khalidi, *The Iron Cage: The Story of the Palestinian Struggle for Statehood*, p. 1.

斯坦民族主义一度进入消沉时期。

一　巴勒斯坦政治精英的民族主义思想演变

在奥斯曼帝国解体之前，奥斯曼主义是西亚阿拉伯地区占主导地位的思想。巴勒斯坦居于统治地位的精英家族依靠在奥斯曼政府中担任的高级职务，巩固家族在地方的权势地位。[①] 他们在第一次世界大战中仍保持着"奥斯曼臣民"的自我认同，并在战争中支持奥斯曼帝国。一些巴勒斯坦政治精英参加青年土耳其党的纳布卢斯支部，成为青年土耳其党成员。但从青年土耳其党掌权后，拒绝对非土耳其民族实行平等原则，推行更加集权化和土耳其化的政策，招致阿拉伯人的强烈不满，促使他们同青年土耳其党分道扬镳。

世俗的阿拉伯民族主义思想从19世纪后期开始在奥斯曼帝国萌发，它属于泛民族主义，强调西亚的阿拉伯人属于同一个民族[②]，最初要求实现在奥斯曼帝国内的自治，在青年土耳其党人的压迫下，阿拉伯人开始提出民族独立的要求，并在第一次世界大战中付诸实施。[③] 巴勒斯坦当时属于奥斯曼帝国的贝鲁特省和大马士革省，当地的知识分子和地方贵族参加了阿拉伯民族主义运动，支持大叙利亚的统一。[④] 1911年，在巴黎求学的几位阿拉伯青年成立秘密政治组织"青年阿拉伯协会"，即"法塔特"（al-Fatat），主张阿拉伯人脱离奥斯曼帝国的统治，实现民族独立，其中两位创始人分别来自巴勒斯坦的杰宁和纳布卢斯。1913年，法塔特在巴黎发起召开阿拉伯人大会，来自巴勒斯坦的穆斯林和基督教教徒代表参加了这次大会。

从奥斯曼主义者转变为阿拉伯民族主义者的巴勒斯坦政治精英

---

① Muhammad Y. Muslih, *The Origins of Palestinian Nationalism*, pp. 1-2.
② 北非的阿拉伯人基本上处于欧洲殖民主义者的统治下，因而更多地关注各自的独立。
③ 关于阿拉伯民族主义的起源及其发展，参见黄民兴《20世纪阿拉伯民族主义的特点》，《西亚非洲》2001年第3期。
④ 大叙利亚包括今天的叙利亚、黎巴嫩、巴勒斯坦、约旦和以色列，它是阿拉伯民族主义的起源地。

们，追求的主要目标是巴勒斯坦与叙利亚的完全统一。他们认为巴勒斯坦是大叙利亚的一部分，要求在费萨尔的领导下，以叙利亚为核心，建立独立的阿拉伯国家。巴勒斯坦的民族主义者们在大马士革和巴勒斯坦等地建立民族主义组织及分支机构，宣传与叙利亚统一的思想，纳沙希比家族控制的文学俱乐部、以侯赛尼家族青年为主的阿拉伯俱乐部等，都是其中具有代表性的政治组织。1918年建立的"穆斯林—基督教教徒联合会"（Muslim-Christian Association）是巴勒斯坦一个重要的地方性民族主义组织，强烈反对在巴勒斯坦建立犹太民族之家，虽然要求巴勒斯坦独立，但也向泛阿拉伯主义主张妥协，接受了第一届"阿拉伯代表大会"的决议。① 1919年1月底，巴勒斯坦的民族主义组织在耶路撒冷召开首届"阿拉伯代表大会"（Palestinian Arab Congress），通过决议称"巴勒斯坦是叙利亚的一部分"，明确表示"巴勒斯坦与叙利亚在民族、宗教、语言、精神、经济和地理上存在着不可分割的联系"②。7月，15名巴勒斯坦代表参加了在大马士革召开的第一届"叙利亚全国代表大会"，要求包括巴勒斯坦在内的地理意义上的叙利亚完全独立，建立君主立宪政府。

二 巴勒斯坦民族主义思想的形成

在阿拉伯民族主义形成的同时，犹太复国主义开始在欧洲形成，它要求在巴勒斯坦建立犹太民族国家。早期到达巴勒斯坦的犹太移民人数很少，多半是宗教性的，当地的阿拉伯人与犹太人尚能和睦相处。随着犹太社团的扩张，出售给犹太新移民的土地日益增多，阿犹矛盾日渐凸显。早在1882年，在阿拉伯知识分子和记者的领导下，巴勒斯坦的农民、城市贵族、商人等群体，就已经知道犹太复国主义，并开始表达他们的反对立场。③ 1886年，为反对犹太人购买土地，阿拉伯人同犹太人首次发生冲突。1891年，耶路撒冷一批阿拉

---

① Muhammad Y. Muslih, *The Origins of Palestinian Nationalism*, pp. 162 – 163.
② Yehoshua Porath, *The Emergence of the Palestinian-Arab National Movement 1918 – 1929*, pp. 181 – 182.
③ Muhammad Y. Muslih, *The Origins of Palestinian Nationalism*, p. 86.

伯名流向奥斯曼政府呈递请愿书，控诉犹太人。不少阿拉伯民族主义运动领导人预见到犹太复国主义者与阿拉伯民族将要发生冲突。1909年，奥斯曼帝国恢复宪法和施行新闻自由后，反对犹太复国主义成为广泛的现象。1911年，第一个反对犹太复国主义的阿拉伯团体——奥斯曼爱国党成立。由于犹太移民强烈要求解雇阿拉伯劳力而代之以新来的犹太移民，使阿犹关系非常紧张，冲突事件日趋频繁。1913年夏，雷霍沃特发生阿犹冲突事件后，阿拉伯人掀起一场较大规模的反对犹太复国主义的运动。到1914年，在耶路撒冷、纳布卢斯、海法、贝鲁特、伊斯坦布尔和开罗等地均建立了反对犹太复国主义的组织。

由于犹太复国主义的威胁，巴勒斯坦的民族主义者在追求阿拉伯民族主义目标的同时，相当关注巴勒斯坦本地的形势。1908年来自耶路撒冷的鲁希·哈利迪（Ruhi Khalidi）和萨义德·侯赛尼（Sa'id al-Husayni）当选奥斯曼帝国议会议员，他们在议会展示犹太复国主义的威胁，正式提出制止犹太移民迁入及购置土地，并要求采取反对犹太复国主义的立法行动。[1] 巴勒斯坦的阿拉伯报刊开始详细介绍犹太复国主义运动及其政治主张。1911年1月创刊的《巴勒斯坦》（*Filastin*）和1908年12月创刊的《卡梅尔山》（*al-Karmil*）在塑造早期的巴勒斯坦民族意识和反对犹太复国主义的过程中发挥了重要作用。[2] "Filastin"取自古代阿拉伯人统治时期的行政区划"菲勒斯坦军区"（Jund Filastin），将它作为报纸名字，是"巴勒斯坦"这个词首次以现代的形式出现。[3]

受到本地区议员在奥斯曼帝国议会为耶路撒冷发声的鼓舞，以及阿拉伯报刊的影响，1908年至1914年，阿拉伯人更加强烈地反对犹太复国主义。许多阿拉伯人第一次意识到，犹太复国主义的最终目标

---

[1] Rashid Khalidi, *Palestinian Identity: The Construction of Modern National Consciousness*, p. 217.

[2] Rashid Khalidi, *Palestinian Identity: The Construction of Modern National Consciousness*, pp. 124–126.

[3] Haim Gerber, *Remembering and Imagining Palestine: Identity and Nationalism from the Crusades to the Present*, p. 48.

是在巴勒斯坦建立一个犹太人政体，取代现有的阿拉伯人。① 1909 年后，巴勒斯坦开始出现有组织地反对犹太复国主义的力量。

1918 年，英军占领巴勒斯坦全境，标志着巴勒斯坦民族主义的前身——阿拉伯民族主义时期的结束。英国的统治使巴勒斯坦成为事实上的独立行政区域和政治实体。1920 年 7 月，费萨尔领导的叙利亚政权垮台，阿拉伯民族主义者的统一计划失败。随着费萨尔政权的瓦解，"巴勒斯坦民族主义逐渐从阿拉伯民族主义中分离出来，把主要精力集中在巴勒斯坦问题上，地域性的色彩更加浓厚，从而完成了从阿拉伯民族主义到巴勒斯坦民族主义的转变"②。1920 年 12 月，"穆斯林—基督教教徒联合会"召集巴勒斯坦各界人士，在海法举行第三届"阿拉伯代表大会"，放弃了"大叙利亚"的主张。独立的巴勒斯坦民族意识和脱离泛阿拉伯主义的巴勒斯坦民族主义开始逐渐形成。

三 传统精英领导的巴勒斯坦民族主义的兴起和衰落

1921 年，英国把巴勒斯坦一分为二，在约旦河东岸建立半独立的外约旦酋长国，河西岸仍称巴勒斯坦。这意味着巴勒斯坦的地域被局限于濒临地中海的约旦河以西地区，这个地区的经济和社会文化都更加发达，为巴勒斯坦民族主义的发展打下基础。

城市精英是这一时期巴勒斯坦民族运动的领导者，英国委任统治当局的扶植和利用进一步强化了他们的作用。在城市精英的领导下，各种民族主义政党和团体陆续建立起来，他们多以家族和部落为基础，带有浓厚的家族色彩和派系斗争特征，但基本政治目标都是反对犹太复国主义，要求建立民族政府，共同的目标成为它们进行政治合作的基础。

在英国"扶犹抑阿"政策支持下，第二次世界大战结束时，巴勒斯坦的犹太社团已经发展成为一个成熟的民族共同体，初具国家的雏

---

① Rashid Khalidi, *Palestinian Identity: The Construction of Modern National Consciousness*, p. 94.
② 杨辉：《中东国家通史·巴勒斯坦卷》，商务印书馆 2002 年版，第 121—122 页。

形。阿犹两支平行的、发展极不平衡的民族主义力量之间的矛盾日趋尖锐，早在20世纪20年代，巴勒斯坦就不断发生阿犹相互屠杀的事件。1935年10月，巴勒斯坦各党派号召举行总罢工，并向委任统治政府提交备忘录，要求收缴犹太人的武器。12月，他们又联合提出巴勒斯坦人的民族要求，包括立即停止犹太移民；禁止把阿拉伯人的土地转移到犹太人手中；在巴勒斯坦建立民族政府。1936年，阿拉伯人掀起的反抗斗争席卷整个巴勒斯坦，并得到阿拉伯世界的支持。在斗争中，以阿明·侯赛尼为首建立了早期的阿拉伯社团领导机构——阿拉伯最高委员会，这是巴勒斯坦国家机构的起源。

然而，侯赛尼与纳沙希比两大家族之间的斗争严重削弱了巴勒斯坦民族主义运动的力量。阿明·侯赛尼担任巴勒斯坦大穆夫提后，成为巴勒斯坦民族主义运动的领导人。在他的领导下，巴勒斯坦民族主义运动的伊斯兰色彩越来越强烈，逐渐疏远了基督教教徒，代表全体巴勒斯坦阿拉伯人利益的"穆斯林—基督教教徒联合会"影响减弱。犹太人利用阿拉伯阵营分裂的机会，与纳沙希比家族结成同盟，使拉吉布·纳沙希比在1927年的地方选举中胜出，结束了半个多世纪以来侯赛尼家族对耶路撒冷市长职位的垄断。两大家族的斗争最终演变成巴勒斯坦两大政治派别的对立。在1936年爆发的巴勒斯坦大起义中，两派暂时联合，但不久就宣告分裂，开始同室操戈。由于内部分裂及英国人和犹太人的联合镇压，起义最终失败，阿拉伯最高委员会被解散，民族主义力量被摧毁，巴勒斯坦阿拉伯社会事实上处于群龙无首的状态。[1] 传统精英领导的民族运动由此走向衰落。英国将巴勒斯坦问题提交联合国后，巴勒斯坦陷入混乱。从1947年9月到1948年3月，大约7万名巴勒斯坦精英逃离家园，[2] 传统政治领导力量受到毁灭性打击，巴勒斯坦民族主义进入消沉时期。

---

[1] ［以色列］艾兰·佩普：《现代巴勒斯坦史》（第二版），第90、91页。
[2] ［以色列］艾兰·佩普：《现代巴勒斯坦史》（第二版），第110页。

第二章

巴勒斯坦人争取独立建国的历史进程

建立独立国家是巴勒斯坦民族运动的最终目标。由于严酷的现实环境，围绕建国领土范围的变化，巴勒斯坦人的战略目标逐渐趋于现实，斗争方式也经历了从武装斗争建国到和谈建国，再到外交争取建国的演变。

第一节 巴勒斯坦人丧失建立独立国家的历史机遇

第一次中东战争彻底摧毁了传统精英领导的巴勒斯坦民族运动，联合国分治决议中划分给巴勒斯坦人的领土被瓜分，巴勒斯坦人四散流落，成为"没有国家的民族"，丧失了建立独立国家的历史机遇。

一 巴勒斯坦人建立独立国家的目标

早期的阿拉伯民族主义主张西亚的阿拉伯人实现统一，尤其是在大叙利亚地区。但是，英法的委任统治使阿拉伯统一的梦想成为泡影，包括巴勒斯坦在内，西亚地区出现的一系列委任统治地逐渐演变为独立的政治实体。英国划定了巴勒斯坦的边界，确立了当地的权力结构，建立了类似国家的政治框架。在此框架内，传统精英领导的巴勒斯坦民族主义开始逐步形成。就此而言，巴勒斯坦的国家和民族主义先于民族产生，并进行自身的民族构建，即发展民族认同。有学者将这种晚于国家产生的民族定义为国家民族（state-nation）。① 巴勒斯坦民族主义属于国家民族主义，以建立独立的巴勒斯坦民族国家为目标，但它卷入了与犹太复国主义争夺同一块领土的生死斗争。

巴勒斯坦人在历史上没有建立过独立国家。巴勒斯坦建国主张的兴起与犹太复国主义运动息息相关。进入20世纪后，随着犹太复国主义运动的兴起，巴勒斯坦人与犹太人的武装冲突不断加剧，巴勒斯坦民族主义随即兴起，开始意识到巴勒斯坦人的独立问题。1936—1939年大起义，就是巴勒斯坦民族主义的集中体现。但这次起义被英国委任统治者和犹太复国主义者联合扼杀，标志着阿拉伯人占主导地位的巴勒斯坦开始走上终结之路。② 第一次中东战争期间，在埃及的推动下，1948年9月，阿盟支持重新组织起来的阿拉伯最高委员会成立以艾哈迈德·希勒米帕夏为首的"全巴勒斯坦政府"，首府设在埃及控制下的加沙城。阿拉伯最高委员会在加沙城召开巴勒斯坦人大会，选举阿明·侯赛尼为主席，这个职务相当于巴勒斯坦的国家元首。10月，除外约旦以外的所有阿盟成员国都承认了这个"加沙政府"。这是巴勒斯坦人构建国家的首次尝试，但由于未得到大国和联合国的承认，加之民族主义力量内部涣散，巴勒斯坦人的建国梦想并未真正实现。

二 联合国分治决议

1947年4月，联合国召开特别会议，决定由11个"中立"的非常任理事国③组成特别委员会，调查巴勒斯坦问题。在为期三个月的调查期间，阿拉伯国家表明了强烈反对分治的立场，而巴勒斯坦阿拉伯最高委员会则认为，阿拉伯人在巴勒斯坦的自然权利无须他人判

---

① Mostafa Rejai and Cynthia H. Enloe, "Nation-States and State-Nations", *International Studies Quarterly*, Vol. 13, No. 2, 1969, p. 140.
② Rashid Khalidi, *The Iron Cage*: *The Story of the Palestinian Struggle for Statehood*, p. 64.
③ 这11个国家是：澳大利亚、加拿大、捷克斯洛伐克、危地马拉、印度、伊朗、荷兰、秘鲁、瑞典、乌拉圭和南斯拉夫。

定，拒绝出席听证会，禁止巴勒斯坦阿拉伯人同特别委员会合作。当年9月，特别委员会向联大提交调查报告，主张结束委任统治，巴勒斯坦经过短期过渡后独立。但对于未来的政治形势，多数派方案主张采取两个独立国家的形式，在经济联合的基础上实施分治；少数派方案主张成立由犹太区和阿拉伯区组成的联邦国家。① 分治方案得到英国、美国和苏联的认可，犹太复国主义组织原则上赞成分治方案，阿拉伯国家则对两个方案都持反对态度。

1947年11月29日，联合国大会以33票赞成、13票反对、10票弃权的结果通过了《巴勒斯坦将来治理（分治计划）问题的决议》，即联大第181（二）号决议。6个阿拉伯会员国全部投了反对票，安理会5个常任理事国中，美国、苏联、法国投了赞成票，英国和中国投了弃权票。决议规定：英国于1948年8月1日前结束委任统治，在委任统治结束两个月内，成立阿拉伯国和犹太国；耶路撒冷及其附近郊区村镇成为一个"在特殊国际政权下的单独实体，并由联合国管理"。此外，分治决议还确立了"阿拉伯国"和"犹太国"之间"经济联盟下的分治"原则，两国将组成"巴勒斯坦经济联盟"。② 分治决议及其附图详尽规定了两国的边界和耶路撒冷的市辖范围，并提出对耶路撒冷的管理原则。在领土分配上，占当时巴勒斯坦总人口约31%的犹太人得到了58.7%的土地，而占总人口约69%的阿拉伯人只得到了约40.7%的土地。

三 第一次中东战争

阿拉伯国家和巴勒斯坦人坚决反对偏袒犹太人的联合国分治决议。1948年5月14日，英国结束对巴勒斯坦的委任统治，犹太人在

---

① UN Special Committee on Palestine (UNSCOP), *Question of Palestine/Majority plan (Partition)*, *Minority plan (Federal State)*, A/364, 3 September 1947.
② 《联合国大会第二届会议关于巴勒斯坦将来治理（分治计划）问题的决议〈第181（二）号决议〉》，载尹崇敬主编《中东问题100年》，第29—50页。决议原文见：UN General Assembly Resolution 181, A/RES/181 (II), *Palestine Plan of Partition with Economic Union*, 29 November 1947.

特拉维夫宣布成立以色列国。随后埃及、外约旦、伊拉克、叙利亚和黎巴嫩相继出兵巴勒斯坦，第一次中东战争正式爆发。战争爆发时，阿拉伯国家军队在数量及装备上占有明显优势。埃及出兵7000人，外约旦"阿拉伯军团"7500人，叙利亚5000人，伊拉克1万人，黎巴嫩2000人，法齐·卡伍吉领导的阿拉伯解放军和侯赛尼所属的阿拉伯拯救军各5000人，总兵力4.2万人。以色列"哈加纳"所辖战斗人员有3.4万人。①

军事力量对比上的优势，使阿拉伯国家在战争初期掌握着战场上的主动权。埃及军队从南部兵分两路进入巴勒斯坦，一支经过加沙到达特拉维夫南部的阿什杜德；另一支越过内格夫地区，通过贝尔谢巴，到达伯利恒和耶路撒冷南郊。外约旦的阿拉伯军团基本部署在巴勒斯坦中部地区，占领了联合国分治决议中规定的阿拉伯领土部分和耶路撒冷老城，并击退以色列对耶路撒冷的进攻。伊拉克军队相继占领纳布卢斯、杰宁和图勒凯尔姆。在巴勒斯坦北部，黎巴嫩军队攻占了以色列的边防哨所，叙利亚军队陆续攻克几个犹太人居民点。

面对阿拉伯军队的强大攻势，美国通过联合国安排阿以双方停火，从而使以色列获得重新组织和装备军队的机会。第一次停火期从6月11日到7月8日，虽然仅四周时间，但完全改变了阿以双方的军事力量对比。以色列利用这一机会进行军事改组，扩充兵员，补给武器装备。由于英国停止供应，阿拉伯国家未能补充先进武器，仅仅进行了驻军地域的调整，正规军人数只增加到4.5万人。7月9日，准备充分的以色列军队发动攻击，经过十天的战斗，共夺取约1000平方千米的土地，战略地位得到改善。虽然联合国安排了第二个停火期，但以色列并未认真遵守，加紧扩充军队和武器装备，并不断吞并阿拉伯阵地。而阿拉伯国家之间的矛盾进一步激化，战局每况愈下。10月15日，以色列破坏停火令，向阿拉伯军队发动进攻，接连取得

---

① 季国兴、陈和丰等：《第二次世界大战后中东战争史》，第67页。"哈加纳"在希伯来语中是"防卫"的意思，该组织是属于犹太建国协会执行机构的武装力量，成立于第二次世界大战前。以色列建国后，成为以色列国防军的骨干。

几次战役的胜利，阿拉伯军队一再败退。

1949年2月，埃及与以色列在希腊罗得岛签订停火协议，黎巴嫩、外约旦和叙利亚随后也分别与以色列签订停火协议。伊拉克拒绝和以色列谈判，但表示遵守以约停火协定。第一次中东战争最终以阿拉伯国家的失败告终。

四　第一次中东战争后的约旦河西岸与加沙地带

（一）外约旦对约旦河西岸的争夺和统治

在战争第一次停火期间，初见胜利希望的阿拉伯各方就开始划分战后的势力范围。外约旦占领了巴勒斯坦中部地区，在争取到纳沙希比等精英家族势力的支持后，国王阿卜杜拉要求将占领区并入外约旦，遭到埃及和其他阿拉伯国家的反对。与以色列签订停火协议后，阿卜杜拉加紧了对约旦河西岸的兼并进程。1949年2月，外约旦决定授予任何愿意的巴勒斯坦人以本国国籍，开始在约旦河西岸推行本国法律。1950年4月，外约旦成立了由约旦河东西两岸议员组成的参议院和众议院，正式宣布外约旦同约旦河西岸合并，国家更名为约旦哈希姆王国。

埃及坚决反对约旦兼并约旦河西岸，要求立即把约旦开除出阿盟。5月，约旦发表声明，宣布外约旦和约旦河西岸的统一并非问题的最后解决。为防止阿盟分裂，埃及做出重大让步。1950年6月召开的阿盟理事会发表决议称，兼并只是暂时的措施，关于巴勒斯坦未来的问题将在最后解决时重新审定，表明阿拉伯国家承认了约旦兼并约旦河西岸的既成事实。

以色列在1967年第三次中东战争中占领整个巴勒斯坦后，约旦国王侯赛因极力维持在约旦河西岸的存在和影响，在议会中保留约旦河西岸居民的代表；继续管理耶路撒冷的宗教事务，行使伊斯兰宗教圣地的监护权，为神职人员和管理人员支付工资；坚持开放约旦河上的三座桥梁，为巴勒斯坦人保留与外界的通道。约旦河西岸实施约旦法律，使用约旦货币，当地巴勒斯坦人的约旦护照仍然有效。直到1988年，约旦才放弃对约旦河西岸的主权要求。

（二）埃及对加沙的控制

以阿明·侯赛尼为首的加沙政府维持了不到一个月即发生分化，工商界人士和侯赛尼所依靠的军事指挥官们接连退出，倒向外约旦一边。约旦河西岸的精英家族也基本上转向外约旦。加沙政府的影响力大为缩小，1959年，它的办事处最终被埃及总统纳赛尔关闭。

埃以停火协议确立了埃及对加沙地带的实际控制，埃及设立军事机构，管理当地全部事务。约有20万名巴勒斯坦难民涌入加沙地带，除逃入西奈半岛的7000名难民得到埃及国籍外，这些难民和加沙当地居民全部处于埃及军事机构统治之下。1954年，埃及开始在加沙地带实行新法律，部分保障了巴勒斯坦人的民事权利，平均每年约有500名巴勒斯坦青年前往开罗接受高等教育。1956年第二次中东战争（苏伊士运河战争）时，以色列一度攻占加沙地带，后来在国际社会的压力下撤出。以色列撤出加沙地带后，"联合国紧急部队"接管当地的行政权，宣布成立临时"加沙政府"，但未得到埃及的承认。直到1967年5月，"联合国紧急部队"仍留驻在加沙地带。1957年，埃及宣布接管加沙地带，任命行政长官，组建地方议会，鼓励当地居民建立自我服务的社会组织。1962年，埃及军事长官将地方议会的控制权交给当地人士。巴解组织成立后，埃及允许其在加沙地带建立基地，巴勒斯坦的游击队也从当地出发袭击以色列。

以色列在第三次中东战争中再次占领加沙地带，对当地施行军事统治，镇压抵抗力量。1971年，以色列任命当地人担任加沙市长，建立地方委员会。埃及结束了在加沙地带的统治，但并没有完全割断同它的联系。1978年《戴维营协议》签订后，埃及停止向加沙地带1967年以前任职的管理人员支付工资，禁止本国大学录取当地学生，实际上终止了同加沙地带的联系。为此，当地居民发起大规模的示威，抗议埃及放弃加沙地带。

五 第一次中东战争失败的严重后果

第一次中东战争的失败给巴勒斯坦人带来严重后果，导致他们丧失建立独立国家的历史机遇，成为"没有国家的民族"。

首先，传统精英领导的巴勒斯坦民族运动被完全摧毁。城市贵族是巴勒斯坦社会的实际统治者，农民是巴勒斯坦社会的主体。巴勒斯坦农民在城市贵族等传统精英的领导下，参与反抗英国委任统治和犹太复国主义的双重斗争。随着1936—1939年大起义与第一次中东战争的失败，传统精英受到重创，完全丧失了领导巴勒斯坦民族运动的能力。

其次，巴勒斯坦赖以立国的领土被全部瓜分。东耶路撒冷和约旦河西岸被外约旦吞并，加沙地带被埃及控制，联合国分治决议划归阿拉伯人的其余领土被以色列占领。1967年11月联合国安理会通过的第242号决议，表明国际社会实际上承认了以色列对这些地区的占领。1967年第三次中东战争中，包括东耶路撒冷在内的整个巴勒斯坦都被以色列占领。

最后，巴勒斯坦人在地域上被分割为不同的群体，拥有了不同的身份。大批巴勒斯坦人由于恐怖和战争而流落他乡，成为难民或侨民，留在本土的巴勒斯坦人成为加沙巴勒斯坦人或约旦公民。以色列境内的巴勒斯坦人成为以色列的二等公民。这三部分巴勒斯坦人拥有共同的巴勒斯坦认同。[①] 由于独特的历史发展进程和耶路撒冷的"圣地"地位，19世纪以前就存在着巴勒斯坦认同的萌芽。[②] 第一次中东战争给巴勒斯坦人造成的巨大灾难，也成为他们的共同经历和无法忘却的历史记忆。即使失去了共同的家园，巴解组织的武装斗争也时刻提醒着所有的巴勒斯坦人，显示着他们的民族特性，巩固和强化着民族认同。[③] 值得注意的是，以色列的巴勒斯坦人仍保持了民族意识，他们甚至拒不庆祝以色列"国庆"，而称其为"灾难"。[④] 即使是流散

[①] 姚惠娜、黄民兴：《试论巴勒斯坦民族主义发展阶段及特征》，《史学理论研究》2014年第2期，第61页。

[②] 对早期巴勒斯坦认同的详细论证，参见 Haim Gerber, *Remembering and Imagining Palestine: Identity and Nationalism from the Crusades to the Present*, pp. 42 – 79。

[③] Yezid Sayigh, *Armed Struggle and the Search for State: The Palestinian National Movement, 1949 – 1993*, p. 667.

[④] Ilan Pappe, "The Bridging Narrative Concept", in Robert I. Rotberg ed., *Israeli And Palestinian Narratives of Conflict: History's Double Helix*, p. 197.

到其他阿拉伯国家，巴勒斯坦人仍然保持着地域上的集中性，由于寄居国的政策限制，他们主要居住在难民营，拥有一定程度的自治。但由于所处的现实环境差异，不同身份的巴勒斯坦人对民族运动目标却有了不同主张，生活在被占领土和流亡在其他阿拉伯国家的巴勒斯坦人成为谋求独立建国的两个主要群体。

第二节　巴勒斯坦人的武装斗争建国之路

巴勒斯坦民族主义在进行民族构建的同时，促进了国家的构建。巴解组织领导的武装斗争，发挥了动员巴勒斯坦民族、进行巴勒斯坦国家构建的双重作用。作为巴勒斯坦民族主义的载体，巴解组织发展成为国家组织的雏形，起着流亡政府的作用，在动员巴勒斯坦民族方面扮演着关键角色。

一　巴解组织的建立

20世纪50年代末60年代初，巴勒斯坦人的斗争情绪日益高涨，各抵抗组织频繁活动，引起阿拉伯国家的极大关注。与此同时，以色列利用约旦河水灌溉内格夫沙漠的引水工程导致阿以关系日益紧张，阿拉伯国家领导人不得不重视巴勒斯坦问题。1963年9月，阿盟理事会确认了"巴勒斯坦实体"的存在，并正式任命艾哈迈德·舒凯里作为巴勒斯坦在阿盟的代表。在纳赛尔的积极推动下，第一次阿拉伯国家首脑会议决定建立巴勒斯坦解放组织（简称"巴解组织"）。1964年5月，巴勒斯坦和阿拉伯国家的代表在东耶路撒冷举行第一届巴勒斯坦国民大会（Palestine National Council），即后来的巴勒斯坦全国委员会。会议发表《巴勒斯坦国民宪章》，决定成立巴解组织，负责领导巴勒斯坦人解放家园的斗争，建立由巴勒斯坦人组成的民事和军事组织，组建巴勒斯坦解放军。巴解组织成立之初，受埃及的影响很大，缺乏独立性。巴解组织当时的社会基础主要是传统精英，[1]不能有效动员民众，没有开展反对以色列的武装斗争，虽然得到阿拉伯国家的承认，但影响力有限。

二 巴解组织发展成为国家组织的雏形

（一）巴勒斯坦民族运动新一代领导力量接管巴解组织

20世纪50年代，以青年知识分子为代表的小资产阶级成为巴勒斯坦关键性的社会力量。这些人一般出身于贫穷或中等收入家庭，在英国委任统治时期建立的新式学校完成基础教育，在阿拉伯国家的大学接受高等教育。[2] 他们对流亡巴勒斯坦人所处的边缘地位不满，积极探求解放巴勒斯坦的途径，激进的巴勒斯坦小资产阶级民族主义兴起。他们从建立小规模的秘密组织开始，将巴勒斯坦民族组织网络逐渐扩展到阿拉伯世界的各巴勒斯坦难民营。到20世纪60年代中期，小资产阶级崛起成为巴勒斯坦民族主义运动的新一代领导力量。

1959年建立的"巴勒斯坦民族解放运动"，即"法塔赫"[3]，是其中最具代表性的组织。法塔赫创始人亚西尔·阿拉法特在埃及开罗求学时，周围就聚集了一批致力于解放巴勒斯坦的积极分子，他们从建立秘密小组、散发民族主义出版物开始，逐步发展成为主流的巴勒斯坦政治派别。法塔赫认为，建立具有独立组织结构的自治政治实体是民族复兴的关键，在制定纲领时，法塔赫坚持两项基本原则：组织和决策绝对独立于阿拉伯国家政府；武装斗争是解放巴勒斯坦的唯一手段。[4] 法塔赫的建立标志着巴勒斯坦人开始进行独立的民族解放斗争。1965年元旦，法塔赫的秘密军事组织"暴风"（al-Asifa）突击队打响

---

[1] Yezid Sayigh, *Armed Struggle and the Search for State: The Palestinian National Movement, 1949 – 1993*, pp. 98 – 99.

[2] Rashid Khalidi, *Palestinian Identity: The Construction of Modern National Consciousness*, p. 180.

[3] 阿拉伯语逆序首字母读音，法塔赫的军事组织即"暴风"突击队。

[4] Yezid Sayigh, *Armed Struggle and the Search for State: The Palestinian National Movement, 1949 – 1993*, p. 89.

了武装斗争的第一枪。1968年的卡拉迈（al-Karama）大捷"奠定了法塔赫在巴勒斯坦民族解放运动中作为主导力量的地位，特别是阿拉法特在巴勒斯坦民族解放运动中的领袖地位"[1]。次年，影响和实力大增的法塔赫接管巴解组织。从此，巴解组织摆脱了对埃及等阿拉伯国家的依附，成为主张武装斗争的独立力量，这标志着巴勒斯坦民族主义的成熟。

（二）巴解组织的领导机构

巴解组织在组织和动员流亡巴勒斯坦人的过程中，准政府机构和基层组织得到发展，这为国家的构建提供了组织基础。巴解组织作为巴勒斯坦民族主义的正式代表，成为巴勒斯坦事实上的流亡政府，其体制结构在20世纪70年代初巩固下来。[2] 巴解组织的最高权力机构全国委员会代表全体巴勒斯坦人，是具有议会性质的立法机关，巴解组织执委会成为事实上的行政机关，承担着巴勒斯坦国家临时政府的权力和职责。[3] 这些机构的职能在巴解组织1988年10月26日公布的关于建立独立国家的文件中得到进一步明确。[4]

巴勒斯坦全国委员会是巴解组织的最高权力机构，是议会性质的立法机关，代表全体巴勒斯坦人，负责制定巴解组织的纲领、政策和计划，选举巴解组织中央委员会和常设领导机构。全委会每届任期两年，定期召开例会，审议执委会报告、巴勒斯坦民族基金会报告、巴解组织预算、各下设委员会提出的建议等问题。全委会设有主席办公室，由一名主席、两名副主席和一名书记组成。

巴勒斯坦全国委员会人数不固定，有三四百人，其中30%来自游击队组织，20%来自下属的群众运动和工会，20%来自流散在西方的

---

[1] 王京烈：《阿拉法特》，长春出版社2006年版，第76页。
[2] Philip Mattar ed., *Encyclopedia of the Palestinians*, Revised Edition, New York: Facts on File, 2005, p. 355.
[3] PNC, *Palestine question/PNC Declaration on provisional Government-Letter from Palestine*, UN A/43/928, 15 November 1988.
[4] 《巴解组织关于建立独立国家的文件》，载尹崇敬主编《中东问题100年》，第127—130页。

巴勒斯坦侨民，30%来自被以色列驱逐出被占领土的个人、著名知识分子等。①

巴解组织中央委员会（The Central Committee of PLO）是巴全委会与巴解组织执委会之间的一个监督机构，负责监督执委会执行全委会的决议和巴解组织的方针政策，由全委会选举产生，共有100多名成员。在全委会闭会期间，由中央委员会指导巴解组织工作。自1970年起，阿拉法特一直担任中央委员会主席。2004年11月阿拉法特去世后，阿巴斯继任主席。

巴解组织执行委员会（The Executive Committee of PLO）是巴解组织常设领导机构，集体向全委会负责，其成员为专职人员，分别负责执行全委会制定的政策、计划和纲领。执委会根据全委会的计划和决议行使巴解组织的所有职权，有4项主要职能：正式代表巴勒斯坦人民；负责监督巴解组织各个机构；发出指示，制定纲领并就巴解组织的组织事宜做出决策；负责执行巴解组织的财政政策，制订预算计划。② 执委会下设政治、军事、教育、新闻、社会事务、巴勒斯坦民族基金会、被占领土事务、群众组织、和谈事务、难民事务等10个准国家机构。巴解组织执委会第一任主席是舒凯里，自1969年2月以来，这个职务一直由阿拉法特担任，阿拉法特逝世后，由阿巴斯继任。

（三）巴解组织的分化改组

巴解组织是由巴勒斯坦各派别组成的松散联盟，其成员在遵守《巴勒斯坦国民宪章》的前提下，可以保留自己的组织体系和政治主张，但不同派别的政治主张差别很大，仅在解放巴勒斯坦的最终目标上达成了共识。③

法塔赫是巴解组织中实力最强、人数最多的派别，在巴解组织中居于领导地位。1967年，"巴勒斯坦解放阵线""复仇青年"与"归国英雄"三个组织在叙利亚合并，组成解放巴勒斯坦人民阵线（简称

---

① Philip Mattar ed., *Encyclopedia of the Palestinians*, Revised Edition, pp. 355–356.
② 巴勒斯坦解放组织驻京办事处：《巴勒斯坦问题和巴解组织》，第18页。
③ Philip Mattar ed., *Encyclopedia of the Palestinians*, Revised Edition, p. 355.

"人阵",PFLP),是巴解组织中仅次于法塔赫的第二大派别。"人阵"深受阿拉伯民族主义思想和马克思列宁主义的帝国主义理论影响,创始人乔治·哈巴什把以色列视为西方帝国主义的新殖民主义计划,要求发动"人民战争"消灭以色列,并积极谋求通过泛阿拉伯革命推翻"阿拉伯资产阶级",建立社会主义政权。① "人阵"曾多次分裂。1969年,纳耶夫·哈瓦特迈脱离"人阵",建立解放巴勒斯坦民主阵线(简称"民阵",DFLP),是巴解组织中的第三大派别。"民阵"坚持只有通过人民革命才能实现巴勒斯坦的解放,并呼吁犹太人和阿拉伯人建立一个民主的无产阶级国家,后来"民阵"接受以"两国方案"解决巴勒斯坦问题。② 1967年,巴勒斯坦人民斗争阵线(简称"人斗阵")由"人阵"分裂出来,1971年参加巴解组织。艾哈迈德·贾布里勒(Ahmad Jabril)在1968年脱离"人阵",建立解放巴勒斯坦人民阵线(总指挥部)[简称"人阵(总部)",PFLP-GC]。巴勒斯坦解放阵线(简称"巴解阵",PLF)1976年从"人阵(总部)"分裂出来,1977年正式成立。巴勒斯坦人民解放战争先锋队(统称"闪电",Sa'iqa)1968年成立,受到叙利亚支持。解放巴勒斯坦阿拉伯阵线(简称"阿解阵",ALF)1969年建立,受到伊拉克的支持。"闪电"和"阿解阵"都主张阿拉伯统一,但叙利亚和伊拉克之间的敌对导致这两派斗争激烈。

巴勒斯坦共产党(Palestine Communist Party)没有建立游击队组织,但在约旦河西岸和加沙地带有很强的势力,是巴勒斯坦重要的政治力量,其领导人苏莱曼·纳吉布(Sulayman Najjab)在1987年首次加入巴解组织执委会。苏联解体后,巴勒斯坦共产党在1991年10月改名为巴勒斯坦人民党(Palestine People's Party,PPP)。

众多游击队和群众组织加入巴解组织,使巴解组织根植于大众,能够动员和组织巴勒斯坦民众,成为民众参与民族政治的渠道。在巴

---

① Michael Bröning, *Political Parties in Palestine: Leadership and Thought*, New York: Palgrave Macmillan, 2013, pp. 97 – 98.

② Michael Bröning, *Political Parties in Palestine: Leadership and Thought*, pp. 174 – 175.

解组织的庇护下，游击队组织在约旦、叙利亚和黎巴嫩都获得了自治权利。

巴解组织自成立以来，围绕战略目标、斗争方式等问题，所属各派别发生过多次分化改组。1974年，法塔赫、"民阵"和"闪电"联合提出战略目标分阶段实现的方针，主张先在加沙地带和约旦河西岸建立独立的巴勒斯坦国，最终在巴勒斯坦全境建立民主国家。[①] "人阵"坚决反对这个方针，由于分歧难以弥合，"人阵"退出巴解组织执委会和巴勒斯坦中央委员会，并与"人阵（总部）""人斗阵"和"阿解阵"组成"拒绝阵线"（Palestinian Rejection Front），要求继续进行武装斗争，解放整个巴勒斯坦。[②] 巴解组织分裂成以法塔赫、"民阵"和"闪电"为一方，以"拒绝阵线"为另一方的两大派别。直到1977年巴勒斯坦全国委员会第13次会议，"人阵"同意分阶段实现战略目标的方针，"拒绝阵线"最终瓦解。

巴解组织1982年撤出贝鲁特后，法塔赫内部以阿布·穆萨为首的部分人员坚持武装斗争是解放巴勒斯坦的唯一方式，反对"非斯方案"和"约巴联邦方案"，他们在1983年5月组成"巴勒斯坦革命运动"，武装反对阿拉法特，要求纠正他的"错误领导"。阿拉法特被迫于1983年12月撤离的黎波里，并访问埃及同穆巴拉克总统会谈。"闪电"和"人阵（总部）"支持阿布·穆萨的政治主张，攻击阿拉法特的埃及之行，并与"人斗阵"共同组成"民族联盟"，与法塔赫对抗，强调加强武装斗争，反对一切投降主义的解决办法，要求与叙利亚结成战略同盟。"人阵"和"民阵"同情法塔赫反对派的政治主张，但不赞成用暴力手段解决内部分歧，反对外部力量插手巴解组织内部事务，反对阿拉法特访埃，公开提出要阿拉法特下台。

1985年2月"约巴协议"的签署引起巴解组织许多派别的不满和反对，"人阵"态度尤为强烈。派系分裂和斗争严重阻碍了巴解组

[①] Shaul Mishal, *The PLO under Arafat: Between Gun and Olive Branch*, New Haven: Yale University Press, 1986, p. 17.

[②] Shaul Mishal, *The PLO under Arafat: Between Gun and Olive Branch*, p. 43.

织对巴勒斯坦人民的领导。在苏联的积极斡旋和阿尔及利亚、利比亚的推动下，巴解组织各派别多次接触对话，寻求恢复团结的方式和途径。1987年4月，法塔赫、"人阵"、"民阵"、"巴解阵"、"阿解阵"和巴勒斯坦共产党等组织出席在阿尔及尔举行的巴解组织全国委员会第18次会议，选举出以阿拉法特为主席的执委会，达成了各方都能接受的协议，但民族联盟没有出席这次会议。

1988年11月巴解组织宣布建国的行为遭到一些派别的强烈反对，民族联盟拒绝出席巴勒斯坦国成立大会，"人阵"和"民阵"虽然参加了成立大会，但在是否接受联合国第242号和第338号决议上与法塔赫存在分歧。中东和平进程的启动再次引起巴解组织及其所属派别的分化改组。1991年，"民阵"分裂为"亲阿拉法特派"和"强硬派"，后者与"人阵"和哈马斯等10个组织成立"巴勒斯坦力量联盟"，反对《奥斯陆协议》。1993年，部分成员不满"阿解阵"反对《奥斯陆协议》的政策，另外组成"巴勒斯坦阿拉伯阵线"。

三 巴解组织的战略目标与斗争方式

（一）解放整个巴勒斯坦与武装斗争

巴解组织及下属各抵抗组织追求的目标都是"解放整个巴勒斯坦"，在原英国委任统治区范围内建立一个巴勒斯坦人的国家，肃清当地的犹太复国主义，不承认联合国分治决议，否认以色列的存在。[①]

巴解组织坚持武装斗争。1968年7月召开的第四次巴勒斯坦全国委员会对1964年通过的《巴勒斯坦国民宪章》进行重大修改，明确规定"武装斗争是解放巴勒斯坦的唯一正确途径"，游击队的行动是"巴勒斯坦人民解放战争的核心"。[②] 武装斗争增强了巴勒斯坦人的民族认同，提供了巴勒斯坦国家构建的主题和实践，促进了政治精英阶层的形成和军事化，为他们提供了政治合法性，奠定了巴勒斯坦国家

---

① 杨辉、马学清：《巴勒斯坦战略目标的演变》，第8—9页。
② 《巴勒斯坦国民宪章》，第九条，第十条。载尹崇敬主编《中东问题100年》，第57页。

的基础。①

1967年第三次中东战争后，巴解组织以约旦为基地袭击以色列，由于危及约旦的内外安全，在1970年9月的"黑九月事件"中被镇压，次年又被全部赶走，不得不撤往黎巴嫩。巴解组织在黎巴嫩的发展壮大改变了当地脆弱的政治平衡，成为黎连年内战的主要原因之一，最终在1982年8月被以色列彻底赶出黎巴嫩，撤往多个阿拉伯国家。在约旦和黎巴嫩"国中之国"地位和基地的相继丧失使巴解组织失去了同以色列直接较量的可能，实力受到沉重打击，基本丧失了继续开展反以武装斗争的条件。巴勒斯坦民族主义开始由武装斗争向政治斗争过渡。

(二) 武装斗争和政治外交斗争并举

1973年第四次中东战争②后，阿以冲突由军事对抗阶段转入政治解决阶段。地区和国际形势的变化，促使巴解组织逐渐放弃解放历史上的整个巴勒斯坦的战略目标，要求"在解放了的任何一块土地上建立独立政权的权利"，③斗争方式也从"武装斗争是唯一正确方式"转入"武装斗争和政治外交斗争并举"的历史时期。斗争方式的灵活多样为最终解决巴勒斯坦问题提供了现实可行的条件。④

战略目标和斗争方式的转变使巴解组织逐渐被国际社会接受。1974年，阿盟承认巴解组织是巴勒斯坦人民的唯一合法代表，1976年接纳它为正式成员，确立了巴解组织在阿拉伯世界的合法地位。1974年11月，第29届联合国大会通过决议，承认巴勒斯坦人民有"取得国家独立和主权的权利"，邀请巴解组织以观察员身份参加联大会议和工作，⑤从而确立了巴解组织在国际社会的合法性。外交承认

---

① Yezid Sayigh, *Armed Struggle and the Search for State: The Palestinian National Movement, 1949-1993*, p. 665.

② 又称十月战争、赎罪日战争、斋月战争。

③ 殷罡:《阿以冲突——问题与出路》，第231页。

④ 杨辉:《巴勒斯坦斗争方式的演变》，第26页。

⑤ UN GA Resolution A/RES/3237 (XXIX), *PLO UN Status/PLO to Participate as Observer in GA*, 22 November 1974.

为巴解组织提供了更大的活动空间和国际舞台。

第三节 《奥斯陆协议》与和谈建国

国际局势和中东地区格局的变化,以及被占领土形势的发展,促使巴解组织与以色列开启奥斯陆和平进程,准备分阶段在加沙地带和约旦河西岸建立国家。

一 被占领土新社会阶层的崛起

20世纪70年代,在约旦河西岸和加沙地带,新崛起的民族主义力量逐渐取得被占领土巴勒斯坦人的领导权。以色列与埃及单独媾和后,在被占领土建立"民事政府",企图将占领正常化。以色列两次在被占领土组织地方选举,试图扶植本土精英作为代理人,以对抗巴解组织。以色列占领后,传统贵族一度重返地方政坛,但在1976年的地方选举中,被巴解组织击败。[1] 当选者大部分是受过良好教育、富有思想的年轻人,三分之二的当选者不超过50岁。[2]

20世纪80年代,被占领土社会结构的变化导致传统贵族的政治地位进一步丧失。首先,以色列大规模没收土地,严重削弱了掌握土地所有权的贵族的权力。到1987年,以色列直接控制了约旦河西岸52%的土地和加沙地带42%的土地。[3] 其次,巴勒斯坦雇佣劳动力阶层壮大,农民阶层趋于消失。以色列就业市场自1968年9月开始向巴勒斯坦人开放,到80年代,约旦河西岸和加沙地带40%的劳动力在以色列工作。[4] 大批巴勒斯坦农民因此变成依靠工资收入的雇佣劳

---

[1] [以色列]艾兰·佩普:《现代巴勒斯坦史》(第二版),第131页。
[2] Glenn E. Robinson, *Building a Palestinian State: The Incomplete Revolution*, p. 12.
[3] Yezid Sayigh, *Armed Struggle and the Search for State: The Palestinian National Movement, 1949–1993*, p. 607.
[4] Yezid Sayigh, *Armed Struggle and the Search for State: The Palestinian National Movement, 1949–1993*, p. 607.

动力，不再依附于传统贵族，这也为民族主义政治动员提供了社会基础。最后，被占领土高等教育的发展造就了新一代的巴勒斯坦精英，对传统贵族政治产生直接挑战。七八十年代，高等教育的迅速发展使平民子弟获得进入大学校园的机会，他们迅速成长为新一代民族领导。部分年轻知识分子从传统文化中寻求新的认同，从宗教中寻求解决巴勒斯坦问题的出路，促进了被占领土激进的政治伊斯兰势力的崛起。

二 第一次因提法达与被占领土形势的变化

1987年12月，以色列占领下的约旦河西岸和加沙地带爆发大规模群众运动，人们主要通过罢工、示威游行、抵制以色列商品等非暴力的政治不合作方式反抗以色列占领，后来出现向以色列军警投掷石块及激进组织袭击等活动。巴勒斯坦人称这场群众运动为"因提法达"（Intifada，起义），西方媒体称之为起义（uprising）。因提法达促使阿拉法特和巴解组织抛弃解放整个巴勒斯坦的幻想，公开承认以色列，走上和谈建国的道路。[①]

巴解组织在周边阿拉伯国家的"国中之国"地位彻底丧失后，战略重心转向被占领土。因提法达爆发后，法塔赫、"人阵"、"民阵"和巴勒斯坦共产党等在被占领土活动的四大世俗民族主义组织，联合组成"统一指挥部"，以散发小册子与电台广播相配合的形式，指挥被占领土的罢工活动。[②] 这使因提法达在爆发后几周内就转化成为制度化、组织化的行动，沉重打击了以色列在被占领土的统治。[③]

以色列试图扶植被占领土的本土政治势力，以取代巴解组织，作

[①] 赵克仁：《因提法达与巴以和平进程》，《世界历史》1996年第6期，第90—93页。

[②] Helena Cobban, "The PLO and the 'Intifada'", *Middle East Journal*, Vol. 44, No. 2, 1990, pp. 211 – 212; Kirsten Nakjavani Bookmiller, Robert J. Bookmiller, "Palestinian Radio and the Intifada", *Journal of Palestine Studies*, Vol. 19, No. 4, 1990, pp. 96 – 105.

[③] Helena Cobban, "The PLO and the 'Intifada'", p. 208.

为同自己谈判的力量。但占领当局长期施行驱逐政策,将被占领土的社区领导人和组织者驱逐出境,用清除本土政治领导人的办法,防止当地发展出群众性的抵抗运动,这导致被占领土无法产生独立于巴解组织的全国性领导。因提法达使以色列认识到,他们无法通过军事手段镇压巴勒斯坦人,希望巴解组织承担起维护内部安全的责任,结束被占领土的暴力行为,这成为推动以色列与巴解组织和谈的一个主要原因。①

被占领土形势的变化使在当地建立独立的巴勒斯坦国成为合乎逻辑的解决方案。以色列不尊重被占领土巴勒斯坦人的最基本权利,如自由投资、土地所有权和水资源使用等。这导致相当多可能已经准备与以色列进行政治解决的巴勒斯坦人,发现他们别无选择,只有加入巴解组织寻求完全独立。② 但占领状态下的生活,使巴勒斯坦地方精英更加关注如何结束以色列的占领,主张采取更加现实的妥协方案解决巴勒斯坦问题。③ 因提法达期间,被占领土和东耶路撒冷的政治人士与知识分子呼吁,在被占领土宣布巴勒斯坦建国,以色列与巴解组织相互承认。④

被占领土最活跃的两大伊斯兰运动——哈马斯和巴勒斯坦伊斯兰圣战组织(杰哈德)也同巴解组织的立场日益接近。在1989年4月30日的访谈中,哈马斯领导人艾哈迈德·亚辛表示,"赞成建立一个国家";不会取代巴解组织与以色列进行谈判。这表明,哈马斯在政治层面上已经更加接近巴解组织的主流立场。亚辛拒绝取代巴解组织,这成为巴解组织领导人在1989年赢得的最重要的政治胜利之一。⑤ 在1989年7月的访谈中,杰哈德一位领导人表示,"巴解组织已经赢得了合法性,并做出了持续的牺牲",杰哈德将在建立国家之

---

① Brynjar Lia, "The Establishment of a Palestinian Police Force in the West Bank and Gaza Strip", *International Peacekeeping*, Vo. 6, No. 4, 1999, p. 157.
② Helena Cobban, "The PLO and the 'Intifada'", pp. 226 – 227.
③ Shaul Mishal, *The PLO under Arafat: Between Gun and Olive Branch*, p. 97.
④ Helena Cobban, "The PLO and the 'Intifada'", p. 223.
⑤ Helena Cobban, "The PLO and the 'Intifada'", p. 216.

后，以民主的方式与之抗争。他表示支持在被占领土建立一个小型巴勒斯坦国，作为解放"整个巴勒斯坦"的一步。①

因提法达严重削弱了约旦在被占领土的势力。1988年7月，约旦宣布切断与约旦河西岸的法律和行政联系，"从而结束了约旦对西岸的主权要求及约旦和巴解组织双重代表西岸巴勒斯坦人的历史，并给巴解组织填补西岸的政治和法律真空提供一个好机会"②。

三 巴勒斯坦宣布建国

1988年10月26日，巴解组织公布关于建立独立国家的文件，其核心内容如下：(1)"新的巴勒斯坦国有一个共和国制度，有一个由议会选举出来的总统，有一个由一党或多党推举出来的内阁委员会"。(2)未来的巴勒斯坦国由巴解组织执委会主席亚西尔·阿拉法特主持，由巴解组织政治部主任法鲁克·卡杜米任新政府外长，巴解组织执委会成员被认为是新政府的成员。(3)巴勒斯坦全国委员会为新国家的议会。(4)在被占领土建立临时行政机构。(5)准备组成一个"工作代表团"，同以色列谈判解决两国边界、加沙同约旦河西岸的联系、犹太人定居点前途、水资源的分配、"难民返回的权利或对他们的赔偿问题"。(6)"一旦新国家被承认和以色列军队撤离，就采取措施进行自由和直接的选举，以组成一个新政府和选择国家元首"③。

1988年11月15日，巴勒斯坦全国委员会第19次特别会议在阿尔及尔公布《独立宣言》，宣布建立巴勒斯坦国；巴解组织承认联合国分治决议以及1947年以来通过的联合国决议，认为"联合国分治决议为巴勒斯坦人民的主权和民族独立权利的国际合法性奠定了基础"，首次接受联合国第242号和第338号决议，从而在事实上承认了以色列国的存在和1967年的以巴边界；巴解组织主张在上述决议

---

① Helena Cobban, "The PLO and the 'Intifada'", pp. 214-215.
② 杨辉、马学清：《巴勒斯坦战略目标的演变》，第11页。
③ 《巴解组织关于建立独立国家的文件》，刊登于1988年10月26日的黎巴嫩《国土报》，收录于尹崇敬主编《中东问题100年》，第127—130页。

及保障巴勒斯坦人合法民族权利基础上，召开中东问题国际和会。① 这标志着巴勒斯坦民族运动的主流接受了通过建立两个国家来解决巴以冲突的"两国方案"。1988年12月15日，联合国大会通过《巴勒斯坦问题第43/177号决议》，承认巴勒斯坦全国委员会宣布成立巴勒斯坦国，并决定在联合国内用"巴勒斯坦"取代"巴勒斯坦解放组织"。② 这意味着巴勒斯坦在联合国的地位和身份有了进一步提升。③

《独立宣言》公布后，截至2011年10月，已经有130个国家承认巴勒斯坦国。④ 但这些承认绝大多数只是以政府声明形式表达的"事实承认"，而不是法律上的承认。虽然约旦河西岸和加沙地带是国际社会承认的巴勒斯坦领土，但在巴勒斯坦宣布建国时，这两片区域还处在以色列占领之下，巴勒斯坦人不能在被占领土建立临时政府，也不能对这片领土行使有效管理，宣布建立的巴勒斯坦国只是一个法理上的国家。巴勒斯坦也没有取得联合国正式成员资格，1998年以前巴解组织一直以观察员身份参加联合国工作，其名称也只是"巴勒斯坦"而不是"巴勒斯坦国"，直到1998年7月才被提升为"无投票权的成员地位"，成为"事实国家"。⑤ 巴勒斯坦人一直在为建立独立的、具有完整主权的巴勒斯坦国而努力。

海湾战争后，国际格局和中东地区局势都发生了巨大变化，阿拉伯世界陷于分裂，整体上受到削弱；巴解组织在海湾战争中采取同情伊拉克的立场，失去了海湾国家的经济支持；形势的变化促使巴解组织走上与以色列和谈建国的道路。

---

① Yehuda Lukacs ed., *The Israeli-Palestinian Conflict: A Documentary Record*, Cambridge: Cambridge University Press, 1992, p. 419.

② UN, *Acknowledgement of Proclamation of State of Palestine/Designation "Palestine" to be Used instead of "PLO"*, GA Resolution A/RES/43/177, 15 December 1988.

③ 赵洲：《联合国会员国的身份获得与主权国家身份建构》，《太平洋学报》2012年第5期。

④ 巴勒斯坦常驻联合国观察员在安全理事会第6636次会议上的发言。UN, *Mideast Situation/Palestinian Question-USG for Political Affairs Pascoe briefs*, SecCo S/PV.6636, 24 October 2011.

⑤ 对于1988年巴勒斯坦宣布建国的法律解释的研究，参见殷罡主编《阿以冲突——问题与出路》，第234—239页。

四 奥斯陆进程与巴勒斯坦国家的雏形

在国际社会的斡旋下，1993年9月，巴解组织与以色列签署《临时自治安排原则宣言》，即《奥斯陆协议》，这标志着巴解组织选择了通过谈判建立一个真正意义上的国家。《奥斯陆协议》及其后达成的一系列协议和文件构成了解决巴以冲突的奥斯陆模式。巴解组织承认以色列的生存权，以色列承认巴解组织代表巴勒斯坦人的权利，双方以联合国安理会第242号决议和第338决议为基础，开始实施"以土地换和平"为特征的奥斯陆和平进程。这为巴勒斯坦分阶段在加沙地带和约旦河西岸建国打下基础。

1994年5月4日，巴以双方签署《加沙—杰里科协议》，[①] 对巴勒斯坦的临时自治安排做出规定。5月12日，巴勒斯坦民族权力机构成立，作为向主权国家过渡阶段的临时政府，分阶段在加沙地带和约旦河西岸实施有限自治。根据相关协议规定，巴勒斯坦建立警察部队维护内部安全与公共秩序。通过多次谈判，以色列分阶段向巴勒斯坦移交了被占领土的部分土地，包括巴以共同管理的区域在内，巴勒斯坦控制了加沙地带和约旦河西岸约40%的领土。这样，巴勒斯坦国家的雏形已经形成。

《奥斯陆协议》给出了巴勒斯坦自治以及巴以进行最终地位谈判的时间表，但直到1999年9月双方才正式启动最终地位谈判。巴勒斯坦最终地位谈判主要涉及耶路撒冷地位、巴勒斯坦难民回归、犹太人定居点、边界划分和水资源分配等问题，由于关系到双方的民族、主权、安全、经济、宗教争端等，巴以分歧很大，谈判一直未能取得实质性进展。加上双方极端势力的阻挠和政局的多次变化，和平进程

[①] 《中东问题100年》刊载了《加沙—杰里科协议》正文的中文译文，《国际法律资料》刊载了《加沙—杰里科协议》英文版正文全文及附件，本书引用的《加沙—杰里科协议》条文都出自这两处，不再一一注明。《实施加沙—杰里科自治（开罗协议）》，载尹崇敬主编《中东问题100年》，第732—744页。"Israel-Palestine Liberation Organization Agreement on the Gaza Strip and the Jericho Area", *International Legal Materials*, Vol. 33, No. 3, May 1994, pp. 622–720.

一再受挫。2000年7月，巴以戴维营谈判失败，以色列利库德集团领导人沙龙在9月底强行访问阿克萨清真寺，导致巴以爆发大规模武装冲突。巴勒斯坦人称他们的武装行动为阿克萨起义，认为这是他们的第二次因提法达，直到2005年才宣布结束这次因提法达。武装冲突对巴勒斯坦社会经济和巴以关系造成巨大破坏，奥斯陆和平进程名存实亡。

第 三 章

巴勒斯坦国家构建的外部环境变迁

外部环境在巴勒斯坦国家构建进程中发挥着无可比拟的作用,巴勒斯坦人争取民族独立、建立主权国家乃至巴勒斯坦问题的解决,都离不开国际社会的支持,其中美国和阿拉伯世界是至关重要的两支力量,但不幸的是,美国与阿拉伯世界局势的变化都不利于巴勒斯坦人。

第一节 阿拉伯国家外交重心的转移

法塔赫建立之初,就要求组织和决策绝对独立于阿拉伯国家政府,其领导人公开拒绝泛阿拉伯主义思想,但领土被瓜分和巴勒斯坦难民流落阿拉伯国家的现实,使巴勒斯坦解放运动与阿拉伯国家事务紧密相连。[1] 由于共同的语言、文化和宗教,所有阿拉伯国家都在道义上支持巴勒斯坦人的事业,巴勒斯坦问题也成为阿拉伯世界长期关注的头号重点。巴勒斯坦问题的解决离不开阿拉伯世界的支持和参与。在阿拉伯民族主义旗帜下,阿拉伯世界支持巴勒斯坦人争取民族合法权利的斗争,推动国际社会承认巴解组织、重视巴勒斯坦问题。在这种情况下,巴勒斯坦问题成为影响阿拉伯国家内政的重要因素。

---

[1] Helena Cobban, *The Palestinian Liberation Organisation: People, Power, and Politics*, p. 195.

对于那些与以色列接壤的阿拉伯前线国家，巴勒斯坦问题关系到他们的内部稳定，巴勒斯坦抵抗力量的发展，威胁到他们的安全和主权，导致双方矛盾激化。对于沙特等国家，耶路撒冷的地位问题关系到他们国家政权的合法性。[1] 民族国家构建的需要促使阿拉伯各国追求国家民族主义，把国家利益作为对巴勒斯坦政策的首要目标，一些阿拉伯国家甚至打着帮助巴勒斯坦人的旗号干涉巴勒斯坦事务，谋求本国利益，严重损害了巴勒斯坦人的利益。为此，争取阿拉伯世界的支持，在阿拉伯国家之间保持平衡，同时寻求在不受外界干预的情况下独立决策，成为巴勒斯坦对阿拉伯世界外交的重要目标。但自中东剧变以来，阿拉伯世界整体实力衰落，地区格局变化，阿拉伯国家的外交重心转移限制了巴勒斯坦的外交空间。

一 寻求和依靠阿拉伯国家的支持

在战略目标和斗争方式发展的不同阶段，巴解组织的外交活动和对外关系演变具有不同的特点，阿拉伯国家对巴解组织的支持程度也相应改变。

（一）阿拉伯国家对巴解组织及其武装斗争的支持

巴勒斯坦问题作为促使阿拉伯各国实现团结的动力，是埃及总统纳赛尔倡导的泛阿拉伯主义事业的核心议题。泛阿拉伯主义作为一种社会思潮，是埃及谋求阿拉伯世界领导地位的理论工具，纳赛尔宣扬泛阿拉伯主义的政治理念，积极推动阿拉伯世界共同谋求阿以冲突的整体解决。在埃及的推动下，1964年1月在开罗召开第一次阿拉伯国家首脑会议，决定建立巴解组织，由舒凯里担任领导。1964年9月召开的第二次阿拉伯国家首脑会议在公报中强调：必须利用阿拉伯的全部潜力来对付以色列，帮助巴解组织建立巴勒斯坦解放军。[2]

法塔赫成立后，受到阿尔及利亚反法独立斗争（1954—1962）胜

---

[1] Bahgat Korany and Ali E. Hillal Dessouki, eds., *The Foreign Policies of Arab States: The Challenge of Globalization*, Cairo: The American University in Cairo Press, 2008, p. 5.

[2] 《第二次阿拉伯国家首脑会议公报（摘要）》，载尹崇敬主编《中东问题100年》，第561—562页。

利的鼓舞，加快斗争步伐，并有计划地寻求外部支持。① 1963 年，法塔赫得到阿尔及利亚总统本·贝拉许可，在阿尔及尔设立办事处，这是法塔赫在阿拉伯国家设立的首个办事处。但阿尔及利亚与以色列距离遥远，法塔赫迫切需要寻找能够就近对以色列进行武装打击的军事基地。在阿尔及利亚的帮助下，阿拉法特与叙利亚刚上台的复兴党政权建立联系。② 叙利亚复兴党深受泛阿拉伯主义思想影响，追求阿拉伯民族的统一，支持巴勒斯坦事业有助于复兴党政权团结国内各种势力，增强自身合法性，③ 支持巴勒斯坦的游击队组织也能分散来自以色列的军事压力，因此，叙利亚复兴党政权是首个为抵抗组织提供实际支持的中东国家政权。④ 第三次中东战争后，叙利亚在阿拉伯国家中第一个为巴勒斯坦游击队提供训练基地，但不允许他们从本国出发袭击以色列。⑤

为抗衡受埃及影响的巴解组织，叙利亚支持当时还没有参加巴解组织的法塔赫，自 1966 年起，法塔赫开始以叙利亚为基地向以色列发动袭击。为摆脱叙利亚的控制，阿拉法特从 1968 年年初开始在约旦建立基地，招募游击队员，对以色列发动袭击。作为巴勒斯坦难民的主要聚居国之一，约旦的巴勒斯坦难民营为游击队组织提供大量的兵员。到 1970 年，约旦有 3 万—5 万名巴勒斯坦游击队员，大部分是法塔赫成员。⑥ 1968 年 3 月 21 日，法塔赫游击队在约旦军队的配合下，重创了进攻卡拉迈难民营的以色列军队。军事胜利使阿拉伯国家

---

① 殷罡主编：《阿以冲突——问题和出路》，第 219—220 页。
② Barry Rubin and Judith Colp Rubin, *Yasir Arafat: A Political Biography*, New York: Oxford University Press, 2003, p. 30.
③ Faedah M. Totah, "The Palestinian Cause in Syrian Nationalism", *Dialectical Anthropology*, Vol. 42, No. 4, 2018, pp. 429–441.
④ Rashid Khalidi, "The Asad Regime and the Palestinian Resistance", *Arab Studies Quarterly*, Vol. 6, No. 4, 1984, p. 259; Ghada Hashem Talhami, *Syria and the Palestinians: The Clash of Nationalisms*, Florida: University Press of Florida, 2011, p. 164.
⑤ R. D. Mclaurin, "The PLO and the Arab Fertile Crescent", in Augustus Richard Norton and Martin H. Greenberg, eds., *The International Relations of the Palestine Liberation Organization*, Carbondale and Edwardsville: Southern Illinois University Press, 1989, p. 18.
⑥ Philip Mattar ed., *Encyclopedia of the Palestinians*, "Arafat, Yasir", p. 60.

更加重视阿拉法特及其领导的法塔赫。

第三次中东战争后,阿拉法特开始获得埃及的重视和支持。1967年8月,法塔赫领导人阿布·伊亚德和法鲁克·卡杜米会晤埃及外长,并拜会纳赛尔,11月,阿拉法特同纳赛尔会谈。法塔赫同埃及领导人建立正式关系后,开始获得埃及提供的武器、训练和帮助。1968年夏,纳赛尔带着阿拉法特访问苏联,帮助法塔赫扩大国际影响。在埃及的认可与支持下,法塔赫在1969年成为巴解组织的领导力量。[1]

埃及积极调解巴解组织与其他阿拉伯国家的紧张关系和武装冲突,并且尽可能地达成一些有利于巴解组织的协议或条款。1969年,纳赛尔调解巴解组织和黎巴嫩的冲突,促使双方达成《开罗协议》。在"黑九月事件"中,纳赛尔批评约旦对巴勒斯坦游击队的镇压行动,支持巴解组织,向法塔赫提供武器、弹药,并调动驻扎在埃及的巴勒斯坦解放军增援巴解组织。纳赛尔利用自己的影响促使约旦与巴解组织停火并最终达成协议,避免流血冲突扩大。

海湾阿拉伯国家长期向巴解组织提供巨额财政援助,支持巴勒斯坦人民为行使民族自决权、建立独立国家而进行的斗争。1969年4月,沙特阿拉伯同意给予巴解组织大批武器装备和每年1200万美元的财政支持,并允许巴解组织向在沙特就业的巴勒斯坦人征收工资总额的5%作为"解放税",以保障巴解组织的经费来源。[2]

(二)阿拉伯国家对政治解决巴以问题的支持

1973年第四次中东战争后,随着地区和国际形势的变化,巴解组织的战略目标和斗争方式发生转变,寻求通过外交斗争和军事斗争并举的方式,分阶段解决巴勒斯坦问题。阿拉法特成功争取到阿拉伯世界对政治解决巴以问题的支持。1974年10月,在拉巴特举行的第七届阿拉伯国家首脑会议通过决议,承认巴解组织是"巴勒斯坦人民的唯一合法代表",支持巴勒斯坦人"在解放了的任何一块土地上建立

---

[1] Barry Rubin and Judith Colp Rubin, *Yasir Arafat: A Political Biography*, p. 43.
[2] 陈天社:《阿拉伯世界与巴勒斯坦问题》,第263页。

独立的国家政权"①，从而为巴解组织寻求政治解决巴勒斯坦问题铺平道路。1976年9月，巴解组织成为阿盟的正式成员。

埃及支持巴勒斯坦人争取民族合法权利，积极推动政治解决巴勒斯坦问题。虽然国家利益是埃及总统萨达特与以色列单独媾和的首要考虑，但他仍将巴勒斯坦问题作为埃以和谈的一个重要内容，坚持在《戴维营协议》中对约旦河西岸和加沙地带的谈判做出详细规定。②然而，埃及试图通过埃以和谈解决巴勒斯坦问题的努力没有成功。与以色列单独媾和使埃及遭到阿拉伯世界的孤立，与巴解组织的关系也一度破裂，直到1982年黎巴嫩战争期间，双方的关系才得到修复。20世纪80年代，埃及成为巴解组织和美国交流的中间人。1983年12月阿拉法特撤离的黎波里时，埃及发挥了积极的作用，阿拉法特在撤离途中访问埃及，会晤总统穆巴拉克。

1981年8月，沙特阿拉伯王储法赫德提出"实现中东和平的八点建议"，首次提出阿拉伯国家与以色列和平共处，要求建立独立的巴勒斯坦国。③美国在1982年提出解决中东问题的"里根方案"，拒绝建立独立的巴勒斯坦国家，遭到激进阿拉伯国家的反对，但与美国关系友好的温和阿拉伯国家认为，里根方案包含有积极因素。1982年9月，第12届阿拉伯国家首脑会议在法赫德建议的基础上，通过《非斯宣言》，支持巴勒斯坦人的权利，要求建立独立的巴勒斯坦国，并在事实上承认了以色列。④

黎巴嫩战争后，巴解组织力量受到严重削弱，战略目标开始转变。受里根方案影响，以阿拉法特为代表的巴解组织主流派与约旦出现邦联意愿。自1982年10月开始，阿拉法特与约旦国王侯赛因就组

---

① 《第七次阿拉伯国家首脑会议关于约、叙、埃同巴解组织关系的决议》，载尹崇敬主编《中东问题100年》，第573—574页。
② 陈天社：《阿拉伯世界与巴勒斯坦问题》，第129—135页。
③ 《沙特阿拉伯提出实现中东和平的八点建议》，载尹崇敬主编《中东问题100年》，第335页。
④ 《第十二次阿拉伯国家首脑会议宣言》，载尹崇敬主编《中东问题100年》，第583—584页。

织联合代表团同美以谈判、建立约巴邦联，以及如何对待里根方案和非斯方案等问题，进行了长期反复的谈判。1982年12月，阿拉法特与约旦首相发表联合公报，宣布同意建立"约旦和一个获得解放的巴勒斯坦之间的特殊的与众不同的关系"①。阿拉法特接受潜在的"约巴联邦"，在很大程度上只是对美国、约旦和以色列等国的安抚，巴解组织这一时期的真正目标已经确立为在约旦河西岸和加沙地带建立独立的巴勒斯坦国，同约旦的关系"不能超过邦联"。② 1984年11月，巴勒斯坦全国委员会第17次会议在安曼召开，这是巴解组织成立以来在约旦举行的首次会议，会议强调巴约特殊关系，并决定在巴解组织执委会中成立专门委员会负责约巴对话。

约旦试图推动巴解组织与埃及、沙特阿拉伯等温和国家联合起来，从而加强中东和谈的力量。1984年9月约旦同埃及复交后，两国与其他阿拉伯国家及巴解组织共同推动用"以土地换和平"的原则来解决阿以冲突，主张以联合国安理会第242号和第338号决议为基础，以色列撤出自1967年以来占领的阿拉伯领土，阿拉伯国家和巴解组织承认以色列，双方和平共处。③ 在埃及的参与和帮助下，阿拉法特和侯赛因于1985年2月达成《约巴协议》，提出约巴在"以土地换和平"原则基础上采取联合行动，以收复被占领土；接受自1947年以来联合国关于巴勒斯坦问题的所有决议；巴勒斯坦人民拥有自决权，在建立独立的巴勒斯坦国后与约旦建立邦联；巴解组织作为巴勒斯坦人民的唯一合法代表与约旦组成联合代表团参加解决中东问题的国际会议。④《约巴协议》遭到各方反对，美国和以色列不承认巴勒斯坦人的自决权，拒绝同巴解组织谈判；激进的阿拉伯国家反对这

---

① 《约旦和巴解组织同意与潜在的巴实体间建立特殊的关系》，载尹崇敬主编《中东问题100年》，第103—104页。

② 殷罡主编：《阿以冲突——问题和出路》，第232页；《巴解四大组织亚丁会议达成的秘密协议》，载尹崇敬主编《中东问题100年》，第105—106页。

③ 《阿拉伯的口号"土地换和平"》，载尹崇敬主编《中东问题100年》，第311—312页。

④ 《约巴协议》，载尹崇敬主编《中东问题100年》，第314—315页；《阿拉伯首脑特别会议前夕》，《人民日报》1985年8月7日第6版。

个协议;巴解组织内的强硬派指责阿拉法特,认为他抛弃了巴解组织作为巴勒斯坦人合法代表的身份。阿拉法特不得不要求修改这个协议。在约旦河西岸的政治前途等重大问题方面,巴解组织与约旦也存在分歧,成为双方合作的障碍。1987年4月,阿拉法特宣布废除《约巴协议》。

(三) 阿拉伯国家对中东和平进程的支持和推动

巴解组织与埃及的关系恢复后,阿拉法特要求埃及居间斡旋,推动巴、以实现高级会谈。1989年5月,埃及重返阿盟,在促成巴以对话方面发挥了巨大的作用。1989年8月,埃及总统穆巴拉克在访美期间提出"十点建议",虽然没有要求以色列承认巴解组织和巴勒斯坦国,却要求双方承认"以土地换和平"的原则,希望巴以以此为基础进行直接对话。阿拉法特接受了埃及的建议,在穆巴拉克的巧妙安排下,巴以高级官员直接会面,促成了双方互相承认和签署《奥斯陆协议》。自1993年以来,巴以和谈取得的每一次突破,都有埃及的功劳。[①] 阿拉法特和巴解组织其他领导人曾多次访问埃及,就中东和平进程有关问题交换意见,协调双方立场。

第一次因提法达提高了巴解组织的地位和影响,削弱了约旦在西岸地区的势力,对巴约关系产生巨大冲击。在国内外压力下,约旦国王侯赛因于1988年7月30日下令解散由约旦河两岸议员共同组成的众议院,并于次日宣布中断同西岸的法律、行政关系,8月1日,侯赛因明确表示,约旦对属于被占领土上的巴勒斯坦人的约旦河西岸没有主权要求。约旦的决定消除了巴解组织的担心,约巴关系发生根本性变化。1988年11月巴勒斯坦宣布建国后,约旦立即予以承认。1989年1月7日,约旦同意巴解组织驻约办事处升格为大使馆,巴勒斯坦民族基金会总部迁回安曼。中东和平进程开始后,巴解组织与约旦组成联合代表团参加和谈,并协调对以色列谈判的立场。1999年2月,阿卜杜拉执政后,继续大力推进巴以和谈。2013年3月,阿巴斯访问约旦,双方签署协议,共同保护"圣城"耶路撒冷及阿克萨清

[①] 陈天社等:《当代埃及与大国关系》,世界知识出版社2010年版,第62页。

真寺，确认哈希姆王室对耶路撒冷伊斯兰圣地的监护权。

1990年伊拉克入侵科威特，巴解组织的立场使沙特阿拉伯等海湾国家非常不满，双方关系恶化，在当地工作的50万名巴勒斯坦人大部分离开海湾国家。沙特暂停向巴解组织提供每月约600万美元的补贴，海湾合作委员会在1991年3月宣布中断对巴解组织的财政援助。这导致巴解组织财务困境进一步恶化，成为迫使巴解组织改变强硬立场的重要因素。[①] 巴解组织决定出席马德里中东和会后，与沙特等海湾国家的关系开始缓和，沙特还部分恢复了对巴解组织的援助。奥斯陆进程开始后，巴解组织同海湾国家关系不断改善，海湾国家成为巴勒斯坦的主要捐助者。2004年12月阿巴斯率团访问科威特，并就巴勒斯坦支持伊拉克入侵向科威特人民表示道歉。这是自1990年以来巴勒斯坦高级领导人首次访问科威特。

（四）阿拉伯国家支持巴以重启和谈

2000年阿克萨起义爆发后，中东和平进程陷入停滞。2002年，阿盟贝鲁特首脑会议提出"阿拉伯和平倡议"，作为与以色列和谈的基础原则。倡议要求以色列撤出自1967年以来占领的所有领土，建立以东耶路撒冷为首都的独立巴勒斯坦国，根据联合国第194号决议公正解决巴勒斯坦难民问题。2007年阿拉伯国家重新启动和平倡议，并出席安纳波利斯会议，表明支持巴以重启和谈的统一立场。阿拉伯国家将建立独立的巴勒斯坦国、实现全面和平作为与以色列建立正常关系的前提，除埃及和约旦外，大部分阿拉伯国家尚未与以色列建立外交关系。

2002年年初，以色列沙龙政府多次扬言要推翻阿拉法特，遭到埃及的坚决反对。2002年4月，埃及外长马希尔访问约旦河西岸并会晤被以军围困在拉姆安拉官邸的阿拉法特，成为阿拉法特被困期间来访的最高级别的阿拉伯国家官员。2004年11月，阿拉法特逝世后，埃及在开罗为他举行隆重葬礼，并护送灵柩返回拉姆安拉。

---

① Alan Munro, *Arab Storm: Politics and Diplomacy behind the Gulf War*, London and New York: I. B. Tauris & Co Ltd., 1996, pp. 345 – 346.

塞西上台后，不断强调埃及继续支持巴勒斯坦人民的合法权利，支持巴勒斯坦独立建国的要求。塞西在竞选总统时就声称，如果以色列不承认以耶路撒冷为首都的巴勒斯坦国，他就不会到以色列访问。[1] 塞西主张在阿拉伯和平倡议的框架内推动巴勒斯坦问题的解决，呼吁巴以双方进行和谈，支持国际社会促进巴以和谈的努力。在应对内部危机成为头等大事的背景下，塞西仍积极在以色列与哈马斯之间调停斡旋。2014 年 7 月以色列对加沙地带发动大规模军事行动期间，埃及多次提出停火倡议，并表示愿意对停火进行监督，以确保停火协议得到执行。在埃及的成功斡旋下，以色列和哈马斯在 8 月底达成了停火协议。虽然卡塔尔、土耳其也积极调解以色列与哈马斯停火，但双方最终接受埃及的停火倡议。同年 10 月，埃及与挪威共同发起国际捐助大会，为遭到战争破坏的加沙地带募集重建资金。塞西在开幕式演讲中再次呼吁以阿拉伯和平倡议为基础，实现巴勒斯坦和以色列的和平共存。[2]

（五）阿拉伯国家积极调解巴勒斯坦的内部冲突

内部统一是实现巴勒斯坦民族独立的前提条件。作为巴勒斯坦内部和解进程的主要调解者，无论是穆巴拉克还是穆尔西当政时期，埃及都多次促成法塔赫和哈马斯进行和解谈判。海湾国家也积极调解巴勒斯坦的内部冲突。在沙特的斡旋下，2007 年 2 月，阿巴斯与哈马斯领导人哈立德·迈沙阿勒（Khaled Mashal）、伊斯梅尔·哈尼亚在麦加会晤，并签署《麦加协议》，直接促成了巴勒斯坦联合政府的成立。[3] 2008 年 2 月，也门总统萨利赫提出"也门倡议"，得到哈马斯与法塔赫的积极回应。2012 年 2 月，在卡塔尔的推动下，法塔赫与哈马斯达成《多哈协议》，同意组建由阿巴斯领导的联合过渡政府。2012 年 10 月，卡塔尔埃米尔哈马德访问加沙，成为自 2007 年 6 月以

---

[1] Ari Yashar, "Egypt's Sisi Demands Israel Recognize 'Palestine'", *Israel National News*, May 7, 2014.

[2] Tovah Lazaroff, "Sisi Calls for Revival of Arab Peace Initiative Ahead of Visit to Israel by UN Secretary General", *The Jerusalem Post*, October 13, 2014.

[3] 陈天社：《阿拉伯世界与巴勒斯坦问题》，世界知识出版社 2013 年版，第 289 页。

来首位访问加沙的外国元首。

二 努力摆脱阿拉伯国家的控制和干涉

阿拉伯各国首脑众口一词地支持巴勒斯坦解放事业。[①] 但他们在实际斗争中优先考虑本国利益，往往把巴勒斯坦人的利益放置一旁。20世纪50年代后期，美苏两大阵营的对峙扩展到中东地区。在冷战背景下，阿拉伯各国不愿意挑战地区政治秩序，更不可能为了巴勒斯坦人的利益铤而走险，"西方国家的政府和阿拉伯世界的政权，出于不同目的却怀着不明言的希望，即巴勒斯坦问题应该消失"[②]。尽管没有阿拉伯国家愿意出现独立的巴勒斯坦运动，但在巴勒斯坦人开始觉醒、阿以关系日益紧张的情况下，部分阿拉伯国家领导人不得不考虑建立"巴勒斯坦统一体"的问题。[③] 然而，他们提出的各种巴勒斯坦组织方案，更多地反映了阿拉伯国家之间的竞争，而不是出于对巴勒斯坦人或巴勒斯坦事业的考虑。因此，巴解组织的创立，是阿拉伯国家间关系的产物，[④] 创立初期的巴解组织，不可避免地受到阿拉伯国家的控制和干涉。法塔赫的武装斗争，也遭到前线阿拉伯国家的反对，他们担心招致以色列的报复，反对巴勒斯坦人不受控制的军事行动。在这种地区和国际环境下，反对阿拉伯国家的控制和干涉，争取独立决策，成为巴勒斯坦对外政策的重要内容。

（一）巴解组织与埃及的关系恶化

由于埃及总统纳赛尔在阿拉伯世界的领导地位，最终根据他的方案建立巴解组织。因此，成立初期的巴解组织受到埃及的控制和影响。纳赛尔确乎憎恶犹太复国主义，声援巴勒斯坦人民的斗争事

[①] 杨灏城、江淳：《纳赛尔和萨达特时代的埃及》，商务印书馆1997年版，第209页。

[②] ［英］阿兰·哈特：《阿拉法特传》，吕乃君等译，中国社会科学出版社1990年版，第52页。

[③] 殷罡主编：《阿以冲突——问题和出路》，第221页。

[④] R. D. Mclaurin, "The PLO and the Arab Fertile Crescent", in Augustus Richard Norton and Martin H. Greenberg, eds., *The International Relations of the Palestine Liberation Organization*, p. 14.

业,提出"战争是解决巴勒斯坦问题的唯一办法"①。但纳赛尔担心,巴勒斯坦人的斗争会将埃及拖入与以色列的战争,他同意联合国紧急部队长期驻扎在埃以边境,控制巴解组织在加沙地带的活动。在法塔赫以"暴风"突击队名义秘密开展武装斗争时,埃及陆军总司令甚至向"阿拉伯联合司令部"发出命令,要求阿拉伯各国军队"把自己视作与'暴风'部队处于交战状态"②。阿拉法特认为纳赛尔不愿与以色列人作战,直到1967年第三次中东战争之后才与纳赛尔会面。③

1970年,纳赛尔接受美国提出的"罗杰斯计划",同意停火90天,并且愿意接受联合国特使雅林的调解。以法塔赫为首的巴解组织反对纳赛尔的政策,特别是"人阵"和"民阵"指责纳赛尔是"美国的代理人"、阿拉伯事业的"叛徒",对他进行人身攻击。巴解组织与埃及的关系恶化,设在埃及的广播电台也被关闭。

第四次中东战争后,埃及在美国的调解下,同以色列达成军事脱离接触协议,承诺不使用武力解决彼此争端,引起阿拉伯国家强烈不满,遭到巴解组织的激烈批评。1977年11月埃及总统萨达特访问以色列后,巴解组织和叙利亚、利比亚、阿尔及利亚、南也门等国组成"拒绝阵线"④,冻结同埃及政府的外交和政治关系。巴解组织驻开罗代表离开埃及,双方关系破裂。巴解组织强烈谴责《戴维营协议》,1979年埃以签署和平条约后,巴解组织关闭驻开罗办事处。

(二)巴解组织与叙利亚的斗争

在"大叙利亚"思想指导下,叙利亚自视为巴勒斯坦事业的支持者和保卫者,试图控制和影响巴勒斯坦人,以提高自己在阿拉伯世界的地位和在阿以冲突中的作用。叙利亚支持法塔赫等巴勒斯坦抵抗组织,但阿拉法特不愿成为叙利亚与埃及较量的筹码,他和法塔赫另一

---

① [埃及]艾哈迈德·哈姆鲁什:《纳赛尔之秋》,开罗,1984年,第93页;转引自杨灏城、江淳《纳赛尔和萨达特时代的埃及》,第209页。
② [英]阿兰·哈特:《阿拉法特传》,第180页。
③ Ghada Hashem Talhami, *Syria and the Palestinians: The Clash of Nationalisms*, p. 64.
④ 最初被称为"拒绝阵线",后来改称为"坚定阵线"。

领导人哈利勒·瓦齐尔一度被叙利亚逮捕。① 法塔赫接管巴解组织后，在控制与反控制问题上，与叙利亚的斗争仍此起彼伏，关系时好时坏。

阿萨德宣称忠实于巴勒斯坦人的事业，始终以各种方式支持巴解组织，但他的主要目标是控制巴解组织，使之成为他的政策工具。② 为进一步插手巴勒斯坦抵抗运动，叙利亚于1968年10月支持成立了"巴勒斯坦人民解放战争先锋队"，该组织及其武装部队通称"闪电"。阿萨德扶持"闪电"成为巴解组织内的第二大派别，并挑战法塔赫的主导地位，试图取而代之。除"闪电"外，叙利亚还控制了"人阵（总部）"和"人斗阵"，希望借此操控巴解组织。

1970年"黑九月事件"中，执政的贾迪德命令叙利亚军队进入约旦帮助巴解组织，但当时身兼国防部部长和空军司令的阿萨德拒绝执行命令，不为叙军提供空中掩护，间接造成巴解组织在约旦的力量被摧毁。"黑九月事件"后，巴勒斯坦的抵抗组织不得不撤往叙利亚，但叙利亚的控制企图，成为促使巴解组织在黎巴嫩迅速发展基地的重要因素。

黎巴嫩内战期间，巴解组织与叙利亚爆发公开冲突。叙利亚在黎巴嫩内战中采取"扶弱抑强"恢复教派平衡的策略。③ 1976年1月，叙利亚向黎巴嫩派出以叙为基地的巴勒斯坦解放军，支援穆斯林和巴勒斯坦武装力量，但当他们取得军事主动权并试图完全征服基督教教徒势力时，叙利亚担心局势失控，在5月直接出兵黎巴嫩，支持基督教马龙派。巴解组织不仅在军事上遭到叙利亚的沉重打击，在黎巴嫩的自治地位及作为巴勒斯坦人唯一合法代表的地位都受到了挑战。④ 1977年，为联合起来抵制埃以和谈，巴解组织和叙利亚的关系才一

---

① 1966年，阿拉法特和哈利勒·瓦齐尔在大马士革被逮捕，入狱两个月，阿萨德时任叙利亚国防部部长。

② ［以色列］摩西·马奥茨：《阿萨德传》，殷罡等译，世界知识出版社1992年版，第134—135页。

③ 殷罡主编：《阿以冲突——问题和出路》，第62页。

④ 季国兴、陈和丰等：《第二次世界大战后中东战争史》，第448页。

度恢复。

1982年爆发的黎巴嫩战争,导致巴解组织与叙利亚的关系进一步恶化。叙利亚军队只是在受到以色列进攻时才投入战斗,不久即单独宣布与以色列停火。这使巴勒斯坦人认为,他们事实上是在独自战斗,被阿拉伯政权特别是叙利亚政权抛弃。在随后的谈判中,叙利亚也没有支持巴解组织的立场。巴解组织撤离贝鲁特时,为摆脱叙利亚的控制,阿拉法特坚持把巴解组织和法塔赫总部设在突尼斯,而巴解组织其他派别总部都设在叙利亚。这些派别的领导人和部分法塔赫领导人都撤到大马士革,阿拉法特却取道雅典到达突尼斯,避免到访叙利亚或与阿萨德会面。①

1983年5月,法塔赫内部发生分裂,反对派与阿拉法特在黎巴嫩贝卡谷地发生武装冲突,叙利亚支持法塔赫反对派及其改组巴解组织领导机构的要求。随着两派武装冲突的扩大,叙利亚同阿拉法特的关系变得极其紧张,阿萨德将阿拉法特驱逐出叙利亚,并禁止他进入叙军控制的黎巴嫩东部和北部地区。叙利亚要求阿拉法特公开拒绝里根方案,在政治、军事上与叙保持一致,以此作为与巴解组织和解的先决条件。在反对派和叙军的攻击下,阿拉法特及部队被迫从海路撤到的黎波里。

叙利亚反对阿拉法特同约旦磋商约巴邦联问题。阿萨德担心,一旦阿拉法特与侯赛因达成协议,他将失去巴勒斯坦这张牌,而叙利亚则被排除在阿以冲突全面解决之外。② 在1982年10月阿拉法特访问安曼的次日,叙利亚新闻部部长就发表谈话,批评阿拉法特的约旦之行,指责他无权代表巴勒斯坦进行会谈。叙利亚还采取措施,阻止巴勒斯坦全国委员会在安曼召开第17次会议。

1988年后,巴解组织与叙利亚的关系有所缓和,但叙利亚仍然支持阿拉法特的反对派,试图以此影响巴勒斯坦政治。巴以达成《奥斯陆协议》后,大马士革成为反对和谈的巴勒斯坦派别的大本营。哈马

---

① Rashid Khalidi, "The Asad Regime and the Palestinian Resistance", pp. 262 – 263.
② Philip Mattar ed., *Encyclopedia of the Palestinians*, p. 475.

斯和杰哈德的领导人都长期居住在大马士革。直到 1999 年，在叙利亚的鼓励与支持下，叙利亚境内的反对派组织才开始与巴勒斯坦民族权力机构对话。

三 国家民族主义与阿拉伯民族主义的冲突

法塔赫坚持不干涉阿拉伯各国内政的原则。① 但巴解组织与各游击队在其他阿拉伯国家建立"国中之国"，采取激进的斗争方式争取不切实际的斗争目标，危害到这些国家的主权和安全。虽然阿拉伯各国在泛阿拉伯主义的旗帜下，支持巴勒斯坦人争取民族权利，但构建现代民族国家的任务，要求各阿拉伯国家优先考虑本国利益。如何调和国家民族主义与阿拉伯民族主义的冲突，成为巴解组织处理与阿拉伯世界关系时必须面对的问题。

（一）巴解组织与约旦的冲突

1948 年第一次中东战争后，外约旦不顾大多数阿拉伯国家的反对，吞并约旦河西岸，并将国家更名为约旦哈希姆王国。1964 年 5 月，第一届巴勒斯坦全国委员会召开会议，约旦迫于压力，同意拥有约旦国籍的西岸各市长和约旦议会中的西岸议员出席会议。但提高约旦在西岸巴勒斯坦人中的形象、削弱巴解组织的影响，长期以来一直是约旦追求的目标之一。巴解组织首任执委会主席舒凯里也未能很好地协调与约旦等阿拉伯国家的关系，甚至号召推翻哈希姆王朝，在约旦建立一个巴勒斯坦共和国。②

巴勒斯坦抵抗运动兴起后，约旦成为他们的主要活动基地。这些游击队组织无视约旦禁令，多次从约旦领土出发袭击以色列。据以色列官方统计，1965 年巴勒斯坦游击队共发起 43 次袭击，其中 33 次来自约旦。③ 卡拉迈大捷后，巴勒斯坦抵抗组织的人员和力量迅速扩展，

---

① Helena Cobban, *The Palestinian Liberation Organisation: People, Power, and Politics*, p. 202.
② 王京烈：《阿拉法特》，第 86 页。
③ ［埃及］艾哈迈德·哈姆鲁什：《纳赛尔之秋》，第 93 页，转引自杨灏城、江淳《纳赛尔和萨达特时代的埃及》，第 210 页。

对以色列发动军事行动的数量和规模也急剧增加。这些袭击行动往往招致以军报复性入侵约旦,导致约、巴关系十分紧张。① 1967 年第三次中东战争后,位于约旦河谷和约旦腹地的难民营基本上被巴勒斯坦武装力量控制,形成约旦政府无法过问的"国中之国",当地巴勒斯坦民族主义的发展对约旦政权形成强大冲击。约旦政府担心巴勒斯坦势力的膨胀危及国家主权,把他们视为破坏政治稳定的一个主要因素。约旦接受联合国安理会 242 号决议,参加中东和谈,1970 年 7 月又宣布接受"罗杰斯计划",引起"民阵""人阵"等巴勒斯坦激进组织的强烈不满,他们认为"亲西方的约旦是他们反以斗争的威胁和障碍",谋求军事推翻约旦政权。②

从 1968 年 11 月起,约旦军队就开始同巴勒斯坦游击队发生武装冲突。1970 年 9 月,"人阵"将三架国际民航班机劫持到约旦炸毁,成为约旦镇压游击队的导火线。9 月 17 日,约旦全面进攻安曼市内的游击队阵地,巴解组织独力难支,损失惨重,这就是"黑九月事件"。在阿拉伯国家的调解下,巴约双方在 27 日达成停火协议,但"人阵"领导人乔治·哈巴什继续采取极端政策,最终导致约旦军队在 1971 年 7 月将巴解组织全部赶出约旦。在约旦的溃败是巴解组织历史上遭受的第一次重大挫折。③

巴约关系破裂之后,双方视若仇敌。1971 年 6 月,法塔赫同"人阵""民阵"等 6 个组织发表联合声明,号召推翻约旦政权,11 月 29 日,巴勒斯坦极端组织"黑九月"成员暗杀了在开罗出席会议的约旦首相。1972 年 3 月,约旦国王侯赛因提出"阿拉伯联合王国计划",要把约旦河东、西两岸合并为一个国家,遭到巴解织织的强烈谴责,法塔赫甚至发表声明,称"推翻约旦王室政权是现阶段的目标"④。在 1973 年 11 月召开的阿拉伯国家首脑会议上,约旦拒不承认巴解组

---

① Shaul Mishal, *The PLO under Arafat: Between Gun and Olive Branch*, pp. 11 – 12.
② Shaul Mishal, *The PLO under Arafat: Between Gun and Olive Branch*, p. 14.
③ 殷罡主编:《阿以冲突——问题和出路》,第 227 页。
④ 《"法塔赫"声明〈推翻约旦王室政权是现阶段的目标〉》,载尹崇敬主编《中东问题 100 年》,第 88—89 页。

织是巴勒斯坦人的唯一合法代表，只承认它是居住在约旦之外的巴勒斯坦人的代表。

1974 年，约旦承认巴解组织是"巴勒斯坦人民的唯一合法代表"后，双方关系才开始缓和，1977 年年初巴解组织代表团在双方关系破裂后首次访问约旦。反对《戴维营协议》拉近了巴解组织与约旦的关系，从 1978 年夏季开始，阿拉法特与侯赛因多次会晤，巴解组织在约旦的办事处也在 10 月重新开放。1983 年法塔赫发生内部分裂期间，约旦支持以阿拉法特为首的力量，指责外部势力对巴解组织的干涉。

（二）巴解组织对黎巴嫩的冲击

黎巴嫩建立了教派分权的政治体制，基督教教徒和穆斯林各教派达成了脆弱的政治平衡。黎巴嫩社会的内部分裂和多元特性为巴解组织的活动提供了便利条件，但也使其陷入复杂的教派斗争。巴解组织失去在约旦的基地后，阿拉法特率主力部队 1.5 万人转移到黎巴嫩，以黎巴嫩南部的难民营为基础建立基地。巴勒斯坦难民的大量涌入和巴解组织的到来，增强了穆斯林的势力，进一步改变了黎巴嫩基督教教徒与穆斯林之间的力量对比。

随着在当地势力增强，巴解组织同黎巴嫩政府和基督教教徒之间的矛盾增加，军事摩擦时有发生。1969 年 10 月，巴解组织同黎巴嫩政府军发生激烈冲突，经埃及总统纳赛尔调解，双方签署《开罗协议》，给予在黎巴嫩的巴勒斯坦人劳动、居住和流动的权利；在难民营成立由巴勒斯坦人组成的地方委员会；难民营中保留巴勒斯坦武装斗争小组；给游击队活动提供便利。[1] 协议承认了巴勒斯坦游击队在黎巴嫩的合法存在，难民营成为他们训练和作战的基地。[2] 1973 年 5 月，巴解组织与黎巴嫩政府签订《麦尔哈特协议》，使巴解组织的影

---

[1] 《黎巴嫩—巴勒斯坦开罗（秘密）协议》，载尹崇敬主编《中东问题 100 年》，第 272—273 页。

[2] R. D. Mclaurin, "The PLO and the Arab Fertile Crescent", in Augustus Richard Norton and Martin H. Greenberg, eds., *The International Relations of the Palestine Liberation Organization*, p. 35.

响进一步扩至《开罗协议》允许的区域之外。①

巴勒斯坦人的介入激化了黎巴嫩的教派矛盾。1975 年 4 月 13 日，在贝鲁特，一批到清真寺聚礼的巴勒斯坦人在乘车回归驻地途中，遭到基督教马龙派长枪党民兵的伏击，直接导致黎巴嫩内战全面爆发。内战初期，为保持在黎巴嫩的实力和基地，除法塔赫个别成员及"民阵""闪电"等组织外，法塔赫和巴解组织主流派别避免直接卷入冲突。② 1976 年 1 月，基督教派别的武装力量向贝鲁特及其周围地区的巴勒斯坦难民营发动大规模进攻。巴解组织站在穆斯林一方，开始同基督教派别战斗。10 月，在阿拉伯联合部队的干预下，历时 18 个月的黎巴嫩内战第一阶段宣告结束。巴解组织利用黎巴嫩持续动乱的形势，巩固并扩大在黎巴嫩的自治地区范围，占据了贝鲁特至黎以边境的黎巴嫩南部广大地区，成为当地的实际统治者。

巴勒斯坦势力的膨胀不仅成为黎巴嫩连年内战的主要起因，还招致以色列多次入侵黎巴嫩。③ 从 1968 年起，以巴解组织袭击以色列、以色列还击报复为特征的黎以边境冲突就已频繁发生。巴解组织在黎巴嫩武装力量的加强使黎以边境冲突不断升级。1974 年埃及和叙利亚先后与以色列达成脱离接触协议后，巴解组织游击队和以色列军队的冲突就成为阿以冲突的集中表现，黎巴嫩南部地区也成为阿以武装斗争的主战场。

1978 年 3 月，为报复巴解组织，以色列发动入侵黎巴嫩的"利塔尼行动"，占领了利塔尼河以南除提尔城以外的整个地区。1982 年 6 月，以色列再次发动以巴解组织为目标的大规模侵黎战争"加利利行动"，巴解组织难以抵挡以军占绝对优势的进攻，损失惨重。为避免

---

① 殷罡主编：《阿以冲突——问题和出路》，第 60 页。
② R. D. Mclaurin, "The PLO and the Arab Fertile Crescent", in Augustus Richard Norton and Martin H. Greenberg, eds., *The International Relations of the Palestine Liberation Organization*, p. 37.
③ 王建：《阿以冲突中的黎巴嫩》，载殷罡主编《阿以冲突——问题和出路》，第 52—88 页。

全军覆没，同时考虑到黎巴嫩国内要求巴解组织武装撤离的呼声，8月下旬巴解组织被迫撤出黎巴嫩。至此，巴解组织丧失在黎巴嫩建立的"国中之国"，完全失去同以色列的战场接触，开展武装斗争的条件不复存在。①

1982年9月14日，黎巴嫩当选总统贝希尔·杰马耶勒在贝鲁特东区长枪党总部被炸身亡。次日，以色列军队借口杰马耶勒遇刺，占领贝鲁特西区，并逮捕近千名巴勒斯坦人。16—18日，黎巴嫩长枪党在以军的支持和纵容下，组织千余民兵对夏蒂拉和萨布拉两个巴勒斯坦难民营内的1000多名平民进行了40多小时的血腥屠杀，死亡的人数至今无法确切统计。

四　阿拉伯国家整体实力衰落与巴解组织外交空间缩小

中东剧变中，阿拉伯国家出现了严重的政治动荡和政权更替，实力受到极大削弱，中东地区的力量平衡遭到破坏，民族争端和教派矛盾日益凸显。围绕叙利亚危机、打击"伊斯兰国"、教派问题、库尔德问题等当前热点的地区事务，沙特等主要阿拉伯国家与伊朗、土耳其等地区大国展开了复杂激烈的博弈。忙于处理内部事务和地区问题使阿拉伯国家无法投入更多的资源支持巴勒斯坦。

埃及、叙利亚和伊拉克曾是阿拉伯世界实力最强大的三个世俗国家，作为泛阿拉伯主义的积极倡导和推动者，他们是巴勒斯坦解放事业的有力支持者。但政治动荡使埃及政权两年三次更迭，经济凋敝，社会陷入分裂和对立，塞西任总统后，重建稳定和安全、恢复经济成为埃及的当务之急，在地区事务中的作用下降。叙利亚政府深陷与反对派之间的武装冲突，遭到国际社会的武装干涉。伊拉克萨达姆政权早在2003年就被美国摧毁，随之毁灭的还有伊拉克的社会结构和政治稳定。而伊拉克、叙利亚等国中央政权的崩溃和衰落为"伊斯兰国"等宗教极端势力的兴起创造了条件。遭受了政权更替的突尼斯、利比亚和也门至今仍动荡不已，无力他顾。躲过

---

① 殷罡主编：《阿以冲突——问题和出路》，第228页。

了政权更替风潮、保持了社会政治稳定的海湾君主制国家成为阿拉伯世界的主导力量，但由于国土面积狭小、人口稀少、军事力量薄弱、经济结构单一，海湾阿拉伯国家大部分难以在地区局势中发挥重大作用。海湾国家与西方国家结盟，推动利比亚、叙利亚等国的政权更替，进一步削弱了阿拉伯世界的团结和影响力。内斗与混乱使阿拉伯世界四分五裂，客观上改善了以色列在中东的地缘政治环境，为其在巴勒斯坦问题上推行强硬政策创造了条件。而缺乏阿拉伯国家作为后盾，巴勒斯坦建国乃至巴勒斯坦问题的解决也将难以实现。

沙特与伊朗之间的地缘政治博弈成为当前中东矛盾冲突的焦点。两个国家之间的竞争与教派之间的矛盾交织融合，使海湾地区的斗争外溢，扩展到整个中东地区，斗争更加复杂和激烈。以伊朗为代表的什叶派力量已然在中东崛起，为遏制伊朗势力进一步扩大，沙特为首的逊尼派阵营对抗以伊朗为核心的什叶派阵营，双方在巴林、伊拉克、黎巴嫩、叙利亚、也门等国的斗争激化了什叶派与逊尼派的矛盾。来自伊朗的战略威胁促使以沙特为首的逊尼派阿拉伯国家开始改善与以色列的关系。[1] 沙特与以色列已经在事实上达成战略默契。[2] 中东地缘政治格局的这一重大变化，是阿拉伯国家在地区局势变化的情况下做出的选择，却使巴勒斯坦的建国道路蒙上阴影。

第二节 以色列的政策转向强硬

20世纪70年代以前，巴解组织及巴勒斯坦抵抗运动不承认以色列的存在，要求解放"整个巴勒斯坦"。巴解组织公开承认以色列后，选择通过谈判在约旦河西岸和加沙地带分阶段建立巴勒斯坦国。但巴以和谈道路一波三折，2000年9月，巴以爆发大规模武装

---

[1] Michael J. Totten, "The New Arab-Israeli Alliance", *World Affairs*, Vol. 179, No. 2, 2016, p. 29.

[2] 田文林：《看透中东乱局：沙特与伊朗"新冷战"》，《当代世界》2015年第6期。

冲突，中东和平进程名存实亡，重启和谈的努力多次无果而终。以色列坚持强硬不妥协政策，成为巴勒斯坦人建立独立国家的首要外部障碍。

一 巴解组织逐步承认以色列的合法存在

1973年以前，巴勒斯坦武装力量从被占领土及与以色列接壤的阿拉伯前线国家出发，对以色列发动游击战争。第四次中东战争后，在地区形势发生变化的情况下，巴解组织中央委员会发表"工作文件"，要求阿拉伯国家和国际社会承认巴勒斯坦人"从犹太复国主义占领下夺回的任何土地上建立民族权力机构的权利"，从而以委婉的表述放弃了"解放整个巴勒斯坦"的原定目标。巴解组织提出"在解放了的任何一块土地上"建立"小型巴勒斯坦国"，意味着巴解组织事实上接受了联合国分治决议和只要求以色列撤出1967年所占阿拉伯领土的联合国第242号决议，暗示着承认以色列的存在。①

埃及和叙利亚与以色列达成脱离接触协议后，巴勒斯坦游击队主要在黎以边境进行武装斗争。为消灭巴勒斯坦武装力量，建立缓冲地带保障安全，以色列在1978年、1982年两次入侵黎巴嫩，1982年8月5日，以色列军队包围贝鲁特的巴解组织总部大楼，次日对其实施猛烈轰炸。阿拉法特在绝境中发表声明，接受联合国关于巴勒斯坦问题的所有决议，实际上承认了以色列国的存在。②

巴解组织撤离贝鲁特后，力量分散，远离战斗前线，失去了开展武装斗争的条件。国际社会相继出台和平解决中东问题的"里根方案""非斯方案"和"勃列日涅夫方案"。以阿拉法特为首的巴解组织主流派别主张适应中东形势发展，在不放弃武装斗争的同时，通过政治和外交斗争，争取实现巴勒斯坦人的民族权利。1988年11月15日，巴解组织发表《独立宣言》，宣布建立巴勒斯坦国，承认联合国

---

① 殷罡主编：《阿以冲突——问题和出路》，第231页。
② 徐向群、宫少朋主编：《中东和谈史（1913—1995年）》，第211页。

分治决议以及自 1947 年以来联合国通过的决议，从而间接承认了以色列存在的权利。

巴解组织对以色列的正式承认始于奥斯陆和平进程。在和平协议签署之前，1993 年 9 月 9 日，巴解组织主席阿拉法特与以色列总理拉宾通过交换信函的形式，实现了巴以双方"相互承认"，巴解组织承诺，承认以色列在和平和安全中生存的权利；放弃恐怖活动和其他暴力行动，并将承担管理巴解组织一切分支组织和人员的责任，确保他们遵守承诺；确认《巴勒斯坦国民宪章》中的反以条款永久失效。作为交换，以色列承认巴解组织为巴勒斯坦人民的代表，并开始在中东和平进程的范围内同巴解组织谈判。① 相互承认信函为巴以双方进行对等有效的谈判提供了法律依据。

二　巴解组织与以色列的和谈

海湾战争结束后，在美国的积极斡旋下，1991 年 10 月中东和平会议得以在西班牙首都马德里召开。巴解组织代表以约旦—巴勒斯坦联合代表团成员身份参加和会，与以色列总理沙米尔终于坐在了同一张桌子前，标志着巴以关系进入以和谈为主的新时代。但巴以双方在马德里的多轮谈判没有取得什么进展。② 在挪威外交大臣霍尔斯特的安排下，自 1993 年 2 月起，巴以双方代表在奥斯陆进行 14 轮秘密谈判，取得重大突破。

（一）《奥斯陆协议》与巴以第一阶段谈判

1993 年 9 月 13 日，巴勒斯坦和以色列在华盛顿正式签署《临时自治安排原则宣言》，即《奥斯陆协议》，标志着在联合国安理会 242 号和 338 号决议的基础上，正式启动了"以土地换和平"为特征的巴以和平进程。《奥斯陆协议》规定：建立经选举产生的巴勒斯坦自治

---

① ［巴勒斯坦］马哈茂德·阿巴斯：《奥斯陆之路——巴以和谈内幕》，李成文等译，世界知识出版社 1997 年版，第 255—256 页；《以色列总理拉宾与巴解主席阿拉法特来往信件》，载尹崇敬主编《中东问题 100 年》，第 721—722 页。

② 马德里和会的具体情况，参见徐向群、宫少朋主编《中东和谈史（1913—1995 年）》，第 239—259 页。

机构；以色列将首先撤出加沙和杰里科，巴勒斯坦开始为期5年的自治过渡期；对巴勒斯坦永久地位的谈判不得迟于过渡期第3年开始；巴勒斯坦组成警察部队负责内部安全，外部安全由以色列负责。[①] 1994年5月4日，巴以双方签署实施《奥斯陆协议》的《开罗协议》，即《加沙—杰里科协议》，明确了首次移交土地的范围，并对民事权利交接、安全安排、巴勒斯坦司法管辖范围以及双方的经济关系等做出了规定。根据这两个协议，巴勒斯坦临时自治权力机构7月5日在杰里科成立。

1995年9月28日，巴以双方代表在华盛顿正式签署《西岸和加沙地带过渡协议》（以下简称《过渡协议》），又称《第二个奥斯陆协议》。《过渡协议》使自治安排更加具体，内容包括巴勒斯坦自治机构的选举及其权限、安全安排与以色列军队的重新部署、民事权责移交、法律事务、巴以合作与经济关系、释放巴勒斯坦被关押者等。[②] 至此，《奥斯陆协议》规定的巴以第一阶段谈判完成。以色列先后撤出了约旦河西岸的杰宁、图勒凯尔姆、纳布卢斯、盖勒吉利耶、伯利恒和拉姆安拉6个城市。

巴以和平进程遇到来自以色列强硬势力和巴勒斯坦极端势力的强大阻力。《过渡协议》刚进入执行阶段，1995年11月4日，以色列总理拉宾就被国内的极端分子刺杀。巴勒斯坦极端势力在以色列境内接连制造爆炸和袭击事件。黎巴嫩真主党对以色列北部村镇发动袭击，又招致以色列的报复。在这种背景下，1996年5月底，以色列强硬势力代表人物内塔尼亚胡当选总理。他坚持不同意建立巴勒斯坦国，不讨论耶路撒冷问题，不从戈兰高地撤军的"三不政策"，巴以

[①] 《巴勒斯坦自治〈原则宣言〉》，载尹崇敬主编《中东问题100年》，第723—729页。

[②] 《中东问题100年》刊载了《西岸和加沙地带过渡协议》正文中文译文，《国际法律资料》刊载了协议的英文版正文全文和部分附件，本书引用的《过渡协议》条文都出自这两处，不再一一注明。《以色列—巴勒斯坦西岸和加沙地带过渡协议》，载尹崇敬主编《中东问题100年》，第753—759页。"Israel-Palestine Liberation Organization: Interim Agreement on the West Bank and the Gaza Strip, with Selected Annexes", *International Legal Materials*, Vol. 36, No. 3, May 1997, pp. 551–649.

谈判被迫中断。1996年9月，以色列开通耶路撒冷老城阿克萨清真寺地下的考古隧道，引发巴以大规模流血冲突。

（二）《希伯伦协议》与《怀伊协议》

巴以和谈在停滞了5个月后重新恢复。1997年1月，巴以签署《在希伯伦实施重新部署的议定书》，即《希伯伦协议》，要求以色列在协议签署后的10天内完成在希伯伦的重新部署，并规定了相应的安全安排和民事安排。①《希伯伦协议》对《过渡协议》中关于以色列从希伯伦撤军的条款进行了重新谈判，并再次确认了以色列从约旦河西岸的其他地方进一步撤军。②2月，内塔尼亚胡在国内强硬势力压力下，批准启动位于东耶路撒冷霍马山的犹太人定居点工程，③巴以关系再度紧张，恢复和谈的努力多次失败。

在美国的压力下，巴以经过艰苦谈判，于1998年10月签署《怀伊协议》，要求以色列在12周内分3个阶段向巴方移交其控制的约旦河西岸约13%的土地，完全撤出巴以双方共同控制地区约14%的土地，在和平进程结束时使巴勒斯坦控制40%的约旦河西岸土地和大约60%的加沙地带；恢复最终地位谈判；巴勒斯坦颁布详细的反恐纲领；删除《巴勒斯坦国民宪章》中的反以色列条款；还对巴勒斯坦的安全通道、经济等问题做出了规定。④ 协议签署后，以色列释放了250名在押巴勒斯坦人，开放加沙机场，完成了第一阶段的撤军。巴勒斯坦全国委员会在12月10日批准删除《巴勒斯坦国民宪章》中的反以条款。在协议的执行中，巴以仍不断发生流血冲突，12月中旬，

---

① "Protocol concerning the redeployment in Hebron", *Israel Affairs*, Vol. 3, No. 3 - 4, 1997, pp. 337 - 342.

② William B. Quandt, "Clinton and the Arab-Israeli Conflict: The Limits of Incrementalism", *Journal of Palestine Studies*, Vol. 30, No. 2, 2001, p. 27.

③ Neill Lochery, "The Netanyahu Era: From Crisis to Crisis, 1996 - 99", *Israel Affairs*, Vol. 6, No. 3 - 4, 2000, p. 229 - 232.

④《中东问题100年》刊登了《怀伊协议》的要点译文，《巴勒斯坦研究学刊》刊登了协议的英文版全文。《巴以临时和平协议》，载尹崇敬主编《中东问题100年》，第769—771页。"The Wye River Memorandum and Related Documents", *Journal of Palestine Studies*, Vol. 28, No. 2, 1999, pp. 135 - 146.

内塔尼亚胡以巴方没有停止反以宣传、没有发表放弃单方面建国声明为由，中止了协议的执行。①

(三)《沙姆沙伊赫备忘录》与阿克萨起义

1999年5月以色列工党领袖巴拉克上台执政，巴以和谈恢复。巴拉克与阿拉法特经过多次公开和秘密会晤，当年9月就实施《怀伊协议》和启动巴勒斯坦最终地位谈判并签署《沙姆沙伊赫备忘录》，要求双方恢复永久地位谈判；分三个阶段完成《怀伊协议》规定的撤军；限期开通连接加沙和约旦河西岸的通道；继续释放被关押的巴勒斯坦人。② 9月13日，在《奥斯陆协议》签署六周年纪念日当天，巴以双方在埃雷茨检查站宣布正式启动关于永久地位的谈判，10月25日，加沙至希伯伦的通道正式开放。

2000年7月11日，在达成最后框架协议的期限和巴解组织宣布建国的日期迫近之际，克林顿将巴以双方代表团拉到戴维营举行封闭式的密集谈判。由于双方在耶路撒冷地位、边界划分、犹太人定居点前途、难民永久安置以及水资源分配等关键问题上均达不成妥协，会谈失败。9月27日，巴拉克在接受《耶路撒冷邮报》采访时首次表示，如果巴以达成和平协议，以色列和巴勒斯坦均可把耶路撒冷作为首都。③ 这是以色列领导人在耶路撒冷问题上的一次突破性表态，引起以色列强硬势力的不满。次日，沙龙突然造访耶路撒冷的阿克萨清真寺院落，以此挑衅性举动回敬巴拉克。一场旷日持久的"阿克萨起义"随之爆发，巴以和谈形势急转直下，冲突不断升级。

(四) 巴以关系恶化与以色列"单边行动计划"

2001年3月沙龙就任以色列总理后，在巴勒斯坦问题上采取强硬政策，对巴自治区实行军事封锁和打击，坚持先停火后和谈。

---

① 殷罡主编：《阿以冲突——问题和出路》，第166页。
② "Israel-Palestine Liberation Organization：The Sharm el-Sheikh Memorandum"，*International Legal Materials*，Vol. 38；No. 6，1999，pp. 1465 – 1468.
③ 陈克勤：《巴拉克首次公开表示以巴可共享圣城》，《光明日报》2000年9月29日。

"9·11"事件后,沙龙将镇压巴勒斯坦激进势力与美国的反恐战略挂钩,指责阿拉法特是恐怖主义的幕后主使,不承认他的领导权,拒绝与他接触,将阿拉法特退出决策层作为恢复以巴和谈的前提之一。从2001年年底开始,以色列将阿拉法特长期围困在拉姆安拉官邸内,并摧毁了官邸的大部分建筑。哈马斯、杰哈德及"阿克萨烈士旅"等巴勒斯坦激进组织则不断暴力袭击以色列,招致以色列的"定点清除",巴以陷入"以暴制暴"的恶性循环,关系更加恶化。

2003年4月中东和平"路线图"计划出台后,巴以局势一度缓和。当年5月,巴勒斯坦自治政府总理阿巴斯与以色列总理沙龙会晤,这是阿克萨起义爆发后双方高层的首次会谈。但以色列坚持强硬政策,继续修建隔离墙,加大对巴勒斯坦激进组织的打击力度,"路线图"计划搁浅。2004年6月,沙龙政府出台"单边行动计划",分阶段拆除加沙地带的全部犹太人定居点以及约旦河西岸的4个相对孤立的定居点;把撤出的犹太定居者重新安置在1967年第三次中东战争前双方实际控制线以色列一侧;以色列军队全部撤出加沙地带并重新部署在其外围。以色列从2005年8月15日开始撤离,到9月21日正式宣告"单边行动计划"结束。"单边行动计划"是沙龙政府"退一步、进两步"的战略,通过"让出"加沙地区,达到占领约旦河西岸更多土地的目的,在甩掉加沙地带这一沉重包袱的同时,架空中东和平"路线图",掌握巴以和谈的主导权和主动权。①

三 以色列的强硬政策与巴以关系困境

"以色列并不愿意看到身边出现一个拥有独立主权的巴勒斯坦国家,所以采取了多种措施削弱巴勒斯坦实力,以便在日后政治谈判中为自身争取更多的利益。"② 第三次中东战争后,以色列形成了对阿

---

① 赵国忠:《评以色列总理沙龙的"单边行动计划"》,《和平与发展》2004年第3期。
② 王京烈:《巴以冲突:理论构建与前瞻分析》,《阿拉伯世界研究》2006年第1期,第12页。

拉伯阵营的战略优势，"大以色列观"日益流行，这种观点主张吞并被占领的阿拉伯领土，特别是视约旦河西岸为历史上犹太人的固有领土，称其为"犹地亚"和"撒玛利亚"，坚决反对建立独立的巴勒斯坦国。奥斯陆进程开启后，以色列仍不断实施强硬政策，为巴勒斯坦建国设置阻碍。2018年7月19日，以色列议会通过《犹太民族国家法案》，从法律上明确以色列的犹太民族性，宣称"以色列是犹太民族的国家，犹太民族专享以色列的自决权"；"完整、统一的耶路撒冷"是以色列的首都；建设犹太人定居点是以色列国家利益所在，国家将采取行动加以鼓励、推进和实施；抹去阿拉伯语此前作为官方语言的地位。这个法案确认犹太人是以色列国土的唯一主人，拥有独享以色列民族权利的地位，也排除了巴勒斯坦建立独立主权国家的可能性。①

　　以色列独立宣言虽然将自己定义为犹太国家，但承诺维护少数民族权利。以色列总人口中20%以上是阿拉伯人，他们大部分是在第一次中东战争时选择留在家乡的当地居民，在以色列实际上处于二等公民地位，多年来遭受着各种隐形歧视。以色列虽然一直致力于维护本国的犹太属性，但还没有公开宣布这样的政策。《犹太民族国家法案》的通过，使以色列的阿拉伯人被剥夺公共权利，历次中东战争造成的巴勒斯坦难民也将永远失去重返家园的权利。以色列还将承认以色列的犹太国家地位列为重新开始和平谈判的条件，却遭到巴勒斯坦的拒绝，这进一步增加了双方重启和谈的难度。

　　建造犹太人定居点是侵占巴勒斯坦领土、重新界定以色列和约旦河西岸与加沙地带之间边界的关键，②也是控制农田和水资源的主要办法。1967年后，以色列确立在被占领土兴建定居点的政策，虽然遭到国际社会强烈反对，仍然坚持不断扩建定居点。到2016年年底，在约旦河西岸（不包括东耶路撒冷）有131个得到以色列承认的"合

---

① Nadia Ben-Youssef, Sandra Samaan Tamari, "Enshrining Discrimination: Israel's Nation-State Law", *Journal of Palestine Studies*, Vol. 48, No. 1, 2018, p. 77.
② Leila Farsakh, *Palestinian Labour Migration to Israel: Labour, Land and Occupation*, London and New York: Routledge, 2005, p. 24.

法"定居点，97个未获得政府批准但得到政府部门支持和帮助的前哨定居点（outposts），共有39万多名犹太定居者。①

犹太人定居点主要修建在约旦河西岸的 C 区。《奥斯陆协议》将过渡时期的巴勒斯坦领土临时分成三个部分：大部分巴勒斯坦城市属于 A 区，由巴勒斯坦民族权力机构全面负责民事管理和内部安全；城市周边地区和小城镇属于 B 区，由巴勒斯坦方面负责民事管理，巴以双方共同负责安全事务；A 区和 B 区之外的所有地区属于 C 区，由以色列负责安全问题、民事管理以及与土地相关的民事事务，包括土地划拨、规划和建设基础设施，巴方只负责向当地的巴勒斯坦人提供教育和医疗服务，但这些服务所必需的基础设施的建设和维护仍然由以色列掌握。以色列的政策在事实上排除了巴勒斯坦人在 C 区进行任何商业投资的可能。② 即使在巴勒斯坦村庄内，巴勒斯坦人实际上也根本不可能获得以色列的许可，无法建设住宅或商业设施，更不用说开发自然资源和建设公共基础设施。

以色列通过"因军事目的或公共需要征用土地""宣布或登记为国有土地"等途径，吞并约旦河西岸领土用于犹太人定居点建设，犹太定居者也经常侵占巴勒斯坦人的私有土地。③ 到2012年，犹太人定居点几乎覆盖了约旦河西岸3.25%的领土，犹太定居者实际控制的领土几乎占 C 区面积的68%。④ C 区覆盖了约旦河西岸约60%的领土，但巴勒斯坦人能利用的面积不到1%，其余的地方限制或禁止巴勒斯坦人进入。⑤ 根据巴以协议，除了那些需要在最终地位谈判中解决的问题外，C 区领土应该逐步移交巴勒斯坦，但和平进程停止后，

---

① Peace Now, "Settlement Watch: Data", http://peacenow.org.il/en/settlements-watch/settlements-data/population, Dec. 2016.

② World Bank, *West Bank and Gaza: Area C and the Future of the Palestinian Economy*, Washington D. C.: World Bank Group, 2013, p. 3.

③ B'Tselem, "By Hook and By Crook: Israeli Settlement Policy in the West Bank", https://www.btselem.org/download/201007_by_hook_and_by_crook_eng.pdf, July 2010, p. 22.

④ World Bank, *West Bank and Gaza: Area C and the Future of the Palestinian Economy*, p. 5.

⑤ World Bank, *West Bank and Gaza: Area C and the Future of the Palestinian Economy*, p. 4.

以色列不再移交领土，几乎完全控制了 C 区的所有事务。以色列通过定居点控制了 C 区，进一步实现了对巴勒斯坦领土的占领。

为了把约旦河西岸的大型犹太人定居点、东耶路撒冷地区等全部合并到以色列一边，以色列于 2002 年开始实施安全隔离墙计划。隔离设施是一道无法跨越的地面障碍，由栅栏、沟渠、铁丝网、砂路、电子监控系统、巡逻道路和缓冲区构成，部分地区甚至建起八九米高的钢筋混凝土墙体。① 在隔离墙的分割下，东耶路撒冷与约旦河西岸彻底分离，成为以色列控制下的耶路撒冷地区的一部分。以色列通过修建犹太人定居点、剥夺巴勒斯坦人的土地、在城市规划建设等方面实施歧视性政策等措施，逐步增加东耶路撒冷的犹太人口，压缩巴勒斯坦人口数量，改变了当地的人口结构。隔离墙改变了巴以边界划分，整个隔离设施并非完全沿着 1967 年停火线修筑，在部分地带向巴方所属地区偏离，将约旦河西岸 9.4% 的领土划到以色列一边，近 2.5 万名巴勒斯坦人被迫生活在绿线和隔离墙之间的封闭区域。②

内塔尼亚胡自 2009 年重新执政以来，在巴勒斯坦问题上更加强硬，坚持继续在约旦河西岸和东耶路撒冷扩建犹太人定居点，并多次发动对加沙地带的大规模军事打击。2017 年 2 月，以色列议会通过《条例法案》，旨在将约旦河西岸一批未经政府批准修建的非法犹太人定居点合法化。③ 这个法案的通过，巩固了以色列对巴勒斯坦领土的占领、分割和包围，在犹太人定居点、领土和边界划分、耶路撒冷地位问题上形成了既成事实，为以色列在巴以和谈中坚持不让步的强硬立场创造了条件，使巴勒斯坦的建国基础受到进一步削弱。

犹太人定居点使巴勒斯坦领土碎片化，当地的社会经济和政治生

---

① 隔离墙建成后，总长将达到 708 千米，其中 85% 的设施位于约旦河西岸。截至 2012 年年中，61.8% 的隔离设施已经完工，8.2% 的设施正在修建，还有 30% 的设施已经规划，但由于经费限制、法律问题及国际社会的压力等因素并未开工。

② UNOCHA (United Nations Office for the Coordination of Humanitarian Affairs)，"Barrier Update: Special Focus"，UN，2011，pp. 3 – 4.

③ Miri Smerling, "Despite Pressure from White House, Regulation Law Passes in Knesset", *Jerusalem Online*, Feb. 6, 2017, http://www.jerusalemonline.com/news/in-israel/local/despite-us-pressure-regulation-bill-passes – 26483？ amp = 1.

活都受到分割限制。犹太人定居点是封闭的军事区,巴勒斯坦人如无特别许可不得进入。在各犹太人定居点和城市之间,有现代化的道路交通网连接。这些道路一般绕过巴勒斯坦村镇,很多道路禁止巴勒斯坦人使用,从而将巴勒斯坦控制区分割成一个个孤岛,呈点状分布在约旦河西岸。以色列在连接巴勒斯坦各城市和乡村的道路上设置了大量检查站和路障,作为控制巴勒斯坦人员与货物流动的关卡,一旦以色列认为局势危险,就会强化封锁,加强道路控制。以色列根据性别、年龄、职业、政治和社会经济地位为巴勒斯坦人分发不同种类的通行证,控制他们在约旦河西岸、东耶路撒冷和加沙地带之间的自由流动,三地巴勒斯坦人的日常交流、教育、婚姻和家庭团聚都受到以色列居住政策制约,加沙地带的法塔赫成员就无法到约旦河西岸参加代表大会。即使是巴勒斯坦领导人出行也需要提前与以色列军队进行安全协调,2014年就出现巴勒斯坦总理车队被以色列军队拦截的情况。

在"大以色列观"指导下,以色列追求确立国家的犹太民族属性,并以犹太人定居点为基础,在外交、政治、军事、经济和社会文化等方面,对巴勒斯坦施行全面的限制和削弱。以色列的强硬政策成为巴勒斯坦国家构建的最大外部障碍。

第三节 美国对待巴勒斯坦问题的双重标准

美国对中东政治局势发展具有举足轻重的影响,中东和平进程的推进,离不开美国的积极推动。美国外交学会副主席塞缪尔·刘易斯(Samuel W. Lewis)就曾指出,自1967年第三次中东战争以来,美国外交几乎是实现阿以和平的一切努力的动力。[①] 然而,美国在巴勒斯坦问题上采取双重标准,大力支持以色列,这在很大程度上阻碍了独立巴勒斯坦国家的建立。

---

① Samuel W. Lewis, "The United States and Israel: Evolution of an Unwritten Alliance", *Middle East Journal*, Vol. 53, No. 3, Special Issue on Israel, 1999, p. 364.

一　美以特殊关系与美国对巴勒斯坦问题的回避

(一) 美国对以色列的支持与美以特殊关系

从威尔逊任总统时期开始，美国就同情和支持犹太复国主义运动，支持《贝尔福宣言》。在巴黎和会上，美国主张建立独立的巴勒斯坦国家，邀请犹太人回到巴勒斯坦定居，"巴勒斯坦应成为一个犹太国"①。巴勒斯坦问题为美国在中东取代英国、建立优势地位提供了契机。杜鲁门向英国施压，要求增加犹太人移民巴勒斯坦的数量，主张并策划巴勒斯坦分治。美国不仅投票支持联合国分治决议，还游说其他国家也这样做。② 以色列成立后，美国立即给予承认，不断为以色列提供军事、经济援助和政治支持。从1948年到1996年，以色列仅直接从美国政府接受的军事和经济援助就有650亿美元，是美国对外援助的最大接受国。自肯尼迪明确指出美以存在"特殊关系"以来，两国虽然没有签署防务协定或军事同盟条约等正式的法律文件，但双方事实上的同盟关系已经成为两国从领导人到民众的社会共识。③ 由于美以特殊关系加持，在阿以冲突及巴勒斯坦问题上，美国历届政府的政治天平都偏向以色列一边。

(二) 美国对巴勒斯坦问题的回避政策

美国对巴勒斯坦问题的早期政策，受到美苏全面冷战及美以特殊关系的影响和制约。一直到尼克松执政前期，美国基本上将巴勒斯坦问题视为"难民问题"，试图在阿拉伯国家重新安置巴勒斯坦难民。美国国家安全委员会1949年10月批准NSC47/2号文件，作为对以色列和阿拉伯国家政策的基础。④ 这个文件详细阐述了美国在巴勒斯坦

---

① 《美国在巴黎和会上关于建立独立的巴勒斯坦国家的建议》，载尹崇敬主编《中东问题100年》，第13—14页。
② Simon A. Waldman, *Anglo-American Diplomacy and the Palestinian Refugee Problem, 1948-51*, London and New York: Palgrave Macmillan, 2015, p. 35.
③ Yaacov Bar-Siman-Tov, "The United States and Israel since 1948: A 'Special Relationship'?", *Diplomatic History*, Vol. 22, No. 2, 1998, p. 231.
④ Osamah Khalil, "Pax Americana: The United States, the Palestinians, and the Peace Process, 1948-2008", *CR: The New Centennial Review*, Vol. 8, No. 2, 2008, p. 4.

难民、边界和耶路撒冷问题上的立场,承诺解决巴勒斯坦问题;呼吁以色列立即按照联大第194号决议的精神,最大可能地遣返难民;要求阿拉伯国家接受大量不愿或不能被遣返的难民重新安置的基本原则。① 1969年12月,尼克松的第一任国务卿威廉·罗杰斯(William Rogers)公开建议,以色列撤出1967年占领的绝大部分领土,以换取阿拉伯国家的承认和停火保证。在罗杰斯的建议中,巴勒斯坦问题仍然被看作难民问题。② 虽然罗杰斯计划是尼克松政府的官方政策,但尼克松及国家安全顾问亨利·基辛格私下向以色列保证,这个计划不会执行。③ 美国在斡旋埃及与以色列和谈时,为在其他较易解决的问题上取得进展,尽可能地避开巴勒斯坦问题这个政治敏感点,仅在口头上对巴勒斯坦人的苦难表示同情,仍把它视为难民问题。

巴解组织采取解放整个巴勒斯坦的战略目标和激进的斗争方式,并得到苏联的支持,这使美国在外交上拒绝与巴解组织接触,并试图在军事上消灭他。在1970年的"黑九月事件"中,尼克松政府支持约旦国王侯赛因打击巴解组织。④ 1973年秋,阿拉法特通过巴解组织驻伦敦代表萨义德·哈马米(Sa'id Hamami)和巴勒斯坦活动家伊萨姆·沙塔韦(Isam Sartawi),向美国和以色列发出信号,表示愿意通过谈判达成和解,但美国和以色列都拒绝与巴解组织打交道。⑤ 基辛格在1975年8月斡旋埃以达成第二阶段脱离接触协议时,向以色列承诺,在巴解组织承认以色列的生存权并接受联合国第242号和第338号决议之前,美国不承认巴解组织,也不同其谈判。⑥ 这成为美

---

① FRUS 1949, 1430–40.

② 《美国国务卿罗杰斯关于中东问题的讲话》,载尹崇敬主编《中东问题100年》,第350—357页。

③ Salim Yaqub, "The United States and the Arab-Israeli Conflict, 1947 to the Present", *OAH Magazine of History*, Vol. 20, No. 3, 2006, p. 14.

④ William B. Quandt, *Peace Process: American Diplomacy and the Arab-Israeli Conflict since 1967*, pp. 76–78.

⑤ Philip Mattar ed., *Encyclopedia of the Palestinians*, "Arafat, Yasir", p. 62.

⑥ William B. Quandt, *Peace Process: American Diplomacy and the Arab-Israeli Conflict since 1967*, p. 169.

国历届政府处理与巴解组织关系的先决条件。美国很少与巴解组织进行官方联系，虽然通过中间人进行一些沟通，但双方不存在持续的、高层级的、公开承认的关系。[1]

二 美国对巴勒斯坦政策的变化及其与巴解组织的关系

（一）卡特政府对巴勒斯坦政策的变化

1977年卡特任总统后，推行"人权外交"，提出"全面解决中东问题"的新构想，开始把巴勒斯坦问题作为解决中东问题的组成部分，希望说服巴解组织接受联合国第242号决议，参加中东和谈。[2] 美国对巴勒斯坦政策最为显著的变化是，卡特政府强调巴勒斯坦人的自治权。1977年3月16日，卡特提出"必须给许多年来饱受苦难的巴勒斯坦难民一个家园（homeland）"[3]。但是美国不赞成建立一个独立的巴勒斯坦国家。[4] 美国主张，未来的巴勒斯坦在以色列的控制下享有自治，或者作为一个实体依附于约旦。在卡特任期内，美国与巴解组织通过各种渠道保持着接触。[5] 但美国不承认巴解组织是巴勒斯坦人的合法代表，在埃以戴维营谈判中，卡特再次向以色列总理贝京重申美国与巴解组织对话的先决条件。[6]

（二）里根方案与美巴关系

1982年9月1日，在巴解组织撤离贝鲁特的当天，美国提出和平

---

[1] William B. Quandt, *Peace Process: American Diplomacy and the Arab-Israeli Conflict Since 1967*, p. 278.

[2] Daniel Strieff, *Jimmy Carter and the Middle East: The Politics of Presidential Diplomacy*, New York: Palgrave Macmillan, 2015, p. 21.

[3] "President Jimmy Carter, on Middle East Peace, Town Meeting, Clinton, Mass., 16 March, 1977", in Yehuda Lukacs ed., *The Israeli-Palestinian Conflict: A Documentary Record*, p. 70; Daniel Strieff, *Jimmy Carter and the Middle East: The Politics of Presidential Diplomacy*, pp. 29 – 30.

[4] Jimmy Carter, *Keeping Faith: Memoirs of a President*, New York: Bantam Books, 1982, pp. 290 – 291.

[5] Daniel Strieff, *Jimmy Carter and the Middle East: The Politics of Presidential Diplomacy*, p. 21.

[6] Jimmy Carter, *Keeping Faith: Memoirs of a President*, pp. 281 – 282.

解决中东问题的里根方案，支持约旦河西岸和加沙地带的巴勒斯坦居民实行完全自治，这种自治应与约旦联系起来，反对建立独立的巴勒斯坦国；选举产生巴勒斯坦自治机构，设置5年的过渡期，以色列人将权力移交给巴勒斯坦人；以色列停止新建定居点；用领土换和平，"应该通过涉及为了和平而交换土地的谈判来解决阿以冲突"；通过谈判解决耶路撒冷的最终地位。① 里根方案不承认巴解组织"巴勒斯坦人唯一合法代表"的地位，1983年2月举行的巴勒斯坦全国委员会第16次会议发表声明，批评里根方案无视巴勒斯坦人返回家园、自决和建立独立巴勒斯坦国的权利，拒绝以此为基础解决巴勒斯坦问题和阿犹冲突。②

（三）美国开始与巴解组织对话

1988年11月巴勒斯坦宣布建国，表示接受联合国的决议。但美国国务卿舒尔茨（George Schultz）坚称巴解组织必须毫无保留地接受联合国第242号决议，不支持巴勒斯坦人的自决权，反对成立巴勒斯坦国。③ 当联合国邀请阿拉法特参加讨论巴勒斯坦问题的特别会议时，舒尔茨以巴解组织是恐怖组织为由，拒绝发给阿拉法特赴美签证。④ 最终，联合国的这次会议转移到日内瓦举行。12月3日，舒尔茨列出了美国与巴解组织对话的前提条件，要求阿拉法特按照美国指定的确切用语进行公开承诺。⑤ 7日，在阿拉法特同美国犹太人士会谈后，巴解组织宣布，"接受以色列作为一个国家在中东的存在"，"抵制并

---

① 《美国总统里根有关中东问题的讲话》《美国总统里根给贝京信中所附的"会谈要点"》，载尹崇敬主编《中东问题100年》，第384—395页。

② 《巴勒斯坦全国委员会第十六次会议通过的政治宣言》，载尹崇敬主编《中东问题100年》，第114页。

③ Osamah Khalil, "Pax Americana: The United States, the Palestinians, and the Peace Process, 1948-2008", *CR: The New Centennial Review*, p. 18.

④ "Statement by the State Department on the Rejection of PLO Chairman Yasser Arafat's Visa Application to the US, 26 November, 1988", in Yehuda Lukacs ed., *The Israeli-Palestinian Conflict: A Documentary Record*, p. 116.

⑤ William B. Quandt, *Peace Process: American Diplomacy and the Arab-Israeli Conflict Since 1967*, p. 282.

谴责各种形式的恐怖主义，包括国家恐怖主义"①。13 日，在日内瓦联合国关于巴勒斯坦问题的专题讨论会上，阿拉法特声明，巴解组织将"根据安理会第 242 号和第 338 号决议"，"寻求包括巴勒斯坦国、以色列和其他邻国在内的阿以冲突各方的全面和平解决"。14 日，阿拉法特在日内瓦举行记者招待会，明确宣布，巴解组织接受"以联合国第 242 号和第 338 号决议为基础同以色列谈判"，"包括巴勒斯坦国、以色列和其他邻国在内的中东冲突各方在和平与安全的环境中生存的权利"，"无条件放弃各种形式的恐怖主义"②。至此，阿拉法特最终按照美国的要求，明确了巴解组织立场，完全满足了美国为双方关系发展设置的先决条件，消除了美国政府同巴解组织直接对话的障碍。

在阿拉法特完全满足美国要求的当天，12 月 14 日，里根发表声明，授权国务院同巴解组织代表举行实质性对话。16 日，美国驻突尼斯大使同巴解组织代表在突尼斯举行首次官方直接会谈，标志着美国与巴解组织的关系进入一个新时期。但 1990 年 5 月，巴解组织一个下属派别对以色列特拉维夫附近的海滩发动袭击，美国宣布与巴解组织的对话中止 18 个月。

三 美国积极推动中东和平进程

布什在 1989 年入主白宫后，重视阿拉伯温和国家的作用，谋求推动阿以双方对话和谈判。为满足以色列的条件，布什政府要求巴解组织做出让步，同意以色列与来自被占领土、没有参加巴解组织的巴勒斯坦人谈判。③ 1990 年春，美国推出贝克计划（Baker Plan），试图促使巴勒斯坦人与以色列在埃及的主持下进行初步会谈，但没有成功。海湾战争后，美国在"以土地换和平"原则基础上，积极推动阿以和谈。经过国务卿贝克的积极斡旋，最终促成 1991 年在西班牙首

---

① 《巴解宣布承认以色列的存在》，载尹崇敬主编《中东问题 100 年》，第 130 页。
② William B. Quandt, *Peace Process: American Diplomacy and the Arab-Israeli Conflict since 1967*, pp. 283 – 285.
③ Osamah Khalil, "Pax Americana: The United States, the Palestinians, and the Peace Process, 1948 – 2008", *CR: The New Centennial Review*, p. 19.

都马德里召开中东和会。但巴解组织只是作为被占领土的巴勒斯坦人代表,与约旦组成联合代表团参加会谈。

克林顿在1993年入主白宫后,把实现中东和平作为优先考虑事项,宣布以"正式伙伴"身份参加阿以谈判。在他的第一个任期内,巴以接连签署《奥斯陆协议》与《过渡协议》,中东和平进程取得重大突破。虽然美国没有参与巴、以秘密谈判,但克林顿政府很快加入奥斯陆和平进程。1993年9月13日,克林顿在白宫草坪主持《奥斯陆协议》签署仪式,并暗示美国愿意为阿以和平取得进展出力。① 之后,美国在华盛顿设立巴解组织办事处。1994年6月,巴解组织驻美办事处升格为官方使团。

在《奥斯陆协议》实施及其后的巴以谈判中,美国都发挥着重要作用。1998年10月,巴以领导人在美国白宫正式签署《怀伊协议》,克林顿作为见证人在协议上签字。为推动协议实施,美国在11月30日倡议召开有40多个国家参加的支持中东和平与发展会议,为巴勒斯坦募捐30多亿美元。1998年12月10日,巴勒斯坦中央委员会批准删除《巴勒斯坦国民宪章》中关于消灭以色列的条款。当月14日,克林顿到访加沙,这是美国总统第一次正式访问巴勒斯坦自治区,加强了美国与巴勒斯坦的关系。②

2000年7月,克林顿推动巴以双方在戴维营就巴勒斯坦最终地位问题进行会谈,但无果而终。由于巴以之间分歧巨大,克林顿在总统任期内未能推动双方就永久地位达成协议。

四 小布什与美国巴勒斯坦政策的调整

"9·11"事件后,打击恐怖主义、推进中东民主化进程成为小布什政府中东政策的核心,巴以问题被置于反对恐怖主义和中东民主化改造两大政策框架之下,不再是美国关注的重点。

---

① [美]威廉·匡特:《中东和平进程:1967年以来的美国外交和阿以冲突》,饶淑莹等译,华东师范大学出版社2009年版,第327页。
② William B. Quandt, "Clinton and the Arab-Israeli Conflict: The Limits of Incrementalism", p. 28.

为争取阿拉伯世界支持美国的中东政策，2001年10月初，小布什提出建立巴勒斯坦国的设想，成为首位直接提出巴勒斯坦独立建国的美国总统。① 在美国的提议下，联合国安理会在2002年3月12日通过第1397号决议，首次明确提出巴勒斯坦建国。② 但小布什政府忙于伊拉克战争，无暇进一步给出详细解决方案，只是施压巴勒斯坦自治政府进行改革，要求分散阿拉法特的权力，以民主、市场经济和反恐为基础，建立全新的政治经济制度。2003年4月30日，以阿巴斯为总理的巴勒斯坦新内阁宣誓就职，当日酝酿已久的中东和平"路线图"由美国、联合国、欧盟和俄罗斯等"中东问题四方"正式公布，要求分阶段建立一个独立的巴勒斯坦国。但2004年小布什公开支持以色列的"单边行动计划"，中东和平"路线图"所倡导的巴以和平进程荡然无存。加上伊拉克局势再次紧张，又将美国政府的精力从巴以问题转移开来。③ 因此，有学者认为，伊拉克战争和以色列的"单边行动计划"一起，阻止了巴勒斯坦的建国进程。④

阿拉法特执政后期，美国政府拒绝同他接触，导致美巴关系紧张，直到阿巴斯当选为巴勒斯坦民族权力机构主席后，双方关系才有所改善。2006年哈马斯赢得大选上台，遭到美国强烈反对。美国坚持认为哈马斯是"恐怖组织"，要求国际社会孤立哈马斯直至其改变立场，并停止对巴勒斯坦的直接援助。2007年6月，随着巴勒斯坦联合政府解散和法塔赫重新执掌约旦河西岸，美国重启巴以和谈，在11月主导召开安纳波利斯中东问题国际会议，提出巴以"两个国家"和平共处的设想，但很快被以色列军事打击加沙地带的"铸铅行动"葬送。

---

① ［美］威廉·匡特：《中东和平进程：1967年以来的美国外交和阿以冲突》，第392页。

② UN, *Palestinian Question: Two States Vision Affirmed*, SecCo Resolution S/RES/1397, Mar. 12, 2002.

③ ［美］威廉·匡特：《中东和平进程：1967年以来的美国外交和阿以冲突》，第395—402页。

④ Husam A. Mohamad, "The Bush Administration and the Two States Solution", in Jamil Hilal, ed., *Where now for Palestine? The Demise of the Two-state Solution*, p. 109.

小布什政府支持由利库德集团领导的以色列政府，公开支持以色列的"单边行动计划"，在边界划分和巴勒斯坦难民回归等问题上支持以色列的主张，这种偏袒以色列的政策加剧了巴以之间的紧张局势。

五 奥巴马推动巴以和谈努力的失败

奥巴马同情巴勒斯坦人的遭遇。[①] 在他任总统时期，美国主张以"两国方案"推动巴以和平进程，提出以1967年的边界线为基础确立以色列和巴勒斯坦的边界，要求以色列停止扩建定居点，敦促巴勒斯坦停止对以色列的暴力活动。[②] 为此，国务卿克里多次访问中东国家，推动巴以重启和谈，并提出加强巴勒斯坦经济能力、改善民众生活、设立40亿美元援助基金等设想。因巴以双方立场悬殊，美国两次推动巴以重启和谈都无果而终。美国坚决反对巴勒斯坦将独立建国问题诉诸联合国的做法。2012年11月，第67届联大表决授予巴勒斯坦联合国观察员国地位的决议草案，美国投反对票。2013年3月，奥巴马访问巴勒斯坦、以色列等国家，提出在"两国方案"基础上，建立具有完整主权的独立巴勒斯坦国。奥巴马任期最后阶段，在2016年联合国安理会关于要求以色列停止犹太人定居点活动的表决中，美国罕见地投了弃权票，使决议得以通过。在卸任前数小时，奥巴马又不顾反对，批准向巴勒斯坦提供2.21亿美元的财政援助。然而，奥巴马推进巴以和谈的诸多努力归于失败。

六 特朗普对以色列的偏袒

2017年特朗普上台后，强烈支持以色列。2017年2月内塔尼亚胡访美时，特朗普表态称，他对以"一国方案"还是"两国方案"实现以巴和平都能接受，背离此前美国政府一贯支持"两国方案"的立场。在耶路撒冷问题上，特朗普政府支持以色列的立场，2017年

---

① ［美］约翰·J. 米尔斯海默、斯蒂芬·M. 沃尔特：《以色列游说集团与美国对外政策》，王传兴译，上海人民出版社2019年版，第2页。

② 奥巴马对巴以问题的政策体现在他于2009年6月4日在埃及开罗及2011年5月19日在美国国务院发表的两次演讲中。

12月6日，特朗普宣布美国承认耶路撒冷为以色列首都，2018年5月14日，美国驻以色列大使馆迁往耶路撒冷，10月18日，美国国务院宣布，美驻耶路撒冷总领事馆并入美驻以色列大使馆。

特朗普的女婿兼高级顾问贾里德·库什纳（Jared Kushner）是正统派犹太教教徒，他的家族曾资助以色列的犹太人定居点项目，他在中东和平进程中发挥重大作用，使美国的政策进一步有利于以色列。2019年6月22日，库什纳向外界公布解决巴以问题的"世纪协议"中的经济方案，主要内容就是通过沙特、阿联酋等海湾阿拉伯国家对巴勒斯坦投资，促进巴勒斯坦的经济发展与就业。这个方案本质上是"投资换主权"，回避巴勒斯坦的核心利益与诉求。2020年1月28日，特朗普公布完整的"世纪协议"，提出"现实的两国方案"，承认以色列在约旦河西岸犹太人定居点的主权，巴勒斯坦国未来在东耶路撒冷部分地区建立首都并实现"非军事化"。[①] 这个计划由库什纳主导起草，得到以色列的支持，但遭到巴勒斯坦的严厉批评和拒绝。

如果缺少美国的强力支持，巴以和谈将难以取得实质突破，未来协议也难以真正履行。在美国强烈支持以色列的背景下，巴以问题的解决前景不容乐观。

第四节　西欧国家共同立场的形成及其内部分歧

西欧国家最初把巴勒斯坦问题看作难民问题，更不考虑巴勒斯坦人的未来地位，只是笼统地称他们为"阿拉伯难民"。1973年第四次中东战争中，阿拉伯国家的石油武器使西欧各国遭受不同程度的能源危机。为同阿拉伯产油国建立良好关系，保障稳定的石油供应，西欧国家在阿以冲突和巴勒斯坦问题上改变过去追随美国的做法，开始确定共同立场。

[①] "世纪协议"全文见白宫官网："Prosperity to Peace：A Vision to Improve the Lives of the Palestinian and Israeli People"，https：//www.whitehouse.gov/peacetoprosperity/。

一 欧共体形成对巴勒斯坦问题的共同立场

20世纪70年代初，为协调成员国的政治和安全政策，欧共体开始启动欧洲政治合作机制，作为在重大国际问题上确定共同立场的工具。阿以冲突问题是欧洲政治合作机制关注的重点，在1970年11月举行的首次会议上成为两大讨论问题之一，也是讨论最多的问题，但各方立场相去甚远。[①] 1971年5月，通过欧洲政治合作机制，欧共体六国首次形成对阿以冲突问题的共同立场，要求以联合国安理会第242号决议为基础解决阿以冲突。[②] 对阿以冲突问题的处理是欧洲政治合作机制首次成功的实际运作，为欧共体形成统一政策奠定基础。第四次中东战争及石油危机促使欧共体进一步明确对巴勒斯坦问题的立场，在1973年11月6日的布鲁塞尔声明中，欧共体提出"巴勒斯坦人"问题，把"巴勒斯坦人的正当权利"作为实现中东公正和持久和平的前提。[③]

卡特就任总统后，美国对巴勒斯坦问题的态度发生变化，为欧共体出台新政策开了绿灯。1977年6月，欧洲理事会发表伦敦宣言，把巴勒斯坦问题作为阿以冲突的核心问题，提出巴勒斯坦人的正当权利，即巴勒斯坦人民需要一个祖国（homeland）；要求巴勒斯坦人民的代表参加和谈。阿拉伯国家和以色列之间的"相互承认"是欧共体中东政策的重要内容，伦敦宣言平衡了对阿以双方的立场，强调阿拉伯方面应该"承认以色列在安全和得到承认的边界内和平生活的权利"[④]。从1977年到1980年，欧共体九国尽量根据伦敦宣言的精神回

[①] Panayiotis Ifestos, *European Political Cooperation: Towards a Framework of Supranational Diplomacy?*, Brookfield: Gower Publishing Company, 1987, pp. 154–155.

[②] Bulletin-EC, No. 6, 1971, p. 31.

[③] Panayiotis Ifestos, *European Political Cooperation: Towards a Framework of Supranational Diplomacy?*, p. 440.

[④] "Statement by the European Council on the Middle East, London, 29 June 1977", in Christopher Hill and Karen E. Smith, eds., *European Foreign Policy: Key Documents*, London and New York: Routledge, 2000, p. 301. 《中东声明》全文见《欧洲经济共同体通过〈中东声明〉》，载尹崇敬主编《中东问题100年》，第631—632页。

应中东事务,在不同场合重申巴勒斯坦人建立祖国的必要性。伦敦宣言对巴解组织仍然持保留态度,没有公开承认巴解组织在和平进程中的作用,虽然不完全符合阿拉伯国家和巴解组织的立场要求,但他们仍然认为,伦敦宣言要求巴勒斯坦人民的代表参加和谈,是欧共体立场的积极发展。①

1978年9月17日,埃及和以色列在美国的主持下达成《戴维营协议》。两天后欧共体发表联合声明,在对卡特表示祝贺、对萨达特和贝京表示赞赏的同时,重申他们对"全面、持久和平解决"的坚持,强调"九国政府希望戴维营会议的结果是通向公正、全面和持久和平的重要一步,有关各方将能够加入这个进程以促进目标实现"②,表明有条件支持《戴维营协议》的立场。1978年12月,欧阿对话总委员会在大马士革召开第四届会议。在阿拉伯国家的压力下,欧共体会后发表公报,不再提有条件支持《戴维营协议》,而是强调"全面解决""建立巴勒斯坦祖国",认为"以色列自1967年以来在被占领土的行为违反国际法","是和平的严重障碍"③。这与《戴维营协议》主张逐步解决、不提巴勒斯坦人的民族权利及巴勒斯坦祖国的精神和措辞都不一致。

1979年9月25日,爱尔兰外长以部长理事会主席身份在第34届联大阐述欧共体立场,他把巴勒斯坦人的合法权利界定为"有权建立自己的国家,并有权通过他们的代表在商谈实现中东和平的全面解决办法中充分发挥作用",认为"包括巴勒斯坦解放组织在内的冲突各方,应以安理会第242号和第338号决议为基础,进行全面解决谈判,各方都应该在这种谈判中发挥作用"。这是欧共体首次提到巴解

---

① Bichara Khader, "Europe and the Arab-Israeli Conflict: An Arab Perspective", in David Allen and Alfred Pijpers, eds., *European Foreign Policy-making and the Arab-Israeli Conflict*, Leiden: Martinus Nijhoff Publishers, 1984, pp. 161 – 186.

② "Statement by the EEC Foreign Ministers on the Camp David Meeting, September 19, 1978", in John Norton Moore ed., *The Arab-Israeli Conflict Volume IV: The Difficult Search for Peace (1975 – 1988)*, Princeton, NJ: Princeton University Press, 1991, p. 330.

③ 《第四届阿拉伯—欧洲对话委员会会议公报(1978年12月13日)》,载尹崇敬主编《中东问题100年》,第635页。

组织，支持巴解组织参加和谈并发挥作用，但条件是巴解组织接受以色列的生存权。在耶路撒冷问题上，欧共体表示不接受任何可能改变现状的单方面行动。① 这是欧共体立场的一大发展。

从1973—1979年，欧共体九国在阿以冲突问题上的立场明显向阿拉伯一方转变，在巴勒斯坦问题上满足了阿拉伯主流政治的大部分要求。欧共体的政策变化带动欧、巴关系发展。1974年，法塔赫首先在伦敦建立"政府默认"的巴解组织办事处。1975年，法国政府率先给巴解组织办事处以明确的官方承认，除荷兰以外欧共体其他主要国家也紧随其后。欧洲国家领导人和巴解组织领导人开始往来，1979年7月，阿拉法特访问奥地利，同社会党国际执行主席、联邦德国前总理维利·勃兰特和奥地利总理会谈，标志着欧洲与巴解组织关系的一次重大突破。不久，阿拉法特应邀访问西班牙，与其首相会谈。1979年11月，阿拉法特出席在葡萄牙举办的阿拉伯人团结国际会议，受到该国总统、总理和外交部部长的接见。

二 威尼斯宣言与欧共体共同外交政策的制约因素

1980年5月，通过《戴维营协议》解决巴勒斯坦问题的希望破灭，欧共体开始尝试在中东和平进程中发挥自己的作用。6月13日，欧洲理事会威尼斯首脑会议发表关于中东问题的威尼斯宣言，决定"发挥特殊作用，更具体地为实现和平而努力"；重申支持联合国第242号和第338号决议，提出欧共体政策的基础及原则是"该地区各国，包括以色列在内，有生存和得到安全的权利，对所有人民应当公正，这意味着承认巴勒斯坦人民的正当权利"。与以往的立场相比，威尼斯宣言公开承认巴勒斯坦人的自决权；承认巴解组织的作用，要求巴解组织同谈判发生关系；强调"不接受旨在改变耶路撒冷地位的任何单方面倡议"；要求"以色列必须结束自1967年冲突以来一直保持的对领土的占领"，认为以色列定居点是中东和平进程的一个"严

---

① 《爱尔兰外长代表欧洲经济共同体在联大谈中东问题（1979年9月25日）》，载尹崇敬主编《中东问题100年》，第636—637页。

重障碍",是"非法的"。①

威尼斯宣言明确和严厉地陈述了欧共体的立场,但巴以双方都不满意。贝京亲自起草声明,谴责它是一个试图破坏《戴维营协议》和中东和平进程的"慕尼黑阴谋"。② 巴解组织在会议之前对欧共体报以极高期望,但威尼斯宣言让他们相当失望。巴解组织批评威尼斯宣言没有承认自己为巴勒斯坦人民的唯一合法代表,认为宣言忽视中东取得公正、持久和平的基本前提和阿以冲突的核心问题,是美国压力下的产物,呼吁欧洲国家采取更加独立的立场,从美国政策的压力和勒索中解放出来。③ 阿拉伯国家中,只有立场温和的埃及、约旦、沙特等国认为欧共体迈出了重要的一步。

威尼斯宣言是欧共体对巴勒斯坦问题政策的转折点,成为欧共体对阿以冲突共同立场发展的标志和顶点,也是以后欧盟对这个问题立场和政策的基础。但威尼斯宣言没有提出成功解决阿以冲突的办法。由于以色列和巴解组织两方对威尼斯宣言及欧共体的失望和否定态度,限制了欧共体作为中东和平调停者的能力,也限制了威尼斯宣言对中东和平进程的影响。此外,欧洲政治合作机制尚未发展成熟,成员国无法克服传统外交政策的差异真正达成一致。来自美国的压力也极大地限制了欧共体采取独立的外交举措。

1981年以色列撤出西奈半岛后,在参加多国部队驻扎埃以边界问题上,欧共体内部出现分歧。法国、英国、意大利和荷兰四国参加了多国部队和观察员（MFO）,遭到希腊的坚决反对,经过两个月的争

---

① "Declaration by the European Council on the Situation in the Middle East (Venice Declaration), Venice, 12 – 13 June 1980", in Christopher Hill and Karen E. Smith, eds., *European Foreign Policy: Key Documents*, pp. 302 – 304.《欧洲经济共同体首脑会议就中东问题发表声明（1980年6月13日）》,载尹崇敬主编《中东问题100年》,第638—639页。

② Ilan Greilsammer and Joseph Weiler, "Europe Political Cooperation and the Arab-Israeli Conflict: An Israeli perspective", in David Allen and Alfred Pijpers, eds., *European Foreign Policy-making and the Arab-Israeli Conflict*, pp. 144 – 145.

③ Panayiotis Ifestos, *European Political Cooperation: Towards a Framework of Supranational Diplomacy?*, pp. 464 – 465; Ilan Greilsammer and Joseph Weiler, "Europe Political Cooperation and the Arab-Israeli Conflict: An Israeli perspective", in David Allen and Alfred Pijpers, eds., *European Foreign Policy-making and the Arab-Israeli Conflict*, pp. 145 – 146.

议，四国被迫承认他们在"埃以和以色列之间达成的各种协议"基础上参加多国部队[1]，"不附带任何与威尼斯宣言或其它文件相联系的政治条件"。[2] 由此引发的欧共体内部分歧及与阿拉伯世界的紧张关系，损害了欧共体采取独立举措的能力。

1982年6月4日，以色列借口驻英国大使遇刺入侵黎巴嫩。9日，欧共体十国外长齐聚波恩，发表措辞强烈的声明，谴责以色列公然违背国际法，要求以色列立即无条件撤出所有军队，否则十国将考虑采取行动的可能。[3] 声明在谴责以色列的同时也提出了未指明的警告，这是各国立场妥协的结果：希腊希望明确提出制裁，法国同意提出未指明的警告，其他国家则反对提到采取措施，荷兰、联邦德国和丹麦还希望提到以色列驻英国大使遇刺，最后在英国的压力下各国才达成一致。五天后，欧共体向以色列政府提出，允许国际人道援助组织进入、停火等十点要求，遭到以色列的拒绝。6月21日，欧洲理事会决定推迟同以色列签订经济协议，延期召开双方合作理事会会议，月底，欧洲理事会在法国举行，十国再次谴责以色列的入侵行为，但并未就行动达成一致。

黎巴嫩原是法国的委任统治地，法国积极参与解决黎巴嫩危机，依靠联合国安理会常任理事国身份及与埃及的良好关系，推行本国的中东政策。以色列军队包围贝鲁特时，正是法国的积极斡旋才使阿拉法特及巴解组织武装力量撤到突尼斯。法国和意大利还参加美国组织的多国部队，监督巴解组织武装力量撤出贝鲁特。9月，贝鲁特巴勒斯坦难民营发生大屠杀事件，法、意、美组成的多国部队重返贝鲁特，直到1984年法国驻军才全部撤离黎巴嫩。在这期间，欧洲政治

---

[1] Ilan Greilsammer and Joseph Weiler, *Europe's Middle East Dilemma: The Quest for a Unified Stance*, Boulder: Westview Press, 1987, p. 66.

[2] 《美、以关于西欧四国参加多国部队的联合声明（1981年12月3日）》，载尹崇敬主编《中东问题100年》，第640—641页。

[3] "Statement by the Ten Foreign Ministers on the Situation in Lebanon, Bonn, 9 June 1982", in Christopher Hill and Karen E. Smith, eds., *European Foreign Policy: Key Documents*, pp. 304 – 305.

合作机制只是表示支持里根计划和非斯宣言，鼓励约旦和巴解组织对话。直到冷战结束之前，除继续支持促进中东和平的国际会议和对话外，欧洲政治合作机制没有提出更多的建议。

巴勒斯坦发表《独立宣言》后，欧共体认为巴勒斯坦国未确定边界，没有政府，并未在法律上承认巴勒斯坦国，但不少国家与巴解组织保持着各种形式的联系，不断为被占领土的巴勒斯坦人提供物资援助。在同巴解组织的各种会谈中，欧共体表示愿意加强双方在政治、经济、社会和文化等方面的合作。海湾危机发生后，西欧国家谴责巴解组织支持伊拉克入侵科威特，欧共体12国外长宣布冻结与巴解组织和阿拉法特的接触，直到海湾战争结束后，双方关系才有所恢复。

三 欧盟与中东和平进程

欧盟[①]在中东和平进程中主要发挥两个方面的作用：主持多边会谈中的地区经济发展工作组，为巴勒斯坦提供经济援助。虽然欧盟并不满足于只充当和平进程"付账者"的角色，但由于自身实力不足及美国的限制，欧盟发挥更大政治作用的尝试没有取得成果。

（一）欧盟与中东和谈

海湾战争暴露出欧共体对外政策的局限性，成为刺激各国加深一体化进程的动力。欧共体希望在中东和平进程中发挥关键作用，宣布将出台欧洲和平计划。法国想以威尼斯宣言为基础提出独立的计划，但英、德两国支持美国的方案，最终欧共体加入美国主导的中东和会，鉴于西班牙在伊斯兰教和犹太人历史上的特殊地位，马德里被选为会议地点。美国邀请处于崩溃边缘的苏联共同主持和会，欧共体与联合国、海湾合作委员会都作为观察员参加。欧共体采取亲阿拉伯立场，得不到以色列信任，加上美国的排斥，在双边谈判中没有发挥作用。但欧共体要求巴解组织参加和谈的一贯主张最终被以色列接受，1992年1月第3轮谈判时，巴解组织与约旦分开，与以色列组成第四

---

① 1993年11月1日，欧共体正式改为欧洲联盟，简称"欧盟"。

个双边谈判小组。在双边谈判无法取得突破的情况下,经挪威牵线,巴解组织和以色列绕过和会,通过秘密谈判达成协议。

欧共体在1992年1月开始的多边会谈中发挥了一定作用。多边会谈将以色列与其阿拉伯邻国及马格里布国家、海湾国家召集在一起,讨论地区经济、社会和环境问题,创造有利于双边谈判的宽松气氛也是多边会谈的重要目标。双边谈判主要集中于领土、主权、边界划分、安全安排及巴勒斯坦人的权利等政治问题,是解决阿以争端的关键,只有双边谈判达成一致,多边会谈才会有结果。多边会谈建立了5个专门的工作小组,欧盟主持其中最大的地区经济发展工作组(REDWG),积极支持在中东地区建立内部经济联系纽带和制度,促进各方的经济合作。在1992年的三轮会谈中,地区经济发展工作组列出十个合作领域,由法国主持通信和运输,欧共体主持能源和网络,西班牙主持农业,英国主持金融市场,德国主持贸易。

《奥斯陆协议》签署后,地区经济发展工作组立即举行第四轮多边会谈,通过哥本哈根行动计划,列出通信、运输、旅游、农业、金融市场、培训等33个项目,吸引外资参加相关建设,打下小组此后工作的基础。为促进计划实施,欧共体宣布1993—1997年将捐助1520万美元,用于进行基础设施可行性研究以及在城市、大学和媒体之间建立通信网络。[①] 为实施哥本哈根行动计划,欧共体鼓励各方探索潜在的地区合作,推动他们达成一致的指导原则,要求通过协调解决共同问题;消除私营部门发挥作用的障碍;促进地区贸易、投资和基础设施发展;鼓励人员、货物、服务、资本和信息在地区内的自由流动。为使阿以冲突核心国家都能在实施哥本哈根行动计划中发挥直接作用,欧共体领导成立小型监事会,下设四个部门,分别由埃及负责金融、以色列负责贸易、约旦负责促进地区基础设施、巴勒斯坦负责旅游,在约旦首都安曼设立秘书处,由欧共体担任监事会执行秘

---

① Stelios Stavridis, Theodore Couloumbis, Thanos Veremis and Neville Waites, eds., *The Foreign Policies of the European Union's Mediterranean States and Applicant Countries in the 1990s*, London: Macmilian Press Ltd., 1999, p. 304.

书，服务于监事会和四个部门的工作。虽然地区经济发展工作组的主要目的是促进地区合作，事实上也成为满足巴勒斯坦直接经济需要的重要论坛，特别是在和谈的早期阶段。在欧共体的倡议下，世界银行提交了被占领土经济状况报告，列出优先发展项目。以此报告为基础，华盛顿捐助大会承诺为巴勒斯坦提供24亿美元的直接财政援助。

（二）欧盟在和平进程中的经济作用

欧盟是第一个直接向巴勒斯坦提供财政援助的国际机构。《奥斯陆协议》签署之前，欧共体就宣布向巴解组织捐助3500万埃居[①]作为"运行费用"，使其能够建立满足巴勒斯坦人民紧急需求的机构。在1993年10月的华盛顿捐助大会上，欧共体成员国另外承诺，从1994年到1998年捐助5亿埃居，用于恢复和发展约旦河西岸和加沙地带经济，这些捐助占华盛顿会议捐助总额的1/4。在巴勒斯坦自治机构建立过程中，欧盟进行了大量捐助。1996年年初巴勒斯坦举行大选，欧盟委员会宣布当年拨款增加75%，总额达到1.2亿美元。而巴勒斯坦的其他主要捐助者沙特的捐款额为1亿美元，世界银行为9000万美元，美国为7100万美元，日本为4300万美元。[②] 欧盟为筹备巴勒斯坦立法委员会及国际监督提供资助，为建立巴勒斯坦安全机构提供资金和设备援助，帮助巴勒斯坦开展培训工作。

欧盟及其成员国是巴勒斯坦最大的经济和技术援助者，1994—1999年，共向巴勒斯坦提供16亿欧元的无偿援助和贷款，占国际援助总额的60%以上。此外，欧盟每年通过联合国近东巴勒斯坦难民救济和工程处（UNRWA）向巴勒斯坦难民提供援助，1994—2004年，援助资金累计5.81亿欧元。[③] 在2000年之前，欧盟对巴勒斯坦的捐

[①] 埃居（ECU）是欧洲货币单位（European Currency Unit）的简称，由欧洲经济共同体会员国货币共同组成一篮子货币，作为欧共体各国之间的清算工具和记账单位。1999年1月1日欧元诞生之后，埃居自动以1∶1的汇价折成欧元（EUR）。

[②] "EU/Palestine-Ecu 15 Million to Support the Palestinian Budge", RAPID, 8 May 1996, See Rosemary Hollis, "Europe and the Middle East: Power by Stealth?", *International Affairs*, Vol. 73, No. 1. 1997, pp. 15 – 29.

[③] EU, *The Mediterranean and the Middle East: A longstanding Partnership*, MEMO/04/294 – Brussels, 10 December 2004.

助主要集中于援助。阿克萨起义爆发后，欧盟为陷于经济困境的巴勒斯坦民族权力机构提供大量直接财政援助，2000—2006 年，财政援助金额总计 5.1825 亿欧元。加上为基础设施、难民、人道主义及食品等项目提供的援助，总共援助资金 18.2523 亿欧元。[①] 由于巴勒斯坦的腐败问题，欧盟自 2006 年起通过临时国际机制直接向巴勒斯坦平民提供资助。

在为和平进程提供经济援助的同时，欧盟积极推动地区各国进行合作，尤其是经济领域的合作。1995 年 11 月欧盟发起欧盟—地中海伙伴关系，即巴塞罗那进程，为地中海地区的和平与合作建立新制度。巴塞罗那进程建立在阿以和谈取得突破的基础上，为缓和阿拉伯国家同以色列之间的紧张关系创造了有利的外交环境，推动了中东和平进程的发展，是马德里和平进程的补充。[②] 在欧盟—地中海伙伴关系框架下，欧盟委员会与巴勒斯坦民族权力机构签署欧盟—地中海临时贸易与合作联系协定，重申欧盟给予巴勒斯坦贸易优惠政策，希望五年内建立自由贸易区，并规定了范围广泛的经济和金融合作。这个协定与欧盟同地中海其他国家签署的联系协定类似，而且考虑到巴勒斯坦的特殊地位，虽然协定的政治意义远远大于纯经济因素，但对于促进巴勒斯坦经济发展及局势稳定具有积极作用。

（三）寻求进一步发挥积极作用

欧盟无法参与中东和平进程核心的政治问题，大部分成员国对此不满。[③] 1995 年希拉克任法国总统后不久就表示，欧盟作为中东的主要捐助者应该在地区事务中发挥更大的作用。1996 年希拉克三度出访中东，每到一处都积极支持和谈，坚持"以土地换和

---

① "EC Support for the Palestinians 2000 – 2006", http://ec.europa.eu/external_relations/occupied_palestinian_territory/ec_assistance.

② Stelios Stavridis, Theodore Couloumbis, Thanos Veremis and Neville Waites, eds., *The Foreign Policies of the European Union's Mediterranean States and Applicant Countries in the 1990s*, p. 313.

③ Stelios Stavridis, Theodore Couloumbis, Thanos Veremis and Neville Waites, eds., *The Foreign Policies of the European Union's Mediterranean States and Applicant Countries in the 1990s*, p. 308.

平"的原则。① 在以色列演讲时，希拉克呼吁建立巴勒斯坦国，要求以色列完全撤出戈兰高地和黎巴嫩，认为欧盟应该与美国和俄罗斯共同主持和平进程，法国和欧盟的参与将有助于建立互信。作为首个在巴勒斯坦立法委员会演讲的外国首脑，希拉克公开批评以色列的行为，再次呼吁欧盟更多参与到和平进程中。希拉克的言行受到巴勒斯坦和阿拉伯世界的欢迎。然而法国在打着欧盟旗号行动之前并没有同其他成员国协商，引起不满，许多成员国认为他是在谋求法国利益，而不是提高欧盟在和平进程中的作用。法国的行动刺激欧盟开展中东外交，并开始讨论欧盟在和平进程中的作用。②

为提高对和平进程的参与，1996 年 11 月欧盟设立中东特使，任命西班牙驻以色列大使莫拉蒂诺斯担任。特使的职责宽泛，最基本的任务是与和平进程有关各方建立和保持联系，向欧盟报告和平进程的发展，促进和平协议的实施，确保欧盟及成员国之间政策的协调。③ 受任期限制，欧盟轮值主席国在参与中东问题时具有明显局限性，如出访时间有限，政策缺乏连续性等，中东特使的任命将在一定程度上弥补这种缺陷。另外，与《奥斯陆协议》类似，和平进程的许多谈判通过秘密渠道进行，这是欧盟这样的庞大机构无法做到的。缺乏保密性和担心泄密削弱了欧盟的可信度，尤其是在中东这样高度敏感的环境中。④ 虽然中东特使不可避免会受到欧盟机构性质的影响，但能保证一定程度的保密。中东特使为各方提供了解决分歧的又一途径，在 1997 年以色列从希伯伦撤军问题上，中东特使与时任轮值主席国英国及美国一起成功说服巴以恢复谈判。但在随后的怀伊协议谈判中，

---

① Ailie Saunders, "France and the Middle East", *Middle East Economic Digest*, 25 October 1996.

② Rosemary Hollis, "Europe and the Middle East: Power by Stealth?", pp. 15 – 29.

③ "Joint Action by the Council of the European Union Adopted on the Basis of J. 3 in Relation to the Nomination of an EU Special Envoy for the Middle East Peace Process, 25 November 1996 (96/676/CFSP)", in Christopher Hill and Karen E. Smith, eds., *European Foreign Policy: Key Documents*, pp. 313 – 314.

④ Søren Dosenrode and Anders Stubkjær, *The European Union and the Middle East*, London: Sheffield Academic Press, 2002, pp. 135 – 136.

欧盟仍然被排除在外。

根据巴以《奥斯陆协议》规定，为期 5 年的巴勒斯坦自治阶段应于 1999 年 5 月 4 日结束。但由于以色列利库德政府的拖延，相关谈判工作未能按时完成，阿拉法特多次声称将单方面建立巴勒斯坦国。为劝阻阿拉法特，欧盟动用了最大的能力。1999 年 3 月欧盟委员会柏林首脑会议发表声明，呼吁巴以就延长过渡阶段问题达成一致，尽早恢复有关最终地位的谈判；支持巴勒斯坦建国的权利，提出"在已有协议基础上，通过和谈建立民主的、可生存的、和平的主权巴勒斯坦国"是以色列安全的最大保障，欧盟将适时承认根据上述原则建立的巴勒斯坦国。[1] 柏林宣言被认为是欧盟对巴勒斯坦国家原则最坚定、最直接的支持。[2] 在欧盟及国际社会努力下，巴解组织最终决定推迟宣布建国。

欧盟从 2001 年起开始强调巴勒斯坦的制度改革，是巴勒斯坦改革国际工作组最有力的支持者之一，为巴勒斯坦提出了一系列改革标准。[3] 欧盟也积极参与美国主导的中东和平"路线图"计划。但欧盟在这些问题上与美国政策出现分歧。美国把巴勒斯坦进行改革、更换领导人作为允许巴勒斯坦建国的前提条件，强调消除恐怖主义威胁并确保以色列的安全是当前的首要任务，但欧盟仍然承认阿拉法特为巴勒斯坦领导人，主张为实现地区和平，在政治、经济和安全三个轨道上的外交努力应该齐头并进。

四 欧盟成员国在巴勒斯坦问题上的不同态度和立场

法国、德国和英国是欧盟制定共同外交政策的主要影响力量。由于国家利益的差异，欧盟成员国在巴勒斯坦问题上的立场不尽相同。法国自 1967 年以来，一直采取支持阿拉伯人的立场，谴责以色列占

---

[1] "Conclusion of the European Council in Berlin, 24–25 March 1999", in Christopher Hill and Karen E. Smith, eds., *European Foreign Policy: Key Documents*, p. 316.

[2] Richard Youngs, *Europe and the Middle East: In the Shadow of September 11*, Boulder and London: Lynne Rienner Publishers, 2006, p. 148.

[3] Richard Youngs, *Europe and the Middle East: In the Shadow of September 11*, p. 149.

领巴勒斯坦领土及扩建定居点的行为，承认巴勒斯坦人的自决权，积极推动以"两国方案"解决巴勒斯坦问题，并在欧盟和联合国层面，推动形成支持巴勒斯坦人的政策。① 早在1974年，法国外长在法国驻黎巴嫩大使馆会见阿拉法特，法国成为第一个与巴解组织接触的西欧国家。法国在1982年就公开支持巴勒斯坦的建国权利，同时向巴解组织施压，要求巴勒斯坦承认以色列的生存权，在1989年阿拉法特首次正式访问法国时，密特朗就敦促巴勒斯坦取消宪章中消灭以色列的条款。自2000年中期以来，尽管法国与以色列的关系日益密切，但谴责犹太人定居点、支持"两国方案"仍然是法国对巴勒斯坦问题政策的基石。②

德国对巴勒斯坦问题的立场受到其与以色列关系的影响和制约。无论是联邦德国还是统一后的德国，都怀着对纳粹屠杀犹太人罪行的罪恶感和负疚感，把与犹太民族修好、确保以色列生存和发展视为不可推卸的责任，从经济、军事、政治等各个方面全力支持以色列。自欧共体形成对阿以冲突的共同政策后，德国一直在欧共体/欧盟的框架内，根据国际法原则确立对巴勒斯坦问题的政策，这样一来，即使是在定居点等问题上根据欧共体/欧盟统一立场谴责以色列的政策，也能避免损害与以色列的特殊关系。德国主张以"两国方案"解决巴以冲突，以实现持久的地区和平，并根据欧盟政策确立本国对巴勒斯坦自决权和国际承认的立场。③

英国殖民势力曾经在阿拉伯国家长期存在，但自从1956年苏伊士运河危机后，英国势力退出中东，只能发挥间接作用。在巴勒斯坦问题上，英国采取追随美国和追求欧洲团结的政策，在20世纪八九十年代，积极推动欧共体/欧盟形成统一立场。阿以冲突的形成与英

---

① Benedetta Voltolini, "France and the Israeli Occupation: Talking the Talk, but not Walking the Walk?", *Global Affairs*, Vol. 4, No. 1, 2018, pp. 51–63.

② Benedetta Voltolini, "France and the Israeli Occupation: Talking the Talk, but not Walking the Walk?", pp. 51–63.

③ Jan Busse, "Germany and the Israeli Occupation: The Interplay of International Commitments and Domestic Dynamics", *Global Affairs*, Vol. 4, No. 1, 2018, pp. 77–88.

国对巴勒斯坦的委任统治密不可分，英国在这个问题上虽然态度摇摆不定，但考虑到在阿拉伯世界的传统势力及能源问题，倾向于支持阿拉伯人。进入 21 世纪，英国的中东政策越来越受到美国影响，2005 年以后，除定期参加援助会议外，并未提出什么真正的倡议。[①]

保障石油供应这个共同利益曾促使西欧各国形成对阿以冲突共同立场，一旦国家利益超越共同利益，欧盟各国就开始自行其是。2011 年，巴勒斯坦申请加入联合国时，不仅遭到美国和以色列的强烈反对，欧盟很多成员国也不支持。巴勒斯坦申请加入联合国教科文组织时，欧盟三大成员国在这个问题上的分歧难以弥合，无法形成共同立场，最终法国投了赞成票，英国弃权，德国投了反对票。2012 年 11 月，巴勒斯坦申请从联合国观察员实体升格为观察员国，欧盟只有捷克一个国家反对，德国和英国则投了弃权票，包括法国在内的大多数成员国都投了赞成票。[②] 英国、西班牙、法国等部分欧盟成员国的议会要求承认巴勒斯坦国，但首先迈出这一步的是瑞典，2014 年 10 月 30 日，瑞典正式承认巴勒斯坦国，成为第一个承认巴勒斯坦的欧洲国家。

第五节　苏联、俄罗斯与巴勒斯坦关系的起伏

冷战时期，苏联与巴解组织的关系受制于美苏争霸的国际格局。苏联解体后，俄罗斯由于自身实力下降，在巴勒斯坦问题上的影响力减弱。

一　苏联与巴解组织关系的缓慢发展

苏联支持巴勒斯坦分治决议，认为"巴勒斯坦分成两个国家的决

[①] Federica Bicchi, "The Debate about the Occupation of Palestinian Territories on UK Campuses, from Politicization to Rewriting the Rules", *Global Affairs*, Vol. 4, No. 1, 2018, pp. 89 – 100.

[②] Martin Beck, "Failed Attempts or Failures to Attempt? Western Policies toward Palestinian Statehood", in Martin Beck, Dietrich Jung, Peter Seeberg eds., *The Levant in Turmoil: Syria, Palestine, and the Transformation of Middle Eastern Politics*, p. 177.

定，符合联合国的原则和宗旨"①。1948 年 5 月 17 日，苏联宣布承认以色列独立，是第三个承认以色列的国家。② 1958 年，纳赛尔作为阿拉伯联合共和国总统访问苏联，在两国发表的联合声明上，正式提出巴勒斯坦人的合法权利问题。③ 但在赫鲁晓夫执政时期，苏联没有与巴解组织和巴勒斯坦游击队建立直接的联系。

第三次中东战争爆发后，苏联强烈谴责以色列的侵略，宣布同以色列断绝外交关系。1968 年 3 月卡拉迈大捷后，法塔赫力量不断壮大。以法塔赫为首的巴解组织受到大多数阿拉伯国家的支持，特别是同苏联关系密切的埃及、叙利亚、伊拉克和阿尔及利亚等国的支持。为进一步扩大在中东的政治影响，苏联开始同巴解组织往来。

1968 年 7 月，阿拉法特以埃及代表团随员的身份，首次秘密访问莫斯科，在纳赛尔的引荐下，会见柯西金、勃列日涅夫和波德戈尔内等苏联领导人。④ 但苏联拒绝了阿拉法特的各种要求。后来在阿拉伯国家，特别是纳赛尔的压力下，苏联勉强同意向巴勒斯坦人提供军事援助，主要是车辆和服装，并允许东欧国家通过阿拉伯国家向巴勒斯坦人提供武器。当时苏联的援助主要是给予阿拉法特领导的法塔赫。此后，苏联的宣传机构开始频繁提到巴勒斯坦抵抗运动和法塔赫，赞扬他们的正义斗争。⑤

巴解组织与苏联在一些重要问题上存在分歧。巴解组织坚持武装斗争是解放巴勒斯坦的唯一方式，而苏联主张政治解决巴勒斯坦问题。苏联不同意巴解组织提出的"消灭犹太复国主义实体"的言论，

---

① 《苏联代表葛罗米柯说明苏联赞成巴勒斯坦分成两个独立民主国家的原因》，载尹崇敬主编《中东问题 100 年》，第 416 页。

② 以色列宣布建国后，立即得到美国承认，拉丁美洲的危地马拉于次日第二个承认以色列。

③ 《苏联和阿联两国领导人联合声明，共同谴责殖民主义罪行，支持阿尔及利亚独立，反对干涉印度尼西亚》，《人民日报》1958 年 5 月 17 日第 5 版。

④ Helena Cobban, *The Palestinian Liberation Organisation: People, Power, and Politics*, p. 221.

⑤ 刘竞、张士智、朱莉：《苏联中东关系史》，中国社会科学出版社 1987 年版，第 214 页。

认为这是极端狭隘的民族主义思想。① 巴解组织坚持解放所有巴勒斯坦土地，只能建立一个阿拉伯人的国家，反对联合国安理会第242号决议。苏联主张以1967年停火线为基础，在约旦河西岸和加沙地带建立巴勒斯坦国，支持第242号决议，认为该决议是解决中东问题的基础。② 在当时冷战的背景下，苏联也不愿意因为巴勒斯坦问题而被拖入与美国全面对抗的境地。因此，苏联避免同巴解组织建立正式的官方关系。

尽管如此，法塔赫领导人仍积极寻求加强与苏联的政治联系。1970年2月，应苏联亚非团结委员会邀请，阿拉法特首次正式访问苏联。在苏联国家级通讯社塔斯社为此次访问发表的评论中，称巴勒斯坦抵抗运动为"民族解放和反帝斗争"。③ 此后，阿拉法特基本上每年访问一次苏联。

二 苏联与巴解组织关系的黄金时代

苏联与埃及关系破裂后，加强对巴解组织的支持，突出巴勒斯坦问题在阿以冲突中的中心作用，强调不解决巴勒斯坦问题阿以冲突就不能结束，并与巴解组织一道坚决谴责《戴维营协议》，欢迎召开巴格达会议反对此协议。由此开始了从1973年第四次中东战争结束到20世纪80年代初巴解组织和苏联关系的黄金时期。

苏联在联合国的会议上支持巴勒斯坦人的斗争。苏联主张召开中东日内瓦会议解决巴勒斯坦问题，在1973年11月阿拉法特访苏时，劝说巴解组织参加日内瓦会议。12月日内瓦会议召开时，作为会议两主席之一的苏联外长葛罗米柯指出，如果没有巴勒斯坦阿拉伯人民的代表参加，就不能考虑和解决巴勒斯坦问题。④ 随后苏联明确提出，

---

① Roland Dannreuther, *The Soviet Union and the PLO*, New York: St. Martin's Press, 1998, p. 41.
② 刘竞、张士智、朱莉：《苏联中东关系史》，第215—217页。
③ Helena Cobban, *The Palestinian Liberation Organisation: People, Power, and Politics*, pp. 222 – 223.
④ Roland Dannreuther, *The Soviet Union and the PLO*, p. 55.

巴解组织作为巴勒斯坦阿拉伯人民的唯一合法代表,以平等的权利,从一开始就参加会谈。

第四次中东战争后,苏联对建立巴勒斯坦国的态度发生明显变化。1974年年初,法塔赫、"民阵"和"闪电"提出,在约旦河西岸和加沙地带建立一个巴勒斯坦国,作为最终实现战略目标的第一步,得到苏联的支持和赞扬。10月11日,勃列日涅夫在演说中第一次提到巴勒斯坦人有建立"民族之家"的权利。11月,勃列日涅夫进一步提出,巴勒斯坦人有权建立自己的国家。①

反对埃以单独媾和的共同立场,使巴解组织与苏联的关系日益密切。1974年,阿拉法特两次率巴解组织代表团访问莫斯科,7月底的访问由苏联政府官方邀请,在11月的访问中,苏联明确表示支持建立独立的巴勒斯坦国。② 1976年6月22日,巴解组织正式在莫斯科设立办事处,并在1981年获得苏联给予的"正式外交地位"。1977年4月,阿拉法特访苏时,首次受到勃列日涅夫接见。

三 苏联与巴解组织关系的低潮

苏联在黎巴嫩危机中采取不卷入的立场,没有采取行动促使以色列从黎巴嫩撤军。苏联激烈反对美国提出的里根方案,自己提出解决中东问题的六项原则,即勃列日涅夫方案,试图用这个方案与里根方案相抗衡,打破美国独揽中东和谈的局面。勃列日涅夫方案要求以色列归还自1967年以来占领的阿拉伯领土;实际保障巴勒斯坦人在约旦河西岸和加沙地带建立独立国家的权利;巴勒斯坦难民重返家园或得到补偿;东耶路撒冷是巴勒斯坦国家不可分割的组成部分;保障该地区所有国家安全和独立存在及发展的权利;阿拉伯国家和以色列间结束战争状态和建立和平,冲突各方通过和平谈判解决争端;由联合国安理会常任理事国或整个安理会实

---

① 刘竞、张士智、朱莉:《苏联中东关系史》,第215页。
② Helena Cobban, *The Palestinian Liberation Organisation: People, Power, and Politics*, p. 225.

行国际保障。①

巴解组织以阿拉法特为首的一批领导人认为里根方案存在积极因素。鉴于阿拉法特的态度，苏联改变以往对他的支持立场，加强与"人阵""民阵""闪电"等巴解组织左翼的联系。1983年4月和7月，苏联分别邀请"人阵"总书记乔治·哈巴什和"民阵"总书记纳耶夫·哈瓦特迈访问莫斯科。5月，在阿拉法特部队遭受反对派武装围攻期间，苏联没有积极干预，最终导致阿拉法特与苏联关系疏远。随着巴勒斯坦抵抗运动内部矛盾扩大，叙利亚与阿拉法特的关系也不断恶化。考虑到叙利亚在反对美、以的斗争中具有重要地位，苏联在调解活动中支持叙利亚，导致与巴解组织的关系弱化。②

苏联的态度促使阿拉法特加强与埃及和约旦的联系，间接增强美国对巴解组织的影响。苏联反对巴解组织与约旦达成的约巴邦联方案，认为这是用约巴邦联代替巴勒斯坦人自治或建立主权国家的思想，是与《戴维营协议》相类似的新的分裂主义交易。

戈尔巴乔夫上台后，苏联推行"中东政策新思维"，采取从中东"脱身战略"，对中东国家和巴解组织的支持弱化。虽然巴解组织在1988年11月宣布建立巴勒斯坦国，接受联合国相关决议，承认以色列，消除了与苏联的一些主要分歧，但双方关系仍然处在低潮。海湾战争后，苏联积极参与中东和平进程，与美国一起主持马德里和会，然而，处在解体前夕的苏联对巴勒斯坦问题的影响已经极大减弱。

四 俄罗斯对巴勒斯坦问题的介入

苏联解体后，转型时期的俄罗斯实力大幅下降，没有太多精力顾及中东事务，在当地的影响力急剧丧失。在俄罗斯大规模收缩之际，中东确立美国主导下的新秩序。俄罗斯作为中东和平进程主席国之一，1992年1月在莫斯科与美国共同主持首次中东问题多边谈

---

① 《勃列日涅夫提出解决中东问题的六点计划》，载尹崇敬主编《中东问题100年》，第451—454页。

② Roland Dannreuther, *The Soviet Union and the PLO*, p. 108.

判,并参加 1993 年的《奥斯陆协议》签字仪式,但这些都是在美国主导下进行。1993 年,俄罗斯的对外战略由全面融入西方转变为东西兼顾的双头鹰外交,力图恢复在国际政治中的大国地位和影响。1994 年 2 月希伯伦惨案发生后,俄罗斯支持巴解组织的要求,主张召开第二次马德里中东和会,希望以此打破美国独揽中东事务的局面,扩大在中东的影响。1994 年 4 月,阿拉法特正式访问俄罗斯,双方签订科技、文化合作协定,商讨俄罗斯帮助巴勒斯坦训练安全人员问题,叶利钦表示俄罗斯将在政治、经济等各个领域支持巴勒斯坦。

2000 年普京执政后,努力扩大俄罗斯在中东的影响,积极介入巴勒斯坦问题。2003 年,俄罗斯作为中东问题四方之一,与美国、欧盟和联合国共同推出中东和平"路线图"。2005 年 1 月,新当选的巴勒斯坦民族权力机构主席阿巴斯访问莫斯科。他曾获得苏联莫斯科大学历史学博士学位。4 月底,普京访问巴勒斯坦,这是俄罗斯国家元首首次到访,普京表示,愿意协助巴民族权力机构进行安全改革,帮助训练安全部队,提供包括直升机在内的各种装备。

哈马斯上台后,明确拒绝美国和以色列提出的承认以色列、放弃暴力、接受已达成的和平协议等条件,遭到美、以等国家的联合抵制和经济制裁。俄罗斯认为,哈马斯通过民主选举执掌政权,落实"路线图"计划、恢复和谈进程,就必须将哈马斯视为一支重要的政治力量并立即与其对话,以促使巴勒斯坦新一届政府坚持放弃暴力、和平解决与以色列冲突的政策,反对采取任何形式的政治、经济封锁。3 月和 5 月,哈马斯政治局领导人迈沙阿勒和巴民族权力机构主席阿巴斯先后应邀访问俄罗斯。普京还承诺,俄罗斯将向巴勒斯坦提供新的援助和其他方面的帮助。[①] 2012 年 6 月,普京再次访问巴勒斯坦,阐述俄罗斯对巴勒斯坦问题的立场,强调谈判是达成和解的唯一途径,要求中东问题四方尽快举行会谈,强调中东民主进程应该在没有外部

---

① 于宏建、黄培昭:《哈马斯与俄亲密接触》,《人民日报》2006 年 3 月 5 日第 3 版;于宏建:《阿巴斯访俄备受关注》,《人民日报》2006 年 5 月 17 日第 3 版。

势力干涉的基础上独立进行。阿巴斯表示，希望俄罗斯更多介入巴以和谈，以推进中东和平进程。

第六节　联合国对巴勒斯坦的支持

20世纪六七十年代，随着巴勒斯坦民族解放运动的兴起，以及大批新独立的亚非拉国家的加入，联合国成为巴勒斯坦人争取各项合法权利的国际机制和世界舞台。巴解组织投入大量的外交力量，争取联合国支持巴勒斯坦人的合法权利。

一　联合国支持巴勒斯坦人的合法权利

法塔赫领导人早在1965年年初就直接与联合国打交道。巴解组织在法塔赫掌握领导权后，成为独立的政治力量，与阿拉伯世界、第三世界国家及各种国际组织的联系和交往增多，赢得国际社会的广泛支持，在联合国的影响力逐渐扩大。1970年，巴解组织代表首次参加联大特别政治委员会召开的关于巴勒斯坦问题的辩论会。年底，联合国又通过第2649号和第2672号两项决议，确认巴勒斯坦人的自决权。此后，联大多次重申巴勒斯坦人的自决权。[1]

1974年10月14日，联大全体会议通过决议，邀请巴解组织参加关于巴勒斯坦问题的辩论会。11月13日，阿拉法特作为巴解组织主席，在联合国大会发言。22日，联大通过第3236号决议，确认巴勒斯坦人民不可剥夺的权利，这些权利包括：不受外来干预的自决权利、取得国家独立和主权的权利以及重返被迫离开的家园和收回财产的权利；强调完全尊重和实现巴勒斯坦人民的这些不可剥夺的权利是解决巴勒斯坦问题所必不可少的，要求联合国秘书长就与巴勒斯坦问题有关的一切事务与巴解组织建立联系。[2] 联大在同日通过第3237号

---

[1] Helena Cobban, *The Palestinian Liberation Organisation: People, Power, and Politics*, p. 229.

[2] UN, *Palestine Question/Inalienable Rights of the Palestinian People: Self-determination, Independence, Sovereignty, Return*, GA resolution A/RES/3236 (XXIX), Nov. 22, 1974.

决议，规定邀请巴解组织以观察员身份参加联合国大会的会议和工作，以及联合国其他机构发起的所有国际会议。① 联合国的这些决议，标志着巴勒斯坦人民的合法权利，以及巴解组织作为巴勒斯坦人民的合法代表，都得到国际社会承认。

在巴解组织的不懈外交努力下，1976年11月24日，第31届联大通过在以色列占领的约旦河西岸和加沙地带建立一个巴勒斯坦国的计划，要求以色列在1977年6月以前撤出这两个地区，并给出遣返巴勒斯坦难民的步骤。这个决议以90票赞成、16票反对、30票弃权通过，90张赞成票是巴解组织所能争取到的最高票数。联大的行动虽然没有强制力，但这个决议还是巴解组织外交上的重大胜利。②

此后，联合国多次通过决议，支持巴勒斯坦人的合法权利，谴责以色列的暴行，要求以色列全部撤出所占阿拉伯领土，停止在被占领土修建定居点，认定以色列定都耶路撒冷为非法等。③ 由于联合国缺乏强有力的执行机制，联大通过的决议往往无法得到贯彻，这些决议的影响主要体现为道义上的支持和公共舆论压力。安理会是唯一有权决定是否采取军事行动的联合国机构，但美国作为联合国安理会五大常任理事国之一，支持以色列，抵制对巴勒斯坦人合法权利的支持，在涉及巴以冲突的提案上频繁使用否决权。以色列不仅对这些决议置之不理，1967年后更是拒绝联合国参与有关巴以问题的谈判。这导致联合国大会通过的充满理想主义色彩的决议多停留在字面上和文件中。

---

① UN, *PLO UN Status/PLO to Participate as Observer in GA*, GA resolution A/RES/3237 (XXIX), Nov. 22, 1974.
② 《第三十一届联大通过建立巴勒斯坦国的计划》，载尹崇敬主编《中东问题100年》，第527—528页。
③ 联合国通过的相关决议，可以在联合国巴勒斯坦问题信息系统（联巴信息系统）https://www.un.org/unispal/zh/data-collection/查阅。这个信息系统由联合国所属的巴勒斯坦人民权利司根据联合国大会历次授权建立和开发，主要包括联合国关于巴勒斯坦问题以及有关中东局势和寻求和平的其他问题的当前和历史资料。尹崇敬主编的《中东问题100年》也收录了部分重要的联合国文献。

二 联合国与中东和平进程

在美国的主导下，从马德里和会开始，联合国就被排除在中东和平进程决策圈外。阿拉伯国家主张在联合国范围内召开中东和会，由安理会的五个常任理事国主持。但以色列担心阿以冲突国际化，为避免在国际会议上受到孤立，反对联合国介入中东和谈。以"世界新秩序缔造者"自居的美国也不愿意联合国介入。[①] 最终，联合国秘书长的代表作为没有发言权的观察员参加马德里和会。

联合国安理会通过的第242号、第338号和第1397号决议是解决巴以冲突的基础和原则。1947年11月29日联大第二届会议通过的关于巴勒斯坦分治的第181号决议赋予以色列和巴勒斯坦建国的合法性。1967年第三次中东战争后，安理会在11月22日通过的第242号决议要求：以色列军队撤离其于最近冲突所占领的领土；尊重并承认该地区每一国家的主权、领土完整及政治独立，与其在安全及公认的疆界内和平生存、不受威胁及武力行为的权利；保证该地区国际水道的自由通航；达成难民问题的公正解决；保证该地区每一国家的领土不受侵犯及政治独立。[②] 第242号决议是各方妥协的产物，措辞含糊，导致争端各方都按照对己有利的原则解释它。但第242号决议确立了"以土地换和平"的原则，即以色列放弃所占领的阿拉伯土地，阿拉伯国家给以色列和平生存的权利。该原则得到世界各国的公认，成为解决阿以冲突所依赖的一个重要国际文件。[③] 1973年第四次中东战争时，安理会通过第338号决议，要求各方立即停止所有的军事活动，立即开始执行安理会第242号决议；立即开始进行谈判，旨在建立中东公正和持久的和平。[④] 2002年3月12日，安理会通过第1397号决议，首次明确提出巴勒斯坦建国，要求以、巴两个国家在公认的

[①] 徐向群、宫少朋主编：《中东和谈史（1913—1995年）》，第240页。
[②] 《联合国安理会第242号决议》，载尹崇敬主编《中东问题100年》，第518—519页。
[③] 徐向群、宫少朋主编：《中东和谈史（1913—1995年）》，第124—125页。
[④] 《联合国安理会第338号决议》，载尹崇敬主编《中东问题100年》，第522页。

安全边界内并存。① 这个决议与第 242 号和第 338 号决议一起，成为巴以和谈的历史性文件。

对于中东和平进程取得的成果，联合国大会表示充分支持。巴以双方签署《奥斯陆协议》后，联合国大会通过"和平解决巴勒斯坦问题"的决议，支持《奥斯陆协议》。1996 年 1 月巴勒斯坦举行首次大选，阿拉法特当选为巴勒斯坦民族权力机构主席。安理会对选举表示热烈欢迎，称之为"中东和平过程中迈出的重大一步"②。2000 年 9 月阿克萨起义爆发，巴以陷入频繁的大规模冲突，美国主导的巴以和平进程陷入停顿。2003 年，美国、欧盟、俄罗斯和联合国共同推出中东和平"路线图"计划，联合国成为处理巴以问题的四大力量之一。但由于巴以暴力冲突不断，"路线图"计划多次陷入僵局。

三 联合国关于巴勒斯坦问题的主要机构

（一）联合国巴勒斯坦人民行使不可剥夺权利委员会③

1975 年，根据联合国大会第 3376 号决议，成立"巴勒斯坦人民行使不可剥夺权利委员会（巴人民权利委员会）"，专门负责处理巴勒斯坦问题。为协助这个委员会开展工作，在联合国秘书处内设立巴勒斯坦人民权利特别股作为秘书处。1979 年 12 月，这个秘书处更名为巴勒斯坦权利司，隶属联合国秘书处的政治事务部。巴勒斯坦权利司的核心任务包括组织国际会议；发行出版物进行宣传；开发和维护"联合国巴勒斯坦问题信息系统（联巴信息系统）"；举办一年一度的"声援巴勒斯坦人民国际日"纪念活动；在联合国总部培训巴勒斯坦工作人员等。

根据 1977 年 12 月 2 日联合国大会第 32/40 B 号决议，每年在 11

---

① UN, *Palestinian Question-Two States Vision Affirmed*, SecCo Resolution S/RES/1397, Mar. 12, 2002.
② 联合国巴勒斯坦问题，https://www.un.org/unispal/zh/history/。
③ 联合国巴勒斯坦人民行使不可剥夺权利委员会，https://www.un.org/unispal/zh/about-unispal/committee/。

月 29 日举行声援巴勒斯坦人民国际日活动，以纪念联合国大会通过第 181 号决议，联合国大会也在这一天就巴勒斯坦问题进行年度辩论。从 1993 年开始，巴人民权利委员会几乎每年都在欧洲或者中东举办一次关于援助巴勒斯坦人民的研讨会，讨论约旦河西岸和加沙地带巴勒斯坦人的社会经济发展问题，推动国际社会援助巴勒斯坦。

（二）联合国近东巴勒斯坦难民救济和工程处

1948 年第一次中东战争后，巴勒斯坦阿拉伯人由于恐惧和战争而流落他乡，成为难民。综合各方面的统计，1948 年和 1967 年两次中东战争造成的直接难民人数有 100 万至 120 万人。时至今日，许多当初的难民已有了第二代、第三代甚至第四代。因此，按照国际上的一般定义，当前的巴勒斯坦难民要多于两次战争直接造成的数量。到 2016 年，登记在册的巴勒斯坦难民达到 590 万人，如果算上没有登记的难民，数量将更多。巴勒斯坦难民分布在以色列（1949 年停火线范围）、周边阿拉伯国家以及世界其他地区，除约旦河西岸和加沙地带外，流落在约旦、黎巴嫩和叙利亚的难民数量最多。[①]

巴勒斯坦难民的生活、教育和医疗主要靠联合国救济。联合国近东巴勒斯坦难民救济和工程处（简称近东救济工程处）根据联合国大会 1949 年 12 月 8 日第 302（Ⅳ）号决议成立，作为联合国附属的专门机构，负责对巴勒斯坦难民进行紧急人道主义援助。近东救济工程处于 1950 年 5 月 1 日开始工作，总部原设在黎巴嫩首都贝鲁特，后迁移到约旦首都安曼。在约旦、黎巴嫩、叙利亚、约旦河西岸和加沙地带的巴勒斯坦难民在近东救济工程处登记。到 2001 年，近东救济工程处已经成为中东地区最大的联合国办事机构，雇用工作人员约 2.2 万人，包括教师、卫生人员、社会工作者和其他服务人员。[②]

近东救济工程处经营约 900 个设施，向难民提供多种服务，如小

---

① 数据来源于联合国近东巴勒斯坦难民救济和工程处。
② 《联合国近东巴勒斯坦难民救济和工程处主任专员的报告》，2000 年 7 月 1 日—2001 年 6 月 30 日，大会正式记录，第五十六届会议，补编第 13 号（A/56/13），联合国，2001 年。

学和初中教育、职业和技术培训、包括家庭保健在内的综合初级保健、住院治疗补助、难民营环境卫生服务、救济援助特困户、为妇女青年和残疾人提供发展方面的社会服务等。在大多数情况下，近东救济工程处直接服务受益人，与东道国公共部门提供的服务并行。近东救济工程处的服务经费直接来自其预算。在适当和可行的情况下，难民通过共同付费、自助计划、志愿工作和自愿捐款分担近东救济工程处的服务费用。近东救济工程处实施小额资助和微型企业方案，帮助难民发展创收能力。为改进难民的生活条件，除经常方案之外，近东救济工程处还实施一系列基础设施项目。

在巴勒斯坦民族运动发展过程中，近东救济工程处发挥着重要作用。近东救济工程处开办的学校和青年活动中心等机构，是巴勒斯坦难民培养民族认同的重要场所。作为联合国机构，近东救济工程处具有相对的独立性，可以不受东道国政府的干扰。① 巴民族权力机构成立后，与近东救济工程处开展多种合作，利用国际援助，继续为难民提供服务。

四　巴勒斯坦寻求联合国成员国身份

自2009年以来，以色列右翼的利库德集团当政，奉行强硬政策，中东和平进程名存实亡。在无法通过与以色列和谈建立独立国家的情况下，巴勒斯坦开始寻求联合国成员国身份。"被联合国接纳为会员国不同于普通的国际组织成员资格的获得，而是对主权国家身份在国际社会的全面建构具有直接的权威的确认作用。"② 巴勒斯坦试图通过这一外交策略突破建国困境。

2011年10月31日，巴勒斯坦加入联合国教科文组织。这是巴勒斯坦在主权国家身份建构上的一个里程碑。③ 9月23日，巴民族权力机构主席阿巴斯向联合国秘书长潘基文递交加入联合国的正式申请，

---

① Jalal al-Husseini, "UNRWA and the Palestinian Nation-Building Process", *Journal of Palestine Studies*, Vol. 29, No. 2, 2000, p. 53.
② 赵洲：《联合国会员国的身份获得与主权国家身份建构》，第57页。
③ 赵洲：《联合国会员国的身份获得与主权国家身份建构》，第58页。

阿巴斯在申请信函中的署名为"巴勒斯坦国总统"。由于美国和以色列的强烈反对，巴勒斯坦未能成为联合国成员国，但取得一些外交突破，在联合国的地位有所提升。2012年11月29日，第67届联合国大会通过决议，将巴勒斯坦从联合国观察员实体升格为观察员国。[①] 这标志着国际社会对巴勒斯坦建国目标的进一步支持。随后，巴勒斯坦和联合国官方文件中正式采用"巴勒斯坦国"称谓。2015年9月30日，联合国总部首次升起巴勒斯坦国旗。

成为联合国观察员国，不仅使巴勒斯坦在道义上得到更多国际支持，也使其能够参加国际条约和联合国专门机构。巴勒斯坦向联合国提交加入《国际刑事法院罗马规约》等16个国际公约和条约的文件，在2015年4月正式成为国际刑事法院成员。加入国际刑事法院，奠定巴勒斯坦通过法律途径向以色列提起诉讼的基础，这被认为是巴勒斯坦在法律和外交领域与以色列斗争的重要胜利。在通过谈判建立国家受挫的情况下，巴勒斯坦人希望通过联合国等国际机构的压力，最终结束以色列占领并建立巴勒斯坦国。[②]

然而，在经济命脉被以色列控制、没有真正军队保障自身安全的情况下，外交突破未能给巴勒斯坦带来多少实质性成果。巴勒斯坦成为联合国观察员国后，以色列随即采取报复措施，暂时冻结向巴方移交代收税款，并宣布兴建新的犹太人定居点。

---

① UN, *Palestine question/DPR*, GA draft resolution A/67/L.28, November 21, 2012.

② Mkhaimar Abusada, "Palestinian Diplomacy: Past and Present", in Gülistan Gürbey, Sabine Hofmann, Ferhad Ibrahim Seyder, eds., *Between State and Non-State: Politics and Society in Kurdistan-Iraq and Palestine*, New York: Palgrave Macmillan, 2017, pp. 209–210.

第四章

国家制度建设与两种国家模式之争

国家制度建设是国家构建最重要的内容。自治后，巴勒斯坦建立了立法、行政和司法机关，政党政治和地方治理也获得一定发展。但以色列的强势政策及巴勒斯坦的内部权力斗争，制约着巴勒斯坦政治能力的提高。

第一节 巴勒斯坦政治体制的建立与发展

奥斯陆诸协议是巴勒斯坦政治体制建设的法律依据，其中的模糊规定为巴勒斯坦政权能力建设提供空间，也埋下了立法和行政权力相争的伏笔。

一 巴解组织与巴勒斯坦两套权力机构

巴解组织是巴勒斯坦民族运动的领导机构，是国际社会及以色列承认的巴勒斯坦人的唯一合法代表。在1993年与以色列相互承认后，巴解组织自始至终承担着同以色列政府进行和平谈判的重任，负责解决巴勒斯坦的最终地位问题。巴以和平进程实际上就是巴解组织作为巴勒斯坦实体的代表通过与以色列和谈争取独立主权国家地位的进程。

《奥斯陆协议》为巴勒斯坦自治设立了不超过 5 年的过渡期。过渡时期巴勒斯坦的政治体制在 1993 年至 1995 年巴以双方签署的一系列协议中做出了详细规定。根据这些规定，以巴勒斯坦民族权力机构及立法委员会为中心的巴勒斯坦领导机构成立。这些巴勒斯坦领导机构属于阶段性、过渡性机构，负责巴勒斯坦除外交以外的所有民事权力与职责以及部分安全职责。巴勒斯坦领导机构按照完整的国家体制设立，在向正式国家过渡时，其体制不会发生明显变化。

在特殊的历史和政治环境下，巴勒斯坦形成两套权力机构：以巴解组织及其最高权力机构巴勒斯坦全国委员会为中心的民族主义运动决策机构，与以巴民族权力机构及立法委员会为中心的自治领导机构并存，双方的政治代表性和政治功能不同，但在人员、组织上交叉重合，权力交错。巴解组织领导人领导着巴民族权力机构，担任着政府高级职务，也掌管着众多安全机构。虽然《奥斯陆协议》详细规定了巴勒斯坦自治领导机构的职责和权限，但在实际运行中，很难明确区分其与巴解组织的关系。

二 建立巴勒斯坦自治领导机构

《奥斯陆协议》《加沙—杰里科协议》和《过渡协议》，搭建了巴勒斯坦领导机构的框架，但也留下相当多的歧义。[①]《加沙—杰里科协议》规定"巴勒斯坦权力机构"（Palestinian Authority）享有立法、行政和司法权限。《过渡协议》则规定，"巴勒斯坦委员会"（Palestinian Council）将"承担巴勒斯坦权力机构的全部权力、责任和义务"（第二十条第 4 款），一方面明确赋予巴勒斯坦委员会行政和立法权（第九条）；另一方面又规定，该委员会将有一个由主席[②]领导的执行委

---

① Nathan J. Brown, "Constituting Palestine: The Effort to Write a Basic Law for the Palestinian Authority", *Middle East Journal*, Vol. 54, No. 1, 2000, pp. 29-30.

② 阿拉伯文词汇 رئيس（"Ra'ees" 或 "Ra'is"）既可以翻译为总统（President），又可以翻译为主席（Chairman）。为避免巴勒斯坦人和以色列人对这个头衔产生争议，英文版奥斯陆相关协议都是用的阿拉伯文 Ra'ees。

员会（第四和第五条）。在巴勒斯坦国家构建的实际进程中，这些模糊的地方逐渐明晰，巴民族权力机构（Palestinian National Authority，PNA）成为巴勒斯坦的自治政府，巴立法委员会（Palestinian Legislative Council，PLC）成为巴勒斯坦的议会。

1994年5月12日，阿拉法特任主席的巴勒斯坦临时自治领导机构成立，首先在加沙和杰里科实行自治。26日，自治领导机构在突尼斯举行首次会议，通过临时自治时期的政治纲领，重申建立一个以耶路撒冷为首都的巴勒斯坦国的目标。7月1日，阿拉法特结束27年的流亡生活返回加沙，巴勒斯坦自治领导机构从突尼斯迁往杰里科。7月5日，巴勒斯坦临时自治权力机构在杰里科宣告成立，阿拉法特就任主席。

1996年1月20日，巴勒斯坦在包括耶路撒冷在内的约旦河西岸和加沙地带举行历史上首次大选，凡在巴勒斯坦人口登记处登记、年满18岁的巴勒斯坦人均可参加选举。根据中央选举委员会统计，约旦河西岸73%、加沙地带88%的选民登记参加选举。[①] 90多个国家、国际组织和非政府组织监督选举全过程，中国也应邀派出观察团。大选以多数制方式选举产生巴勒斯坦立法委员会，以直接选举方式选举阿拉法特为巴民族权力机构主席。1996年2月12日，阿拉法特正式宣誓就职，3月7日，巴勒斯坦立法委员会宣告正式成立，5月，阿拉法特组建巴勒斯坦自治政府。

三 巴勒斯坦民族权力机构主席与巴勒斯坦总统

巴勒斯坦《基本法》将巴民族权力机构主席定义为过渡性职位，直至巴勒斯坦最终地位问题得到解决。其职权主要包括：任命总理；享有立法建议权和创制权，在30天内对立法委员会批准的法律具有否决权；签署法律；在特殊情况下颁布具有法律效力的命令；统领巴勒斯坦安全部队、掌管所有安全事务；拥有巴以和平谈判的最终决定

[①] 巴勒斯坦中央选举委员会，http://www.elections.ps。

权；宣布不超过 30 天的国家紧急状态，超过 30 天则需立法委员会批准。①

2005 年 8 月修订的《基本法》首次对巴民族权力机构主席的任期做出明确规定，每届任期 4 年，连任不得超过 2 届。如果巴民族权力机构主席发生不测或意外，立法委员会主席将自动代理其职，最长不超过 60 天，并负责组织新一届选举，产生新的巴民族权力机构主席。

在巴勒斯坦首次大选中，阿拉法特赢得直接选举 88.2% 的选票，当选巴民族权力机构的第一任主席。1988 年 11 月巴勒斯坦全国委员会宣布建国，作为巴解组织执行委员会主席的阿拉法特就任巴勒斯坦总统。由此，巴勒斯坦总统和巴民族权力机构主席这两个职务便由同一人担任。阿拉法特逝世后，在 2005 年 1 月 9 日举行的巴勒斯坦大选中，巴解组织执委会主席马哈茂德·阿巴斯作为法塔赫候选人，当选为巴民族权力机构第二任主席。他获得 50.14 万张选票，占投票总数的 62.52%。② 2008 年 11 月，阿巴斯被巴解组织中央委员会选举为巴勒斯坦总统。

四 巴勒斯坦立法委员会选举与政治变革

（一）巴勒斯坦立法委员会

《奥斯陆协议》首次提出建立"经过选举产生的委员会"，以使"西岸和加沙地带的巴勒斯坦人民能够按照民主的原则实现自治管理"。《过渡协议》规定了巴勒斯坦委员会的选举办法、结构、权责等重要问题。巴立法委员会为一院制议会，是过渡性的临时立法机构，代表巴勒斯坦自治区内的巴勒斯坦人，行使立法权和监督权。

1. 职权

巴勒斯坦基本法规定，立法委员会具有以下职权：创制和通过法

---

① 《修订版基本法（2003 年 3 月 18 日颁布）》第三章第 36 条。"The Amended Basic Law (Promulgated March 18, 2003)", *The Palestine Year book of International Law*, Vol. XII, 2002/2003, Leiden: Koninklijke Brill NV, 2005, p. 385.

② 巴勒斯坦中央选举委员会，http://www.elections.ps。

律；以 2/3 多数通过遭到巴民族权力机构主席否决的法律；以 2/3 多数通过基本法修正案；批准预算；批准巴民族权力机构主席提名的总理；批准总理提名的所有内阁成员；总理或至少 10 名立法委员可以提出对内阁的不信任案；质询内阁成员，但不能质询巴民族权力机构主席；在国家紧急状态下不得被解散；每年召开两次常会，每次会议不超过 3 个月；以简单多数通过决议。此外，立法委员会还有权对巴勒斯坦人民的政治、社会、经济生活，特别是人权和自由状况进行跟踪调查并颁布有关规定，对相关方面的执行情况进行监督。①

2. 组织结构

巴勒斯坦立法委员会建立之初由 88 名委员组成。② 2005 年 6 月的选举法修正案将立法委员增至 132 名，每届任期 5 年。每届立法委员会第一次会议时，选出一位主席、两位副主席、一位秘书长组成立法委员会主席办公室（Presidency Office of the Council），其成员在任期内不得兼任部长和其他政府职务。

立法委员会下设 11 个专门委员会，分别是：耶路撒冷委员会；领土与定居委员会；难民和散居在外巴勒斯坦人委员会；政治委员会；法律委员会；预算与财政事务委员会；经济委员会；内政与安全委员会；教育和社会委员会；自然资源和能源委员会；监督、人权和全面自由委员会。各专门委员会设主席和报告起草人，每半个月召开一次会议。

3. 会议制度

立法委员会每年举行两次会议，第一次会议从 2 月的第一周开始；第二次会议从 9 月的第一周开始。总统和立法委员会主席可以要求召开特别会议，立法委员会主席在 1/3 委员的要求下也可以召开特

---

① 《修订版基本法（2003 年 3 月 18 日颁布）》第四章。"The Amended Basic Law (Promulgated March 18, 2003)", *The Palestine Year book of International Law*, pp. 387 – 390.

② 《过渡协议》第四条规定，巴勒斯坦委员会由 82 名委员组成，后来阿拉法特修改为 88 名。Nathan J. Brown, "Constituting Palestine: The Effort to Write a Basic Law for the Palestinian Authority", p. 29.

别会议。每次会议必须有一半以上的议员出席方为有效，决议通过须获得出席人员的过半数支持。

4. 立法委员会辅助机构

立法委员会设立下列辅助机构：法律处、公共关系处、行政处、图书馆、议会研究处、委员会事务处、财政处、新闻处、技术处和计算机处。立法委员会设有16个地区办公室，按选举法规定分布在16个选区，负责与选民和各界人士保持密切联系。立法委员会建立了专门警卫队，称为"委员会警察"，以保卫立法委员会及各委员的安全，确保立法委员会的正常运转及会议的有序召开。①

（二）第一届立法委员会

第一届立法委员会由巴勒斯坦首次大选产生，艾哈迈德·库赖任主席，纳哈德·拉伊斯和艾布·埃塔分别为第一和第二副主席。这次选举注册选民为1028280人，投票总数为736825张，投票率达到71.66%。来自欧盟和其他国家的519名国际观察员和2000多名当地观察员监督整个选举进程。立法委员会席位根据16个选区的人口按比例分配，加沙地带5个选区占37席，约旦河西岸11个选区占51席。16个派别和组织的候选人及独立候选人共672人参加了立法委员会竞选。"人阵""民阵"、哈马斯和杰哈德反对《奥斯陆协议》，联合抵制这次立法委员会选举，使法塔赫在选举中获得压倒性胜利，成为巴勒斯坦政治中的主导力量。② 法塔赫共获得55个席位，独立法塔赫候选人获得7个席位，独立伊斯兰人士获得4个席位，独立基督教教徒获得3个席位，独立候选人获得15个席位，撒玛利亚人获得1个席位，其他人士1个席位，空缺2个席位。25位妇女候选人有5位胜出。③

2003年9月，艾哈迈德·库赖任总理后，辞去立法委员会主席职

---

① As'ad Ghanem, *The Palestinian Regime: A 'partial democracy'*, p. 70.
② Michael Bröning, *The Politics of Change in Palestine: State-Building and Non-Violent Resistance*, New York and London: Pluto Press, 2011, p. 73.
③ "1996年总统和立法委员会选举结果"，收录于巴勒斯坦中央选举委员会，http://www.elections.ps。

务，原农业部部长拉菲克·纳特谢继任。2004年3月，劳希·法图当选为立法委员会主席，在他2004年11月11日至2005年1月15日担任巴民族权力机构临时主席期间，由哈桑·赫赖谢任立法委员会临时主席，之后法图继续任此职。2005年新一届巴民族权力机构主席选举时，立法委员会选举未能同时进行。

（三）第二届立法会委员

2006年1月25日，巴勒斯坦第二次立法委员会选举在约旦河西岸（包括东耶路撒冷）和加沙地带举行。这次选举共设立1008个投票中心，注册选民1341671人，投票率达到77.7%，来自欧盟和其他各国的900余名国际观察员和1.8万名当地观察员监督整个选举进程。为参加选举，各种新政党纷纷成立，政党在巴勒斯坦政治中的作用增加。[1] 以"变革和改革"（Change and Reform）之名参选的哈马斯取得压倒性胜利，获得132个席位中的76席，成为巴勒斯坦政治和社会生活中的又一主导力量，对巴勒斯坦政治格局和地区局势发生深刻影响。法塔赫仅仅得到43席，"人阵"获得3席，巴迪尔党（Al-Badil）获得2席，"独立巴勒斯坦"获得2席，"第三条道路"党获得2席，有4名独立候选人当选。[2]

2006年2月18日，以哈马斯为首的新一届立法委员会宣誓就职并召开第一次会议，57岁的哈马斯领导人阿卜杜勒·阿齐兹·杜维克当选为立法委员会主席，但在8月，杜维克和部分哈马斯高级成员被以军逮捕，立法委员会陷入瘫痪。

五 总理与内阁的变迁

阿拉法特就任巴民族权力机构主席后，任命内阁部长，组成首届内阁并长期主持内阁事务。为把阿拉法特的部分权力转移至立法委员会，国际社会和巴勒斯坦的改革派提出设立总理职务。在内外压力

---

[1] Amal Jamal, *The Palestinian National Movement: Politics of Contention, 1967–2005*, p. 141.

[2] 巴勒斯坦中央选举委员会，http://www.elections.ps。

下，巴勒斯坦自治政府进行机构改革，2003年3月，设立总理职位，具体负责内阁事务。阿巴斯被阿拉法特任命为巴勒斯坦首任总理。在是否保留原内阁中一些忠于阿拉法特的部长，是否同意原加沙地带预警部队司令穆罕默德·达赫兰主管安全事务等问题上，阿巴斯与阿拉法特存在严重分歧。最终，新内阁由总理阿巴斯兼任握有实权的内政部部长，达赫兰出任安全事务国务部部长。由于在人事任命、巴勒斯坦安全部队领导权等问题上无法与阿拉法特达成一致，阿巴斯在9月辞职。立法委员会主席库赖被任命为总理。

2003年10月，以色列北部城市海法发生自杀性爆炸，巴民族权力机构宣布巴勒斯坦进入紧急状态，成立紧急内阁，由总理库赖、外交部部长沙阿斯、内政部长纳斯尔·优素福（Nasr Yousef）、财政部部长萨拉姆·法耶兹（Sallam Fayyad）以及包括首席谈判代表埃雷卡特在内的4名暂时没有具体职务的成员组成。紧急内阁的主要任务是统一巴勒斯坦各派立场，应对巴以之间出现的危机局势，任期一个月。这是巴勒斯坦首次成立紧急内阁。

阿巴斯就任巴民族权力机构主席后，任命库赖为总理，组建新政府。在巴勒斯坦内部和国际社会要求完成安全部队和政府改革的强大呼声下，库赖迫于压力起用新人，最终组建了以技术专家为主的"专家型"政府。哈马斯赢得立法委员会大选后，阿巴斯任命哈马斯领导人哈尼亚为总理，领导成立由哈马斯成员、独立人士和技术专家共25人构成的新内阁，外交、内政、财政等重要职务均由哈马斯成员担任。

2007年3月，哈马斯、法塔赫等组成民族联合政府，总理仍为哈尼亚。6月，哈马斯和法塔赫爆发严重冲突，哈马斯控制加沙地带，阿巴斯解散民族联合政府，宣布实行紧急状态，巴勒斯坦自此进入约旦河西岸与加沙地带分裂而治的时期。在约旦河西岸，法塔赫依然是居于主导地位的政治力量，占据着各省和安全机构的重要职位。[①] 阿巴斯任命萨拉姆·法耶兹为总理组建专家型政府，这是巴勒斯坦历史

---

① Michael Bröning, *Political Parties in Palestine: Leadership and Thought*, p. 65.

上的第 13 届内阁。法耶兹曾在世界银行和国际货币基金组织任职，在 2002—2006 年担任巴勒斯坦财政部部长期间，大力推行财政改革，得到国际社会的认可。法耶兹政府提出，在以色列占领的状态下进行巴勒斯坦国家能力建设，从而促使占领结束。巴勒斯坦陆续出台《2008—2010 年巴勒斯坦改革与发展计划》《结束占领：建立国家计划 2009—2010》《2011—2013 巴勒斯坦国家发展计划》等，制定详细措施，推动巴勒斯坦在安全、财政、法制以及社会治安等方面进行全面改革。法耶兹的改革方案得到国际社会的支持和回应，以色列官方也对此表达了有限的支持。然而，以色列反对巴勒斯坦单方面推动建国，迫使法耶兹政府将改革的目标从"准备建国"变为"准备和谈建国"。[①] 加上美国等西方国家的否定，虽然法耶兹政府在改革方面取得一定成效，但国家建设计划最终在政治上失败。[②]

2013 年 6 月 6 日，阿巴斯任命成功大学（An-Najah National University）校长拉米·哈姆达拉（Rami Hamdallah）为新的过渡政府总理。2014 年 6 月 2 日，哈马斯与法塔赫根据和解协议，成立由技术专家组成的过渡性质的联合政府，原过渡政府总理拉米·哈姆达拉留任总理并兼任内政部部长。阿巴斯要求取消新政府中的被俘人员事务部部长一职，遭到哈马斯的坚决反对。2014 年 9 月，被俘人员事务移交给巴解组织的"被俘和被拘留人员事务全国高级委员会"。2015 年 6 月，联合政府解散，哈姆达拉辞职，随即被委任组建新政府。

六　巴勒斯坦自治领导机构的权力之争

巴民族权力机构成立后，阿拉法特建立召开"领导人会议"的传统，每周召集巴解组织执委会委员和法塔赫中央委员、安全部门及立法委员会领导人共同参加联席会议。这种形式的会议导致内阁边缘化，阿拉法特一人成为巴勒斯坦的政治中心。一些部长要求单独召开

---

① Michael Bröning, *The Politics of Change in Palestine: State-Building and Non-Violent Resistance*, pp. 127 – 131.

② Anders Persson, "Palestine at the End of the State-building Process: Technical Achievements, Political Failures", *Mediterranean Politics*, Vol. 23, No. 4, 2018, pp. 433 – 452.

内阁会议，遭到阿拉法特的拒绝。① 总理职务的设立，改变了巴民族权力机构的基础结构，政治权力需要在主席和总理之间分配，不再集中于阿拉法特一人。② 但阿拉法特在巴勒斯坦政治中居于绝对主导地位，导致几届总理都与他发生权力争夺，最终不得不辞职。

《过渡协议》将巴勒斯坦国家机构的立法、行政和司法权力混合在一起，特别是关于立法委员会与巴民族权力机构主席权限的规定模糊。这使阿拉法特能够绕过正式法律程序，通过颁布具有宪法含义的总统命令立法。1995年2月7日，阿拉法特就通过颁布主席令，建立国家安全法庭。而立法委员会通过的法律却由于主席不批准而被无限期地冻结。③ 阿拉法特和立法委员会围绕颁布《基本法》展开的斗争就是典型例子。虽然立法委员会在1997年就通过《基本法》，但阿拉法特一直拒绝签字，导致《基本法》的颁布一直拖延。④ 直到2002年5月28日，阿拉法特才在国际社会的巨大压力下批准《基本法》。

第二节 法塔赫与巴勒斯坦的政党政治

法塔赫依靠在巴解组织中的主导地位，成为巴勒斯坦事实上的执政党，它的代际更替关系到巴勒斯坦的权力传承，其内部派系斗争削弱了巴勒斯坦世俗民族主义阵营的力量。

一 法塔赫的组织结构特征

法塔赫建立初期就确定了组织的权力结构。代表大会是法塔赫的最高权力机构，负责构建其战略愿景，选举产生中央委员会和革命委

---

① Amal Jamal, *The Palestinian National Movement: Politics of Contention, 1967 – 2005*, p. 128.

② Amal Jamal, *The Palestinian National Movement: Politics of Contention, 1967 – 2005*, p. 164.

③ Amal Jamal, *The Palestinian National Movement: Politics of Contention, 1967 – 2005*, pp. 124 – 125.

④ Nathan J. Brown, "Constituting Palestine: The Effort to Write a Basic Law for the Palestinian Authority", p. 33.

员会。革命委员会在代表大会闭会期间行使最高权力，中央委员会是最高领导机构，负责制定和实施其战略构想和举措。中央委员会下设主管财政、外交、组织和宣传等事务的部门以及"暴风"部队总司令部，机构设置涵盖巴勒斯坦民族运动各个领域。

与传统政党组织不同，法塔赫没有建立起自上而下的金字塔结构，其内部的垂直政治关系非常脆弱。① 负责不同领域事务的部门在法塔赫政治结构中占据着主要地位，其次是在巴勒斯坦人聚居的国家或地区设立的组织。② 这些部门和组织都拥有独立预算与结构，由各自的政治精英分别管理，只服从最高领导机关法塔赫中央委员会。正如意大利政治社会学者安格鲁·帕尼比昂科（Angelo Panebianco）的研究所证明的那样，"政党的诸组织特征更多地依赖其历史，也就是依赖于组织是如何起源、如何巩固的，胜于依赖其他因素"③。法塔赫的组织结构特征在阿拉法特巩固权力的过程中逐渐成形。

法塔赫建立的是一种实用主义型政党制度。巴勒斯坦问题专家海伦娜·科班认为，法塔赫没有意识形态，依靠实用主义团结成员。④ 法塔赫领导人多是逊尼派穆斯林，不乏信仰基督教的成员，思想倾向既有自由主义的民族主义，也有左翼思想。反抗以色列占领、解放巴勒斯坦的共同目标将不同宗教信仰和思想倾向的精英整合在一起，为建立独立的巴勒斯坦国而从事武装斗争，这是法塔赫合法性的来源和基础。因纲领性分歧所导致的组织分裂在其他意识形态色彩突出的巴勒斯坦派别中时有发生，没有明确的意识形态使法塔赫避免因此而引起组织分裂，也使法塔赫的创建者阿拉法特的个人作用显得更为重要。

---

① Helena Cobban, *The Palestinian Liberation Organisation*: *People*, *Power*, *and Politics*, p. 25.

② Helena Cobban, *The Palestinian Liberation Organisation*: *People*, *Power*, *and Politics*, p. 26.

③ ［意］安格鲁·帕尼比昂科：《政党：组织与权力》，周建勇译，上海人民出版社2013年版，第58页。

④ Helena Cobban, *The Palestinian Liberation Organisation*: *People*, *Power*, *and Politics*, p. 25.

阿拉法特具有马克斯·韦伯所说的超凡魅力政治领袖的特征。[①]他的权威首先来自反抗以色列的武装斗争。在传统精英遭到第一次中东战争的毁灭性打击、巴勒斯坦民族主义处于消沉时期，阿拉法特秘密建立"法塔赫"组织，打响武装斗争的第一枪，开启巴勒斯坦人自主抗击以色列的历史，特别是卡拉迈大捷，使阿拉法特成为巴勒斯坦人和阿拉伯世界的英雄。其次，成为巴解组织领导人，是阿拉法特权威的制度保障。法塔赫作为巴勒斯坦最有影响和实力的抵抗力量，成功接管巴勒斯坦人的代表机构巴解组织，担任巴解组织领导人的阿拉法特成为巴勒斯坦人的领袖。最后，阿拉伯世界和国际社会对巴解组织的承认，使阿拉法特成为巴勒斯坦事业的代表和象征，进一步巩固了他的权威。

以阿拉法特为核心，形成了巴勒斯坦人的领导力量。作为一个成功的领导人，无论是在流亡巴勒斯坦人中还是在被占领土，阿拉法特都享有巨大的声望，吸引大批忠诚的追随者。他们根据与阿拉法特关系的远近，形成巴勒斯坦政治中的核心精英与外围精英。这使法塔赫的权威结构类似于一系列的同心圆，阿拉法特是由其副手和顾问所形成的圆的核心，这些人同时是自己助手组成的圆的核心，而这些助手也构成其他圈子的核心，一路下去直到基层。[②] 因此，有学者甚至认为，正是阿拉法特的超凡魅力，成为巴勒斯坦政治制度合法性最终的、有效的来源。[③]

政党的制度化需要"超凡魅力型领袖的常规化"，将权威从领袖转移到政党。但超凡魅力型领袖会倾向于抵制党内的制度化，他们认为制度化是对自身权力的威胁，从而抑制监督力量发展，以确保个人

[①] 对超凡魅力领袖的论述详见［德］马克斯·韦伯《经济与社会》第一卷、第二卷（下册），阎克文译，上海人民出版社2010年版。

[②] Ali Jarbawi and Wendy Pearlman, "Struggle in a Post-Charisma Transition: Rethinking Palestinian Politics after Arafat", *Journal of Palestine Studies*, Vol. 36, No. 4, 2007, p. 9.

[③] Ali Jarbawi and Wendy Pearlman, "Struggle in a Post-Charisma Transition: Rethinking Palestinian Politics after Arafat", p. 8.

权力。① 法塔赫代表大会就未能制度化召开。法塔赫正式成立两年后，也就是1963年，组建了中央委员会，最初只有10名委员。虽然已经在中央委员会获得压倒性支持，阿拉法特一直面临着中央委员会其他委员的挑战。一些委员调动资源吸引追随者，建立联盟，成为阿拉法特的制衡力量。由于对《奥斯陆协议》具有不同意见，1993年只有一半法塔赫中央委员回到被占领土。阿拉法特逝世后继任的法塔赫中央委员会主席法鲁克·卡杜米就因为反对《奥斯陆协议》而拒绝回到约旦河西岸和加沙地带。在这种情况下，法塔赫5年召开一次代表大会的制度没有得到执行，在1989年8月第五次代表大会后，20年未召开新一届会议。

二 成为"执政党"的法塔赫及其内部派系斗争

巴勒斯坦民族权力机构建立是法塔赫政党制度发展的一个转折点。回归到约旦河西岸和加沙地带的巴解组织从流亡政府转变成自治领土上的国家机构，法塔赫也从武装抵抗运动转型成为巴勒斯坦的"执政党"。② 数千名法塔赫及巴解组织其他派别的领导人和官员回到约旦河西岸和加沙地带，掌握了巴民族权力机构的领导权，他们被称为"回归者"。武装斗争与巴以和平进程是这批领导人的合法性来源。作为巴勒斯坦政治中当之无愧的元老，回归者将被占领土的本土领导人排除在权力结构之外，与"少壮派"新生政治力量之间的矛盾和对立日益激化。③

巴勒斯坦新生代领导力量成长于被占领土，大多出身于平民家庭，借助20世纪七八十年代被占领土高等教育的发展，得以进入大学，成长为新一代民族主义精英。1987年，他们在被占领土发动第一次因提法达，用持续五年的斗争奠定自己在巴勒斯坦社会的地位。但是，年轻一代精英在巴解组织主流机构和政府中的声音微弱，他们

---

① ［意］安格鲁·帕尼比昂科：《政党：组织与权力》，第61页。
② Michael Bröning, *Political Parties in Palestine: Leadership and Thought*, p. 62.
③ Khalil Shikaki, "Palestinians Divided", *Foreign Affairs*, Vol. 81, No. 1, 2002, pp. 93–97.

只是在法塔赫的部分机构和准军事组织中拥有较多的权力。[①]

巴以和平进程停滞不前、巴勒斯坦经济和社会生活水平恶化以及治理不善和政治腐败等问题，损害了巴勒斯坦民族权力机构的合法性和老一辈领导力量的权威。阿克萨起义的爆发表明，民族运动内部年轻一代领导力量开始挑战老一代领导人。"少壮派"是起义的主要领导力量，起义是他们以行动反抗以色列总理沙龙参观圣殿山以及巴以和平进程停滞，也是他们对"元老派"争取民族独立遇挫、政府治理失败等问题不满的总爆发。[②] 两派政治力量之间的斗争埋下法塔赫和巴解组织分裂的隐患。阿拉法特去世后，法塔赫内部的派系斗争越发突出。法塔赫提名阿巴斯为巴勒斯坦民族权力机构主席候选人，但"少壮派"领导人马尔万·巴尔古提就无视此决定，以独立候选人身份登记参选。虽然他最终在法塔赫的压力下退出竞选，但此举也使法塔赫和巴解组织再次面临可能分裂的困境。

派系斗争削弱了世俗民族主义阵营的力量，极大限制了巴勒斯坦领导人对局势的控制以及与以色列谈判的能力，也为以哈马斯为代表的政治伊斯兰势力崛起创造了条件。哈马斯赢得立法委员会选举，标志着世俗民族主义力量的大幅衰落。

三 法塔赫的代际更替

代际更替是当前巴勒斯坦权力传承的一大挑战。在过去近百年中，巴勒斯坦民族运动遭受的挫折和失败、巴自治政府面临的政治危机和巴勒斯坦独立进程的僵局，与精英之间的斗争密不可分。法塔赫的权力传承和嬗变决定着巴勒斯坦民族运动的前途和巴勒斯坦政治的未来，左右着巴以和谈的命运，对地区局势也具有重要影响。

2009年，为备战即将举行的巴勒斯坦大选，法塔赫在约旦河西岸城市伯利恒召开第六次代表大会，这是法塔赫第一次在巴勒斯坦本土举行代表大会。长期未曾召开代表大会的直接后果就是法塔赫领导层

[①] Khalil Shikaki, "Palestinians Divided", p. 94.

[②] Khalil Shikaki, "Palestinians Divided", p. 89.

老龄化严重，18名中央委员中，只有14人在世，并且年龄都超过70岁。这些人很多与阿拉法特一起，创建法塔赫，领导阿拉伯国家难民营中的巴勒斯坦人，进行反以武装斗争。由于法塔赫在巴解组织和巴勒斯坦民族运动中的主导作用，他们在巴勒斯坦政治中具有举足轻重的地位，在巴解组织和巴勒斯坦民族权力机构中担任着最重要的职务，共同主导着巴勒斯坦民族运动的发展方向。通过召开第六次代表大会，法塔赫向新生代转移部分权力，但"元老派"仍然掌握着巴勒斯坦大权，占据着中央委员会2/3以上的名额，"少壮派"与他们之间的权力竞争没有落下帷幕。

根据代表大会5年召开一次的原则，法塔赫一直积极筹备在约旦河西岸召开第七次代表大会。最终，时隔7年之后，法塔赫七大于2016年11月29日在拉姆安拉开帷幕。通过第六次和第七次代表大会，法塔赫向新生代转移了部分权力。但围绕阿巴斯的接班人问题进行的权力斗争仍未停止。阿巴斯同时担任着巴解组织和巴勒斯坦国的最高领导人。在这次会议上，阿巴斯再次连任法塔赫中央委员会主席，仍然担任法塔赫最高领导人。他出生于1935年[①]，至今已是高龄。作为新一代领导力量的代表，前加沙地带预警部队领导人穆罕默德·达赫兰与阿巴斯之间的斗争尤其引人注目，双方经常在媒体上公开互相指责。2011年达赫兰被开除法塔赫党籍，但在阿联酋和埃及的支持下，他在加沙地带的法塔赫干部和民众中，依然拥有强大的影响力。被以色列判处终身监禁的马尔万·巴尔古提是被占领土成长起来的法塔赫少壮派领导人，作为巴勒斯坦声望最高的政治人物之一，他在法塔赫七大中以最高票当选中央委员。2017年2月，马哈茂德·阿鲁勒（Mahmoud al-Aloul）被选为法塔赫副主席，成为法塔赫建立以来的首位副职领导人。他的当选引起巴尔古提支持者的不满。[②]

[①] 中华人民共和国外交部："巴勒斯坦国家概况"。
[②] Hazem Balousha, "Dismissed Fatah leader Dahlan says Abbas, Hamas lack 'serious nationalism'", *Al-Monitor: The Pulse of the Middle East*, January 3, 2016.

四 巴勒斯坦政治中的其他世俗派别

巴勒斯坦民族权力机构的成立使巴勒斯坦各政治派别演变成为巴勒斯坦的各种政党。由于反对《奥斯陆协议》,"人阵""民阵"抵制了1996年的选举,这导致他们被排除在自治领导机构之外,在巴勒斯坦政治中逐渐边缘化。为保持影响力,"人阵"和"民阵"都积极通过非政府组织发挥作用。"人阵"成为巴勒斯坦政治中的反对党派,不断质疑巴勒斯坦民族权力机构的权威与合法性。[①] 直到1999年,"民阵"才开始参加中东和平进程。由于影响力有限,"民阵"在阿克萨起义中仅发挥了边缘性的作用,也是最早反对起义军事化的巴勒斯坦政治派别之一。[②]

第三节 两种巴勒斯坦国模式之争

哈马斯上台代表巴勒斯坦伊斯兰主义对世俗民族主义的挑战和另一种国家模式的出现,双方的激烈博弈突出表现为哈马斯与法塔赫的斗争。

一 哈马斯在被占领土发展壮大

"哈马斯"是伊斯兰抵抗运动的简称,为阿拉伯语"伊斯兰抵抗运动"(Harakat al-Muqawima al-Islamiyya)每个词首字母的缩写,意为"热情、勇敢"。哈马斯是1946年成立于加沙的"穆斯林兄弟会"的支系,称为"伊斯兰联合会",当时成员约2万人。1978年哈马斯在以色列注册为合法慈善机构,通过参加第一次因提法达,哈马斯的地位和影响迅速提高,成为被占领土仅次于法塔赫的第二大政治组织。[③] 哈马斯积极开展教育、医疗、救济等社会福利事业,同时清除

---

① Michael Bröning, *Political Parties in Palestine: Leadership and Thought*, p. 102.
② Michael Bröning, *Political Parties in Palestine: Leadership and Thought*, pp. 177 – 178.
③ 陈天社:《哈马斯研究》,第15页。

不符合伊斯兰教的行为。这些社会活动使哈马斯获得广泛的群众基础，势力很快发展至整个被占领土，并在伊朗、叙利亚、黎巴嫩等国设立官方办事机构。

艾哈迈德·亚辛是哈马斯创始人和精神领袖，1989 年他被以色列判处终身监禁，1997 年才被释放。其间，阿卜杜勒·阿齐兹·兰提西成为被占领土最著名的哈马斯领导人，负责哈马斯加沙事务。2004 年，亚辛、兰提西等哈马斯领导人先后遭到以色列"定点清除"刺杀。哈马斯政治局主席哈立德·迈沙阿勒先后居住在科威特、约旦、卡塔尔、叙利亚等国，叙利亚危机后返回卡塔尔。2012 年 12 月哈马斯成立 25 周年时，迈沙阿勒首次访问加沙地带。2017 年 2 月，哈马斯推举叶海亚·辛瓦尔（Yehya al-Sinwar）为加沙地带政治局主席，接替哈尼亚领导加沙政府。辛瓦尔曾被以色列监禁 22 年，2011 年根据巴以换俘协议获释，在哈马斯武装力量中具有较大影响。2017 年 3 月，伊斯梅尔·哈尼亚接替迈沙阿勒，任政治局主席。

哈马斯内部分为政治组织、情报组织和军事组织三个部分。政治组织主要负责社会动员、募集资金、招募成员以及管理清真寺、学校、医院等社会福利工作。情报组织称"马吉德"，主要负责收集同以色列合作的巴勒斯坦人信息，并严加惩罚"叛徒"，后来并入军事组织"卡塞姆旅"（Al-Qassam Brigades，又译卡桑旅）。各组织结构极其严密，成员采取单线联系，外界难以准确判断其实力与内部状况。

在巴勒斯坦历史上，以伊斯兰复兴和民族主义相结合的形式在基层出现的政治伊斯兰一直是抵抗和合作的工具。[1] 哈马斯尤其是这样，将伊斯兰主义与民族主义相结合，是哈马斯获得民众支持的原因之一。[2] 哈马斯坚持"抵抗和圣战"才是巴勒斯坦实现解放和独立的唯一出路。通过挖掘地道等途径，哈马斯进入以色列，对平民发动袭击，并多次向以色列境内发射火箭弹。马德里和会开始后，哈马斯严

---

[1] Rashid Khalidi, *The Iron Cage*: *The Story of the Palestinian Struggle for Statehood*, p. xxiii.

[2] Are Knudsen, "Crescent and sword: The Hamas enigma", *Third World Quarterly*, Vol. 26, No. 8, 2005, p. 1378.

厉谴责巴解组织政治解决巴勒斯坦问题的方案及努力，对以色列发动袭击，为和谈设置障碍。这导致哈马斯与巴解组织关系急剧恶化，并遭到巴勒斯坦自治政府的严厉镇压，1996年被宣布为非法组织。哈马斯针对平民的暴力行动成为巴以和平进程的严重阻碍，也使哈马斯被美国、欧盟各国以及沙特等国列为恐怖组织。

二 哈马斯上台与两种巴勒斯坦国模式

（一）哈马斯上台

哈马斯抵制巴勒斯坦第一次大选。阿克萨起义后，哈马斯在以色列"定点清除"中遭受重创，为保存实力、扩大影响，哈马斯在表示不放弃武装斗争的同时，开始逐渐调整立场，以更加务实灵活的策略参政议政。在2004—2005年进行的巴勒斯坦地方选举中，哈马斯取得第一阶段和第四阶段的大范围胜利。在第二次立法委员会选举中，哈马斯取得压倒性胜利，击败法塔赫获得组阁权。哈马斯的崛起标志着巴勒斯坦民族运动中出现了全新的成员，即激进的政治伊斯兰力量。

（二）哈马斯的巴勒斯坦国模式

哈马斯奉行伊斯兰教的指导原则，思想完全不同于巴解组织，虽然明确宣布尊重它，但不赞成巴解组织的世俗主义主张。[1] 哈马斯1988年8月发表的组织纲领《哈马斯宪章》宣称，"《古兰经》是宪法"[2]，要"重建穆斯林国家"；提出消灭以色列国家，认为"巴勒斯坦的土地是伊斯兰的瓦克夫"，任何人都不能放弃或分裂之；[3] 反对和谈，认为"圣战"是解决巴勒斯坦问题的唯一办法，所有和平解决巴勒斯坦问题的"行动、建议和国际会议都是浪费时间"[4]。哈马斯打破了巴解组织对巴勒斯坦民族主义话语权的垄断，使巴解组织面临

---

[1] 《哈马斯宪章》，第二十七条。该宪章收录于耶路撒冷媒体新闻中心（JMCC），http://www.jmcc.org。

[2] 《哈马斯宪章》，第八条。

[3] 《哈马斯宪章》，第十一条。

[4] 《哈马斯宪章》，第十三条。

严峻挑战。这种挑战不仅涉及未来巴勒斯坦的领土范围、国家性质，也涉及权力分配，从而具有深远的影响。哈马斯代表了伊斯兰主义对世俗民族主义的挑战和另一种国家模式的出现，这种国家模式完全否定民族国家的西方模式，至少在理论上。

（三）巴解组织的巴勒斯坦国模式

巴勒斯坦民族主义的主流思想是世俗民族主义。巴解组织在各种文件中多次宣称，将要建立的是"消除了所有宗教和种族歧视痕迹"的世俗民主国家，[1] 在这个国家里，"阿拉伯人、穆斯林、基督教徒以及犹太人将过着平等、友爱、公正与和平的生活"[2]。《巴勒斯坦国民宪章》宣称，解放巴勒斯坦后将"保护这个国家所有宗教设施，保证信仰和朝拜完全自由，不受民族、种族、语言及宗教的歧视"[3]。巴解组织各政治派别的思想和观点也是世俗的。[4] "人阵"和"民阵"是巴解组织内更为激进的派别，以马克思列宁主义为指导思想，主张依靠无产阶级的力量进行阶级斗争。"闪电"和"阿解阵"等组织也都强调要同时开展民族运动和社会革命。正因为各政治派别的世俗性，其领导人的宗教信仰也是多元的，既有穆斯林，也有基督教教徒。但法塔赫也赋予民族斗争以一定的宗教内涵，事实上，"法塔赫"一词即有"穆斯林通过圣战的征服"的含义。[5]

三 哈马斯与法塔赫的斗争

2006年3月，哈马斯组建联合政府失败，不得不单独组阁。[6] 以

---

[1] 《巴勒斯坦全国委员会第六次会议的政治声明》，载尹崇敬主编《中东问题100年》，第68—70页。

[2] 1969年7月12日阿拉法特对法国《费加罗报》记者的谈话，载尹崇敬主编《中东问题100年》，第68—70页。

[3] 《巴勒斯坦国民宪章》，第十六条。载尹崇敬主编《中东问题100年》，第58页。

[4] 关于巴解组织各派的思想，参见 Shaul Mishal, *The PLO under Arafat: Between Gun and Olive Branch*。

[5] Mordechai Nisan, *Toward a New Israel: The Jewish State and the Arab Question*, New York: AMS Press, 1991, pp. 96-97.

[6] 陈天社：《哈马斯研究》，第209页。

色列、美国和世界各主要国家都要求哈马斯放弃暴力、承认以色列、承认巴以签署的一系列协议。哈马斯表示，将客观对待同以色列签署的协议，但拒绝承诺放弃暴力、拒绝解除武装、拒绝承认以色列。哈马斯的强硬态度导致美国等巴勒斯坦的西方主要援助者对新政府实施经济制裁，传统捐助方仅通过非官方渠道为民众提供援助，部分援助直接交付巴勒斯坦民族权力机构主席阿巴斯。在这种情况下，当地社会经济只能维持最低限度的运转。以色列严厉打击哈马斯，相继逮捕近百名有哈马斯背景的立法委员、内阁部长和部分政治派别的骨干，致使哈马斯控制的立法委员会无法运转。

2006年5月，身处以色列监狱的法塔赫领导人马尔万·巴尔古提及哈马斯、杰哈德、"人阵""民阵"等派别的高级成员联名签署"狱中协议"，提出在1967年被占领土建立巴勒斯坦国，组建联合政府等。① 面对复杂严峻的形势，哈马斯再次寻求组建联合政府，法塔赫也期望通过联合政府争取更多权力，但双方在政治纲领和内阁关键部长职位，特别是在掌握安全部队指挥权的内政部部长人选上分歧严重。在国际社会的积极斡旋下，哈马斯与法塔赫在2007年2月8日签署《麦加协议》，就财政部部长、外交部部长和内政部部长三大关键职位的人选达成一致。然而，联合政府成立没多久，法塔赫与哈马斯矛盾加剧，两派武装冲突不断升级，安全局势恶化，法塔赫宣布退出联合政府。

2007年6月14日，哈马斯武装人员攻占加沙地带的安全机构总部、情报部门、阿巴斯官邸等多个重要据点，将法塔赫势力逐出加沙地带，夺取了当地的实际控制权。17日，阿巴斯宣布哈马斯下属的武装派别非法。此后，哈马斯与法塔赫关系一直紧张，巴勒斯坦陷入严重的内部分裂和对抗。

在埃及的斡旋下，2011年法塔赫与哈马斯在开罗签署协议，同意

---

① As'ad Ghanem, *Palestinian Politics after Arafat: A Failed National Movement*, Bloomington and Indianapolis: Indiana University Press, 2010, pp. 160 – 161.

结束约旦河西岸和加沙地带的割据状态,开启和解进程,筹备民族权力机构主席选举和立法委员会选举。在此基础上,双方多次接触,甚至一度组建联合政府,但由于分歧巨大,两大政治派别的和解尝试多次失败。在哈马斯的抵制下,巴勒斯坦2012年和2017年的地方选举都只能在约旦河西岸进行。地方选举在巴勒斯坦政治生活中具有重要地位,加沙地带两次被排除在外,使巴勒斯坦的分裂有陷入固定化的风险。

四 哈马斯立场的调整

哈马斯与法塔赫两大势力的斗争极大削弱了巴勒斯坦对抗以色列的力量,也为以色列的分而治之创造条件。在严厉打击哈马斯的同时,以色列却偶尔对法塔赫网开一面,使巴勒斯坦两大派别更加不和。

内外压力和局势变化促使哈马斯调整立场。2016年11月法塔赫第七次代表大会召开时,哈马斯一改之前阻止加沙地带的法塔赫代表前往约旦河西岸的做法,还首次派代表参加会议,宣读其政治局领导人迈沙阿勒的信,称哈马斯"准备好了与法塔赫合作"①。释放出哈马斯与法塔赫和解的信号。2017年5月1日,哈马斯发表《纲领及政策文件》,首次表示将以1967年战争停火线为基础建立巴勒斯坦国,间接承认以色列的存在。迈沙阿勒声称,哈马斯不再谋求与犹太人的战争,而是仅与驱动占领巴勒斯坦的犹太复国主义者作战。哈马斯的政治立场向法塔赫靠拢,为巴勒斯坦的内部和解打下了基础。如果双方能达成新的民族共识,将会促使在加沙地带和约旦河西岸建立真正的民族统一政府,为未来的民主进程铺平道路,但这是一个漫长而崎岖的过程,权力分配等问题依然是法塔赫与哈马斯双方面临的巨大考验。

---

① 吕迎旭:《新闻分析:巴勒斯坦法塔赫党代会传递三大信号》,新华社,2016年12月4日。

第四节 巴勒斯坦的法制建设与挑战

法制建设是巴勒斯坦国家构建的重要步骤，完善的法制也是促进巴勒斯坦社会稳定和发展、吸引国际社会援助和投资的保证。自治政府成立后面临的首要问题就是通过立法建立和巩固新政权，确立基本的政治制度。其次是建立统一的法制，以维护社会秩序，恢复和发展国民经济。

一 巴勒斯坦民族权力机构建立之前的法律制度

除巴民族权力机构颁布的法律外，在巴勒斯坦发挥作用的还包括在约旦河西岸起作用的约旦法律、在加沙地带起作用的埃及法律、以色列军事法令、英国委任统治时期法令、伊斯兰教法、习惯法等，甚至还有部分奥斯曼帝国法律。巴勒斯坦的法制状况由当地经历过多次外来统治的历史形成。这些外来统治机构根据各自的法制体系颁布法律，对巴勒斯坦法制发展产生了深刻影响，使巴勒斯坦成为世界上拥有最为复杂的法律制度的政治实体之一，堪称法制的博物馆。这些受不同传统影响的法律在巴勒斯坦共存，形成相互冲突的多层法律制度体系，造就独特的结构性缺陷。

（一）奥斯曼帝国统治时期的法律

从1516年到1917年，巴勒斯坦处于奥斯曼帝国统治之下并实行其法律制度，时至今日，仍有部分奥斯曼时期法律在巴勒斯坦发挥着重要作用。以奥斯曼帝国1839年"坦齐马特"改革为界，这一时期巴勒斯坦的法律发展可以分为两个阶段：改革之前，伊斯兰教法"沙里亚"、[①] 奥斯曼素丹发布的行政命令及习惯法占据着主导地位；改革后，西方法律制度的引进"大大削弱了传统伊斯兰教法的统治地位，商法、刑法和民法三个外围领域率先脱离伊斯兰教法，为现代西

---

① 伊斯兰教法在阿拉伯语中被称为"沙里亚"，原意为"道路""通往水泉之路"，后来引申为"安拉指引之路""安拉的命令"，从而成为伊斯兰教法的专有名词。

方资产阶级的世俗法律制度所取代"①。

奥斯曼帝国第一次使沙里亚法成为行之有效的官方法律，一切刑事、民事案件均由伊斯兰法庭审理，按照官方信仰的哈乃斐派教法进行判决。②作为"沙里亚法"的补充，奥斯曼素丹发布的行政命令也是重要的法律形式，用以解决新出现的社会关系和社会问题。这种行政命令称为"卡奴"，主要涉及与政府有关的公法，特别是税法和刑法等领域。习惯和习惯法直到现在还对巴勒斯坦社会具有重要影响。习惯法被称为"乌尔夫"（urf），涵盖社会生活的很多方面，以口耳相传的风俗习惯和道德为标准，通过民间方式解决争端。争端涉及的原告可以是个人，也可以是家族、部落。习惯法重视调解、仲裁的作用，强调家族和部落的荣誉，任何对个人的冒犯都被视为对整个家族、部落的冒犯。在解决争端的过程中，尊重长者、调解人及仲裁者的意见，参与调解、仲裁的人为成年男性，具有较高的社会地位。

"坦齐马特"改革开始后，引进西方国家尤其是属于大陆法系的法国法典成为司法部门改革的主要特点。奥斯曼政府相继颁布以法国法律为蓝本的《商法典》《奥斯曼刑法典》《土地法》《商业程序法》《海商法》和《刑事诉讼法》。这些世俗法律的实施，使巴勒斯坦深受大陆法系的影响。与此相配套，现代世俗法院建立起来，与沙里亚法院并存，形成双重司法系统。除涉及穆斯林"私人法律身份"外的全部民事审判权，都由沙里亚法院移至世俗法院。

（二）英国委任统治时期普通法系法制的引入

英国委任统治时期，高级专员拥有完全的立法权。截至1925年年底，委任统治当局颁布了150部法律。巴勒斯坦原来适用的奥斯曼帝国法律，多被英国模式的法律所取代，尤其是在刑法、刑事诉讼法、商法等领域。③《奥斯曼民法典》则继续在商业合同等领域发挥作用。为了使普通法能够有效地输入巴勒斯坦，英国当局将判例法制

---

① 吴云贵：《伊斯兰教法概略》，中国社会科学出版社1993年版，第219页。
② 金宜久主编：《伊斯兰教史》，中国社会科学出版社1990年版，第293、295页。
③ Martin Bunton, "Inventing the Status Quo: Ottoman Land-Law during the Palestine Mandate, 1917–1936", p. 32.

定成法典或法规予以颁布。罗伯特·H. 德雷顿（Robert H. Drayton）作为委任统治政府的法律起草专家，编纂了 3 卷本的《委任统治地法制汇编》，包含了英国在巴勒斯坦实行的法律、法案、政令、判决等全部内容及其索引。

为了确保对当地的控制，委任统治当局建立了英国模式的司法制度和新的司法程序，并根据巴勒斯坦实际，设立世俗法院和宗教法院两大系统。按照审理案件的不同，世俗法院分为刑事法院、土地法院、部落法院、市政法院、私人法院等类型，由英国人或经过英国培训的巴勒斯坦人担任法官。宗教法院包括伊斯兰教沙里亚法院、犹太教拉比法庭和基督教法院，受理有关宗教信徒个人身份的案件，由英国当局任命宗教人士主持工作。耶路撒冷首次设立最高法院，作为巴勒斯坦最高司法机构。最高法官由委任统治行政长官——高级专员任命，其他法官由最高法官任命。

（三）约旦和埃及统治时期的法律

第一次中东战争后，约旦河西岸和加沙地带分别由约旦和埃及统治，政治和地理上的分裂导致两地法律制度的差异。包括东耶路撒冷在内的约旦河西岸地区被约旦占领后，当地原有法律除与约旦 1935 年国防法相抵触的内容外，仍然有效。约旦河西岸并入约旦后，约旦议会陆续进行了几项法律改革，总部设在安曼的最高法院成为最高司法机构。由于约旦保留了奥斯曼帝国的法律传统，改革后英国普通法对约旦河西岸法制的影响削弱，大陆法系及传统法律的影响增强。

加沙地带由埃及统治，但未并入埃及，1948 年 5 月 15 日之前的法律，只要不与埃及在当地实施的法律相抵触，就仍然有效。因此，英国委任统治时期的大部分法律制度在加沙地带仍得以延续。埃及在加沙地带实施了部分埃及民法，进行了几项司法改革。1955 年埃及当局颁布《加沙地带基本法》，并于 1957 年成立具有有限自治权力的立法委员会。1962 年，这个立法委员会在 1955 年和 1962 年基本法的基础上颁布具有宪法性质的《加沙法令》。这部法令是加沙地带原有的奥斯曼帝国法律与英国普通法的混合产物。① 加沙地带的司法制度也发生一些重要变化。1948 年以前加沙地带没有完备的法律制度，缺乏常设法院。统治加沙的埃及当局通过发布紧急行政命令建立了司法机构，并在加沙城设立最高法院，由埃及法律和军事人员充实司法职位。1950 年，加沙地带首次设立军事法庭，根据埃及法律审理危害政府的案件。

（四）以色列占领期间的军事法令

1967 年以色列占领约旦河西岸和加沙地带后，在被占领土建立军事法院制度，作为以色列军事管理机构的一部分。② 以色列军事法院和法庭掌握了被占领土的司法权，除负责与"安全"有关的案件外，还负责从税收到土地争端等所有重要的民事案件。被占领土当地的法院只处理一些不涉及以色列利益的轻微民事案件。③ 当地原有的法律制度处于边缘化境地。英国委任统治当局在耶路撒冷设立的最高法院被以色列地区法院取代，约旦河西岸司法机构与约旦安曼最高法院的联系被割断，加沙地带的最高法院也在事实上终止行使权力。

以色列占领当局控制了当地的立法权。在 25 年的占领中，当局的每项政策及其变化都通过颁布军事法令进行。④ 1967 年 6 月 7 日，以色列占领军颁布第一号军事公告，宣布"为了安全和公共秩序"占领约旦河西岸和加沙地带，由占领军司令官掌握立法、行政和司法权力。当年颁布的第二号军事法令取消了约旦河西岸和加沙地带原有法律中所有与以色列当局法令相抵触的内容。此后，占领当局在约旦河西岸颁布了 1400 多条军事法令，在加沙地带颁布了 1100 多条类似的军事法令，修改或取代被占领土原有的法律。这些军事法令的首要目

---

① Office of the United Nations Special Coordinator in the Occupied Territories, *Rule of Law Development in the West Bank and Gaza Strip: Survey and State of the Development Effort*, May 1999.

② Lisa Hajjar, *Courting Conflict: The Israeli Military Court System in the West Bank and Gaza*, Berkeley: University of California Press, 2005, p. 1.

③ Glenn E. Robinson, "The Politics of Legal Reform in Palestine", *Journal of Palestine Studies*, Vol. 27, No. 1, 1997, p. 51.

④ Jerusalem Media & Communication Centre, *Israeli Military Orders in the occupied Palestinian West Bank: 1967 – 1992*, 2nd, 1995.

的就是通过各种方式控制被占领土上的巴勒斯坦人，征用、夺取土地，为被占领土社会、经济、文化发展制造障碍，从而促进以色列的利益。但被占领土的犹太人定居点实行以色列国内法律，并不受占领区司令官或民事当局管辖。

二 巴勒斯坦民族权力机构的法制建设

1993 年，巴解组织与以色列通过和平谈判达成《奥斯陆协议》，在加沙地带和约旦河西岸实行自治，作为建立完全意义上独立国家的过渡阶段。此后，双方又相继签署 1994 年《加沙—杰里科协议》、1995 年《过渡协议》。根据上述 3 个协议，巴勒斯坦自治领导机构拥有立法权和司法权。巴勒斯坦民族权力机构建立后，即着手进行法制建设。

（一）颁布《选举法》和《基本法》

巴勒斯坦首先颁布法令，建立独立的法律制度。1994 年颁布的巴勒斯坦第一号法令规定，恢复 1967 年 6 月 5 日之前，即以色列占领之前约旦河西岸和加沙地带的法律制度。[①] 第二号法令规定，提升加沙最高法院的地位，将其权限扩大到约旦河西岸在巴勒斯坦民族权力机构主权范围内的地区，使其成为巴勒斯坦最高法院。[②] 巴勒斯坦法制建设最重要的就是颁布《基本法》及建立、实施公平选举制度。

1. 颁布《选举法》

1995 年第 13 号法令颁布了《选举法》。《选举法》是巴勒斯坦大选的指导方针，对选举人和候选人的资格、选举程序、竞选资金、竞选活动都做了规定。《选举法》规定，在国际监督下，举行自由的直接选举，选出巴民族权力机构主席和立法委员会；立法委员自动成为巴勒斯坦全国委员会委员；巴民族权力机构主席自动成为立法委员，但不得担任立法委员会主席；立法委员会主席由立法委员选出。立法

---

① Nathan J. Brown, "Constituting Palestine: The Effort to Write a Basic Law for the Palestinian Authority", p. 28.

② 第 1 号法令、第 2 号法令原文收录于巴勒斯坦国家信息中心，http://www.pnic.gov.ps。

委员会一经选出，立即着手建立过渡时期的宪政制度。

《选举法》只适用于加沙地带及包括耶路撒冷在内的约旦河西岸巴勒斯坦人。《选举法》规定的"巴勒斯坦人"是：（1）出生在巴勒斯坦，这里的巴勒斯坦指英国委任统治时期的地理范围，或根据这一时期法律具有巴勒斯坦公民权的人。（2）出生在加沙地带或约旦河西岸，包括耶路撒冷。（3）无论出生在何处，有一个或一个以上满足条件（1）的直系祖先。（4）满足以上条件的巴勒斯坦人的配偶。（5）非以色列公民。《选举法》将约旦河西岸和加沙地带划分为16个选区，各选区按人口比例确定在立法委员会中的席位，最少1个席位，为基督教教徒留有一定席位，纳布卢斯选区有1个席位留给撒玛利亚人。①

2005年6月18日，巴立法委员会批准新的《选举法修正案》，对选举制度进行较大改革。立法委员会席位由88席增至132席，通过比例制和多数制两种方式各选举产生66席。比例制选举是由16个选区的选民在各派别和独立人士组建的竞选阵营中投票选择一个阵营，最终得票超过2%的阵营按比例分配66个席位。多数制选举是由16个选区按人口多寡分配66个席位，选民直接投票选举本选区候选人，得票多者当选。

2007年9月，《选举法》再次修订，立法委员会选举由半比例代表制改为完全比例代表制，选民对政党投票，政党根据得票多少分配立法委员会席位。修订后的《选举法》要求，所有候选人必须承认巴解组织为巴勒斯坦人唯一合法代表。哈马斯拒绝承认此次修订。

2. 制定《基本法》

巴勒斯坦没有宪法。根据《奥斯陆协议》安排，1997年10月，巴立法委员会起草完成并批准《基本法》，作为未来巴勒斯坦国家永久宪法的雏形和基础。《基本法》适用于巴勒斯坦当前的过渡时期。2002年5月28日，阿拉法特批准《基本法》。

---

① 参见巴勒斯坦选举法，收录于巴勒斯坦中央选举委员会，http://www.elections.ps。

《基本法》规定，巴勒斯坦以自由市场原则、财产私有权、独立地解决争端办法及法治为基础，建立基本制度；巴勒斯坦政体是以政治多元主义和多党制为基础的议会民主制，行政权授予巴民族权力机构主席及其任命的内阁；立法权授予立法委员会；司法独立。《基本法》规定，巴勒斯坦是阿拉伯世界的一部分，巴勒斯坦人属于阿拉伯民族；伊斯兰教是巴勒斯坦官方宗教，伊斯兰教沙里亚法的原则是立法的主要依据；阿拉伯语是官方语言；巴民族权力机构主席由人民选举产生；政府对巴民族权力机构主席和立法委员会负责。

2003年3月，立法委员会通过修订后的《基本法》，增加关于总理职位及其权限的条款，界定总理与巴民族权力机构主席及立法委员会的关系：包括总理在内，内阁各部长必须经过立法委员会批准后才能任职；除总理外，部长总人数由最多19名增至24名。[1] 2005年，《基本法》再次修订。

（二）对法律进行整理和研究

巴勒斯坦的法制建设面临诸多挑战。首先，是法律制度的结构性缺陷。自治政府继承了落后几十年的法制体系，各种相互矛盾的法律给法制建设造成沉重负担。自治后，巴勒斯坦的司法仍然依靠这些过时的落后法律。法制建设必须协调、统一旧有法律，同时制定新法律。其次，法制基础设施薄弱。如，缺乏必要的物质设备，无法实施现代刑法以及可信赖的法庭科学[2]。最后，法律人才极为匮乏。司法和检查机构的人员都严重不足，约旦河西岸和加沙地带的长期隔离造成两地法律从业人员互相隔膜，更严重的是，缺乏法律和司法人员培训的统一、标准课程。

针对法制存在的问题，巴勒斯坦在国际社会援助下，采取了一些应对措施。首先，整理编纂法律文献。受世界银行资助，巴勒斯坦毕尔宰特大学法学研究所在司法部、发展和重建经济委员会联合委托

---

[1] "The Amended Basic Law (Promulgated March 18, 2003)", *The Palestine Year book of International Law*, pp. 393 – 403.

[2] 法庭科学是综合运用物理学、化学、医学、生物学等自然科学的原理和技术方法，研究证据采集、鉴定之一般规律的科学理论。

下，对目前约旦河西岸和加沙地带仍具有效力的所有法律、法规及军事法令进行整理和编纂。法学研究所从 1995 年开始，建立"巴勒斯坦司法和法律制度"数据库，收集自 19 世纪中期以来巴勒斯坦所有的法律文件。法律文献的编纂为进行新的立法提供依据，打下开展法律研究的基础，也为法律和司法人员培训提供统一标准课程。其次，开展法律研究工作。为解决法律制度存在的问题，自治政府在毕尔宰特大学设立法学研究所，集中研究巴勒斯坦法律，探讨法制改革、法制统一、法律现代化、比较法研究等问题。① 最后，培养法律人才。自治政府成立前，巴勒斯坦全部律师都在约旦、黎巴嫩、埃及和叙利亚等地获得法律学位，对本地法制特点研究并不深入。巴勒斯坦从 1996 年开始委托法学研究所举办法学硕士班，培养高级法学人才。法学硕士毕业后主要成为法学家并参与法学教学。同时，耶路撒冷大学、成功大学及加沙伊斯兰大学都开设法学学士课程，以满足对法律人才的迫切需要。

（三）进行法制改革

巴勒斯坦自治政府在成立之初就出台法制改革计划，并在 1997 年综合各部门力量成立法制改革"领导小组"，负责法律及司法机构工作，规划法律部门发展。立法委员会也成立了若干法律改革委员会，研究法制改革问题。在《巴勒斯坦发展规划（1999—2003）》中，自治政府提出，在民主、负责、透明和人权的基础上建立善治政府，在法治的基础上建立巴勒斯坦现代社会。根据这个规划，司法部制定法律战略发展规划，提出主要的优先发展计划：统一约旦河西岸和加沙地带现有法律，改善司法和检察机关的基础设施，统一司法、检查制度和程序，发展法律和司法领域的计算机化，发展独立的法庭科学。② 为确保司法部法律战略发展规划的实施，法制领导小组进行了具体分工，积极准备提出各个法制领域的具体改革和建设方案，向

---

① 巴勒斯坦毕尔宰特大学法学研究所，http：//lawcenter.birzeit.edu。
② Office of the United Nations Special Coordinator in the Occupied Territories, *Rule of Law Development in the West Bank and Gaza Strip: Survey and State of the Development Effort*, May 1999.

各捐助机构提出实施这些方案所需的预算、时间表及相关信息，争取资助，促进实施法治部门项目。

三　巴勒斯坦法制建设面临的挑战

巴勒斯坦的法制建设取得一定成就，但总体来说发展缓慢。法制建设面临的严峻挑战，一方面来自巴勒斯坦法制自身的缺陷；另一方面也受到巴勒斯坦国家构建进程的影响。

（一）巴勒斯坦法制存在的问题

1. 许多内容相互矛盾是巴勒斯坦法律的最大问题

巴勒斯坦法制受到大陆法系、普通法系与伊斯兰教法的共同影响，是一种混合型的多层法制体系，其中占主导地位的是受欧洲大陆法系和英国普通法系交叉影响的世俗法律，伊斯兰教法主要在涉及个人身份的案件中起作用。

巴勒斯坦法律中的大陆法系法律主要源自奥斯曼帝国"坦齐马特"改革。改革时期颁布的法律绝大多数以法国法律为蓝本。在引进西方国家法律的同时，改革也对"沙里亚法"进行整理，以历史上哈乃斐教法学派内部各种不同意见为基础，结合司法实践，按照欧洲大陆国家法典的形式，编纂了著名的《奥斯曼民法典》。这是一部具有现代法律条文形式的民事基本法规，也是历史上以国家名义对神圣的"沙里亚法"进行的首次编纂。[①]

英国委任统治时期将普通法系法律引入巴勒斯坦，对大陆法系法律制度形成冲击，但约旦和埃及对约旦河西岸、加沙地带的分别统治又重新强化了大陆法系的影响。约旦保留了奥斯曼帝国受法国影响的法律传统，而埃及早在1798年就被法国占领，并以法国为样板建立现代法制。由于加沙地带并未像约旦河西岸并入约旦那样成为埃及的一部分，因此，英国委任统治时期的大部分法律制度在加沙地带得以延续，并开始与原有的奥斯曼帝国法律融合。

---

① 关于《奥斯曼民法典》的结构，具体请参见高鸿钧《伊斯兰法：传统与现代化》，社会科学文献出版社1996年版，第129页。

巴勒斯坦法律制度虽然几经变迁，然而伊斯兰教"沙里亚法"一直占重要地位。"坦齐马特"改革引进了世俗法律，但《奥斯曼民法典》保证了伊斯兰教法的权威性。英国委任统治和以色列占领虽然是非伊斯兰教国家对巴勒斯坦的治理，但伊斯兰教法和沙里亚法院仍然主导涉及穆斯林个人身份的案件。

巴勒斯坦恢复了以色列占领之前的法律制度，不仅使原来在约旦河西岸实施的约旦法律及在加沙地带实施的部分埃及法律都重新在当地起作用，也使奥斯曼帝国法律和英国委任统治时期的法律恢复了效力，导致巴勒斯坦的法律制度在很多领域存在冲突。民法的例子充分说明了这一点。加沙地带通用的是1949年在埃及生效的《民法典》。这部法典以埃及在1875年和1883年制定的两部源自1804年《拿破仑法典》的民法典为基础，还吸收了德国、意大利和日本等国民法的某些原则和概念。① 虽然这部法典试图把"沙里亚法"的某些原则与欧洲法律原则有机结合在一起，强调伊斯兰法的原则和精神，明确肯定"沙里亚法"为其渊源之一，"但从实质看，它仍然是西方化过程中的产物，而不是伊斯兰文化的产物"②。约旦河西岸实行的则是约旦1951年《民法典》，它是经过部分修改的《奥斯曼民法典》的翻版，而《奥斯曼民法典》"实体同欧洲渊源无关，而是完全借自哈乃斐派法律"③。

有关死刑的法律也是一个突出例子。英国委任统治政府颁布的法律包括死刑，约旦和埃及军事当局又根据各自法律对此做出相应规定。但1967年以后，以色列当局禁止被占领土普通法院做出死刑判决。巴勒斯坦自治后，根据《加沙—杰里科协议》，普通法院在很大程度上仍然将以色列军事法令作为正式法律条文使用，除非这些军事法令被修改或予以废除。以色列占领之前的法律恢复后，在很多内容

---

① Norman Anderson, *Law Reform in the Muslim World*, London: Athlone Press, 1976, p. 89.
② 高鸿钧：《伊斯兰法：传统与现代化》，第132页。
③ [英]诺·库尔森：《伊斯兰教法律史》，吴云贵译，中国社会科学出版社1986年版，第125页。

上与以色列军事法令存在冲突。由此产生普通法院的死刑判决是否合法的问题。1995 年巴勒斯坦建立独立于普通法院的军事法院和国家安全法院，负责审理有关安全罪犯的案件。这两个法院都在判决中使用死刑，成为人权组织批评巴勒斯坦的一个重要内容。①

约旦河西岸和加沙地带的司法制度也有很大不同，刑事法院的设立就是其中一例。加沙地带在埃及统治时期设立了第一个独立的法院，称为刑事大法院，负责受理刑事争议案件，在司法体系中属于世俗法院的一级法院。但在约旦河西岸就没有与该法院对应的法院。

2. 落后于时代发展同样是巴勒斯坦法制存在的重大问题

在以色列占领时期，约旦河西岸和加沙地带的法制发展处于停滞状态。以色列表面上承认约旦河西岸的约旦法律有效，但只是 1967 年以前的法律，并不允许此后约旦法律的新发展在约旦河西岸生效。同样，以色列也承认加沙地带在被占领前的法制，但禁止其进行任何改革。从 1967 年至今，无论是国际社会还是巴勒斯坦当地都发生了翻天覆地的变化，而约旦河西岸和加沙地带的法律仍停留在原有的社会发展水平上，已经远远滞后于现在社会、经济的发展，尤其是无法适应当今市场经济的需要。促进经济发展、创造更多的就业机会是自治政府面临的一项迫切任务，为此就要吸引投资、扩大出口并实现出口市场多元化。但缺乏与国际接轨的法制体系使国际投资者望而却步。在立法方面，没有完善的商业法律，迫切需要制定外贸法、知识产权法、关税法、竞争法和资本市场法等。在司法方面，军事法院和国家安全法院与普通法院的职能权限划分不清晰，司法行政不分，削弱了司法的效力和独立性。为保障经济的发展，需要完善经济立法，将司法与行政脱离，加强民事法院裁决商业纠纷的权力和能力。

（二）巴勒斯坦国家构建进程对法制建设的影响

巴勒斯坦在国家构建进程中所面临的困境对法制建设产生了严重

---

① The Palestinian Human Rights Monitor: Death Penalties in Palestine: 1995 - 1997; *Introduction to the Death Penalty Question in Palestine*, http: //www.phrmg.org.

第四章 国家制度建设与两种国家模式之争 / 177

的不良影响。这有内、外两个方面的原因。外部原因主要是巴以和谈屡次受挫，巴勒斯坦的最终地位问题迟迟得不到解决，影响了巴勒斯坦获得完全立法和司法权。根据《加沙—杰里科协议》的规定，由立法委员会通过并获得巴民族权力机构主席签署的法律，必须经过以色列的同意才能生效。① 在巴勒斯坦最终地位问题解决之前，以色列的军事法院仍然能够继续在约旦河西岸和加沙地带逮捕巴勒斯坦人并起诉和定罪，从而维持着以色列对当地的政治主导地位。②

在巴勒斯坦内部，立法委员会的立法权得不到保障，司法机构从属于行政机构，活动经常受到政府及安全机构的干涉。阿拉法特统治时期，他作为巴民族权力机构主席大权独揽，模糊了行政权力与立法和司法权力的界限，行政权力过渡干涉立法和司法，阻碍了法制建设进程。立法委员会的立法权力受到诸多限制，通过的法律经常得不到阿拉法特的签署，即使获得签署，也需要拖延很长时间。行政机构领导人常常忽视立法委员会通过法律和决议，导致立法机构与行政机构关系紧张。此外，与政府在人员上的交叉也影响了立法委员会的独立活动。

在国际社会的压力下，巴民族权力机构于 2002 年 5 月公布的改革计划提出，采取措施促进行政、立法和司法的分离。但内部权力斗争使改革计划的实施一波三折。2006 年哈马斯赢得大选后，组成新一届立法委员会，但不久立法委员会主席杜维克等哈马斯部分高级领导人就遭到以色列军队逮捕，立法委员会无法履行职责，巴勒斯坦的法律颁布只能通过签署总统令进行。约旦河西岸和加沙地带陷入分裂后，两地的法制建设再次各行其是。

法律制度的历史发展给巴勒斯坦的法制建设造成沉重负担，统一相互冲突的旧有法律、制定适应时代发展的新法律成为法制建设最紧迫的任务，但巴勒斯坦立法权力和司法权力的不完整及内部政治的现

---

① 《加沙—杰里科协议》第七条。
② Lisa Hajjar, *Courting Conflict: The Israeli Military Court System in the West Bank and Gaza*, p. 215.

实又阻碍了法制建设。一直以来，占据巴勒斯坦内部政治中心地位的是巩固权力，而不是法制建设。① 只有恢复中东和平进程，通过与以色列的谈判解决巴勒斯坦最终地位问题，巴勒斯坦的完全立法和司法权问题才能最终得到解决。而巴勒斯坦进行有效的政治改革则是法制建设的前提和保证，只有减少行政权力对司法的干涉，促进行政与立法、司法的分离，巴勒斯坦才能开始真正意义上的法制建设。

第五节　地方政府制度与地方治理

地方治理是巴勒斯坦向独立主权国家过渡进程中的重要工作，而地方选举是地方政府建设的重要步骤。巴勒斯坦两大政治派别法塔赫与哈马斯都将地方选举视为争夺权力的重要契机，围绕地方选举展开了斗争与和解的博弈。

一　巴勒斯坦地方政府体制的历史变迁

巴勒斯坦历史上轮番受到奥斯曼帝国、英国、约旦、埃及和以色列的统治，他们都将自己的行政管理体制嫁接到当地，在约旦河西岸和加沙地带形成了多层次、复合的地方政府体制。

（一）晚期奥斯曼帝国统治时期

在19世纪的现代化改革中，奥斯曼帝国仿照欧洲国家的政府模式，改造了行政管理体制。地方性的自主管理机构在一些城市组建起来。耶路撒冷就建立了市政委员会（Municipal Council），是巴勒斯坦地区最早设立市政委员会的城市。② 1877年，奥斯曼帝国颁布《市政区法》（Municipal Laws of 1877），规定设立市政区的程序，确定市政区的功能和职责。这部法律规定，在城市和乡村建立市政委员会，承担监督地方建设、进行城市规划、管理市场、提供公共卫生服务和教

---

① Glenn E. Robinson, "The Politics of Legal Reform in Palestine", p. 59.
② Usamah Shahwan, *Public Administration in Palestine: Past and Present*, Lanham: University Press of America, 2003, p. 8.

育等职责。① 根据人口规模，市政委员会有 6—12 人不等，由当地居民选举产生，每届任期四年。奥斯曼中央政府不公开参与地方选举，只任命委员会主席，并且只为他一人提供薪俸。奥斯曼政府严格限制市政委员会的权力，地方的决策都要提前申请批准。通过设立市政委员会，中央政府将权力直接延伸到部落和村镇，加强了对地方的控制，增加了税收。②

1877 年的市政区法确立了现在巴勒斯坦地方治理的结构特征。到奥斯曼帝国统治末期，巴勒斯坦地区已经设立了 22 个市政区，杰宁、图勒凯尔姆、纳布卢斯、拉姆安拉、耶路撒冷、贝特贾拉（Beit Jala）、伯利恒、希伯伦、加沙、汗尤尼斯等地都成立了市政委员会。③

（二）英国委任统治时期

1918 年，英军占领整个巴勒斯坦地区。第一次世界大战结束后，1920 年，英国取得巴勒斯坦地区的委任统治权，任命高级专员，对当地进行统治。英国委任统治当局保留了奥斯曼统治时期设立的市政区，任命了市长，又将大村庄改为地方委员会，建立了巴勒斯坦地区的公共管理体制。委任统治当局颁布了地方市政区法，保留了奥斯曼帝国相关法律中关于地方委员会的大部分条款，但英国巴勒斯坦高级专员拥有很大权力。根据委任统治当局在 1934 年颁布的《市政区法》（Municipal Corporations Ordinance of 1934）及后来的补充条例，高级专员有权监督地方选举、解散地方委员会、任免市长和副市长，有权批准规章制度、裁决财政事项。

英国委任统治当局特别重视市政区和地方政府，主要是为了能够有效地渗透到当地的社区，加强对地方的控制，而不是为了巴勒斯坦人的利益。在政府机构中，担任高级官员的是英国人，阿拉伯人雇员只能做事务性的工作。由于缺乏财政资金，1/3 的市政委员会被迫解散。④ 通过法律、行政和财政等措施，委任统治当局全面控制了地方

---

① Wasim Al-Habil, *Occupations and the Local Governments for a Palestinian State*, p. 101.
② Usamah Shahwan, *Public Administration in Palestine: Past and Present*, p. 9.
③ Wasim Al-Habil, *Occupations and the Local Governments for a Palestinian State*, p. 73.
④ Wasim Al-Habil, *Occupations and the Local Governments for a Palestinian State*, p. 85.

委员会。

英国统治巴勒斯坦地区后,犹太移民大量涌入,严重侵害了当地人的权利。阿拉伯人与犹太人的矛盾激化,双方不断爆发暴力冲突。安全局势恶化导致地方选举无法按时举行。即使举行了地方选举,结果也受到英国委任统治当局的控制。1926年,委任统治当局在主要城市举行了第一次市政委员会选举。在英国人的限制下,只有6%的本土居民实际参与投票。[1]

(三) 埃及和约旦统治时期

第一次中东战争后,加沙地带和约旦河西岸分别由埃及和约旦统治。埃及在加沙地带建立军事机构管理当地事务。1948年5月15日之前的法律,只要不与埃及的法律抵触,就仍然有效。奥斯曼帝国和英国委任统治当局关于地方委员会的大部分法律得以延续。早在1893年奥斯曼帝国统治时期,加沙城就设立了市政委员会。加沙地带还有汗尤尼斯、拉法和代尔巴拉(Deir el-Balah)等三个市政区。此外,埃及在部分农村新设立了地方委员会。埃及军事当局严格控制加沙地带的地方政府,没有举行地方选举,地方委员和市长都由埃及当局任命。地方委员会权力非常有限,只能提供少量的基本服务,无力进行基础设施建设和发展经济。

1950年,约旦河西岸正式并入约旦。将这个地区整合到国家中,是约旦政策的首要目的。为此,约旦中央政府严格控制着当地的地方治理。约旦1952年颁布《宪法》,第121条规定,市政区和乡村事务由地方委员会依法管理。1955年,约旦颁布《市政区法》(Municipal Ordinance of 1955),规定了市政委员会的选举程序、职责及财政来源。这部法律将地方委员会置于约旦内政部的管理和监督下,由内政部部长决定市政区的设立、边界和选区划分、市政委员会组成人数、市政委员的提名和选举方法等事务。市政委员由选区内缴纳市政税的所有男性居民直接选举产生。市政委员会主席,

---

[1] Wasim Al-Habil, *Occupations and the Local Governments for a Palestinian State*, p. 84.

也就是市长，从当选的市政委员中选出。① 市政委员会承担着城市规划、建筑许可发放、水电及公共交通等公用事业管理、紧急救援等任务。中央政府返还的地方税收是市政委员会财政收入的重要来源。约旦《市政区法》及其修正案确立了当前巴勒斯坦地方委员会的法律和组织框架。②

1954 年，约旦颁布《乡村管理法》（Villages Administration Law），在乡村建立地方委员会，每届任期 3 年。乡村委员会由中央政府及其代表直接管理，享有的自治权力比市政区少。在约旦统治期间，约旦河西岸建立了 96 个乡村委员会，几乎有一半在 1967 年停止运转。③

（四）以色列占领期间

1967 年，以色列占领约旦河西岸和加沙地带，并对当地进行军事统治。以色列掌握了被占领土的立法、行政和司法权，通过颁布军事法令推行政策。原有的法律，只要与以色列的军事法令和安全局势冲突，不是被取代就是被修改。以色列保留了英国、埃及和约旦建立的地方政府制度。④ 为控制市政区和地方政府，占领当局颁布军事法令，修改约旦 1955 年颁布的《市政区法》，削弱了地方委员会在社区建设和发展中的作用。

以色列试图通过地方选举，在被占领土扶植政治立场温和、对以色列忠诚的新巴勒斯坦领导人，取代巴解组织，作为巴勒斯坦人的代表与以色列进行和平谈判。为此，占领当局在 1972 年和 1976 年两次组织地方选举，并在 1975 年举行了农村委员会选举。为促使被占领土出现新的温和派领导人，以色列允许妇女参加地方选举，并成为市政委员候选人。为削弱巴解组织的影响，以色列极力提高被占领土巴勒斯坦领导人的地位，扩大地方政府在教育、社会事务等方面的自治权。然而，以色列在安全和经济方面仍具有绝对

---

① Usamah Shahwan, *Public Administration in Palestine: Past and Present*, p. 31.
② Wasim Al-Habil, *Occupations and the Local Governments for a Palestinian State*, p. 91.
③ Wasim Al-Habil, *Occupations and the Local Governments for a Palestinian State*, p. 92.
④ Wasim Al-Habil, *Occupations and the Local Governments for a Palestinian State*, p. 94.

控制权，特别是涉及土地使用、房屋和基础设施建设等问题，都由占领当局直接管理。

（五）巴勒斯坦民族权力机构建立后

巴勒斯坦民族权力机构建立了三级政府架构：中央政府、省（governorates，或 muhafazat）、市政区。1994年5月，巴民族权力机构成立地方政府部（Ministry of Local Government），代表中央政府管理和监督地方政府。约旦河西岸和加沙地带各设一个地方政府部办公室。省是巴勒斯坦的一级地方政府机构。省长由巴民族权力机构主席任命，代表他掌管省内地方事务。

巴民族权力机构以当地原有的市政区为基础组建地方政府。市政区成为巴勒斯坦地方政府机构的主要组织形式，在行政体制中占有重要地位。根据辖区面积和居民数量，市政区分成四类，其地方委员会的组成人数也按照人口比例确定。地方政府部2004年公布的资料表明，巴勒斯坦共有14个A类市政区，这些市政区人口超过1万人，是各省的中心城市，地方政府都以省的名字命名。A类市政区的地方委员会由15名委员组成。B类市政区共有41个，这些市政区位于大城市周边，人口在8000人至1万人之间，地方委员会由13名委员组成。C类市政区共有47个，是新设立的市政区，人口在4000人至8000人之间，地方委员会由11名委员组成。D类市政区共有220个，由新设立的农村委员会升级而成，人口在1000人至4000人之间，地方委员会由9名委员组成。人口在1000人以下的地区，设立了地方发展委员会。[①]

前两类市政区属于传统市政区，设立的历史较长。最早的市政区设立于19世纪下半叶奥斯曼帝国统治时期，是巴勒斯坦延续时间最久的治理形式之一，这些传统市政区一般是各省的首府和重要城镇，人口密集，领导机构大多由地方委员会和市长共同组成。后两类属于新设市政区，在原有的农村委员会和居民区的基础上建立，多数是位于农村地区的村镇，规模小的也就一千多人，只有地方委员会作为领

---

① Wasim Al-Habil, *Occupations and the Local Governments for a Palestinian State*, p. 107.

导机构。① 以大市政区为基础的地方政府，如拉姆安拉、纳布卢斯和加沙，享有政治权力和独立的财政来源。这些城市的市长很多都来自巴解组织执行委员会，政治地位高，也能为市政区争取到更多的预算。大市政区的市长可以直接接受外部援助，不需要地方政府部的批准。规模小的市政区，如拉法、汗尤尼斯、杰宁和图勒凯尔姆，享有的权利就小得多。如果没有地方政府部的批准和监督，小市政区市长也无权直接接受外部援助。②

1996年，巴民族权力机构颁布《地方委员会选举法》，1997年颁布《地方政府法》，为地方政府建设奠定了法制基础。这两部法律延续了1955年约旦《市政区法》建立的地方政府模式，强调中央政府的权力。③ 自1997年以来，各地方政府成立了联合协会，作为与中央沟通的媒介。2002年，阿拉法特颁布总统令，正式将联合协会命名为"巴勒斯坦地方政府协会"（Association of Palestinian of Local Authorities）。

二 巴勒斯坦民族权力机构的地方治理

巴勒斯坦民族权力机构将地方治理作为建立统治基础的重要措施。

（一）加强市政区建设

巴民族权力机构大量增设新的市政区，力图确认对土地的所有权。《奥斯陆协议》签署后，约旦河西岸和加沙地带并没有完全处于巴方的控制之下，特别是在以方控制下的C区，巴民族权力机构拥有的权力非常有限。在约旦河西岸和加沙地带的阿拉伯城镇边缘，修建了大量犹太人定居点，造成以色列占有土地的既成事实。各定居点之间由以色列控制的公路连接。巴民族权力机构控制的地区被分割、包围，很多地方不能连成一片，严重影响社会经济发展和地方治理。即

---

① Aude Signoles, *Local Government in Palestine*, France: Research Department of Agence Française de Développement (AFD), 2010, p. 24.
② Wasim Al-Habil, *Occupations and the Local Governments for a Palestinian State*, p. 110.
③ Usamah Shahwan, *Public Administration in Palestine: Past and Present*, p. 76.

使在巴勒斯坦控制区，许多地方的边界也模糊不清。还有一些地方没有设立任何地方政府机构。① 为抵制以色列对巴勒斯坦领土的蚕食，从1994年到2000年中期，巴民族权力机构大规模增设新的地方政府机构。② 在原来没有法律地位的居民聚居点，设立市政区或农村委员会，置于地方政府部的管辖之下。随着市政区的设立，地方政府部还组建了规模较小的地方委员会。这些聚居点大多位于偏远农村，它们获得地方政府机构的法律地位后，在地图上标注出来，有效地体现了巴勒斯坦的领土所有权，在一定程度上限制了犹太人定居点对土地的蚕食。

巴民族权力机构通过开展市政区基础设施建设，促进地方经济发展。以色列的长期占领，导致被占领土的基础设施建设严重滞后，地方政府的行政管理和公共服务功能低下。即使是巴民族权力机构成立后，那些规模较小、被以色列分割包围的市政区，经济仍很脆弱，财政收入不足，甚至无法支付政府雇员的工资，不得不依赖中央政府。市政基础设施的建设、修复和维护需要相当的资金投入，这将带动相关产业的发展，创造就业机会，增加当地居民的收入。因此，巴勒斯坦领导人将地方政府建设视为推动经济发展的有效途径。国际社会也为巴勒斯坦地方政府建设提供资金。从2004年到2011年，法国国际投资机构法国开发署（Agence Francaise de Developpement）投入1200万欧元，为巴勒斯坦市政区修建道路等基础设施。③

巴民族权力机构致力于改革地方政府机构，增强运行能力。1994年，约旦河西岸和加沙地带共有31个市政区、86个农村委员会和225个没有法律地位的居民聚居区。由于巴勒斯坦的积极增设，到

---

① United Nations Development Programme (UNDP), *Update of Diagnostic Report for the Local Governance System in the occupied Palestinian territory*, 2009, p. 20.

② Majida Awashreh, Staying on the Map: An Analysis of the Immediate Outcomes of Amalgamation of Palestinian Local Governments in the West Bank, PhD dissertation, Australia: University of Adelaide, 2016, p. 2.

③ Thierry Senechal, *AFD Municipal Development Project in the Palestinian Territories*, Agence Française de Développement, September 2011, p. 7.

2008年，巴勒斯坦中央统计局的数据显示，市政区增加到121个，农村委员会增加到355个。① 2004年，图勒凯尔姆人口不到13万人，就设立了11个市政区。② 这导致大量的地方政府规模太小，缺乏必要的财政和人力资源，根本无法提供有效的市政服务。③ 1997年颁布的《地方委员会法》鼓励相邻的地方委员会建立联合服务委员会（Joint Service Councils）进行合作，以承担市政委员会的基本功能。但大部分联合服务委员会也仅勉强达到C级市政区的人口规模。④ 在国际社会的推动下，巴勒斯坦从2005年开始，对地方政府进行重大改革，主要措施就是将规模小的地方政府机构合并，改善它们的运行能力。2011年的统计数据表明，约旦河西岸70%的人口居住在107个市政区，而加沙地带的全部居民居住在25个市政区内。⑤ 经过2010年至2012年的改革，巴勒斯坦地方政府机构的数量减少27%，从482个减少到353个。⑥

（二）重视家族在地方治理中的作用

在巴勒斯坦的政治、经济、宗教和文化等事务中，家族发挥着重要作用。奥斯曼帝国、英国、约旦、埃及和以色列等外来统治者，为更好地控制巴勒斯坦社会，都扶植和利用当地的家族势力。将有权势的家族纳入统治机构，参与地方治理，是奥斯曼帝国在巴勒斯坦地区获取支持、确保社会稳定的重要举措。奥斯曼帝国建立地方政府体制后，借助立法措施，把大部分普通巴勒斯坦人排除在外，当选的市政委员都来自富裕或有权势的家族。最有权势的市政职位，基本上由侯赛尼、纳沙希比、哈立迪、阿拉米、达贾尼等家族占据。英国统治巴勒斯坦地区时，利用家族加强地方控制，也对

---

① Aude Signoles, *Local Government in Palestine*, 2010, p. 22.
② Wasim Al-Habil, *Occupations and the Local Governments for a Palestinian State*, p. 112.
③ United Nations Development Programme (UNDP), *Update of Diagnostic Report for the Local Governance System in the occupied Palestinian territory*, p. 20.
④ Wasim Al-Habil, *Occupations and the Local Governments for a Palestinian State*, p. 115.
⑤ Thierry Senechal, *AFD Municipal Development Project in the Palestinian Territories*, p. 7.
⑥ Majida Awashreh, Staying on the Map: An Analysis of the Immediate Outcomes of Amalgamation of Palestinian Local Governments in the West Bank, p. 2.

他们分而治之。在英国人的挑动下，侯赛尼与纳沙希比两大家族之间的争斗激化，从整体上削弱了巴勒斯坦民族主义运动的力量。约旦统治时期，直接控制着约旦河西岸的地方治理，重视市政委员会中家族的利益和政治平衡。

巴民族权力机构同样重视家族在地方政治中的作用。巴解组织及其下属派别一直在周边阿拉伯国家进行反对以色列的武装斗争，社会基础主要是流亡在那里的难民。生活在难民营中的巴勒斯坦人主要通过与熟人的亲身接触，而不是根据意识形态来联系政治派别，这使家族在巴解组织的政治动员中扮演着重要角色。[1] 回归到约旦河西岸和加沙地带后，巴解组织在建立权力制度过程中，更加重视家族的作用。回归的巴解组织领导人成为省长的主要人选。纳布卢斯、图勒凯尔姆、拉姆安拉、杰宁和伯利恒的省长都是回归的巴解组织干部。虽然有个别省长是本土成长起来的，但也都有巴解组织特别是法塔赫的背景。[2] 至于市长和地方委员人选，则由地方政府部与当地部落和大家族协商，从富有和有势力的家族中挑选人员任命。以个人身份入选的地方领导人或具有军事背景，或是回归的法塔赫成员。[3] 通过这种途径，在流亡中成长起来的民族主义精英与本土传统精英结成联盟关系，在巴勒斯坦建立起以阿拉法特为首的新式家长制权力结构。[4]

（三）通过地方选举促进政治建设

地方选举在巴勒斯坦地区的政治生活中具有重要地位，是巴勒斯坦民族主义斗争的一个舞台。在以色列占领期间，市政委员会是当地唯一被允许存在的巴勒斯坦人政治机构。为对抗日益发展壮大的巴解组织，以色列两次在被占领土组织地方选举，试图扶植地方精英，建

---

[1] Perla Issa, "Rethinking Palestinian Political Factions", *Middle East Critique*, Vol. 27, No. 3, 2018, pp. 261 – 274.

[2] Wasim Al-Habil, *Occupations and the Local Governments for a Palestinian State*, p. 106.

[3] Wasim Al-Habil, *Occupations and the Local Governments for a Palestinian State*, p. 106.

[4] Rex Brynen, "The Neopatrimonial Dimension of Palestinian Politics", *Journal of Palestine Studies*, Vol. 25, No. 1, 1995, p. 29.

立听命于以色列的巴勒斯坦人政府。巴解组织抵制了1972年的地方选举，使亲约旦的势力胜出。在1976年的地方选举中，巴解组织改变了抵制政策，大批支持巴解组织的民族主义者当选为市长和地方委员，挫败了以色列扶植代理人进行间接统治的计划。20世纪七八十年代，被占领土的民选市政官员进行社会福利活动，讨论民族斗争问题，在一定程度上起到了国家机构的作用。1987年被占领土第一次因提法达爆发后，以色列占领当局任命的市长取代了民选市长，遭到巴勒斯坦民众的抵制，当地的市政机构衰落。

巴民族权力机构建立后，地方治理成为各政治派别激烈竞争的领域。《地方委员会选举法》规定，地方委员会和市长都由地方选举产生，地方选举四年举行一次。巴民族权力机构建立初期，一直以缺乏合适的政治条件为由，推迟地方选举。约旦河西岸和加沙地带的经济脆弱，缺乏就业机会。地方政府公职成为当地人的重要就业渠道。为降低失业率，巴勒斯坦大量任命公职人员。占统治地位的党派法塔赫趁机在地方政府中加强自身力量。任人唯亲与裙带关系，是巴勒斯坦遭受腐败等指责的重要原因之一，也是引起巴勒斯坦人不满的重要因素。[1] 在国际社会和内部的改革压力下，从2004年12月到2005年12月，约旦河西岸和加沙地带进行了自1976年以来的首次地方选举。巴勒斯坦全部政治派别，包括反对《奥斯陆协议》、抵制了1996年大选和2005年民族权力机构主席选举的派别，都参加了这次地方选举。在选举的第一阶段和第四阶段，哈马斯都取得大范围胜利，政治影响力得到极大提高。这次地方选举成为巴勒斯坦大选的预演，预示了哈马斯在2006年立法委员会选举中的胜利，表明巴勒斯坦政治已经发生了广泛而深远的变化。

三 巴勒斯坦内部斗争对地方治理的影响

巴勒斯坦内部各政治派别的斗争阻碍了地方治理。特别是2006年大选后，法塔赫与哈马斯的激烈斗争，不仅造成约旦河西岸与加沙

---

[1] Wasim Al-Habil, *Occupations and the Local Governments for a Palestinian State*, p. 121.

地带的分裂，也使后来的地方选举受到干扰。受内外局势困扰，2005年后，地方选举一直未能依法按期举行。由于哈马斯的抵制，2012年和2017年举行的地方选举仅限于约旦河西岸，加沙地带未能参加。2017年的地方选举原定于2016年，内部斗争导致选举日期再三推迟。分析各政治派别在其中的博弈，可以更清楚地理解内部斗争对地方治理的制约。

这次地方选举发生在巴勒斯坦政治环境面临转折的特殊时期。巴勒斯坦法律规定，立法委员会、总统的任期都是四年。自2005年的总统选举和2006年的立法委员会选举后，巴勒斯坦再没有举行过大选。约旦河西岸和加沙地带的分裂使立法委员会名存实亡，无法履行职责。巴勒斯坦总统马哈茂德·阿巴斯年事已高，已经公开表示不会再参加下一届总统选举，也没有任命接班人。巴勒斯坦的权力传承问题成为多方关注的焦点。在这样一个敏感时期，哈马斯等政治派别都积极准备参加地方选举。

（一）各种政治力量的备选工作

1. 哈马斯决定参加此次地方选举

哈马斯决定参加此次地方选举，一方面是为将来可能进行的立法委员会和总统选举做准备；另一方面也是被近年来的空前困境所迫。哈马斯坚持不承认以色列、不放弃暴力对抗、不接受巴以业已签署的协议，不仅被美国和欧盟列入恐怖组织名单，也使加沙地带遭到以色列的严厉封锁和多次军事打击。2014年，哈马斯与以色列的军事冲突使加沙地带遭到毁灭性打击。叙利亚内战爆发后，哈马斯与叙利亚、伊朗关系恶化，失去了两国的援助。2015年，埃及、沙特将哈马斯定性为恐怖组织。[1] 埃及塞西政府更是严厉打击哈马斯，引海水封堵加沙地带与西奈半岛之间的地下隧道，切断了维系当地经济运转的重要渠道。当前的加沙地带，基础设施几乎破坏殆尽，经济凋敝，

---

[1] 2015年1月31日，埃及开罗紧急事务法院裁决哈马斯下属的武装派别卡塞姆旅为恐怖组织，2月28日进一步把哈马斯列为恐怖组织。但开罗紧急事务上诉法院在当年6月6日以该下级法院缺乏司法权为由取消了2月份的裁决。

失业率畸高，面临着严重的人道主义危机，彻底成为一所巨大的"监狱"。当地大部分居民不得不依靠联合国救济维持生活，怨声日甚。停止内部纷争、结束与约旦河西岸的分裂状态，恢复正常的生活成为加沙地带民众的强烈愿望。哈马斯也希望通过参加地方选举摆脱孤立，从政府获得资源缓解困境。

法塔赫的内部危机为哈马斯参加巴勒斯坦政治权力争夺创造了有利条件。法塔赫同样面临着领导力量代际更替的重大挑战。以阿克萨起义爆发为标志，被占领土成长起来的新生代领导力量发起了对老一辈领导人的挑战。[①] 通过2009年召开的第六次代表大会，法塔赫开启了从老一代领导人向新生代转移权力的进程。但"元老派"仍然占据着中央委员会2/3以上的名额。他们与被占领土成长起来的年轻一代政治力量之间的矛盾日益激化。内部激烈的权力斗争埋下了法塔赫分裂的隐患。

对于在约旦河西岸赢得地方选举，哈马斯有一定的信心。2015年4月，哈马斯所属的学生组织在比尔宰特大学赢得学生会选举。大学的学生会选举一直被视为巴勒斯坦政治的晴雨表，特别是反映了年轻人和受过教育者的政治态度。[②] 比尔宰特大学是巴勒斯坦学术实力最强的高等教育机构，在政治生活中也发挥着重要作用。在此之前，巴解组织下属的政治派别，特别是法塔赫所属的学生组织一直在该校占优势地位。这次学生会选举在一定程度上反映了约旦河西岸民众政治立场的变化。法塔赫主导的巴解组织主张与以色列和谈，但持续的巴以冲突使奥斯陆和平进程停滞，巴勒斯坦实现真正建国的目标遥遥无期。哈马斯在比尔宰特大学学生中的优势表明，约旦河西岸民众厌倦了法塔赫的政策及其内部分裂，对其无法满足人们的需求感到失望。受此次学生会选举胜利的鼓舞，哈马斯也对地方选举寄予了希望。

---

① Khalil Shikaki, "Palestinians Divided", pp. 89 – 105.
② Jack Khoury, "Hamas wins Birzeit University student council election for first time since 2007", *Haaretz*, Apr. 26, 2015.

2. 左翼派别为参加地方选举进行力量重组

哈马斯宣布参选使许多巴勒斯坦人对这次地方选举产生了期待，希望选举能够为实现民族团结铺平道路，并为未来的总统选举和立法委员会选举创造条件。"人阵"、"民阵"、巴勒斯坦人民党、"菲达"（巴勒斯坦民主联盟）和巴勒斯坦民族倡议（PNI）等五个左翼派别在加沙地带组成"民主联盟"，以联盟名义统一参加地方选举。这是巴勒斯坦左翼派别首次采取这种行动。"民阵"政治局委员卡耶德·古尔（Kayed al-Ghul）表示，左翼力量团结起来的动机之一就是要"打破2007年以来困扰着巴勒斯坦社会的法塔赫和哈马斯之间的尖锐对立"①。哈马斯和法塔赫之间多次有始无终的和解进程让加沙地带的民众对双方都产生了不满情绪。这为左翼力量重整旗鼓参与地方选举创造了时机。左翼派别在巴勒斯坦社会中的影响力有限，大幅获胜的可能性不大。但他们希望地方选举能够成功举行，朝着总统选举、立法委员会选举，以及巴解组织的巴勒斯坦全国委员会选举迈出关键一步，为巴勒斯坦政治改革，民族事业振兴打下基础。而这些反过来可以促进巴勒斯坦结束分裂，实现民族团结。

3. 法塔赫的积极应对

法塔赫在地方选举问题的推动下，加快了解决领导层更替和内部斗争等问题的步伐。2016年9月底，法塔赫宣布在年底之前召开第七次代表大会。巴勒斯坦将地方选举推迟，为法塔赫处理内部问题争取了时间。根据代表大会每五年召开一次的原则，过去几年法塔赫一直积极筹备召开七大。但领导层内部关于代表名额分配、议事日程、巴勒斯坦反抗以色列的方式等问题不能达成一致意见，又几次推迟会议举行日期。2016年年底，七大终于召开，阿巴斯连任法塔赫领导人，并选举出法塔赫新一届中央委员会和革命委员会。

通过七大的召开，阿巴斯强化了对法塔赫的领导，达赫兰及其支

---

① "Palestinian local elections: A way out of division?" http://weekly.ahram.org.eg/News/16863/19/Palestinian-local-elections—A-way-out-of-division-.aspx.

持者被完全排除在外，没能参加七大。在 2009 年六大的基础上，七大进一步实现了法塔赫领导力量的代际更替。在七大参会代表中，本土成长起来的年轻一代占了大多数。年轻力量的另外两名代表，马尔万·巴尔古提和贾布里勒·拉朱布在法塔赫中央委员会选举中获得高票。2017 年 2 月，马哈茂德·阿鲁勒当选法塔赫副主席。法塔赫希望，领导层新鲜血液的注入，会帮助其在地方选举中有效应对哈马斯带来的挑战。

4. 巴勒斯坦民众的期待

巴勒斯坦民众也希望地方选举能够促进哈马斯与法塔赫的和解，结束加沙地带和约旦河西岸的分裂状态，从而改善当前糟糕的经济形势。自 2007 年以来，哈马斯与以色列的战争摧毁了加沙地带。内部和解有助于推动长期停滞不前的加沙地带重建。重建需要大量资金，但内部分裂阻碍了国际社会对加沙地带的援助。统一是恢复经济、进行加沙重建的前提。如果地方选举不能进行，最大的输家仍然是巴勒斯坦民众，他们将不得不继续忍受日益恶化的经济和政治环境。

（二）内部斗争对地方选举的影响

原定于 2016 年 10 月 8 日举行的地方选举一波三折，最终在 2017 年 5 月 13 日举行，但只限于约旦河西岸。这次地方选举遇挫，原因是多方面的。

1. 直接原因：选举的合法性遭到质疑

此次地方选举的合法性引起几位律师的质疑。巴勒斯坦最高法院先是判决地方选举暂停进行，后来又裁定，仅在约旦河西岸地区举行地方选举，将加沙地带排除在外。巴勒斯坦最高法院做出这样的裁定，直接原因有两个。

第一个原因是，选举不能在东耶路撒冷地区举行。巴勒斯坦将东耶路撒冷视为首都。1967 年，以色列占领东耶路撒冷后，将其并入耶路撒冷地区，并宣布将统一的耶路撒冷作为本国永久性的首都。国际社会普遍不承认以色列对耶路撒冷的主张，目前耶路撒冷在国际法上的地位未定。以色列担心，让居住在东耶路撒冷的巴勒斯坦人参巴勒斯坦选举，将会对耶路撒冷最终地位问题产生有利于巴勒斯坦的影响。2006年巴勒斯坦第二次立法委员会选举时，以色列沙龙政府曾表示，不允许居住在东耶路撒冷的22.8万名巴勒斯坦人参与投票。在国际社会压力下，虽然以色列最终改变政策，但为当地的选举活动设置了种种限制，尤其是规定哈马斯不能在东耶路撒冷开展竞选活动。自2015年以来，由于巴以局势持续紧张，以色列加强了对东耶路撒冷巴勒斯坦人居住区的控制，在进出口设置多处检查站。这种环境下，在东耶路撒冷举行巴勒斯坦地方选举的难度倍增。

第二个原因是，认为在加沙地带进行选举投票的条件不成熟。自2007年以来，加沙地带由哈马斯控制。在加沙地带南部城市汉尤尼斯，地方法院以"违反法律和不具备必要条件"为由，取消了法塔赫候选人在该市的参选资格。加沙地带的法官由哈马斯任命，与哈马斯关系密切。法塔赫认为，这违反了"法官由总统任命"的法律，因此加沙地带的司法机构不合法[1]，指责哈马斯利用"私设法庭"阻止法塔赫候选人获得参选资格，应为选举受挫负责。哈马斯则认为，最高法院的判决是出于政治动机，是为了避免法塔赫在多个地区败选。因为最高法院设在约旦河西岸城市拉姆安拉，当地法官与法塔赫关系紧密。

2. 根本原因：法塔赫与哈马斯的权力斗争

此次地方选举遇挫的根本原因在于法塔赫与哈马斯的权力斗争。在意识形态、斗争方式以及是否承认以色列等基本问题上，法塔赫与哈马斯都存在根本分歧。2006年，哈马斯赢得立法委员会选举后，双方多次发生武装冲突。次年，哈马斯用武力夺取加沙地带的控制权，在当地建立独立的行政机构和武装部队，与控制约旦河西岸的法塔赫分裂而治。在阿拉伯世界的调解下，双方曾多次达成和解协议，但由于分歧严重，最终都没有什么结果。对于法塔赫控制的中央政府举行的地方选举，哈马斯原来也是坚决抵制，导致2012年的地方选

---

[1] Ahmad Abu Amer, "Fight over Palestinian electoral lists gets technical", *Al Monitor*, September 16, 2016.

举只在约旦河西岸举行。

哈马斯决定参加此次地方选举，意味着其准备与法塔赫重新争夺在地方的势力范围，这关系到巴勒斯坦未来的政治权力分配。双方的竞争从候选人登记阶段就已经开始。支持哈马斯的加沙地带法官和支持法塔赫的约旦河西岸法官都判决对方的候选人不符合参选条件。[①] 哈马斯还指责法塔赫抓捕其在约旦河西岸的领导人和支持者。将加沙地带排除在地方选举之外，是斗争激化的结果。

法塔赫与哈马斯几经斗争和博弈，终因分歧过大而未能就地方选举达成一致。地方选举在几次延期后，最终于2017年5月13日在约旦河西岸举行。在哈马斯的抵制下，加沙地带的地方选举被"无限期推迟"。本次选举产生了约旦河西岸145个地方委员会中的1552位委员，以及181个地方机构中的1683位委员，投票率为53.4%。法塔赫、"民阵"、巴勒斯坦民族倡议、巴勒斯坦民主联盟、"人斗阵"、巴勒斯坦人民党等党派及独立人士参加了选举。杰哈德和"人阵"也抵制了选举。

地方选举之路曲折反复在巴勒斯坦已经不是新鲜事。2012年10月，巴勒斯坦的第二次地方选举也是几经挫折，耗时两年多，最终也只在约旦河西岸举行，加沙地带被排除在外。这次地方选举同样遭到哈马斯的抵制。来自法塔赫及其他3个政治派别和独立人士的4700名候选人组成了321个竞选团队，最终93个团队胜出。法塔赫在11个地区中的6个地区胜出。约旦河西岸约有50万名选民参加投票，投票率为55%。[②]

巴民族权力机构通过市政区建设，确立了在约旦河西岸和加沙地带的统治基础，在一定程度上抵制了以色列对巴勒斯坦土地的蚕食。但巴勒斯坦市政区仍存在基础设施建设滞后，行政管理和公共服务能力不足等问题。地方治理的改善，取决于巴勒斯坦内部的团结统一，

---

① Ahmad Abu Amer, "Fight over Palestinian electoral lists gets technical", *Al Monitor*, September 16, 2016.

② 巴勒斯坦中央选举委员会，http://www.elections.ps。

以及巴以和平进程的进展。分裂的巴勒斯坦无力与以色列进行和谈。政治分裂会摧毁任何民主进程，在分裂的政治条件下，地方选举无法达到预期的效果。而内部政治和解将为巴勒斯坦改善地方治理打下基础。

第 五 章

巴勒斯坦安全体制与巴以安全合作

对合法强制权力的垄断是国家的重要特征之一。① 这种合法强制权力体现为军队和警察。巴勒斯坦自治后，没有正规军队。以色列与巴解组织1993年9月签署的《奥斯陆协议》第八条明确规定，巴勒斯坦可以建立一支"强有力的警察部队"，以确保公共秩序和内部安全。② 在国家构建过程中，安全机构建设是巴勒斯坦的重要工作。对安全机构控制权的争夺是巴勒斯坦内部法塔赫与哈马斯分歧难以弥合的重要因素。

第一节 武装斗争与巴勒斯坦军事力量的发展

早在英国委任统治末期，巴勒斯坦阿拉伯人就组建了独立的地方武装，但在第一次中东战争中遭到毁灭性打击。20世纪50年代，加沙地带的游击组织"费达因"不断袭扰以色列目标，受到埃及的严格控制。③ 抵抗组织的武装斗争兴起后，巴勒斯坦的军事力量才开始发

---

① ［美］弗朗西斯·福山：《政治秩序的起源：从前人类时代到法国大革命》，毛俊杰译，广西师范大学出版社2012年版，第77页。
② 《巴勒斯坦自治〈原则宣言〉》，第八条，载尹崇敬主编《中东问题100年》，第725页。
③ 殷罡：《巴勒斯坦建国问题之三：巴勒斯坦建国历程及相关法律问题》，载殷罡主编《阿以冲突——问题与出路》，第218页。

展起来。

一 巴勒斯坦抵抗组织及其武装斗争

1959年建立的法塔赫是具有代表性的巴勒斯坦人抵抗组织。法塔赫主张通过武装斗争解放全部巴勒斯坦领土，坚持"武装斗争是解放巴勒斯坦的唯一手段"①。1964年，法塔赫建立军事组织"暴风"突击队，并在1965年元旦打响武装反抗以色列的第一枪。其他抵抗组织也相继开始武装斗争。根据以色列的统计，到1967年第三次中东战争爆发前，巴勒斯坦各种抵抗组织共发动113次针对以色列人的袭击，导致11名以色列人被杀，62人受伤。"抵抗组织的行动几乎不会给以色列带来真正的伤害，更不用说严重的威胁，但它强化了以色列对威胁的感知。"②

阿拉伯国家在第三次中东战争中的惨败打碎了巴勒斯坦人对"阿拉伯解决"的信念。战争结束后不久巴勒斯坦各抵抗组织就恢复了对以色列目标的袭击。1968年3月，法塔赫游击队在自愿参战的约旦军队帮助下，成功击退以色列对卡拉迈难民营的围攻，取得"卡拉迈大捷"，成为阿拉伯世界的英雄。卡拉迈大捷后，法塔赫成为巴勒斯坦众多抵抗组织中影响和实力最大的一个。1969年2月，法塔赫接管巴解组织，并争取到沙特阿拉伯的财政支持和大批武器装备。之后，巴勒斯坦抵抗组织进入鼎盛时期，对以色列的袭击次数也成倍增长。据法塔赫的创始人之一阿布·伊亚德透露，巴勒斯坦抵抗组织平均每月出击以色列的次数为：1967年12次，1968年52次，1970年前8个月为279次。③ 而1969年每月对以色列发动数百次袭击。④ 武

---

① Yezid Sayigh, *Armed Struggle and the Search for State: The Palestinian National Movement, 1949–1993*, p. 89.

② Yezid Sayigh, *Armed Struggle and the Search for State: The Palestinian National Movement, 1949–1993*, p. 141.

③ [巴勒斯坦] 阿布·伊亚德：《不回故乡，毋宁死亡》，第87—88页。

④ Yezid Sayigh, *Armed Struggle and the Search for State: The Palestinian National Movement, 1949–1993*, p. 141.

装斗争提高了巴勒斯坦各抵抗组织的地位，为他们在约旦和黎巴嫩建立基地打下基础。

巴勒斯坦各抵抗组织的武装斗争缺乏统一的决策与指挥。巴解组织只是各派别的松散联合体，没有建立与武装斗争任务相匹配的组织机构。1969年2月，法塔赫、"闪电"和巴勒斯坦解放军下属的"人民解放军"（Popular Liberation Forces，PLF/PLA）组成"巴勒斯坦武装斗争司令部"（Palestinian Armed Struggle Command，PASC），迈出军事统一的第一步，后来又有其他抵抗组织加入。巴解组织以约旦和黎巴嫩为基地时期，巴勒斯坦武装斗争司令部在巴勒斯坦人聚居的难民营和城市维持公共秩序，重点是确保巴勒斯坦抵抗组织的纪律，实际上发展成为超越派别的军事警察组织。①

在1970年9月的"黑九月事件"中，驻扎在约旦的巴勒斯坦武装力量损失惨重，最后1万多名巴勒斯坦战士撤出约旦，迁往黎巴嫩和叙利亚。1982年6月，以色列入侵黎巴嫩，巴勒斯坦抵抗组织1.25万多人分15批撤离贝鲁特，分散到8个阿拉伯国家。

即使在1968年至1970年最成功的时期，抵抗组织的武装斗争就战斗强度和军事效果来说仍然有限。② 尽管如此，武装斗争对巴勒斯坦的民族与国家构建具有极为重要的作用。共同的语言、文化、宗教，以及寄居国的抑制政策，弱化和模糊了流亡到阿拉伯世界各国的巴勒斯坦人的民族特性，而武装斗争重新唤起了他们的民族意识。著名的中东军事问题专家耶齐德·萨伊格详细阐述了武装斗争在塑造巴勒斯坦民族认同、构建国家组织中的作用。卡拉迈大捷之后，巴勒斯坦人的国际形象从难民、寄居国的二等公民转变成为从事反以斗争的战士和革命者，这极大增强了巴勒斯坦人的民族荣誉感。武装斗争强调了巴勒斯坦人的存在和自治愿望，证明了巴勒斯坦人追求独立的决心，强化了巴勒斯坦人的民族认同。法塔赫尤其重视武装斗争与民族

---

① Brynjar Lia，*A Police Force without a State：A History of the Palestinian Security Forces in the West Bank and Gaza*，UK：Ithaca Press，2006，p. 36.

② Yezid Sayigh，*Armed Struggle and the Search for State：The Palestinian National Movement, 1949 - 1993*，p. 667.

认同的直接关系，在宣传工作中给予大力强调。① 参与武装斗争也是巴解组织领导人政治合法性的主要来源，法塔赫领导人因此在1969年成功接管巴解组织。武装斗争为巴勒斯坦国家构建提供主题和实践，并通过政治精英阶层的形成和军事化、提供政治合法性等为巴勒斯坦国家奠定基础。② 1974年11月13日，阿拉法特在联合国发表讲话时指出："正是通过我们人民的武装革命，我们的政治领导成员和民族组织机构才最终得以具体化，包括所有巴勒斯坦派别、组织和力量的民族解放运动才得以在巴勒斯坦解放组织内实现。"③

二 巴勒斯坦解放军的演变

1964年8月，巴解组织成立正规武装力量——巴勒斯坦解放军（Palestine Liberation Army）。1968年3月，巴解组织宣布"人民解放军"为巴勒斯坦解放军下属的游击队组织。巴勒斯坦解放军在阿盟的支持下建立，分散寄驻在不同的阿拉伯国家：恩杰鲁特旅（Ayn Jalut brigades）驻扎在埃及，卡迪西亚旅（Qadisiyya brigades）驻扎在伊拉克，海廷旅（Hittin brigades）驻扎在叙利亚。阿盟成员国同意把本国军队中的所有巴勒斯坦人调到巴勒斯坦解放军。④ 1967年6月第三次中东战争期间，恩杰鲁特旅在加沙地带参加战斗，卡迪西亚旅转移到约旦以加强约旦的防御。巴勒斯坦解放军遭到战争重创，人数由7000人减少到4000人左右。⑤ 1973年第四次中东战争期间，驻扎在埃及和叙利亚的巴勒斯坦解放军分别在西奈半岛和戈兰高地参战。

---

① Yezid Sayigh, *Armed Struggle and the Search for State: The Palestinian National Movement, 1949–1993*, pp. 195–196.

② Yezid Sayigh, *Armed Struggle and the Search for State: The Palestinian National Movement, 1949–1993*, p. 665.

③ 1974年11月13日阿拉法特在联合国发表的讲话，全文节录收入［美］凯马尔·H. 卡尔帕特编《当代中东的政治和社会思想》，陈和丰等译，中国社会科学出版社1992年版，第342—348页。

④ 应约旦政府的要求，约旦军队中的巴勒斯坦人可以不调出来，因为约旦陆军的普通士兵中约有65%是巴勒斯坦人。参见《阿拉伯国家首脑欢迎成立巴勒斯坦解放组织，决定大力支助巴勒斯坦解放军》，《人民日报》1964年9月14日，第4版。

⑤ Philip Mattar ed., *Encyclopedia of the Palestinians*, p. 286.

巴勒斯坦解放军分散在不同的阿拉伯国家，没有单一的活动区域，又没有大规模的运输力量，所以未能在巴解组织中占据支配地位。① 巴勒斯坦解放军理论上由巴解组织控制，但驻扎在埃及、伊拉克和叙利亚的部队附属于东道国军队，实际上服从东道国的指挥。驻扎在约旦的巴勒斯坦解放军在 1968 年至 1970 年拥有相当大的自治权。巴解组织在 1970 年 9 月和 1971 年 7 月与约旦军队发生冲突期间，在约旦的卡迪西亚旅和海廷旅与巴解组织一起战斗。恩杰鲁特旅到达叙利亚支援巴解组织，但没有参战，后又返回埃及。巴解组织进入贝鲁特后，在黎巴嫩南部建立起一支巴勒斯坦解放军部队。1975 年至 1976 年黎巴嫩内战期间，埃及和伊拉克派出巴勒斯坦解放军支持巴解组织。叙利亚派出了海廷旅和卡迪西亚旅，却命令他们与巴解组织战斗，导致这两支部队中不少人愤而离开叙利亚并加入巴解组织。② 1982 年，数千名巴勒斯坦解放军官兵与所有其他巴勒斯坦武装力量一起撤离贝鲁特。

法塔赫接管巴解组织后，巴勒斯坦解放军一度同新任政治领导人关系紧张。20 世纪 70 年代末，阿拉法特命令法塔赫后勤和行政部门与巴勒斯坦解放军合并。1983 年，巴勒斯坦解放军与法塔赫游击队正式合并，改名为巴勒斯坦国民解放军（Palestinian National Liberation Army，PNLA），约 8500 人。③ 军事力量重组巩固、增强了阿拉法特和法塔赫在巴解组织的地位。这种权力结构也体现在日后的巴勒斯坦安全机构中。从 1994 年开始，巴勒斯坦国民解放军大部分在约旦河西岸和加沙地带重新部署，成为巴勒斯坦民族权力机构安全部队的核心力量。④

没有加入巴勒斯坦国民解放军的其他政治派别所属抵抗组织，由于缺乏资金而逐渐衰落。这些准军事组织结构很不透明，人数也不公开。根据 21 世纪初的资料估计，各政治派别所属的武装力量规模如

---

① 巴勒斯坦解放组织驻京办事处：《巴勒斯坦问题和巴解组织》，第 19—20 页。
② Philip Mattar ed., *Encyclopedia of the Palestinians*, p. 287.
③ Philip Mattar ed., *Encyclopedia of the Palestinians*, p. 287.
④ Nigel Parsons, *The Politics of the Palestinian Authority: From Oslo to al-Aqsa*, p. 33.

下:"民阵"约有武装人员100多人;"人阵"约有武装人员1000多人;"巴解阵"约有武装人员300—400人;"阿解阵"约有武装人员500人;"人阵(总部)"约有武装人员500人;"闪电"约有武装人员300人。①

三 被占领土武装力量的发展

1983年,法塔赫领导人哈利勒·瓦齐尔(阿布·杰哈德)(Khalil al Wazir, Abu Jihad)在被占领土建立青年、社会和军事组织坦齐姆(Tanzim),从事半军事的反以活动。坦齐姆具有高度的机动性,几乎在被占领土的每个阿拉伯城镇、村庄、教育中心及难民营都建立了分支机构。通过法塔赫下属的学生组织"沙比巴",坦齐姆还将活动范围扩展到大学校园,并对青少年进行基本军事训练。巴勒斯坦民族权力机构成立后,坦齐姆成员加入政府各部门或安全机构,成为法塔赫统治的政治和军事基础。② 在应对哈马斯、杰哈德及其他反对派的挑战方面,坦齐姆也发挥着重要的辅助作用。③

第一次因提法达期间(1987—1993),被占领土青年建立了一些新的武装组织。1988年,黑豹队(Fatah Black Panthers)在约旦河西岸城市纳布卢斯成立。1990年,老鹰队(Fatah Hawks)在加沙地带成立,并逐渐将活动范围扩展到约旦河西岸的城市图勒凯尔姆、盖勒吉利耶及纳布卢斯。④ 黑豹队和老鹰队袭击以色列士兵和犹太人定居点,惩罚与以色列合作的人,发展成为因提法达中占主导地位的地方武装。这两个武装团体宣称效忠法塔赫,承认阿拉法特对巴解组织的领导,但保留了相当大的独立性。"巴解阵"在被占领土建立

---

① Shlomo Brom and Yiftah Shapir, eds., *The Middle East Military Balance 2001 – 2002*, Tel Aviv University, the MIT Press, 2002, p. 226.

② Graham Usher, "Fatah's Tanzim: Origins and Politics", *Middle East Report*, No. 217, 2000, p. 6.

③ Hillel Frisch, *The Palestinian Military: Between militias and armies*, London and New York: Routledge, 2008, p. 82; Lisa Hajjar, *Courting Conflict: The Israeli Military Court System in the West Bank and Gaza*, p. 216.

④ Nigel Parsons, *The Politics of the Palestinian Authority: From Oslo to al-Aqsa*, p. 138.

了军事组织红鹰队（Red Eagles）。1991年，哈马斯在加沙地带建立自己的军事组织卡塞姆旅，伊斯兰圣战组织也建立了自己的武装力量。

自1967年被以色列占领之后，约旦河西岸和加沙地带的治安主要由以色列雇佣的巴勒斯坦人警察维持，以色列国防军负责制止骚乱。从1988年开始，各政治派别的民兵组织成为维持被占领土秩序的主力。[①] 在巴勒斯坦警察部队抵达加沙地带和杰里科之前，以色列情报部门已经在1994年1月与法塔赫老鹰队在罗马达成谅解，允许他们作为事实上的警察部队公开承担职责，自由行动。[②] 巴民族权力机构建立后，500名纳布卢斯黑豹队成员和数百名加沙老鹰队成员被纳入巴勒斯坦安全机构，特别是预警部队和第17部队。

重新部署的巴勒斯坦国民解放军成为巴勒斯坦安全机构的支柱，从本土招募的法塔赫武装力量则使巴勒斯坦安全机构扎根地方。通过这两种途径，巴勒斯坦的安全体制建立起来。

第二节　巴勒斯坦安全体制的建立

巴勒斯坦安全体制建立在巴解组织和以色列签署的多项协议之上。1994年5月巴以双方达成的《加沙—杰里科协议》，规定巴勒斯坦警察部队是巴勒斯坦唯一的武装力量，协议的附件一第3款和第8款详细规定了巴勒斯坦警察部队的责任、职能、结构、部署、组成、装备与活动，以及指导巴勒斯坦警察部队的行为准则。1995年9月以色列和巴勒斯坦签署的《过渡协议》的附件一中，进一步说明了巴勒斯坦警察部队的职责、结构、部署、人员及可以拥有的装备与行动方式等。

---

① Brynjar Lia, "The Establishment of a Palestinian Police Force in the West Bank and Gaza Strip", p. 158.

② Brynjar Lia, "The Establishment of a Palestinian Police Force in the West Bank and Gaza Strip", p. 159.

一　巴勒斯坦安全机构的结构与职能

根据《过渡协议》，巴勒斯坦警察部队由民事、公共安全、安全预防、总统安全部队、情报、紧急服务与救援等6部分组成。这些警察部队分成两部分，分别驻扎约旦河西岸和加沙地带，各自独立运作。巴勒斯坦警察部队成立之初，由纳塞尔·尤素福（Nasr Yusef）担任总司令，阿拉法特实际上掌握着最高指挥权。[①] 2003年3月18日，巴勒斯坦颁布修订版《基本法》，第三十九条规定，"巴勒斯坦民族权力机构主席是巴勒斯坦部队的总司令"[②]。

1. 国家安全部队（National Security Force, al-Amn al-Watani）是巴勒斯坦规模最大的安全机构，装备着 AK-47 突击步枪，主要职责是维持约旦河西岸和加沙地带巴勒斯坦控制区的安全，包括与以色列军队进行联合巡逻、保卫巴自治区城市边界的检查站以及参与执行其他一般性安全任务等。国家安全部队大多数官兵来自巴勒斯坦国民解放军。根据《加沙—杰里科协议》，国家安全部队作为公共安全机构，率先正式归属巴勒斯坦警察部队。

国家安全部队下设海岸警卫队（The Coast Guard, Quwwat al-Bahariyya）、军事情报部队（Military Intelligence, al-Istikhbarat al-'Askariyya）和军事警察部队（The Military Police, al-Shurta al-'Askariyya）。[③]

海岸警卫队的主要职责是保卫巴勒斯坦领海水域的航道安全，打击毒品走私活动，大多数官兵来自流散在外的法塔赫成员，他们曾在一些国家的海军服役。海岸警卫队主要部署在加沙地带，拥有5艘装备着机关枪的摩托艇。2000年阿克萨起义爆发后，仅有的几艘摩托艇被以军炸毁。海岸警卫队是《加沙—杰里科协议》中指定的、最早的安全部队之一。

[①] Gal Luft, "The Palestinian Security Services: Between Police and Army", *Middle East Review of International Affairs (Meria) Meria Journal*, Vol. 3, No. 2, 1999, p. 47.

[②] "The Amended Basic Law (Promulgated March 18, 2003)", *The Palestine Year book of International Law*, p. 385.

[③] Nigel Parsons, *The Politics of the Palestinian Authority: From Oslo to al-Aqsa*, p. 133.

军事情报部队是规模较小的情报部门，属于预防性机构，主要负责抓捕和审讯威胁巴勒斯坦政权的反对派分子，同时负责监督和调查巴民族权力机构中情报与安全部门的非法活动。

军事警察部队隶属于军事情报部队，主要负责控制暴乱，逮捕罪犯，保护重要人物和设施，维护监狱安全，维持各安全机构的纪律和秩序等。

2. 情报总局（General Intelligence, al-Mukhabarat al-'Amm）负责在境内外从事情报搜集、反间谍以及与外国的情报机构建立联系等工作。情报总局是《加沙—杰里科协议》规定的巴民族权力机构的官方情报机构，也是警察部队最早的分支机构之一。

3. 民防部队（Civil Defense, al-Dif'a al-Madani）即《加沙—杰里科协议》所称的"紧急救援部队"，包括消防部门和救援机构，负责在危机状态下与其他民事机构协调配合行动，在平常状态下，负责对民众进行急救和救援方面的培训。

4. 民事警察部队（Civil Police, al-Shurta al-Madaniyya）身着蓝色制服，是巴民族权力机构中主要的法律强制工具，下设刑事警察（Criminal Security, al-Amn al-Jina'i）、禁毒支队（Anti-Drug Squad, Mukafahat al-Mukhaddarat）、防暴警察（Public Order/Riot Control, Hifz al-Nizam/Mukafahat al-Shaghab）、交通警察（Traffic Police, Shurtat al-Murur）等。[①] 民事警察部队是《加沙—杰里科协议》中提到的巴勒斯坦警察部队最早的分支机构之一。

5. 预警部队（Preventive Security, al-Amn al-Waqa'i）是一支便衣警察部队，也是巴民族权力机构最大的情报组织，主要负责防范恐怖分子和内部反对派组织的行动，也负责在以色列境内搜集情报。根据《过渡协议》，预警部队是第一个被正式列入警察部队的机构。

6. 总统安全部队（Presidential Security, Amn al-Ri'asa）主要负责总统等重要政治人物和重要设施的安全保卫工作，是巴勒斯坦武装力量中最为精锐的一支，下设对内情报部队，主要搜集反对派及其他

---

① Nigel Parsons, *The Politics of the Palestinian Authority: From Oslo to al-Aqsa*, p. 133.

内部威胁的情报，也负责逮捕反对派及有通敌嫌疑的人。总统安全部队是《过渡协议》中规定的巴勒斯坦警察部队机构之一。总统安全部队成立初期，主要由阿拉法特在巴解组织中的特别护卫人员组成，是他最为忠诚的核心安全力量，曾多次挫败暗杀图谋。

总统安全部队的前身是 17 部队（Force 17，Quwwat al-Sab'at 'Ashra），20 世纪 70 年代由阿布·哈桑·萨拉迈（Abu Hasan Salama）在黎巴嫩建立，最初以贝鲁特加哈尼大街 17 号为基地。20 世纪 80 年代早期，17 部队开始袭击以色列目标，成为以色列重点打击的对象。2001 年，17 部队被以色列列入"恐怖组织"名单，其高级军官马苏德·伊亚德在加沙遭以色列直升机袭击而丧生。

此外，也有研究提到巴勒斯坦警察部队中的其他机构。特别安全部队（Special Security Force，al-Amn al-Khass）成立于 1995 年 1 月，主要负责发现颠覆巴民族权力机构的内部活动，监视其他安全部门。[①] 以 "14 军"为基础的航空警察部队（Aerial Police，Shurta al-Jawiya）负责操作和维护巴民族权力机构的 5 架直升机，运送阿拉法特等巴勒斯坦政要。[②] 但其中两架直升机已经被以军炸毁。

二 巴勒斯坦安全机构的人员组成

《加沙—杰里科协议》规定巴勒斯坦警察部队的人数上限为 9000 人，《过渡协议》附件一又将这个人数上限定为 30000 人，其中部署在约旦河西岸的警察不超过 12000 人，部署在加沙地带的警察不超过 18000 人。2000 年 9 月阿克萨起义爆发以来，巴勒斯坦武装力量人员增多，《2010 年军事力量对比》估计，巴勒斯坦安全部队约有 56000 人。[③]

根据《过渡协议》附件一规定，巴勒斯坦警察可以在本地招募，

[①] Graham Usher, "The Politics of Internal Security: The PA's New Intelligence Services", Journal of Palestine Studies, Vol. 25, No. 2, 1996, p. 24; Gal Luft, "The Palestinian Security Services: Between Police and Army", p. 49.

[②] Gal Luft, "The Palestinian Security Services: Between Police and Army", p. 48.

[③] The Military Balance 2010, London: International Institute for Strategic Studies, 2010, p. 268.

也可以从持有约旦护照或埃及签发的巴勒斯坦证件的人中招募。从境外招募的警察在约旦河西岸不得超过5000人，在加沙地带不得超过7000人，且都必须是约旦河西岸或加沙地带的原住居民。巴勒斯坦招募的警察名单，均应与以色列商定。

巴勒斯坦警察部队的大多数高级官员都是从巴勒斯坦国民解放军招募。他们在阿拉伯东道国的经验对建立巴警察部队的警务模式具有重要影响。在到达加沙地带和杰里科之前，部分官兵在埃及和约旦接受了有限的警务培训，这也使巴警察部队的整体结构建立在约旦和埃及模式之上。[①] 除国际援助者提供的培训外，巴警察部队各个部门也独立培训本机构人员。加沙地带和约旦河西岸都建有训练基地，杰里科建有警察培训学校，能够及时为安全机构提供人员培训。与以色列军队的接触也促进了巴警察部队训练方式和技能的提高。

三 巴勒斯坦安全机构的武器装备

《加沙—杰里科协议》规定了巴勒斯坦安全部队能够拥有的武器装备类型和数量。巴安全部队最多可以装备7000支轻型个人武器，120挺中型、重型机枪和45辆装甲人员运输车。《过渡协议》附件一规定，约旦河西岸的警察最多可以装备4000支步枪、4000支手枪、120挺机枪和15辆轻型非武装的防爆车；加沙地带的警察可以装备7000支轻型自卫武器、120挺机枪和45辆轮式装甲车。

根据2002年资料，巴安全部队拥有装甲输送车、火炮、导弹等武器，[②] 包括45辆1995年装备的俄制BRDM-2两栖装甲侦察车，车体采用全焊接钢装甲结构，可防御轻武器射击和炮弹碎片，但只有约40辆处于服役中，其余遭到破坏。巴安全部队还拥有160毫米以下的迫击炮、107毫米的远程多管火箭炮（MRLs）、俄制RPG-7轻型反坦克火箭筒、LAW火箭发射器、SA-7"杯盘"（Grail）肩射导

[①] Brynjar Lia, "The Establishment of a Palestinian Police Force in the West Bank and Gaza Strip", p. 167.

[②] 以下数据来自 Shlomo Brom and Yiftah Shapir, eds., *The Middle East Military Balance 2001-2002*, pp. 273-274。

弹、FIM-92"毒刺"（Stinger）近程地空导弹及23毫米高射机枪等武器，这些武器主要是2000年的装备。

第三节 巴以安全合作的困境与挫败

巴勒斯坦民族权力机构安全部队（PASF）和以色列国防军（IDF）之间的安全合作是巴以安全安排的重要内容。《奥斯陆协议》《加沙—杰里科协议》《过渡协议》与《怀伊协议》共同规定了巴以安全合作的模式，建立了巴以安全合作制度。

一 巴以安全合作制度的建立

约旦河西岸和加沙地带的秩序事关犹太人定居点和以色列的安全。巴勒斯坦自治后，以色列希望巴勒斯坦警察承担起维护当地治安的职责。约旦河西岸和加沙地带的地方武装力量加入巴勒斯坦安全机构后，削弱了以色列的情报能力，以色列国防军更加依赖巴勒斯坦的安全合作。

通过《过渡协议》，以色列确立了与巴勒斯坦进行安全合作的基本框架和机制。这个协议规定，巴勒斯坦警察部队部署在巴勒斯坦人拥有完全自治权的"A区"，负责维护当地内部安全和公共秩序。但"为确保A区某些特定道路的自由畅通，以色列和巴勒斯坦将进行联合巡逻"。在"B区"，巴勒斯坦人拥有非军事权力，在指定村镇设立25个警察局，负责维持公共秩序。而"保护以色列公民及遏制恐怖活动的责任全部由以色列承担"，且以色列所承担的责任"处于优先地位"。B区巴勒斯坦警察的调动应与以色列协调并得到批准。"C区"则由以色列承担维护安全与公共秩序的全部责任。这个协议规定，巴以双方"将在交换情报和协调政策与行动方面进行合作"。为此，以色列国防军与巴勒斯坦警察部队建立了安全合作机制，由"安全协调与合作联合委员会"（Joint Security Coordination and Cooperation Committee）协调双方的行动。双方组建了10个地区协调办公室（District Coordination Office）作为沟通机构，其中8个位于约旦河西岸，2个位于加沙地带。地区协调办公室由巴勒斯坦警察和以色列军官共同组成，以色列军官大部分是德鲁兹派穆斯林。

在巴以安全合作机制中，巴勒斯坦民族权力机构只享有维护内部安全的有限权力，但还要承担起防止针对以色列暴力的职责。《加沙—杰里科协议》要求，"巴勒斯坦方面应采取一切必要措施，防止针对定居点、定居点基础设施和军事设施区的敌对行动"，巴以"双方采取一切必要措施防止针对对方、针对对方下辖的个人及他们的财产的恐怖、犯罪和敌对活动"。《怀伊协议》进一步加重了巴勒斯坦保证以色列安全的责任。在构建巴勒斯坦警察部队作为安全合作的对象时，以色列"唯恐巴勒斯坦警察会壮大成为能够与以色列军队正规作战的武装力量"，同时"唯恐在抵抗运动中的巴勒斯坦游击队全部以警察身份出现于巴方管辖区"[①]，对巴勒斯坦警察的人数、人员、武器装备、职权和行为准则进行诸多限制。以色列在巴以安全安排中的绝对优势地位，以及巴勒斯坦安全权力与责任的严重不对称，埋下巴以安全合作挫败的隐患。

二 巴以安全合作的困境

《奥斯陆协议》为巴以设计了通过"两国方案"实现和平共处的共同安全模式。但以色列坚持"安全至上"，要求巴勒斯坦必须首先确保以色列的绝对安全，在协议谈判及其执行中设置诸多条件，维持己方的绝对优势，遏制巴勒斯坦安全力量的发展。这种背景下的巴以安全合作威胁到巴勒斯坦自治机构的合法性。对巴勒斯坦领导人来说，与以色列的安全合作成为《奥斯陆协议》最具挑战性的方面之一。[②]

（一）巴以安全合作的合法性困境：民族解放与国家构建的矛盾

巴勒斯坦安全机构中占主导地位的是回归的巴解组织军事人员，特别是高级官员，大多从巴勒斯坦民族解放军及抵抗组织招募。人员

---

① 安维华：《中东地区的军备控制与安全合作》，载殷罡主编《阿以冲突——问题与出路》，第367页。

② Jacob Høigil, "Fatah from Below: The Clash of Generations in Palestine", *British Journal of Middle Eastern Studies*, Vol. 43, No. 4, 2016, p. 461.

上的延续性使巴勒斯坦安全机构带有浓厚的民族解放运动色彩。①

巴解组织选择通过谈判建国后，与以色列达成《奥斯陆协议》，开始在约旦河西岸和加沙地带进行国家构建工作，建立临时权力机构的制度基础和能力，为向国家过渡做准备。但《奥斯陆协议》允许以色列继续占领约旦河西岸和加沙地带大部分地区，没有结束犹太人定居点及其扩张活动。巴勒斯坦的外部安全、边界等仍由以色列控制，内部各地区由于自治程度不同而在地理上呈现碎片化的状态。以色列在巴以权力结构中占据主导地位，并继续对巴勒斯坦实施全面遏制战略。这使普通巴勒斯坦人认为他们从巴以和平中获益很少，对和平进程的认同感较低，很多巴勒斯坦人继续支持针对以色列目标的"武装斗争"。而巴勒斯坦警察根据《奥斯陆协议》配合以色列进行的"反恐行动"，则被民众视为与敌人合作。② 被占领状态的延续，使巴勒斯坦安全机构在承担国家构建职责的同时，仍然存在着民族解放的任务。这两种平行任务之间的矛盾，导致巴勒斯坦警察面临着民众的"通敌"指责，威胁着他们的合法性。

（二）巴勒斯坦内部对安全合作的不同意见：精英阶层的分歧与斗争

通过与以色列和谈寻求建国，按照《奥斯陆协议》的规定与以色列进行安全合作，是巴勒斯坦主流世俗精英的选择，他们在流亡巴勒斯坦人中的代表，是以阿拉法特为首的巴解组织主流派，在巴勒斯坦本土的代表，是被占领土的地方民族主义精英。在寻求建立巴勒斯坦国的过程中，巴解组织主流派适应国际和地区局势变化，响应被占领土精英的要求，采取更加现实的妥协方案解决巴勒斯坦问题。③ 主流世俗精英的选择遭到政治伊斯兰势力的反对。哈马斯坚持"抵抗和圣战"才是巴勒斯坦实现解放和独立的唯一出路，反对和谈，他们对以

---

① Brynjar Lia, *A Police Force without a State*: *A History of the Palestinian Security Forces in the West Bank and Gaza*, pp. 181 – 182.

② Brynjar Lia, "The Establishment of a Palestinian Police Force in the West Bank and Gaza Strip", p. 159.

③ Shaul Mishal, *The PLO under Arafat*: *Between Gun and Olive Branch*, p. 97.

色列发动的袭击活动成为巴以和谈的一大障碍。

世俗精英内部对于巴以安全合作的态度也不一致，他们的分歧突出体现在本土精英与回归者的斗争中。新生代地方势力强烈不满领导机构中日益盛行的以权谋私、任人唯亲和贪污腐败，他们要求"彻底改变巴勒斯坦政治体制"，对法塔赫进行重组。新老两代的矛盾既有权力之争，也反映了彼此在执政方式以及处理巴以关系上的差异。① 特别是对巴以安全合作的立场不同，甚至已经成为他们之间分歧最大的问题。②

新生代地方势力长期在本土坚持反以斗争，在当地有深厚的群众基础。作为本土成长起来的武装力量领导人，他们比回归的高级官员更能容忍反对派。穆罕默德·达赫兰和贾布里勒·拉朱布是其中的突出代表。达赫兰是法塔赫老鹰队的创建者，拉朱布出身于希伯伦附近的大家族。第一次因提法达期间，他们被以色列驱逐出被占领土，后跟随阿拉法特一起回归，分别成为预警部队在加沙地带和约旦河西岸的领导人，但距离权力核心尚远。他们领导的预警部队主要由出生在约旦河西岸和加沙地带的年轻人组成，是安全机构中最强有力的部门，也是新生代地方势力的大本营。拉朱布认为，那些反对派"是民族主义者，他们关心巴勒斯坦的利益不亚于我"。考虑到哈马斯在当地的群众基础，达赫兰和拉朱布都主张分化哈马斯的政治和军事部门，而回归者纳赛尔·尤素福等人则主张采取强有力的手段打击政治伊斯兰势力。③ 随着实力的壮大，新生代地方势力抵制阿拉法特加强控制加沙地带的努力，也抵制阿拉法特用回归者取代他们的决定。④

坦齐姆是本土年青一代中更激进的力量，他们批评政府的腐败、治理不善和违法乱纪，要求进行民主化改革，进而发展成为阿克萨起义中重要的武装和政治力量。⑤ 坦齐姆约旦河西岸分支的领导人马尔

---

① 唐志超：《当前巴勒斯坦内部危机透视》，《现代国际关系》2004年第8期，第41页。
② Jacob Høigil, "Fatah from Below: The Clash of Generations in Palestine", p. 457.
③ Nigel Parsons, *The Politics of the Palestinian Authority: From Oslo to al-Aqsa*, p. 142.
④ Nigel Parsons, *The Politics of the Palestinian Authority: From Oslo to al-Aqsa*, p. 136.
⑤ Graham Usher, "Fatah's Tanzim: Origins and Politics", p. 6.

万·巴尔古提主张阿克萨起义军事化，号召坦齐姆成员加入与以色列的战斗，认为不参加起义会强化法塔赫与敌人合作的形象，从而使组织的力量受到削弱。[1] 年轻、激进的坦齐姆成员在纳布卢斯的难民营成立准军事组织"阿克萨烈士旅"（Martyrs of al-Aqsa Brigades），要求用武力将以色列赶出加沙地带和约旦河西岸，建立独立的巴勒斯坦国，坚持以武装斗争的形式取得最后胜利。

三 巴以安全合作的溃败：大规模武装冲突与巴勒斯坦激进势力的崛起

2000年9月巴以爆发大规模武装冲突，巴勒斯坦人发动阿克萨起义，反抗以色列的军事行动和占领。巴勒斯坦激进势力不断发动针对以色列的暴力袭击活动，招致以色列的报复性军事行动，双方陷入报复与反报复的恶行循环。当年10月12日，两名以色列士兵在拉姆安拉的警察局被当地居民打死，作为报复，以色列军队袭击了巴勒斯坦警察总部和阿拉法特住宅，这成为以色列对巴勒斯坦安全机构态度的转折点。在此后几年中，以色列对加沙地带和约旦河西岸持续发动大规模军事行动，围攻、轰炸阿拉法特、法塔赫及巴勒斯坦安全机构在加沙和拉姆安拉的多处驻地，进攻、占领巴勒斯坦城镇，大规模搜捕巴勒斯坦武装人员。2002年4月，以色列在对约旦河西岸发动大规模军事行动"防御盾牌"中，逮捕法塔赫强硬派领导人马尔万·巴尔古提，并判处他终身监禁。在以色列的军事打击下，巴勒斯坦安全机构的基础设施几乎被完全摧毁，在巴勒斯坦所有主要城市设立的安全机构总部都遭到破坏，大量的武器和安全设备被损毁或没收。在拉姆安拉，安全机构所有的车辆和计算机都遭到毁坏。[2]

2002年中期以后，以色列国防军控制了约旦河西岸大部分城镇，

---

[1] Hillel Cohen, "Society-Military Relations in a State-in-the-Making: Palestinian Security Agencies and the 'Treason Discourse' in the Second Intifada", *Armed Forces & Society*, Vol. 38, No. 3, 2012, p. 479.

[2] International Crisis Group, *Squaring the Circle: Palestinian Security Reform under Occupation*, Middle East Report No. 98, 7 September 2010, p. 1.

巴勒斯坦陷入混乱和无政府状态。巴勒斯坦安全机构的瘫痪，使激进武装力量坐大，他们不断对以色列目标发动暴力袭击，不仅约旦河西岸和加沙地带的犹太人定居点成为重灾区，还多次在以色列境内发动自杀性爆炸袭击。这些袭击活动常常成为以色列单方面对巴勒斯坦采取军事行动的借口。而阿拉法特的权威受到内部反对派和以色列的严重挑战，地位日益削弱，"无法有效控制激进势力及其针对以色列人的极端行动"[①]。以色列把坦齐姆视为巴勒斯坦武装力量中最危险的一支，指责坦齐姆支持暴力，认为它是阿拉法特用以在不引起国际谴责的情况下尽量使用武力的一个工具。2001年12月4日，以色列将坦齐姆列入"恐怖组织"名单，把解除它的武装作为结束暴力冲突的重要条件。阿克萨烈士旅从2002年年初开始进行自杀式爆炸袭击活动，并首开先例招募妇女"人弹"。哈马斯和杰哈德的武装力量也迅速崛起，甚至在以色列境内发动爆炸袭击。但遭到以色列重创的巴勒斯坦安全机构无法应对激进势力的挑战，2004年7月，阿克萨烈士旅烧毁了杰宁的一栋安全部队大楼。[②]

在巴以持续发生大规模武装冲突的环境下，巴勒斯坦安全机构与以色列国防军的联合巡逻中断，虽然双方还保持着基本的协调，但实际上这些协调经常被对抗所取代。[③] 巴以安全合作名存实亡。

第四节　巴勒斯坦安全机构改革与巴以安全合作的重建

混乱失控的巴勒斯坦成为以色列的安全威胁。2002年以后，以色列、美国等一直施压巴勒斯坦，要求对安全机构进行改革。巴勒斯坦内部的改革派也强烈呼吁改组安全部门。在内外压力下，巴勒斯坦启动了安全机构改革进程。

[①] 李莉、唐志超：《巴以僵局及其未来走势》，《现代国际关系》2002年第2期，第8—9页。

[②] Hillel Frisch, *The Palestinian Military: Between militias and armies*, p. 111.

[③] Hillel Frisch, *The Palestinian Military: Between militias and armies*, p. 97.

一 阿拉法特改革安全机构的措施

阿拉法特时期，巴勒斯坦安全机构设置庞杂，一度下属17支部队，各部门职能重叠，权责不明，派系斗争激烈。[①] 所有的安全部门领导人都直接向阿拉法特负责，从他那里领取现金为部队发工资，由此导致的腐败广受诟病。在2002年6月通过的百天改革计划中，安全机构改革的核心就是将阿拉法特的控制权分散到立法委员会。改革计划要求设立总理和内政部，由内政部掌管预警部队、警察部队和民防部队，内政部部长向总理负责，总理及内阁部长必须经过立法委员会批准后才能任职。改革后，阿拉法特能够直接掌管的只有情报总局和安全部队，由此导致他与阿巴斯和库赖两届总理之间的矛盾和权力斗争。

2003年9月，巴勒斯坦成立"国家安全委员会"，由巴民族权力机构主席、总理、内政部部长、外交部部长、巴解组织执委会委员及相关安全部门负责人等14人组成，统管安全事务。按照世界银行的要求，2004年，财政部部长法耶兹主导实施薪资改革，将安全机构的所有工资直接存入个人银行账户。[②] 但这些措施都没有产生什么结构性影响。当年7月，阿拉法特任命亲信穆萨·阿拉法特担任新成立的安全总局局长，掌握安全机构，引起法塔赫内部以阿克萨烈士旅为代表的新生代势力的不满，进而导致加沙地带陷入前所未有的混乱，总理库赖提交辞呈。最后，阿拉法特同意将部分安全力量的控制权交给总理，但主要的安全力量仍由他领导的国家安全委员会掌握。

二 阿巴斯的安全改革与哈马斯对安全机构控制权的争夺

阿巴斯任巴民族权力机构主席后，继续推进安全改革。首先，改

[①] Kimberly Marten, "Reformed or Deformed? Patronage Politics, International Influence, and the Palestinian Authority Security Forces", *International Peacekeeping*, Vol. 21, No. 2, 2014, p. 183.

[②] Kimberly Marten, "Reformed or Deformed? Patronage Politics, International Influence, and the Palestinian Authority Security Forces", p. 185.

组安全机构。2005年4月，安全机构被整合为安全部队、内政部和情报总局3个部门，内政部主管民事警察部队、民防部队、地方警卫队和预警部队，安全部队下辖国家安全部队、海岸警卫队和航空警察部队，情报总局保持原状。保留总统安全部队编制，由阿巴斯指挥。其次，进行安全机构高层人事调整。2005年4月23日深夜，阿巴斯正式任命3位新安全机构高级官员，由苏莱曼·海莱斯接替穆萨·阿拉法特出任安全部队司令，塔里克·阿布·拉杰卜接替阿明·辛迪担任情报局局长，阿拉·胡斯尼任警察局局长。26日，阿巴斯又任命拉希德·阿布·谢巴克担任预警部队司令。再次，解除其他军事组织的武装，推进士兵复员和重返社会工作。2005年10月23日，总理库赖宣布，经国家安全委员会批准，解散阿克萨烈士旅，其成员经培训后编入各级安全机构。复次，通过改善人事管理、增加工资和福利、加强培训等措施，提高安全机构的业务能力。最后，加强资金、后勤和采购等方面的管理，禁止安全机构直接接收外国援助。

然而，2006年哈马斯立法委员会选举获胜上台组阁，打断了阿巴斯的安全改革进程，还威胁到法塔赫对安全机构的领导权。为此，阿巴斯将内政部与其下属的安全机构分开，由忠诚的法塔赫军官领导，直接向总统负责；用完全由忠于自己的法塔赫成员扩充、加强总统安全部队，并将它更名为"总统卫队"。

哈马斯极力同法塔赫争夺安全机构的领导权。早在20世纪80年代初，哈马斯就建立了自己的军事组织。1991年，哈马斯年轻一代在加沙地带建立新军事组织"卡塞姆旅"，将之前由不同地区与单位承担的军事功能统一起来。阿克萨起义爆发后，卡塞姆旅获得很大发展。哈马斯独自组阁后组建了一支3000人的准军事力量，由内政部领导。这支部队经常与法塔赫领导的安全机构发生冲突，法塔赫一直要求将其解散或并入安全机构，遭到哈马斯的拒绝。美、以等国联合抵制哈马斯领导的内阁，绕过哈马斯援助法塔赫领导的巴民族权力机构和安全机构。随着两派武装冲突不断升级，巴勒斯坦安全局势恶化。2007年6月14日，哈马斯武装人员攻占了巴勒斯坦预警部队加沙城总部，法塔赫领导的武装力量随后撤出加沙地带。17日，阿巴斯宣布哈马斯下属的武装力量为非法武装。从此，约旦河西岸的巴解组织与加沙地带的哈马斯开始各自为政。

三 法耶兹的安全改革举措

2007年，法耶兹任总理后，推动巴勒斯坦进行国家能力建设，安全改革是其中一个重要内容。从阿克萨起义到加沙败退，巴勒斯坦安全机构受到内外多重打击，军事实力和在民众中的威信都遭受重创，面对激进武装力量的崛起，无力维持巴勒斯坦的治安。恢复当地的法律和秩序，重建安全机构，确保实现阿巴斯提出的只有"一杆枪、一套法律、一个政府"，是法耶兹安全改革的主要目标。为此，法耶兹政府首先致力于恢复当地的秩序，打击街头武装和犯罪分子，遏制哈马斯和卡塞姆旅，解散阿克萨烈士旅。法耶兹政府与以色列达成协议，赦免那些放下武器，放弃极端主义的阿克萨烈士旅成员，吸收他们加入安全机构。其次，加强对安全机构的控制，努力克服各部队之间长期存在的内部分裂、恶性竞争、职能重叠和缺乏协调等弊端。具体措施包括，清除安全机构特别是情报总局与预警部队中的伊斯兰主义者；[1] 实施提前退休计划，解除忠于阿拉法特的高级军官的职务；提拔受过国际培训的年轻军人；重视内政部的协调作用，限制军事领导人的权力等。最后，重建安全机构，与国际社会合作，提升安全机构的凝聚力和专业化程度。[2]

经过长期的动荡，巴勒斯坦民众渴望恢复秩序。在内外支持下，法耶兹的安全机构改革取得了一定成效，约旦河西岸的社会秩序得到有效恢复。

四 国际社会在巴勒斯坦安全制度建设中的作用

国际社会把巴勒斯坦警察部队视为奥斯陆和平进程成功的保证，

---

[1] International Crisis Group, *Ruling Palestine II: The West Bank Model? Middle East Report No. 79*, 17 July 2008, pp. 4 – 16.

[2] Neri Zilber and Ghaith al-Omari, *State with No Army, Army with No State: Evolution of the Palestinian Authority Security Forces, 1994 – 2018*, pp. 39 – 40.

积极支持巴勒斯坦建立和发展安全机构。① 早在 1993 年 12 月，国际社会就在奥斯陆召开特别会议，讨论如何向巴勒斯坦警察提供援助。自此，培训、装备和财政援助成为国际社会支持巴勒斯坦安全机构的主要方式。②《怀伊协议》建立了美巴以三边安全合作机制，由美国对巴勒斯坦执行巴以安全安排的情况进行监督。以色列和美国特别重视巴勒斯坦安全机构的作用，将其作为抵制极端主义和恐怖主义威胁的重要防线。多年来，美国中央情报局一直为巴勒斯坦安全部门提供打击恐怖主义方面的培训。欧洲多个国家的警察和情报部门参与了对巴勒斯坦人的反恐援助。俄罗斯也在反恐方面与巴勒斯坦人合作。③

阿克萨起义后，巴勒斯坦安全机构改革成为国际社会关注的焦点问题。2003 年 4 月公布的中东和平"路线图"，将安全机构改革作为巴勒斯坦最终建国的基本安全前提，要求巴勒斯坦加强安全机构，清除腐败，打击恐怖主义。④ 中东和平四方美国、欧盟、俄罗斯及联合国等组成国际机构，监督巴勒斯坦安全机构改革。阿拉法特去世后，美国在 2005 年 3 月设立安全协调员办公室（USSC），由美国安全协调员领导来自 8 个国家的约 45 名军事和文职人员组成跨国团队，开始直接参与巴勒斯坦安全机构的改革、培训和装备。欧盟也在这一年建立巴勒斯坦警察支持协调办公室（EUPOL COPPS），向巴勒斯坦派驻警察使团，参与巴勒斯坦安全机构改革，主要是对民事警察以及律师、法官、检察官进行培训。⑤

哈马斯上台后，美国安全协调员办公室绕过哈马斯政府的内政

---

① Brynjar Lia, *Building Arafat's Police: The Politics of International Police Assistance in the Palestinian Territories after the Oslo Agreement*, p. 3.

② Brynjar Lia, "The Establishment of a Palestinian Police Force in the West Bank and Gaza Strip", p. 161.

③ Brynjar Lia, "The Establishment of a Palestinian Police Force in the West Bank and Gaza Strip", pp. 165 – 166.

④ Security Council, *Road Map to a Permanent Two-State Solution to the Israeli-Palestinian Conflict-Quartet*, UN Security Council S/2003/529, Apr. 30, 2003.

⑤ Beste İşleyen, "Building Capacities, Exerting Power: The European Union Police Mission in the Palestinian Authority", *Mediterranean Politics*, Vol. 23, No. 3, pp. 321 – 339.

部，支持阿巴斯直接控制的总统卫队，安排总统卫队管理连接埃及与加沙地带的拉法口岸。哈马斯占据加沙地带后，安全协调员办公室着重帮助巴勒斯坦安全机构巩固对约旦河西岸的控制。首先，援助巴勒斯坦修复和重建损毁的安全设施。其次，培训巴勒斯坦安全人员。美国在约旦首都安曼建立国际警察培训中心（JIPTC），训练和培训巴勒斯坦安全机构的官兵。截至 2017 年，有近 1.9 万名巴勒斯坦安全人员在约旦接受培训，近万人在杰里科接受培训。① 再次，为巴勒斯坦安全部门的改革提供"建议和帮助"。最后，充当以色列和巴勒斯坦之间的协调人。由于美国在巴勒斯坦安全机构重建和改革中所起的重要作用，哈马斯、杰哈德以及其他反对派，将改革后的巴勒斯坦安全机构称为"西方的代理人"，而不是真正的巴勒斯坦人武装。②

五　巴以安全合作的重建及其对巴勒斯坦安全机构的挑战

巴以恢复安全合作是中东和平"路线图"计划的明确要求。随着巴勒斯坦安全机构的重建和改革，巴以安全合作也进入新的阶段，配合以色列国防军在约旦河西岸的行动，预防和打击当地的暴力袭击活动，成为巴勒斯坦安全机构的重要任务。自阿克萨起义爆发后，以色列国防军突破《奥斯陆协议》限制，开始进入巴勒斯坦控制的 A 区。巴以安全合作恢复后，以色列国防军在夜间突袭进入 A 区逮捕巴勒斯坦人时，会告知巴勒斯坦安全机构，要求避免冲突。根据以色列的估计，以色列国防军每年在约旦河西岸逮捕 2000—4000 名巴勒斯坦人。③ 以色列国防军的突袭活动极大损害了巴勒斯坦安全机构在社会中的形象，成为双方分歧的主要焦点。

巴勒斯坦安全机构的防暴行动主要是在当地爆发大规模示威和游

---

① Neri Zilber and Ghaith al-Omari, *State with No Army, Army with No State: Evolution of the Palestinian Authority Security Forces, 1994 - 2018*, p. 43.

② Neri Zilber and Ghaith al-Omari, *State with No Army, Army with No State: Evolution of the Palestinian Authority Security Forces, 1994 - 2018*, p. 45.

③ Neri Zilber and Ghaith al-Omari, *State with No Army, Army with No State: Evolution of the Palestinian Authority Security Forces, 1994 - 2018*, p. 61.

行时，维持秩序和制止暴乱，并防止局势恶化。哈马斯占据加沙地带后，以色列为报复哈马斯的袭击活动，在 2008 年、2012 年和 2014 年多次对加沙地带发动严厉军事打击。在这些巴以发生军事冲突、关系紧张之时，依靠巴勒斯坦安全机构的防暴行动，约旦河西岸保持了相对稳定。2015 年以后，为防止巴勒斯坦青年对以色列平民和士兵发动"独狼"式爆炸袭击，巴勒斯坦安全机构和以色列国防军开始加强对巴勒斯坦学校和社会媒体的监管。

但与以色列保持如此密切的关系，使巴勒斯坦安全机构付出了极高的政治代价。在和平进程整体停滞的情况下，以色列不断扩大定居点建设，夜间突袭进入 A 区进行逮捕行动，加上极端的犹太定居者不时对巴勒斯坦平民发起攻击，都加剧了巴勒斯坦社会对巴以安全合作的批评，有人甚至指责巴勒斯坦安全机构背叛国家，帮助以色列占领者。在巴勒斯坦高级官员中，也有声音要求停止与以色列进行安全合作。然而，尽管巴以安全协调多次中止，但都很快恢复，并且双方一直保持着技术层面的合作。

第 六 章

限制与依附下的经济发展

巴勒斯坦民族权力机构采取多种措施发展经济，但以色列的限制政策、动荡的政治局势、当地薄弱的经济基础及有限的自然条件，制约着巴勒斯坦的经济发展。

第一节 巴勒斯坦经济发展的历史条件

1967 年以前，巴勒斯坦经济中占主导地位的是商业化农业，在以色列占领当年，农业吸收了近 40% 的劳动力。以色列占领约旦河西岸和加沙地带后，进行军事统治，控制当地的经济，被占领土形成了以服务业为主，高度依附以色列的经济模式。①

一 以色列的经济政策

以色列占领约旦河西岸和加沙地带后，在被占领土推行"有限的经济一体化"政策，各种有形和无形的限制，制约了当地的经济发展。②

（一）农业

农业一直是巴勒斯坦重要的经济部门。1990 年，农业产值占约旦

---

① Leila Farsakh, *Palestinian Labour Migration to Israel: Labour, Land and Occupation*, p. 24.

② Arie Arnon, "Israeli Policy towards the Occupied Palestinian Territories: The Economic Dimension, 1967 - 2007", *Middle East Journal*, Vol. 61, No. 4, 2007, pp. 574 - 575.

河西岸GDP的30%以上，占加沙地带GDP的25%。农业也是被占领土制造业的基础，当地几乎50%的制造业主要以农业为基础。① 以色列根据本国市场需求，鼓励被占领土农民种植烟草、芝麻等经济作物及出口欧洲的冬季蔬菜，同时将本国的过剩农产品倾销到当地。在出口拉动下，当地部分农作物产量增加，但农作物的平均产量再没有恢复到1967年第三次中东战争前的水平。以色列的农产品无限制地涌入被占领土，对当地农业形成严重冲击。

以色列大规模没收和征用巴勒斯坦人的土地，被占领土农业用地急剧减少。据估计，1965年至1992年，约旦河西岸的耕地面积从243万杜纳姆（dunum）②减少到179万杜纳姆。1967年至1968年加沙地带损失了20%的土地。③ 以色列限制巴勒斯坦人的农业投资和扩张，当地农作物产量及多样化受损。以色列控制了被占领土的水资源和自然资源，大量抽取地下水，毁坏水利设施，推平灌溉渠道，实施用水配额，征收高额水费，极力限制巴勒斯坦农业生产用水。限水政策使被占领土巴勒斯坦人的农业灌溉面积大幅萎缩，仅占耕地面积的5%。④ 土地征用、限制用水以及犹太人定居点的环境污染沉重打击了被占领土的农业发展，许多农民被迫放弃农业生产，涌入以色列或其他阿拉伯国家打工。1990年，约旦河西岸农业雇佣的劳动力占总劳动力的比例从1968年的50%下降到25%。这意味着农业劳动力数量从1968年的4.2万人减少到1990年的2.5万人。在加沙地带，农业劳动力数量从1968年的1.2万人减少到1990年的1万人，占总劳动力的比例也从1968年的26%下降到18%。⑤

---

① Mahmoud El-Jafari, "An Econometric Model of the West Bank and Gaza Strip Agricultural Exports", *Empirical Economics*, Vol. 19, 1994, p. 575.
② 杜纳姆为地积单位，1杜纳姆等于0.1公顷。
③ Leila Farsakh, *Palestinian Labour Migration to Israel: Labour, Land and Occupation*, p. 86.
④ 陈双庆：《巴以经济关系与巴勒斯坦经济环境》，载殷罡主编《阿以冲突——问题与出路》，第436—437页。
⑤ Mahmoud El-Jafari, "An Econometric Model of the West Bank and Gaza Strip Agricultural Exports", p. 575.

（二）工业

在占领初期，为稳定约旦河西岸和加沙地带的就业市场，避免当地失业率增加给本国劳动力市场造成巨大压力，以色列在一定程度上支持被占领土的工业发展，鼓励阿拉伯人开办原料加工型的小企业。由以方承包商提供原材料，巴方进行加工的转包加工业得到一定发展。以色列的转包合同一般集中在纺织、地毯、服装、家具、制鞋等行业。橄榄压榨是约旦河西岸主要的工业活动之一，但其产量和就业人数受橄榄收成的影响。加沙地带的工业仅限于手工艺品、柑橘包装、食品加工等行业。

1980年后，以色列开始全面限制被占领土的工业发展。为防止当地企业与本国的同类企业竞争，以色列实行许可证制度，限制被占领土开办企业。被占领土的财政和金融受到以色列的控制，仅剩两家银行获准营业，银行借贷规模和个人转账额度都受到严格限制。无论是以色列还是其他国家对被占领土投资都需要审批，导致当地严重缺乏生产资金。被占领土政治命运的不确定性及冲突所导致的经济风险也制约着私人投资工业。1990年，制造业产值只占被占领土GDP的8%。[1]

（三）贸易

以色列通过海关与关税法控制了被占领土的对外贸易，割断了当地与周边阿拉伯国家的经济联系，对从约旦等阿拉伯国家进口的工业原料课以重税，把大批以色列商品倾销到被占领土，使之成为本国产品的天然市场。同时，以色列采取贸易保护主义，只允许那些与本国企业订有合同、对以色列初级产品进行再加工的商品进入本国市场。通过这些措施，以色列逐步取代其他国家和地区，成为被占领土最主要的贸易伙伴。1987年，被占领土从以色列进口额近10亿美元，成为以色列第二大出口市场，仅次于美国。以色列也成为被占领土商品和服务的最大市场。1991年，被占领土85%的进出口贸易都是同以

---

[1] Mahmoud El-Jafari, "An Econometric Model of the West Bank and Gaza Strip Agricultural Exports", p. 575.

色列进行的，这个规模多年来基本没有变化。①

农产品是被占领土的大宗出口商品。1968 年至 1990 年，农业占约旦河西岸出口总额的 25% 以上，1971 年，农产品出口额为 700 万美元，1984 年增加到 4900 万美元，1990 年又逐渐下降到 2700 万美元。在加沙地带，1971 年农产品占出口总量的 75%，1988 年下降到 28%；1971 年，农产品出口总值为 2035 万美元，1977 年增加到 7000 万美元，达到峰值，然后逐渐下降，到 2000 年只有 2870 万美元。② 西红柿、土豆等新鲜蔬菜，葡萄、香蕉、西瓜和柑橘类水果以及橄榄油是当地的主要出口农产品。以色列和约旦是被占领土农产品的主要市场。为避免约旦农产品带来的竞争，以色列允许约旦河西岸农产品单方面销往约旦。制成品也是被占领土的重要出口商品，大部分是以色列公司转包产品的再加工，如纺织品、服装、木制品、皮革制品、地板砖等。

（四）就业

以色列的政策严重制约了被占领土的经济发展，导致当地就业市场萎缩，大批剩余劳动力不得不涌向以色列，成为廉价劳动力。巴勒斯坦人大多是在以色列建筑业和农业就业的半熟练和非熟练工人。③ 1991 年海湾战争爆发之前，从被占领土进入以色列的巴勒斯坦劳动力稳定增长。1974 年至 1990 年，加沙地带 40% 的就业人口和约旦河西岸 32% 的就业人口在以色列打工。④ 第一次因提法达爆发后，以色列开始通过各种安全措施控制被占领土人员流动到本国。海湾战争期间，以色列沿边界设立检查站，全面封锁被占领土。封锁限制了巴勒斯

---

① 陈双庆：《巴以经济关系与巴勒斯坦经济环境》，载殷罡主编《阿以冲突——问题与出路》，第 437 页。

② Mahmoud El-Jafari, "An Econometric Model of the West Bank and Gaza Strip Agricultural Exports", p. 576.

③ Ted N. Aranki and Yousef Daoud, "Competition, Substitution, or Discretion: An Analysis of Palestinian and Foreign Guest Workers in the Israeli Labor Market", *Journal of Population Economics*, Vol. 23, No. 4, 2010, p. 1276.

④ Leila Farsakh, *Palestinian Labour Migration to Israel: Labour, Land and Occupation*, p. 33.

坦劳动力进入以色列劳动力市场，从而制约着被占领土的经济发展。

以色列通过没收土地、用水配额和建造定居点，控制了被占领土的资源；通过"有限的经济一体化"政策，控制了被占领土的生产、贸易和人员流动，最终导致巴勒斯坦各个经济领域的发展都依附于以色列，被占领土成为以色列的商品销售市场，非熟练和半熟练廉价劳动力的来源。后来担任巴民族权力机构主席的阿巴斯曾指出，"巴勒斯坦经济同以色列经济有着紧密的联系，几乎可以说完全从属于以色列经济"[①]。

二 被占领土的经济发展

被占领土的经济发展可以分为两个阶段。20世纪七八十年代，外部劳动力市场在当地经济增长中起了关键作用。受益于中东地区的经济繁荣，大批巴勒斯坦人在以色列和阿拉伯国家就业，他们的汇款促进了被占领土经济增长，尤其是农业、建筑业和服务业得到很大发展。

经济发展带动被占领土经济结构发生一定程度的变化，但并不明显。结构不平衡仍是经济发展的主要特点。农业是约旦河西岸最重要的经济部门，产值约占当地GDP的1/3；加沙地带的农业比重大幅下降，在当地GDP中的份额由1968年的28.4%降到1984年的13.4%，次于建筑业居第二位。工业仍是约旦河西岸最小的经济部门，在当地GDP中的份额由1968年的8.3%降到1982年的6.8%；但加沙地带的工业在当地GDP中的份额由1968年的3.1%上升到1984年的11.6%。建筑业发展最快，1968年分别占约旦河西岸和加沙地带GDP的3.5%和3.1%，1982年这一比例分别增至15%和23%。约旦河西岸公共服务业在当地GDP中的份额由1968年的17.8%降到1978年以后的平均12.2%；加沙地带则由占领前的66%减少到占领期间的20%左右。[②]

---

① [巴勒斯坦] 马哈茂德·阿巴斯：《奥斯陆之路——巴以和谈内幕》，第251页。
② Fawzi A. Gharaibeh, *The Economies of the West Bank and Gaza Strip*, Boulder: Westview Press, 1985, pp. 18–26.

进入 20 世纪 80 年代后，由于地区经济繁荣结束及巴以关系紧张，以色列全面限制被占领土的工业发展，当地经济增长开始放缓。尤其是第一次因提法达爆发后，巴以经济联系中断，以色列的封锁及罢工使被占领土经济出现自 1967 年以来从未有过的衰退。1990 年的海湾危机和次年的海湾战争进一步打击了当地经济。大量在科威特等海湾国家就业的巴勒斯坦人被迫返回家乡，被占领土的侨汇减少，工业、服务业增长放缓，建筑业更是急剧下滑。

正如学术界通常认为的，"与以色列的紧密联系促进了被占领土的经济增长与就业，这在当地产生了自相矛盾的发展结果，其特征是人均收入增加但国民生产能力恶化。这种发展是以色列重新界定与被占领土之间边界的过程，正在侵蚀最终的巴勒斯坦国的经济基础"[1]。

第二节 巴勒斯坦自治后的经济发展

以《奥斯陆协议》为标志的巴以和解进程提供了巴勒斯坦经济发展的政治环境。巴勒斯坦自治政府接管了税收、社会福利、卫生、旅游、工业、农业、贸易、劳工、保险、教育和文化等 20 余项民事权力，掌握了基本的经济权力。1993 年 11 月 4 日，巴勒斯坦成立经济发展与重建委员会，负责制定经济政策，管理经济。然而，以色列掌握着巴勒斯坦的经济命脉，巴勒斯坦必须根据与以色列达成的有关协议制定和实施经济政策，这成为巴勒斯坦经济发展的严重制约。

一 巴黎《经济议定书》

1994 年 4 月 29 日，巴以在巴黎签署的《巴以经济关系议定书》（以下简称巴黎《经济议定书》，Paris Economic Protocol）是双方最重要的经济协议，为巴勒斯坦经济发展、巴以双方及巴勒斯坦与阿拉伯国家的经济关系提供了框架。这个文件作为附件四并入《加沙—杰里

---

[1] Leila Farsakh, *Palestinian Labour Migration to Israel: Labour, Land and Occupation*, p. 26.

科协议》。1995年签订的《过渡协议》又对巴黎《经济议定书》进行了增补。

巴黎《经济议定书》的规定，主要包括巴以建立准关税同盟，以色列现有关税为双方通用的外部关税，双方实行基本相同的进口及关税政策；巴勒斯坦部分开放与约旦和埃及的贸易，并通过这两个国家与世界其他地区进行贸易；巴勒斯坦征收直接税和税率为15%—16%的增值税；以色列在本国口岸对运往巴勒斯坦的物资征收关税，再转交给巴方；以色列代替巴方向在以色列就业的巴勒斯坦人征收所得税，并有权保留25%，但巴勒斯坦人缴付的所有医疗保险费移交巴方。[1] 这些税收和贸易条款，赋予以色列单方面的权力，使以色列能够在需要时立即将其用于遏制巴勒斯坦民族权力机构。[2]

巴黎《经济议定书》规定，建立巴勒斯坦金融管理局（Palestine Monetary Authority，PMA）作为中央银行预备机构，在确定金融政策、进行外汇储备、管理外汇交易、调控和监督银行活动等方面发挥主导作用；但推迟讨论发行巴勒斯坦货币问题，主要使用以色列货币新谢克尔（NIS）作为流通货币。[3] 这导致巴勒斯坦至今没有自己的货币，只得使用新谢克尔、约旦货币第纳尔（JOD）和美元，巴勒斯坦金融管理局几乎无法控制利率，当地利率受以色列利率影响。近年来，巴勒斯坦试图减少对以色列货币的依赖。由于外贸和税收大部分依靠以色列，巴勒斯坦争取货币独立性的努力不太可能取得重大进展。

巴黎《经济议定书》和《过渡协议》规定了过渡时期巴以经济关系的程序和规则，在很大程度上决定了巴勒斯坦的经济发展和外

---

[1] "Protocol on Economic Relations between the Government of the State of Israel and the P. L. O., Representing the Palestinian People", *International Legal Materials*, Vol. 33, No. 3, May 1994, pp. 696–720.

[2] Adel Zagha and Husam Zomlot, "Israel and the Palestinian Economy: Integration or Containment?", in Mushtaq Husain Khan ed., *State Formation in Palestine: Viability and Governance during a Social Transformation*, London and New York: Routledge Curzon, 2004, p. 120.

[3] "Article IV: Monetary and Financial Issues", in "Protocol on Economic Relations between the Government of the State of Israel and the P. L. O., Representing the Palestinian People", pp. 703–707.

贸。巴黎《经济议定书》导致巴勒斯坦经济高度依赖以色列，尤其是在以色列封锁时期，巴勒斯坦的经济发展、贸易和就业都受到严重影响，陷入经济危机。[1] 以色列控制了巴勒斯坦的经济命脉，实际上掌握了巴勒斯坦民族的命运。虽然巴勒斯坦多次要求修订巴黎《经济议定书》的条款，都遭到以色列的拒绝。

二 巴勒斯坦的经济政策

1993年，巴勒斯坦公布《1994—2000年巴勒斯坦发展方案》，提出优先发展基础设施建设，扩大出口，实现出口市场多元化，减少对以色列的依赖，创造更多的就业机会等。过渡期开始后，巴勒斯坦自治政府接管经济，扭转不平衡的经济结构和保持经济的可持续发展成为两大主要目标。

（一）促进农业发展

巴勒斯坦约1/4的土地是可耕地，约旦河西岸有可耕地15万公顷，其中可灌溉土地9000公顷；加沙地带有可耕地1.6万公顷，其中可灌溉土地1.1万公顷；边缘耕种地、牧场或休耕地占耕地面积的1/3。[2] 巴黎《经济议定书》规定，除番茄、黄瓜、马铃薯、鸡蛋和肉鸡需要配额限制外，巴勒斯坦生产的其他农产品可以自由输入以色列，给巴勒斯坦农业发展带来新前景。但以色列的封锁使巴勒斯坦人无法充分利用这个机会。由于巴以尚未就土地主权、水资源分配和犹太人定居点等问题达成协议，以色列仍制约着巴勒斯坦对土地和水资源的利用，大大减少了巴勒斯坦扩大耕作面积或实行种植多样化的可能性。

面对农业发展的严峻状况，巴勒斯坦一方面努力扩大对土地、水资源的控制；另一方面力求恢复并扩大农业在GDP中所占的比例。巴勒斯坦制定《1999—2001年农业发展计划》，提出扩大农业就业，

---

[1] A. Arnon, J. Weinblatt, "Sovereignty and Economic Development: The Case of Israel and Palestine", *The Economic Journal*, Vol. 111, No. 472, 2001, p. 291.

[2] Country Profile: *Palestinian Territories*, 2004, London: The Economist Intelligence Unit, p. 39.

提高农业产量和质量；通过基础设施建设促进农村地区的恢复和发展，包括修建农村公路、开垦土地、修复水井、加强农业服务等；为农业发展提供资金支持，制定农业发展战略，开展农业立法，促进私人投资农业；加强农业服务工作，为农民提供技术指导、农药使用、市场信息和资金等服务。为在水资源有限的情况下发展种植业，巴勒斯坦鼓励种植橄榄等灌溉较少的作物。在政府的推动下，巴勒斯坦农业得到一定发展，除小麦、大麦、大米、糖等还必须进口外，水果和蔬菜的产量已超出当地需求约25%。

（二）建设工业园区

巴勒斯坦将发展私营企业作为扩大就业机会、促进经济发展的一个关键。在私营企业中，工业被列为首先发展的领域。巴勒斯坦积极采取措施改变工业落后局面，发展工业园区是一项重要举措。1998年政府出台《鼓励投资法》及《工业园和免税区法》，吸引投资，进行工业园区建设。在世界银行的支持下，巴勒斯坦规划建设9个工业区，其中加沙地带3个，分别是加沙工业区、迪尔巴勒赫工业区和拉法工业区；约旦河西岸6个，分别是图勒凯尔姆工业区、杰里科工业区、杰宁工业区、盖勒吉利耶工业区、图勒吉米亚工业区和纳布卢斯工业区。这些工业区的建成并投入使用，将创造大量就业机会，推动工业发展，促进出口增长。

加沙工业区是巴勒斯坦创建的第一个工业园区。工业区位于加沙东北部靠近以色列边境地区，预计投资8540万美元，于1999年投入运营。私营的巴勒斯坦工业管理公司（Palestinian Industrial and Manage-ment Company）负责经营管理加沙工业区，巴勒斯坦工业园和免税区管理局（Palestinian Industrial Estate and Free Zone Authority）负责制度监管和基础设施建设。加沙工业区计划分三个阶段建设，将为巴勒斯坦人提供2万个就业机会。截至2000年9月底，已有28家企业在加沙工业区开业，直接创造约1200个就业岗位。[1] 在加沙工业区

---

[1] World Bank, *West Bank and Gaza-Gaza Industrial Estate Project*, Report No. 34718, December 19, 2005, pp. 3 – 8.

注册的企业既有巴以合资也有以色列人独资，大部分从事纺织和服装业，但不稳定的政治形势严重阻碍了工业区的发展。

（三）促进旅游业发展

旅游业一直是巴勒斯坦经济的重要部门。为依托旅游业推动经济发展，巴勒斯坦专门成立旅游和文物部，保护文物古迹、历史、文化和宗教场所，采取措施发展旅游业。

1. 完善旅游立法。为促进旅游业的持续发展，巴勒斯坦完善旅游立法和相关规定。1998年通过的一号旅游法令规定，在约旦河西岸通用的1965年第45号临时旅游法及相关规定继续有效，承认依据这个法律建立的旅游机构，同时废除在加沙地带通用的1962年第12号旅游法。

2. 促进旅游基础设施建设。旅游和文物部成立后，优先考虑旅游基础设施建设。以色列占领期间，不允许被占领土扩建或新建旅馆。在旅游和文物部的支持下，巴勒斯坦的旅馆数量增多，在设立旅游机构、整合内部交通以及修复宗教场所等方面，也取得一定成绩。[1] 约旦河西岸和加沙地带建立了众多具有传统文化特色的文化中心和俱乐部，以及反映巴勒斯坦历史和文化的博物馆。

3. 发展朝圣和文化旅游。到巴勒斯坦的游客主要是宗教朝圣者，为使游客体验到丰富独特的巴勒斯坦社会文化，促进以宗教朝圣者为主的旅游队伍向文化旅游发展，巴勒斯坦利用丰富的历史文化遗产大力发展文化旅游。具体措施包括开发整理文化旅游资源，开办博物馆、举办展览、培训导游，引导游客参观宗教圣地和历史古迹，参加各种文化活动，体验巴勒斯坦独特的社会文化风情等。1998年，为在伯利恒举行千禧年大型庆祝活动（Bethlehem 2000 Project），特地投资加强基础设施建设，修复文化遗产。[2] 1999年伯利恒的圣诞节活动

---

[1] Rami K. Isaac, C. Michael Hall and Freya Higgins-Desbiolles, eds., *The Politics and Power of Tourism in Palestine*, London and New York: Routledge, 2016, p. 17.

[2] World Bank, *Twenty-Seven Months-Intifada*, *Closures and Palestinian Economic Crisis: An Assessment*, April-June 2003, p. 23.

吸引了大量游客。为促进旅游业发展，巴勒斯坦在 2011 年加入联合国教科文组织（UNESCO）后，积极申报世界文化遗产。2012 年，伯利恒圣诞教堂和朝圣线路成为巴勒斯坦第一个列入世界遗产名录的保护地。2014 年，巴勒斯坦村庄巴蒂尔（Battir）橄榄与葡萄园文化景观列入世界遗产名录。

4. 开展国际合作。1998 年，巴勒斯坦与埃及签署旅游合作协议，促进双边旅游业发展，内容包括合作开展旅游从业人员培训，在考古、文物保护等领域进行技术合作与交流等。为支持巴勒斯坦旅游业发展，2004 年召开的阿拉伯国家旅游部长会议决定，将每年的 11 月 15 日定为"巴勒斯坦旅游日"，由巴勒斯坦、约旦、叙利亚、沙特阿拉伯、阿尔及利亚等国组成专门委员会，具体落实有关事宜；由埃及为学习旅游专业的巴勒斯坦留学生提供奖学金，举办巴勒斯坦旅游培训班。2006 年 1 月，巴勒斯坦与约旦签署旅游合作协议，在修缮文物、保护古迹和历史遗址、文物保护专家相互交流及共同开发研究等方面进行全方位合作。

在政府的推动下，巴勒斯坦旅游业获得相当发展。1996—2001 年，游客数量增加 52%，其中 58% 来自欧洲，14% 来自以色列，7.7% 来自北美。旅游业吸纳的劳动力也成倍增长。2004 年，旅游业创造了 19.9% 的直接或间接就业岗位，2010 年，有 200 多万外国游客到巴勒斯坦旅游，2014 年旅游业占 GDP 的 15.2%。[1]

（四）建设基础设施

薄弱的基础设施是约旦河西岸和加沙地带经济发展的羁绊。巴勒斯坦将建设现代化的基础设施作为经济发展战略的一项重要内容。首先，发展道路交通，建设公路、机场和港口。巴勒斯坦大力投资修筑新公路并维修损毁公路，建设公路管理系统。1996 年加沙机场建成，并于 1997 年正式开放，但以色列以安全为由禁止使用加沙机场。1998 年 10 月，巴以签署《怀伊协议》，就开放加沙工业区、加沙机

---

[1] Rami K. Isaac, C. Michael Hall and Freya Higgins-Desbiolles, eds., *The Politics and Power of Tourism in Palestine*, pp. 17 – 18.

场运营、加沙港口建设与管理以及开通连接加沙地带与约旦河西岸的安全通道等问题达成一致。1999年10月，沟通加沙地带和约旦河西岸城市希伯伦的南部通道正式开通，为加强两地的经贸联系提供了便利。

其次，建设现代化的网络和信息系统。1996年，在世界银行、希腊和意大利的共同资助下，巴勒斯坦选定加沙、纳布卢斯、希伯伦、拉法和杰宁五个城市，建设信息化基础设施。经过7年时间，当地建成先进的计算机网络中心，为地方政府建立了管理市政、财政和改革的信息系统。①

巴勒斯坦将基础设施建设与经济发展整体战略相结合，投资支持私营企业等生产部门以及旅游业等能够迅速发展的项目。但是，持续的巴以冲突破坏了很多由援助资金修建的基础设施，致使捐赠者不愿意在巴以达成协议之前提供资金修复这些损坏的设施。

（五）发展对外贸易

巴黎《经济议定书》规定，以色列和巴勒斯坦实行自由贸易，双方建立准关税同盟，但以色列的政策使巴以自由贸易成为空谈。扩大对外贸易的范围，减少对以色列的依赖，是巴勒斯坦经济发展战略的一项主要任务。为此，巴勒斯坦努力克服以色列为商品流通设置的种种障碍，扩大与阿拉伯国家和外部世界的贸易，1994年与埃及达成贸易合作协定，解除边界限制和产地证明，创建自由转口贸易区；1995年与约旦达成贸易协定，并在次年制定出"促进双边贸易的关税与税收框架"；1996年和沙特阿拉伯签署协定，巴勒斯坦农产品获得免税进入沙特阿拉伯市场的单边优惠。另外，巴勒斯坦还与美国、加拿大、摩洛哥、突尼斯等国及欧盟签署各种贸易协定，谋求外贸市场的多元化。2001年11月，巴勒斯坦加入阿拉伯共同市场。这个市场一旦建成，巴勒斯坦与埃及、叙利亚、约旦、伊拉克、也门、利比亚和毛里塔尼亚等七个成员国之间的资本、商

---

① World Bank, *Twenty-Seven Months-Intifada, Closures and Palestinian Economic Crisis: An Assessment*, pp. 20–21.

品和人员流通将更加容易。①

以色列控制了巴勒斯坦的所有边界，巴勒斯坦并没有与世界建立独立的经济联系。由于以色列频繁而严厉的边境封锁政策，巴勒斯坦与其他国家和地区签署的所有经济贸易协议都无法很好落实。1993—1996年，巴勒斯坦每年有近1/3的时间处于封锁之中，这使外贸形势进一步恶化，进出口都受到影响，农产品则丧失了外贸市场。

三 巴勒斯坦的经济发展状况

自治后，巴勒斯坦经济生产和消费模式发生结构性改变。新成立的巴民族权力机构等各种公共机构，为当地人提供大量工作岗位，使公共部门成为巴勒斯坦的一大就业途径。由于以色列的安全措施和封锁政策，限制了巴勒斯坦人进入以色列及国际商品和劳务市场，加上经济管理低效、政治形势不稳定，巴勒斯坦经济总体发展缓慢，人均收入波动较大，收入不平等加剧，这使巴勒斯坦个人和国民收入由依赖以色列劳务市场变为依赖国际援助。②

巴勒斯坦私营部门的经济结构没有发生大的改变。农业仍然是国民经济中最重要的部门。在以色列长期限制下，巴勒斯坦工业发展缓慢，虽然政府积极采取措施促进工业发展，但并未对工业结构及其规模产生显著影响。20世纪90年代，约旦河西岸与加沙地带的工业结构与60年代末基本相同，都集中于石材、金属加工、食品加工、纺织、服装和皮革等行业。工业规模较小，缺乏大型骨干企业，大多数工厂只是简易的私人手工作坊，雇工不到10人，设备简陋。工业发展落后于国民经济其他部门，在 GDP 中的比重从未超过21%。以色列设立的复杂的许可证制度及贸易程序、缺乏融资渠道等都阻碍了巴勒斯坦私人投资的发展，落后的基础设施也妨碍了工业发展。

---

① Country Report: *Israel & Palestinian Territories*, January 2002, London: The Economist Intelligence Unit, pp. 55 – 56.

② Leila Farsakh, "Palestinian Economic Development: Paradigm Shifts since the First Intifada", *Journal of Palestine Studies*, Vol. 45, No. 2, 2016, p. 60.

第三节 巴勒斯坦经济发展面临的困难

巴以和平协议签署后,约旦河西岸和加沙地带经济游离阿拉伯世界及国际市场的状况有所改善。但是,以色列仍然控制着约旦河西岸和加沙地带的所有边界,掌握着主要的资源、能源、劳动力和商品的流动,加之原有基础薄弱,巴勒斯坦经济仍无法摆脱对以色列的依附。然而,降低巴勒斯坦经济依附性的政策由于《奥斯陆协议》的延迟实施而受阻。

一 巴勒斯坦水资源、能源供应受到以色列控制

(一)以色列控制着巴勒斯坦的水资源

降水是巴勒斯坦的主要水资源。降水与地形紧密相关,约旦河西岸年降水量约26亿立方米,其中约6.8亿立方米渗透到蓄水层,其余的水分补充地表径流或蒸发。加沙地带年降水量约1.2亿立方米,其中约有4000万立方米补给地下蓄水层,其余部分则进入地表径流或蒸发。[1] 地下水和泉水是巴勒斯坦居民生活、生产用水的主要来源,几乎占全年用水量的100%。约旦河西岸的地下水分属三个蓄水层:杰宁和纳布卢斯及其附近地区属于东北部蓄水层,主要依靠雨季渗水补充水量,长期干旱将会导致这个蓄水层干涸;图勒凯尔姆和拉姆安拉位于西部蓄水层,该蓄水层位于以色列和约旦河西岸交界地带,每年的安全抽水量在3.4亿立方米左右;杰里科、伯利恒和希伯伦及其附近地区属于东部蓄水层,这是目前巴勒斯坦人用水的主要来源。[2] 加沙地带地下水资源有限,由于多年过量开采,目前已经出现海水渗透的情况。[3]

---

[1] UNEP, *Desk Study on the Environment in the Occupied Palestinian Territories*, January 2003, Geneva: UNEP, p. 21.

[2] 宫少朋:《水资源与中东和平进程》,载殷罡主编《阿以冲突——问题与出路》,第380页。

[3] UNEP, *Desk Study on the Environment in the Occupied Palestinian Territories*, p. 25.

根据《过渡协议》的规定，以色列承认巴勒斯坦人享有约旦河西岸和加沙地区水资源的权利，这一权利的性质与范围将在有关最终地位的谈判中加以确定。协议还规定了过渡期内水资源的使用配额。然而，由于形势、政策变化等因素，这些规定在落实中遇到多种困难与障碍。巴勒斯坦人应当享有的用水配额得不到满足，而约旦河西岸和加沙地带定居点的犹太人用水却缺乏全面有效的监督，这造成巴勒斯坦人和犹太人用水量的差距不断扩大。

在巴勒斯坦人的用水总量中，农业灌溉占 71%，生活用水占 26%，工业用水占 3%。以色列控制了约旦河西岸 90% 的淡水，并通过输水管道将 30% 的淡水输送到本国。这种掠夺性的占有不仅限制了巴勒斯坦农业或依赖水资源的产业获得任何实质性发展，甚至导致巴勒斯坦人的生活用水紧张。2000 年阿克萨起义爆发后，以色列的封锁和破坏更导致巴勒斯坦部分地区水资源严重短缺。约旦河西岸每年可利用的地下水估计为 6.3 亿立方米，当地巴勒斯坦人只利用了 1.1 亿立方米，而犹太定居者就利用了 3000 万立方米，剩下的转输到以色列。[1]

以色列控制了巴勒斯坦 40% 以上的用水，即使这些水开采于约旦河西岸地下含水层，巴勒斯坦人仍必须从以色列公司购买。[2] 2002 年巴勒斯坦只有一半农村居民能够用上自来水，水资源短缺 4.43 亿立方米，有 150 多个村庄近 21.5 万人的生活因此受影响。[3] 2007 年哈马斯与法塔赫分裂而治后，许多地区的供水系统得不到必要的维护和修理，自来水供应状况更加恶化。

（二）巴勒斯坦的电力主要依靠以色列供应

约旦河西岸和加沙地带的电力主要由以色列电力公司（IEC）供

---

[1] Country Report: *Israel & Palestinian Territories*, 2002, London: The Economist Intelligence Unit, pp. 76 – 77.

[2] Jamil Hilal and Mushtaq Husain Khan, "State formation under the PNA: Potential outcomes and their viability", in Mushtaq Husain Khan ed., *State Formation in Palestine: Viability and Governance during a Social Transformation*, p. 76.

[3] Country Report: *Israel & Palestinian Territories*, 2002, pp. 76 – 77.

应，供电量占巴勒斯坦用电总量的88%。加沙地带的本地发电量仅占当地用电总量的23.5%，巴勒斯坦用电总量的7.3%。约旦和埃及输入的电量约占巴方用电总量的4%。巴勒斯坦私人电厂耶路撒冷电力公司（JEC）也给东耶路撒冷和约旦河西岸供电。巴勒斯坦使用以色列国家电网进行电力输送。除犹太人定居点以外，巴勒斯坦配电系统由本地市政管理。

根据巴中央统计局统计，自治初期，巴勒斯坦将近13%的居民点没有电网，约旦河西岸140多个村庄仍使用小柴油发电机。巴勒斯坦电网老化，电压低，经常断电、漏电。1994—1999年，捐助国援助能源部门1.34亿美元，一半用于改善加沙地带电网，一半投入扩大约旦河西岸农村电网。经过这些努力，1995—1998年，巴勒斯坦的用电总量增加34%。

1999年年底，巴勒斯坦电力公司在加沙成立。巴勒斯坦电力公司计划逐步摆脱对以色列电网的依赖，在电力不足时主要使用埃及资源。2003年3月，巴勒斯坦电力公司建造的第一家独立发电站开始在加沙运行，预计年发电量140兆瓦（MW）。新电站满足了加沙地带45%的电力需求，结束了35年来以色列对加沙地带供电的垄断。哈马斯控制加沙地带后，与以色列的紧张关系破坏了加沙电站的正常运转。2006年加沙电站的变压器在以色列空袭中损坏，2007年8月在欧盟的资助下得以修复并重新运转。以色列经常关闭加沙地带通往外界的货物口岸，导致电站燃料供应短缺，时常停止运营。加沙地带不得不缩短供电时间，甚至大面积停电。

2015年，巴勒斯坦99.9%的家庭都接入了公共电网，但人均电力消费量低于以色列和周边其他国家。① 此外，巴勒斯坦的煤、天然气和汽油等能源，以及死海的矿产资源等几乎完全被以色列控制。

二　巴勒斯坦经济基础薄弱，经济结构失衡，外贸渠道单一

以色列严重制约了巴勒斯坦的经济发展。约旦河西岸和加沙地带

---

① 相关数据参见巴勒斯坦中央统计局，"Energy Use In Households"。

经济以农业为主，农副产品主要出口以色列，部分产品在以色列精加工后返销巴勒斯坦。工业基础薄弱、规模小、发展水平低。长期的被占领状态，薄弱的工农业基础，以及以色列对当地利用自然资源的限制，导致巴勒斯坦商品和服务供应不能满足本地需求，大部分依赖进口，但进出口完全受以色列控制。

1967 年后，约旦河西岸和加沙地带被迫与传统市场割离，成为以色列的商品倾销市场，并形成巨额贸易逆差。《奥斯陆协议》签署以来，巴勒斯坦取得完全自治的地区只占约旦河西岸领土的 18%、加沙地带的 60%，且受到以色列的分割、包围，成为一块块"飞地"，几乎所有边界都处于以色列控制之下。巴勒斯坦经济未能与世界经济建立独立的联系，以色列仍控制着巴勒斯坦的对外贸易，并在双边贸易中占据优势。根据巴勒斯坦中央统计局数据，1998 年至 1999 年，巴勒斯坦 96% 的进口、约 70% 的出口是与以色列的贸易。即使经过多年的努力，到 2016 年，与以色列的贸易仍分别占巴勒斯坦出口总量的 83.2%，进口总量的 58.2%。[①]

巴勒斯坦贸易多元化的局面没有打开。除以色列外，约旦河西岸产品还出口约旦，加沙地带产品还出口埃及。尽管采取了各种促进措施，但巴勒斯坦与以其他国家和地区的贸易仍然微不足道。约旦和埃及是巴勒斯坦最大的阿拉伯贸易伙伴，1995—2000 年，巴勒斯坦从这两个国家的进口有所增加，但并未超过总量的 2%，而从以色列的进口平均占总量的 75%。[②] 随着经济发展和产业结构调整，巴勒斯坦出口严重依赖以色列的局面稍微有所改善。

在以色列的政策下，巴黎《经济议定书》规定的巴以自由贸易成为空谈。以色列严格限制物资进出约旦河西岸和加沙地带，任何可能用于军事目的的民用商品、原材料和设备都被列入"双重用途"名录，不能由巴勒斯坦企业进口。这些限制提高了巴勒斯坦的投资成

---

① 相关数据参见巴勒斯坦中央统计局，"Foreign Trade"。
② Adel Zagha and Husam Zomlot, "Israel and the Palestinian economy: Integration or containment?", in Mushtaq Husain Khan ed., *State Formation in Palestine: Viability and Governance during a Social Transformation*, p. 126.

本，甚至迫使当地企业放弃生产线。巴勒斯坦大多数工业都受到这个名录的影响，特别是食品、饮料、医药、纺织品、信息技术、农业和金属加工等行业。而以色列进口商则不受此名录限制。据报道，巴勒斯坦企业有时可以从以色列企业采购这些商品。[1]

三 巴勒斯坦的税收和财政受以色列控制

《奥斯陆协议》和巴黎《经济议定书》使以色列在很大程度上控制了巴勒斯坦的税收和财政。以色列控制了巴勒斯坦的边界和外贸，即使是巴勒斯坦直接与约旦等第三国进行的少量贸易也处于以色列掌握之中。巴民族权力机构建立后，巴勒斯坦进口总量的90%继续从以色列或通过其港口进行，出口总量的95%通过或向以色列出口。[2] 巴黎《经济议定书》规定，以色列对巴勒斯坦进口商品征收关税，向在以色列就业的巴勒斯坦人征收所得税，并将这些税款移交给巴民族权力机构。以色列控制了巴勒斯坦的电力、燃料、水泥等能源和物资的供应，导致巴民族权力机构能够征收的所得税基数较低。1999年，直接所得税仅占巴勒斯坦财政收入的8.2%，而以色列转交的税款占了63%。[3] 由此，以色列掌握了巴勒斯坦的财政收入。能否按时接收到以色列转交的税款，决定着巴勒斯坦政府能否有效行使行政管理职能，甚至影响到其自身的生存。

延迟甚至中止代收税款的转交成为以色列向巴勒斯坦施压的砝码。2000年阿克萨起义爆发时，以色列立即冻结所有应转交税款。2007年哈马斯占领加沙地带后，巴以关系持续紧张，以色列经常利用税款移交问题向巴方施压，并借此为法塔赫与哈马斯的内部和解设

---

[1] World Bank, *West Bank and Gaza: Area C and the Future of the Palestinian Economy*, p. 3.

[2] Jamil Hilal and Mushtaq Husain Khan, "State formation under the PNA: Potential outcomes and their viability", in Mushtaq Husain Khan ed., *State Formation in Palestine: Viability and Governance during a Social Transformation*, p. 76.

[3] Odd-Helge Fjeldstad and Adel Zagha, "Taxation and state formation in Palestine 1994 – 2000", in Mushtaq Husain Khan ed., *State Formation in Palestine: Viability and Governance during a Social Transformation*, pp. 194 – 195.

置障碍。巴勒斯坦申请加入联合国时，以色列也以扣留税款作为报复。2012 年，巴勒斯坦获得联合国观察员国身份，以色列扣留巴方税款不予转交。2014 年，以色列代巴勒斯坦征收的税款总额为 21 亿美元，占巴政府总收入的 75%，巴勒斯坦 50% 的政府开支依靠这笔资金支付。为报复巴勒斯坦申请加入国际刑事法庭，从 2014 年 12 月底到 2015 年 4 月，以色列不予转交每月 1.64 亿美元的巴勒斯坦税款，导致巴政府财政恶化，经济发展遭到破坏。[1]

四 巴勒斯坦人就业严重依赖以色列

经济发展长期严重滞后导致本地工作岗位缺乏，以色列及其工业区和犹太人定居点成为巴勒斯坦的重要就业市场。尽管工资待遇远低于犹太人，但在以色列打工仍是巴勒斯坦人最重要的收入来源之一。

由于经济结构的改变及第一次因提法达的影响，以色列政府开始向非巴勒斯坦的外国工人发放工作许可证，以减少对巴勒斯坦劳动力的依赖。这导致在以色列就业的外国工人数量增加，巴勒斯坦工人的比例急剧下降。巴民族权力机构建立之后，以色列对巴勒斯坦劳工的依赖程度降低更多。1993 年之前，加沙地带 35%—45% 的劳动力在以色列就业，到 2000 年中期，这个数量是 13%。《奥斯陆协议》签署之前，约旦河西岸有 25%—30% 的劳动力输出到以色列，而在 1995 年至 1999 年，则只有 18%—25% 劳动力在以色列就业。[2]

然而，鉴于本土就业途径有限，以色列仍然是巴勒斯坦人的主要就业市场。对以色列的劳务输出已经成为巴勒斯坦国民收入的一大支柱。1999 年，约有 13 万名巴勒斯坦工人在以色列工作，收入接近 10 亿美元，将近占巴勒斯坦国民总收入（GNI）的 1/6。劳动力流动受

---

[1] United Nations Conference on Trade and Development, *Report on UNCTAD assistance to the Palestinian people: Developments in the economy of the Occupied Palestinian Territory*, TD/B/62/3, 2015, p. 5.

[2] Ted N. Aranki and Yousef Daoud, "Competition, Substitution, or Discretion: An Analysis of Palestinian and Foreign Guest Workers in the Israeli Labor Market", p. 1279.

到以色列安全措施和封锁政策限制增多，导致巴勒斯坦人失业率增加，收入水平降低。2000 年，估计约旦河西岸和加沙地带的人均收入水平比中东和平进程开始之前低 10%。[1] 对以色列就业市场的依赖成为巴勒斯坦经济发展的制约。

第四节　冲突对巴勒斯坦经济的破坏

巴勒斯坦经济具有周期性崩溃和复苏的特点，这与巴以关系、巴勒斯坦政治局势和国际援助状况密不可分。巴以关系缓和时期，以色列放宽对物资进入加沙地带和约旦河西岸的限制，为巴勒斯坦人发放工作许可证、及时转交税收，促进两地经济的恢复和发展。一旦巴以关系紧张，巴勒斯坦的物资流动、就业、公用事业就受到严重损害。从 2000 年 9 月阿克萨起义爆发到 2006 年，巴勒斯坦政治经济发展进入最动荡的时期，大量人员伤亡，经济遭受重创，处于崩溃边缘。哈马斯上台后，国际社会的抵制及以色列的封锁使巴勒斯坦经济再次受到沉重打击。

一　以色列的封锁政策

约旦河西岸和加沙地带实行自治后，所有边境仍由以方控制。每当以色列境内发生针对犹太人的袭击事件，以军便封锁巴勒斯坦，以此作为对巴政府未能有效控制袭击活动的"惩罚"。在巴以谈判过程中，封锁也是具有明显优势的工具。尤其是拉宾和佩雷斯执政时期，将封锁作为向巴民族权力机构施压的经济杠杆。[2] 封锁分为一般性封锁、全面封锁和内部封锁等三种形式。一般性封锁指限制巴勒斯坦劳动力和商品在巴勒斯坦和以色列之间、加沙地带和约旦河西岸之间、约旦河西岸南北之间的流动；全面封锁指完全禁止巴勒斯坦人在上述

---

[1] Salem Ajluni, "The Palestinian Economy and the Second Intifada", *Journal of Palestine Studies*, Vol. 32, No. 3, 2003, pp. 65 – 66.

[2] Amira Hass, "Israel's Closure Policy: An Ineffective Strategy of Containment and Repression", *Journal of Palestine Studies*, Vol. 31, No. 3, 2002, p. 18.

地区进行任何流动；内部封锁指禁止巴勒斯坦人在约旦河西岸各居住区域之间的流动，而约旦河西岸与加沙地带之间更不可能流动。2000年9月后，以军对巴勒斯坦实行自1967年以来最严厉、持续时间最长的大范围封锁。安全隔离墙计划开始实施后，对约旦河西岸人员和物资流动的限制更加严格。

即使在道路开放时期，经过阿伦比桥（Allenby）和达米亚桥（Damiya）到约旦的客货汽车都要经过以色列的安全检查站。阿克萨起义爆发后，封锁把约旦河西岸分成了64个孤立的地区，加沙地带在2005年以色列撤出之前被分成了三个部分，各地区人员无法往来，也无法到达工作地点。货物运输不得不选择绕远的低等级公路或小道，运输成本成倍增长。自2004年年初开始，封锁有所放松，部分检查站撤销。然而，一旦以色列认为遭受巴勒斯坦人攻击的危险增加，就又会强化封锁，加强道路控制。联合国人道主义事务协调办公室2007年3月底发布的数据表明，包括各种检查点、路障在内，约旦河西岸共有交通障碍549个。2007年以后，以色列再次加强道路封锁，新增600多个检查站或关卡，并限制巴勒斯坦人可使用的公路数量。

二 冲突对巴勒斯坦经济的破坏

（一）经济各部门损失惨重

持续的暴力冲突使巴勒斯坦经济各部门遭到严重破坏，损失惨重，据巴勒斯坦统计，2000—2006年遭受的直接和间接经济损失达160亿美元。[①] 农业首当其冲，以色列军队不时入侵，大量毁坏房屋耕地，砍伐果树，破坏灌溉水井。封锁使农产品出口受阻，水果、蔬菜和鲜花等农产品只能贱价处理或烂在田里。从冲突爆发到2003年9月，橄榄种植业损失达10亿美元。农民被迫放弃种植高利润的出口农作物，转而种植基本农产品，以满足对食物的需求。2002年农业产值比2000年下降25%。巴农业部估计，至2002年年底，农业遭受

---

① 《世界知识年鉴2008/2009》，世界知识出版社2009年版，第53页。

的损失总值达 8 亿美元。① 以色列隔离墙的修建对农业是一个沉重打击。联合国人道主义事务协调办公室估计，为修建约旦河西岸北部的隔离墙，以色列没收 1140 公顷的私人土地，破坏 102320 株果树，直接影响 1.62 万公顷的高产土地。被没收的土地大部分是橄榄树林、牧场、谷田、柑橘园，也有温室和灌溉用水井。这些都是约旦河西岸最肥沃的土地，吸纳了当地 1/4 的就业。② 隔离墙的限制，以及约旦河西岸 A、B、C 区域的分割，导致附近的城市发展失序，城市建设不得不侵占农业用地，耕地进一步减少，生态系统退化，环境污染加剧，严重威胁着农业发展环境，农民的处境更加恶化。③

封锁、进出口成本增高、需求锐减以及以色列转包项目减少导致巴勒斯坦工业处境艰难。封锁和宵禁增加生产、运输和销售成本，使巴勒斯坦企业在当地及以色列市场的竞争力下降，市场份额逐渐丧失，许多公司更加依赖互不相连的地方市场。阿克萨起义阻碍了第二阶段的工业园区建设，开工企业和就业劳动力减少，几家巴以合资企业也停止合作关系。为进一步吸引投资，巴勒斯坦工业园和免税区管理局出台了一系列优惠政策。但工业园的恢复在很大程度上取决于安全环境的改善。哈马斯控制加沙地带后，当地安全环境恶化，巴以合资企业解体，很多工厂迁到约旦、埃及或其他地方，经济形势更加严峻。埃及加强边境控制、摧毁地下走私通道，使加沙地带经济雪上加霜。

旅游业受到沉重打击。旅游基础设施遭到严重破坏，公路、水电网等损毁严重；一些旅馆或被以军坦克炮击，或成为以色列的军事据点，处于隔离地区的旅馆则无法营业；汽车出租公司、饭店等旅游相

---

① Country Report: *Israel & Palestinian Territories*, January 2003, London: The Economist Intelligence Unit, pp. 49 – 50.

② Country Report: *Palestinian Territories*, April 2004, London: The Economist Intelligence Unit, pp. 14 – 15.

③ Maha Nassar, Richard Levy, Noel Keough and Nashaat N. Nassar, "Agricultural Land Use Change and its Drivers in the Palestinian Landscape Under Political Instability, the Case of Tulkarm City", *Journal of Borderlands Studies*, Vol. 34, No. 3, 2019, pp. 377 – 394.

关机构大量关闭。游客大量减少，旅游业收入一落千丈。著名宗教圣地伯利恒的游客骤降，千禧年圣诞庆祝活动被迫取消。游客出于安全考虑大多选择以色列旅馆，巴勒斯坦的游客住宿量从 2000 年的 101.67 万人次下降到 2001 年的 18.49 万人次，直到 2003 年之后，巴勒斯坦的游客住宿量才开始恢复。① 巴民族权力机构和以色列旅游部成立联合委员会，进行旅游业合作，但进展并不顺利。由于以色列控制着巴勒斯坦边境，巴旅游部吸引国际游客的措施受到以色列的阻碍。加沙地带被哈马斯控制后，遭到以色列的严密封锁，普通游客无法进入，当地旅游业受到毁灭性打击。

约旦河西岸和加沙地带商业环境恶化。以色列严格限制巴勒斯坦的交通和人员、商品流动，使当地的经济和商业活动严重受阻。企业的经营、销售成本增大，资金周转不畅。运输障碍造成大量商品积压的同时也使一些商品供应缺乏。冲突导致巴勒斯坦经济内需严重不足。由于家庭收入大幅降低，巴勒斯坦人对相对昂贵商品的消费下降，肉、蛋消费量减少。

阿克萨起义爆发后，巴以大规模冲突使巴勒斯坦对外贸易遭到破坏性影响。时不时地封锁及其导致的运输费用提高、生产效率降低等削弱了巴勒斯坦产品在国际市场的竞争力。以色列对货物、人员流动的限制，及流动资金缺乏是出口商面临的主要障碍。进口比出口下降更为严重。严重的经济衰退、大量的失业、贫困率上升都抑制了进口需求，对生产者资金的限制也降低了进口额。世界银行估计，2001 巴勒斯坦的出口下降 7.6%，进口下降 20%。② 封锁增加了与其他国家进行贸易的难度，巴勒斯坦外贸对以色列的依赖加剧。2005 年，巴勒斯坦出口 3.354 亿美元，对以色列出口就占了 86.64%；进口 27 亿美元，从以色列进口占 70% 以上；而对阿拉伯市场的出口则从 1980 年的 31% 降到 7.7%。2006 年，与以色列的贸易分别占巴勒斯

---

① Rami K. Isaac, C. Michael Hall and Freya Higgins-Desbiolles, eds., *The Politics and Power of Tourism in Palestine*, p. 16.

② Country Report: *Israel & Palestinian Territories*, October 2001, London: The Economist Intelligence Unit, p. 55.

坦出口总量的90%，进口总量的74%，与美国和欧盟的贸易则分别下降了35%和15%。[1]

（二）投资环境恶化

巴勒斯坦脆弱的经济、不稳定的安全环境令众多投资者望而却步。封锁的恶劣影响使投资者对经济发展没有信心，缺乏投资动力，投资环境恶化，大批项目由于资金匮乏而中途下马，已签署的经济协议落空。冲突破坏了大量利用外资修建的基础设施，正在进行的投资项目陷于停顿。2002年1月，欧盟公布了被以色列军队破坏的欧盟及其成员国的17个投资项目，损失总额估计达1730万欧元。这些项目包括加沙国际机场、巴勒斯坦广播公司和加沙港等高利润工程。

英国天然气公司与当地的联合投资公司（CCC）合作开发加沙海岸的天然气。2001年11月，英国天然气公司宣布，如果允许每年销售15亿立方米天然气，它将投资4亿美元开发加沙海岸巴勒斯坦所属的两个天然气田。截至2003年7月，两家公司已经投资3500万美元，开发距离加沙海岸35千米的1号天然气海井。但进一步开发取决于以色列的天然气购买计划。冲突阻止了以色列的购买，也使1号井的开发工作停滞。

（三）失业率上升，贫困增加

持续不断的冲突使巴勒斯坦失业率上升，大量企业停产或倒闭，勉强维持的企业不得不缩减规模，减少工人数量。2002年第三季度，巴勒斯坦失业率从2000年的11%上升到41%以上，同期加沙地带的失业率超过64%。[2] 在这些失业的巴勒斯坦人中，约58%是难民。封锁阻止巴勒斯坦人到达位于以色列或犹太人定居点的工作岗位。2000年上半年约12.5万名巴勒斯坦人在以色列及犹太人定居点工作，人均日收入27.5美元。从2000年第四季度起，巴以之间的劳动力流动几乎完全停止，[3] 来自以色列的汇款急剧减少，巴勒斯坦家庭每日损

---

[1] 相关数据参见巴勒斯坦中央统计局。
[2] Salem Ajluni, "The Palestinian Economy and the Second Intifada", p. 69.
[3] 不包括约2100名加沙居民，他们时常能够在以色列工业区工作。

失的收入总共达到 300 多万美元。2002 年来自以色列的汇款只有 2.39 亿美元,是冲突爆发以来最少的年份。直到 2003 年中期安全形势好转,来自以色列的汇款才有所恢复。

失业率上升使大批巴勒斯坦人陷入贫困,生活水平严重降低。冲突爆发前,巴勒斯坦贫困人口约占总人口的 21%,2002 年年底,世界银行估计巴勒斯坦总体贫困率达到 60%,加沙地带的贫困率甚至更高。① 从 2000 年到 2006 年,巴勒斯坦失业率徘徊在 20%—38% 之间,约旦河西岸的贫困率达到 47%,加沙地带的贫困率甚至达到 82%。②

(四) 巴勒斯坦陷入财政危机

税收是巴勒斯坦的主要财政收入。根据巴黎《经济议定书》规定,巴勒斯坦征收直接税和税率为 15%—16% 的增值税。以色列在本国口岸对运往巴勒斯坦的物资征收关税,还代替巴方向在以就业的巴勒斯坦人征收所得税。以色列扣除一定的费用后,将这两项税款移交巴勒斯坦。

以色列代征税款的转交受巴以关系影响。2000 年 9 月阿克萨起义爆发后,以色列借口巴勒斯坦用移交税款资助恐怖袭击,自 12 月起停止移交此款项。在美国的压力下,以色列在 2002 年年底向巴勒斯坦移交了 1.3 亿新谢克尔(合 2700 万美元),向以色列电力公司支付 1.02 亿新谢克尔作为巴勒斯坦人的电费,但还有 20 亿新谢克尔的扣留税款没有达成移交协议。③ 哈马斯上台后,以色列完全停止税款移交,巴勒斯坦财政状况迅速恶化。直到 2007 年 7 月,哈马斯政府解散,紧急政府成立,以色列才恢复了代征税款移交。

经济形势恶化使巴勒斯坦本土税收大幅减少。冲突爆发初期,巴勒斯坦的月平均财政收入减为 4500 万美元,只有 2000 年前三季度月平均数的一半。④ 世界银行估计,2001 年人均实际 GDP 减少 20%,

---

① Salem Ajluni, "The Palestinian Economy and the Second Intifada", p. 69.
② Leila Farsakh, "Palestinian Economic Development: Paradigm Shifts since the First Intifada", p. 60.
③ Country Report: *Israel & Palestinian Territories*, January 2003, p. 51.
④ Country Report: *Israel & Palestinian Territories*, 2002, p. 85.

2002年则减少23%。① 本土税收的损失进一步削减了巴勒斯坦的财政收入。2001年来自本土的财政收入为9100万美金，只相当于上年度的79%。② 2003年中东和平"路线图"计划出台后，巴以局势一度出现缓和，巴勒斯坦经济略有增长，但时刻面临着以色列安全隔离墙的威胁。

巴勒斯坦财政赤字居高不下。冲突爆发前，国际货币基金组织估计，巴勒斯坦2000年财政赤字为3600万美元，约占GDP的0.7%强，冲突导致当年的财政赤字估计比预计高55%。③ 2002年上半年，月均财政赤字1500万美元，政府拖欠的款项总计5.27亿美元。④

为应对财政危机，巴勒斯坦努力削减公共部门的工资支出，并大幅削减公共事业开支等非工资支出。政府雇员工资是巴勒斯坦的主要财政支出之一，1999年占财政支出的55%。⑤ 2000年9月阿克萨起义爆发后，财政困难使政府难以及时支付工资，机构不断膨胀也导致工资支出超出预算。哈马斯上台后，公务员数量大增，2006年年底公共部门雇员达到15.78万人，比1999年增加60%，单是工资一项就超出了政府的财政收入，即使算上以色列的代征税款也不够。

中央政府的财政危机影响到地方政府的运行。巴勒斯坦地方政府财政相对独立，可以独立制定预算，但中央政府拨款、地方税收及水电使用费等构成地方政府财政收入的主要来源。2000年约旦河西岸和加沙地带140个城市的年度经常性预算总计1.3亿美元，约占巴勒斯坦预算的11%。由于巴勒斯坦财政困难，给地方政府的拨款减少，地方政府不得不大幅削减公共事业开支。自2000年9月起，大部分地方政府开支削减20%，主要是减少市政服务、压缩基础建设投资。由此导致加沙的垃圾由过去的每日收集改为两周甚至几周收集一次。

---

① Country Profile: *Palestinian Territories*, 2004, p. 35.
② Country Report: *Israel & Palestinian Territories*, January 2003, p. 52.
③ Country Report: *Israel & Palestinian Territories*, 2002, p. 84.
④ Country Report: *Israel & Palestinian Territories*, January 2003, p. 52.
⑤ Country Report: *Israel & Palestinian Territories*, October 2001, p. 56.

高额财政赤字使巴勒斯坦不得不依靠借贷、拖欠供应商资金、推迟发放养老金和工资来维持。巴勒斯坦的外债迅速增加，2002年，公共债务达到12亿美元，比2000年增加4.38亿美元。① 增加的公共债务大部分属于紧急需要和财政援助贷款。这些贷款虽然有优惠的利率、较长的宽限期和还款期，但并不直接创造可持续收入和就业机会。因此，迅速增长的外债仍给巴勒斯坦带来一定压力。

（五）巴勒斯坦对外部援助的依赖加深

国际社会提供的预算支持是巴勒斯坦财政收入的重要来源。当以色列拒绝转交税款时，国际援助在一定程度上缓解了巴勒斯坦的财政困境，帮助其政府维持最低限度的公共服务，解决公务员的工资，避免当地经济完全崩溃。

《奥斯陆协议》签署后，美国于1993年10月1日在华盛顿主持召开近50个国家和机构参加的巴勒斯坦捐助会议。捐助者计划5年内筹集24亿美元，向约旦河西岸和加沙地带的巴勒斯坦人提供发展资金，以支持《奥斯陆协议》的实施。由于汇率变化等因素的影响，后来又追加了新的款项，援助总额达到36.5亿美元。之后，陆续又有新的援助款。在已支付的援助资金中，贷款所占的比例稳步增长。1996年支付的援助资金中，贷款占6%，到1999年，贷款所占比例上升到25%。这些贷款近一半是优惠贷款，贷期超过40年，利率只有0.75%，并有10年的宽限期，不会给巴勒斯坦造成过重的外债压力。② 自1999年起，国际社会停止资助巴勒斯坦的经常性开支，仅资助基本建设。

2000年巴以冲突爆发后，国际社会的援助再次转向对巴勒斯坦的预算支持和帮助就业。根据世界银行统计，2000年实际支付的外援从上年的4.82亿美元增至5.49亿美元，到2001年增至9.29亿美元，绝大部分增加资金用于援助巴勒斯坦财政。2002年，国际社

---

① Country Report: *Israel & Palestinian Territories*, April 2003, London: The Economist Intelligence Unit, p. 55.

② Country Report: *Israel & Palestinian Territories*, 2002, p. 100.

会为巴勒斯坦提供 10 亿美元援助，81% 用于各种形式的紧急援助，其中包括支持政府预算的 5.19 亿美元。① 在过去十年中，欧盟和美国一直是巴勒斯坦的主要援助者。2002 年，援助支付总额的 35%—40% 由欧盟及其成员国提供，18.9% 由美国提供。阿盟从 2001 年起成为巴勒斯坦的重要援助者，提供了 2002 年援助支付总额的 30.8%。②

为尽快缓解冲突造成的失业和贫困，援助资金被迫从长期发展项目转向就业项目。2002 年援助拨款超过 15 亿美元，支付额超过 10 亿美元，但发展和紧急援助之间的比例由 2000 年有利于发展援助的 7∶1 变为有利于紧急援助的 5∶1，发展援助拨款从 2000 年的 8.52 亿美元降为 2.61 亿美元，几乎降低 70%，而紧急援助拨款则增加 10 倍。③ 持续的冲突使部分援助国对基础设施重建项目态度谨慎。2003 年巴以安全形势好转，为执行发展计划创造了相对稳定的环境，发展援助总体有所增长，从上年的 1.97 亿美元增至 3.55 亿美元。但不稳定的政治形势时刻威胁着这种增长。2004 年 4 月底，世界银行宣布建立公共金融管理改革信托基金（Public Financial Management Reform Trust Fund），以减轻国际社会对巴勒斯坦援助资金管理不善及被挪用的担忧，帮助巴恢复援助资金来源，从而使面临严重财政危机的巴勒斯坦能够维持公共服务。

哈马斯上台后，拒绝接受中东和平四方提出的条件，坚持强硬立场，导致大多数双边捐助者停止直接援助巴民族权力机构。虽然阿盟继续为巴勒斯坦提供援助，但其成员国停止援助哈马斯预算资金。2005 年以色列撤出加沙地带后，阿联酋承诺建立基金

---

① World Bank, *Twenty Seven Months: Intifada, Closures and Economic Crisis: An Assessment*, May 2003, World Bank, p.52.

② Anne Le More, "Foreign aid strategy", in David Cobham and Nu'man Kanafani eds., *The Economics of Palestine: Economic policy and institutional reform for a viable Palestinian state*, London and New York: Routledge, 2004, p.207. 这个数据不包括对近东救济工程处（UNRWA）的常规预算支持。

③ World Bank, *Twenty Seven Months: Intifada, Closures and Economic Crisis: An Assessment*, pp.51–52.

支持加沙地带的城市发展,但哈马斯上台导致这个计划停止。以色列在哈马斯上台当月就停止转交税款,巴勒斯坦依靠阿拉伯国家甚至个人的捐款才得以支付政府雇员2006年和2007年上半年的工资。

由于人道主义危机,欧盟提出绕过哈马斯政府,直接为巴勒斯坦平民提供援助的计划,得到中东和平四方的批准。对巴政府支付任何正式资金都要受到美国、欧盟、联合国及俄罗斯组成的中东问题有关四方的限制,这也影响到通过国际银行系统进行的资金支付计划。为此,2006年6月中东问题四方建立国际临时援巴机制,以便于不通过巴政府就能够援助公共部门。

巴勒斯坦脆弱的经济状态决定了国际援助的必要性,国际社会也充分认识到援助和捐赠是中东和平进程的重要组成部分。国际援助有力地巩固了巴勒斯坦政权,极大促进了约旦河西岸和加沙地带的基础设施重建工作,对经济发展和人们生活水平提高起到很大推进作用。然而提高人力资源素质、加强基础设施建设、增强经济的竞争力尚需要大量资金,国际援助与巴勒斯坦社会和经济建设的整体需求相比,还远远不够。

三 巴勒斯坦的自救措施

面对严峻的经济形势,巴勒斯坦采取了诸如实施改革、创造就业、鼓励发展私营经济等自救措施。除此之外,巴勒斯坦更多地寄希望于国际社会的援助。

(一)百天改革计划

2002年6月,巴勒斯坦在内外压力下,公布百天改革计划(100 Days Plan),涉及制度、公共安全、财政和司法等39项内容。[①] 缺乏完善的法制体系及动荡的地区政治形势成为巴勒斯坦经济发展的障碍。作为改革的一部分,巴勒斯坦与国际组织合作,努

---

① World Bank, *Twenty Seven Months: Intifada, Closures and Economic Crisis: An Assessment*, pp. 39-41.

力建立完善的法制体系，以鼓励私营部门的发展。经济、工业和贸易部着手起草涵盖贸易制度的法律，包括外贸法、知识产权法、关税法、竞争法和资本市场法等。立法委员会开始讨论新起草的所得税法和外部审计法。2003 年，巴勒斯坦颁布第一部农业法，希望通过立法等方式从国家层面推进农业发展。这部农业法设立了农民补偿基金，以帮助农民抵抗自然灾害，扶持畜牧业发展。国家养老金委员会也开始讨论养老金改革。为增加财政收入，政府在 2003 年接管巴勒斯坦石油委员会（Palestinian Petroleum Association），改革石油管理政策，提高石油产品价格，这使当年 7—10 月的税收大幅增加。[1]

得益于改革计划的推进，加之中东和平"路线图"计划的公布和实施，巴勒斯坦经济有了一定程度的复苏。从 2003 年到 2005 年，巴勒斯坦 GDP 持续保持约 6% 的增长，GDP 总量在 2005 年回到了 2000 年阿克萨起义前的水平。从 2003 年开始，巴勒斯坦总体失业率有所下降，约旦河西岸的失业率一度迅速下降至 2.9%，但加沙地带由于以色列的封锁，失业率仍有小幅上升。

（二）财政改革

2000 年巴以冲突爆发前，就有捐助国指责巴勒斯坦财政缺乏透明度、腐败及管理不善。自 20 世纪 90 年代中期以来，国际货币基金组织和捐助国一直呼吁巴勒斯坦由财政部直接管理收支。美国和以色列也指责巴勒斯坦用财政资金支持针对以色列的袭击活动，要求巴政府提高财政透明度。在国际压力下，百天改革计划中财政改革的步伐较大。财政部采取措施，促进财政开支合理化，增加财政制度的透明度和可信度。2003 年年初，财政部部长法耶兹在向立法委员会提交财政预算时保证，加强财政管理，根除腐败，提高透明度。作为改革的一部分，当年巴勒斯坦发布政府资产综合报告，并建立预算执行情况公开报告制度。

---

[1] Country Report: *Palestinian Territories*, January 2004, London: The Economist Intelligence Unit, p. 17.

财政改革的关键内容之一，就是将分配给总统办公室的预算减半，大部分资金改为直接交付有关的社会部门。2005年法耶兹建立单独财政账户，以加强对所有财政收入的控制。这样，每月都可以公布经过国际审计公司审计的财政报告。财政管理因此得到很大改善，减少了腐败发生的机会，降低了开支。为减少腐败，政府还采取了其他几项措施，包括制定法律规范所有政府部门的采购；通过银行直接发放所有安全人员的工资，改变之前直接发放现金的做法；政府所有的商业和投资活动都通过巴民族权力机构建立的投资机构巴勒斯坦投资基金进行。

改革以及捐助国的监督有效增加了巴勒斯坦财政的透明度，减少了腐败，提高了国际捐助者对巴政府的信任。2006年年初，世界银行评估认为，巴勒斯坦财政领域的营私舞弊几乎为零，透明度水平与以色列相当，达到世界标准。① 然而，这些改革项目没能在2006年继续实施下去。哈马斯上台后，由于国际社会的经济制裁，行政几乎陷于瘫痪。国际社会，尤其是阿拉伯世界增加的捐助部分抵消了以色列停止转交代征税款所导致的财政困难，但这些捐助大部分直接交予巴民族权力机构主席办公室，削弱了自2003年以来建立的财政制度。

（三）巴勒斯坦改革与发展计划

2007年6月，法耶兹领导的紧急政府成立，在国际社会的监督和指导下进行新自由主义的经济改革。12月，在巴黎捐助大会召开之前，巴勒斯坦财政部和计划部向国际捐助协调机构特别联络委员会（Ad Hoc Liaison Committee）递交三年的改革计划，即《2008—2010年巴勒斯坦改革与发展计划》，指出巴勒斯坦在政策制定、规划和预算方面的弱点，列出解决经济发展问题的全面政策。改革计划评估了巴勒斯坦府的财政能力及未来三年的援助需求，提出促进经济增长的详细措施，如复兴私营部门、创造就业等。巴勒斯坦改革与发展计划

---

① Country Profile: *Palestinian Territories*, 2007, London: The Economist Intelligence Unit, p. 34.

获得国际社会的支持,参加巴黎捐助大会的 90 多个国家和国际组织同意为此捐助 74 亿美元。[①] 在实施《2008—2010 年巴勒斯坦改革与发展计划》的基础上,巴勒斯坦又推出《2011—2013 年巴勒斯坦国家发展计划》,继续推行改革。

稳定财政是法耶兹政府改革的主要目标之一。巴勒斯坦采取措施控制政府开支,特别是控制现金支出,冻结工资增长,限制公共部门增加就业人数,每年只允许关键的社会服务部门新增 3000 个职位。巴勒斯坦投入大量资源建立财务管理制度,引入新的财务和会计系统,修订财务条例,对各部进行审计,并每月在网上公布财政收支报告。[②]

为满足巴勒斯坦改革与发展计划的需要,欧盟在 2008 年 2 月建立巴勒斯坦援助管理机制(PEGASE),取代国际临时援巴机制,作为援助巴勒斯坦的渠道。世界银行建立巴勒斯坦改革与发展信托基金,与巴勒斯坦援助管理机制合作,为那些不能直接向巴勒斯坦单独财政账户提供资金的捐助者提供资助渠道,同时督促巴勒斯坦政府改善公共财政管理。巴勒斯坦改革与发展信托基金每个季度都对改革与发展计划实施情况进行评估,合格后才支付相关资金。

法耶兹政府的改革并没有使巴勒斯坦经济走上自力更生的道路,对以色列的依赖程度也没有降低。由于巴以和平进程停滞,在以色列的分割包围和封锁政策下,巴勒斯坦工农业生产持续萎缩,无法充分吸收不断增长的劳动力。自 2009 年以来,巴勒斯坦人均收入每年增长 5% 以上,但 2007—2015 年,约旦河西岸的失业率为 18%,加沙地带的失业率达到 35%。改革在减少巴勒斯坦对外部援助的依赖方面进展甚微,外援在预算中仍占有重要地位。2000—2012 年,国际社会向约旦河西岸注入数百亿美元的国际援助,平均

[①] Sahar Taghdisi-Rad, *The Political Economy of Aid in Palestine*: *Relief from Conflict or Development Delayed?*, London and New York: Routledge, 2011, p. 187.

[②] World Bank, *Palestinian Reform and Development Plan-Trust Fund* (*PRDP-TF*): *April June 2008 review* (*English*), 2008.

每年约为 11 亿美元。① 然而相对于巴方的惨重损失，国际援助只是杯水车薪，一些许诺的款项无法顺利地及时汇入，即使汇入，通常也会附加苛刻的取款条件。因此，不从根本上缓和巴以关系，巴勒斯坦经济前景不容乐观。

---

① Leila Farsakh, "Palestinian Economic Development: Paradigm Shifts since the First Intifada", p. 60.

第 七 章

社会整合与国家认同塑造

国家机构的长期缺失,使约旦河西岸和加沙地带在一定程度上成为自我组织的社会。提供教育等公共服务,塑造国民精神,促进民族国家的社会心理构建,成为巴勒斯坦国家构建的重要任务。

第一节 巴勒斯坦社会的组织与动员

巴勒斯坦同以色列长期冲突的历史、派系分裂的内部政治和不具有完整主权的准国家地位,为社会的组织和动员提供不同于其他国家的环境。约旦河西岸和加沙地带在 1995 年以前出现了强大的多元化民间组织。中东只有少数几个地方存在这样的政治空间。[1] 这使巴勒斯坦民间社会成为世界民间社会发展中一个非常独特的例子。民间社会在巴勒斯坦社会和政治生活中也具有特殊而重要的作用。民间社会(Civil Society)[2] 是学术界持续了数个世纪的讨论话题,至今未有公认的确切定义。一般认为,它是介于国家与市场之间的民间公共领域。民间组织(Civil Society Organization)是指在民间公共领域中活动的自愿组织或自治机构,是民间社会的基础和主体。

---

[1] Rema Hammami, "Palestinian NGOs since Oslo: From NGO Politics to Social Movements?", *Middle East Report*, No. 214, spring, 2000, p. 16.

[2] 在中国学术界,英文术语 Civil Society 有三个不同译名:民间社会、市民社会和公民社会。

一 巴勒斯坦民间社会的发展历史

巴勒斯坦民间社会的产生与发展受到特殊历史、政治环境的影响和推动。

第一，受外来势力交替统治的巴勒斯坦人，为争取生存空间、维护和保障自己的利益，自发建立了民间社会。英国、约旦、埃及和以色列先后统治整个或部分巴勒斯坦。作为外来统治者，他们忽略巴勒斯坦人的利益，忽视当地的经济、发展以及社会服务。在这种环境下，民间组织作为巴勒斯坦人政治动员的工具以及提供必要社会服务的机构而出现。这也导致民间社会与巴勒斯坦历史发展密切相关。巴勒斯坦近代以来的重大历史事件，如英国委任统治、约旦和埃及分别统治、以色列占领、第一次因提法达及巴民族权力机构建立等，都对民间社会的形成和塑造产生重要影响，成为划分其发展阶段的标志。

英国委任统治时期，巴勒斯坦民间社会获得初步发展。在组织形式上，包括以宗教为基础的社团、俱乐部、慈善组织、城市咖啡馆和乡村酒馆等，① 1925 年出现了类似欧洲工会的劳动者组织，1929 年西墙事件后妇女协会获得迅速发展。从社会基础看，有的以家族为基础，如达贾尼体育俱乐部；有的以宗教为基础，如全国穆斯林协会、东正教俱乐部等；有的社会基础广泛，如妇女协会、工会等。除了代表相应部门追求社会经济领域的目标、宣传政治思想，这些组织也承担了一定的社会福利功能，如卫生和母婴教育、扫盲等。他们大部分是以地方为基础的志愿者组织，其中有些组织拥有了相当的权力。② 具有典型的家长制结构是这一时期民间组织的突出特征，精英家族和著名人士在其中发挥着重要作用。

约旦和埃及分别统治约旦河西岸和加沙地带时期，独立的巴勒斯

---

① Muhammad Muslih, "Palestinian Civil Society", *Middle East Journal*, Vol. 47, No. 2, 1993, p. 260.

② Nathan J. Brown, *Palestinian Politics after the Oslo Accords*, *Resuming Arab Palestine*, p. 149.

坦民间组织受到限制，只是约旦的控制略微宽松，允许社会团体和慈善组织活动。尽管如此，一些民间组织仍然顽强地生存下来，如学生、教师、专业人士、工人、妇女等分别组成的社团。到 2001 年，在约旦河西岸和加沙地带活动的民间组织中，11.5% 是在 1949 年至 1967 年建立的。[1]

以色列占领约旦河西岸和加沙地带时期，将两地与阿拉伯世界隔离，当地居民因此而更加努力地建立自己的组织。以色列严格限制被占领土民间组织的活动，其军事法令要求，所有组织在进行任何活动之前都必须登记，取得批准。只有穆斯林兄弟会因为远离政治活动、主要致力于宗教教育和社会工作而获得了很大生存空间。20 世纪 80 年代，被占领土爆发了巴勒斯坦人大规模反抗以色列占领的第一次因提法达，巴勒斯坦民间社会也迎来了新的发展阶段。第一次因提法达期间，附属于不同政治派别或直接由其建立的民间组织，如医疗协会、农业协会、教育委员会、妇女组织、学生组织、工人组织和人权组织等遍布被占领土，其中一些成为因提法达的主力。巴勒斯坦妇女总会（GUPW）是这一时期活跃的民间组织，它努力推动妇女在社会中发挥积极作用，同时从事慈善工作。穆斯林兄弟会也改变了对政治的保留态度，建立哈马斯，加入因提法达，通过民间组织提供社会服务而迅速发展壮大。

巴勒斯坦民族权力机构建立后，民间组织由于与巴民族权力机构的关系各不相同以及资金来源限制，出现了不同的发展趋势。但民间社会仍然是巴勒斯坦社会服务的主要提供者，也能够对巴民族权力机构的统治进行一定的监督和制约，从而继续在社会和政治生活中发挥着重要作用。

第二，民族运动是巴勒斯坦民间社会发展的重要推动力。巴勒斯坦民间社会兴起之初，就被纳入民族运动的轨道。20 世纪二三十年

---

[1] Palestine Economic Policy Research Institute (MAS), *Mapping of Palestinian Non-Governmental Organizations in the West Bank and Gaza Strip*, Ramallah, 2001, cited in Benoit Challand, *Palestinian Civil Society: Foreign donors and the power to promote and exclude*, London and New York: Routledge, 2009, p. 61.

代，巴勒斯坦著名地方政治人士组成的协调各种力量进行民族斗争的阿拉伯委员会，控制了许多民间组织，并利用其作为动员群众的工具，从而扩大主导精英的政治基础。约旦统治约旦河西岸、埃及统治加沙地带期间，民间社会的发展受到这两个国家的限制[1]，但大部分民间组织在追求组织特殊利益的同时，仍然致力于民族解放事业，很多组织甚至将民族解放事业作为首要目标。

民族解放斗争推动以色列占领下的巴勒斯坦民间社会获得重要发展。2001 年在约旦河西岸和加沙地带活动的民间组织中，47.5% 是在 1968 年至 1993 年建立的。[2] 首先，通过民间社会为被占领土居民提供救助和发展服务，这成为巴勒斯坦人反抗占领的一种斗争形式。[3] 其次，各种政治势力竞相以民间社会的方式动员被占领土群众。巴解组织作为巴勒斯坦人唯一合法代表的地位在 1974 年获得阿拉伯世界和联合国承认。作为拥有行政、议会机构和大量资金的流亡准政府，巴解组织从组织和物资上支持被占领土民间社会的发展，以提高自己在当地的地位。最后，阿拉伯世界对巴勒斯坦解放斗争的援助推动了被占领土民间社会的繁荣。以色列 1978 年与埃及签署单独媾和的《戴维营协议》后，在被占领土建立"民事政府"，给予其一定程度的自治，企图将占领正常化。为帮助被占领土居民保持民族认同，抵制以色列的怀柔统治，在阿盟资助下，约旦和巴解组织共同成立巴勒斯坦—约旦联合委员会，向被占领土提供物资支持。由于当地政府机构处于以色列控制之下，阿拉伯世界的援助都流向了民间社会。在这种背景下，巴勒斯坦民间社会在 20 世纪 80 年代拥有了一定程度的自治，爆发出强大的生命力。

---

[1] Laurie A. Brand, *Palestinians in the Arab World: Institution Building and the Search for State*, pp. 221 – 237.

[2] Palestine Economic Policy Research Institute (MAS), *Mapping of Palestinian Non-Governmental Organizations in the West Bank and Gaza Strip*, Ramallah, 2001, cited in Benoit Challand, *Palestinian Civil Society: Foreign donors and the power to promote and exclude*, p. 62.

[3] Denis J. Sullivan, "NGOs in Palestine: Agents of Development and Foundation of Civil Society", *Journal of Palestine Studies*, Vol. 25, No. 3, 1996, p. 93.

第三，本土高等教育的兴起是巴勒斯坦民间社会发展的基础。20世纪七八十年代，约旦河西岸和加沙地带的高等教育迅速发展，造就了大量新兴的中产阶级专业人士，他们是民间社会发展的中坚力量。大学和专业协会也成为民间社会发展的重要载体。民众教育程度的提高促进了公民参与意识的发展，当地出现了新的公民参与形式，如期刊和报纸。被占领土的社会结构发生变化，高等教育造就的新一代民族主义精英逐渐取代原来的传统贵族，掌握了巴勒斯坦人的领导权。本土领导力量的这种结构性改变也促进了民间社会的发展。

二 巴勒斯坦民间组织的类型与民间社会的特点

对于巴勒斯坦民间组织的分类，学术界有不同的观点。分歧主要在于，是否应该将政党列入民间社会。有学者认为，巴勒斯坦政党普遍与民间社会联系紧密，因此可以将政党也列入民间社会。[①] 考虑到政党与民间社会的根本性质不同，本书将二者区分开来。根据世界银行的研究，[②] 巴勒斯坦民间组织可以分为专业化的发展型组织、慈善团体、服务和消费导向的组织、以宗教为基础的社团等。此外，还有一些民间组织具有混合类型的特点，宗教的影响也会渗透到其他几种民间组织。

专业化的发展型组织：指从事卫生、农业、教育、研究、倡导以及社区服务等工作的专业化世俗组织。这些组织曾与政党联系密切。第一次因提法达以来，它们获得西方社会援助，拥有了独立于巴解组织和已有政党的资金来源，从而实现了组织发展的重大转型，专业化程度日益提高，工作人员专职化，[③] 与政党的关系也变得松散。这类

[①] Nathan J. Brown, *Palestinian Politics after the Oslo Accords*, *Resuming Arab Palestine*, p. 144.

[②] World Bank, *Report No. 16696GZ*, 1996, cited in Benoit Challand, *Palestinian Civil Society: Foreign donors and the power to promote and exclude*, p. 69.

[③] Nathan J. Brown, *Palestinian Politics after the Oslo Accords*, *Resuming Arab Palestine*, p. 150.

组织总数不多，根据1994年的统计，只有200个左右。① 但由于独立性强，政治诉求强烈，它们成为当代巴勒斯坦民间社会的主力。

慈善团体：是巴勒斯坦传统的民间组织形式，一般由传统贵族领导，政治上相对独立。② 它们是巴勒斯坦民间社会中规模最大的部门，2007年的调查显示，约旦河西岸和加沙地带有慈善团体770多个，占注册民间组织总数的51.7%。③ 这类组织缺乏国际援助，没有固定的资金来源，专业化程度低，没有或只有小部分享受报酬的专职工作人员，一般在学校、日托中心等小范围内，以志愿者为基础，从事小规模的活动。他们为民众提供当地极端匮乏的基本社会服务，为巴勒斯坦社会做出重要贡献。

服务和消费导向的组织：包括农民和手工艺者组成的合作社，由学生或专业人士组成的地方工作委员会、专业协会、工会等组织，涵盖教育、运输、住房、农业甚至信贷支持等领域。根据1994年的统计，这类组织约有300个。④ 它们与政党关系密切，部分组织本身就是由政党建立的。20世纪70年代末，巴解组织尤其是法塔赫，为平衡左派政治势力和伊斯兰势力在民间社会的发展，建立了大批这样的组织。巴民族权力机构成立后，很多这类组织逐渐解体。有的专业协会试图进行改革，将目标由民族主义斗争转为满足成员的专业需求。但没有哪个组织能够成功转型，一些甚至因此丧失活力。

以宗教为基础的社团：包括穆斯林组织和基督教教徒组织。根据1994年的统计，这类组织有300个左右。⑤ 第一次因提法达及1988

---

① Benoit Challand, *Palestinian Civil Society: Foreign donors and the power to promote and exclude*, p. 69.

② Benoit Challand, *Palestinian Civil Society: Foreign donors and the power to promote and exclude*, p. 69.

③ Palestine Economic Policy Research Institute (MAS), *Mapping of Palestinian Non-Governmental Organizations in the West Bank and Gaza Strip*, Ramallah, 2007, p. 12.

④ Benoit Challand, *Palestinian Civil Society: Foreign donors and the power to promote and exclude*, p. 69.

⑤ Benoit Challand, *Palestinian Civil Society: Foreign donors and the power to promote and exclude*, p. 69.

年哈马斯的建立，为伊斯兰势力支持的民间组织迅猛发展提供契机。[1]哈马斯在约旦河西岸和加沙地带主要的市、镇都建立了地方"伊斯兰协会"进行工作，设立了附属于清真寺的宗教学校、伊斯兰图书馆、托儿所、青年职业培训中心、体育俱乐部等机构，为居民提供免费服务。通过庞大的民间组织网络，哈马斯逐渐发展成为能与巴解组织抗衡的势力。巴勒斯坦伊斯兰圣战组织"杰哈德"也建立了一些类似的机构。

20世纪巴勒斯坦特殊的环境造就了民间社会的显著特征。

第一，巴勒斯坦民间社会是在没有主权国家存在的情况下产生和发展的。这种特殊的政治形势对民间社会的发展产生了两个重要影响。

首先，与阿拉伯世界除黎巴嫩以外的其他地区相比，巴勒斯坦民间社会享有更大程度的自治。在除黎巴嫩以外的阿拉伯世界，强大的威权主义国家极大地限制了民间社会的社会、政治活动空间和自治范围。而巴勒斯坦尚未建立独立的主权国家，当地缺乏有效的国家机构，民间社会反而获得了广阔的发展空间。巴民族权力机构建立之前，巴解组织处于流亡之中，由于空间距离和民族斗争的需要，其给予被占领土民间社会更多的是支持而不是管理和限制。巴民族权力机构具备了国家机构的大部分职能，但巴勒斯坦仍然不是具有完整主权的独立国家。英国、约旦、埃及和以色列统治时期，管理和控制民间社会的法律、政策直到现在还在当地起着作用。[2]这对民间社会的运行方式产生了重要影响，特别是在争取外部援助方面，给予了援助者更多的权利。

其次，巴勒斯坦世俗民间组织承担着民族解放斗争与国家构建的双重任务。巴解组织致力于建立巴勒斯坦民族国家，但其长期在巴勒斯坦本土之外从事斗争。巴勒斯坦本土力量处于外部势力统治之下，

---

[1] Benoit Challand, *Palestinian Civil Society: Foreign donors and the power to promote and exclude*, p. 83.

[2] Benoit Challand, *Palestinian Civil Society: Foreign donors and the power to promote and exclude*, p. 59.

主要目标是建立一个民间社会。① 从20世纪70年代末起，巴勒斯坦民族解放运动的重心转向被占领土，内外联合斗争成为民族解放运动最重要的形式。② 巴解组织被逐出黎巴嫩后，更加重视被占领土的群众工作，其所属各政治派别纷纷在约旦河西岸和加沙地带建立各种妇女团体、学生会，发动青年运动，通过这些民间组织动员被占领土的大多数民众，使他们自觉参与到民族主义斗争中。③ 虽然被占领土也有世俗民间组织在巴解组织之外活动，但很多组织都与巴解组织具有共生关系，有些先于巴解组织成立，参与了巴解组织的创建，有些本身就是由巴解组织参与建立的。这些组织也与巴解组织一起致力于民族解放斗争的共同目标。

第二，巴勒斯坦民间社会依赖外部援助生存。约旦河西岸和加沙地带经济基础薄弱，在以色列的长期限制与破坏下，经济状况更加恶化，无法为本地社会发展提供充足的物质支持。长期以来，当地民间社会都依赖外部援助生存。

第一次因提法达爆发之前，巴勒斯坦民间社会主要依靠阿拉伯世界援助。从1979年到1986年，阿盟通过巴勒斯坦—约旦联合委员会，共向被占领土提供4亿多美元的资金。④ 海湾阿拉伯国家向在本国打工的巴勒斯坦人征收5%的解放税，转交给巴解组织，由其设立民族基金，并分配给下属各政治派别。此外，阿拉伯及伊斯兰地区组织，如阿拉伯经济社会和发展基金、伊斯兰发展银行等，也对巴勒斯坦民间社会进行援助。来自阿拉伯世界的援助受到政治形势左右。1988年约旦终止与约旦河西岸的特殊关系，停止向当地数百个慈善团体提供资金。巴勒斯坦—约旦联合委员会也宣告解体。20世纪90年代初，巴解组织在海湾危机中采取同情伊拉克的立场，引起海湾阿

---

① Baruch Kimmerling and Joel Migdal, *Palestinians: The Making of a People*, p. 247.
② Helena Cobban, *The Palestinian Liberation Organisation: People, Power and Politics*, p. 257.
③ Helena Cobban, "The PLO and the 'Intifada'", p. 218.
④ Benoit Challand, *Palestinian Civil Society: Foreign donors and the power to promote and exclude*, p. 78.

拉伯国家的不满，导致他们停止对巴勒斯坦的援助，巴解组织和民间社会都失去了重要的资金来源。

20世纪80年代中期，尤其是第一次因提法达爆发后，巴勒斯坦民间社会开始获得大规模的西方援助。早在1948年，就有西方宗教组织为失去家园的巴勒斯坦难民提供帮助。第一次因提法达期间，来自欧洲的援助者，主要是民间组织，取代阿拉伯地区力量，成为被占领土民间社会的主要资金来源。由于缺乏类似于法塔赫的渠道，左派政治势力更加倾向于向国际民间组织和西方援助项目寻求资金。[1]《奥斯陆协议》签署后，西方对巴勒斯坦的援助规模达到顶峰。同时，西方国家政府取代民间组织成为巴勒斯坦民间社会的主要援助者。西方援助资金来源的显著政府化进程增强了这些国家对巴以和谈的影响。

所有的外部援助都是援助者政治利益的反映。"美国的援助就是用于促使巴勒斯坦人接受其主导的'谈判解决'，所谓的改善处于占领之下的巴勒斯坦人的生活质量，只是美国实施其政策的伪装。"[2]援助者不仅制定援助规则，而且干涉受援民间组织的战略方针、活动领域和活动方式。民间组织处在援助分配链的底部，争取援助使其发展受到援助者的控制和影响，有学者就将巴勒斯坦民间组织与援助者的关系形象地比喻为奴隶与主人的关系。[3]民间组织之间也为争取援助而竞争。这种竞争使民间组织面对带有附加条件的援助时处于绝对弱势地位。"不要就走，等着要的人多的是。"一名巴勒斯坦民间组织人士在谈到与外部援助的关系时说出了这样的话。[4]

外部援助对巴勒斯坦民间社会的结构产生了重要影响。巴民族权

---

[1] Yezid Sayigh, *Armed Struggle and the Search for State: The Palestinian National Movement, 1949–1993*, p. 612.

[2] Khalil Nakhleh, "Non-Governmental Organizations and Palestine: The Politics of Money", *Journal of Refugee Studies*, Vol. 2, No. 1, 1989, p. 118.

[3] Layla Bahmad, *Non-Governmental Organisations in Palestine*, Baden-Baden: Nomos Publishers, 2008, p. 196.

[4] Layla Bahmad, *Non-Governmental Organisations in Palestine*, p. 196.

力机构建立后，成为援助者的重要援助目标。巴勒斯坦民间社会由于阿拉伯世界的援助终止而出现的资金危机进一步加剧。以提供服务为主的地方性民间组织受到的资金制约更大，被迫减少以至于停止活动。那些得到西方国家和国际民间组织援助的民间组织则克服了资金危机，成功地转型成为专业化组织。新成立的人权组织和倡导团体也吸引了许多西方援助者的注意力，在他们的资金支持下，开始繁荣发展。拥有宗教资金渠道的组织没有受到限制，如依靠穆斯林"天课"支持的伊斯兰组织，[1] 有的反而获得了迅速发展的机会，如哈马斯所属的慈善组织。

第三，巴勒斯坦民间社会积极参与政治。巴民族权力机构成立之前，政党主要通过两种途径与民间社会紧密结合：一是通过层级组织建设和成员招募与民间社会建立密切联系；二是通过与各种社团结盟扩展社会基础。巴勒斯坦的共产党人最早开始在约旦河西岸和加沙地带支持建立各种附属组织和分支组织。自20世纪20年代以来，受到共产党人支持的工会和各种妇女组织就一直活跃在约旦河西岸。[2] 20世纪70年代后期，"民阵""人阵"以及法塔赫陆续开始在被占领土组织工会。第一次因提法达期间，被占领土大批政治领导人被以色列驱逐出境，民族主义政党的活动遭到禁止。各政党转而建立和发展从事专业问题的民间组织，作为政治活动的掩护，同时吸引成千上万的年轻人以及那些被边缘化的社团参加政治活动。[3] 这一时期，法塔赫建立了青年运动"沙比巴"，"人阵"建立了"行动阵线"（Action Front），"民阵"成立了"团结"（Wihda）组织，巴勒斯坦共产党支持的农业和医疗救济委员会也迅速发展。

巴民族权力机构建立后，民间社会政党化的趋势加强，一些民间组织突破其主要活动的社会领域，直接进入政治领域，积极参与选

---

[1] 在巴勒斯坦分配的"天课"中，估计40%来自境外。Benoit Challand, *Palestinian Civil Society: Foreign donors and the power to promote and exclude*, p. 80.

[2] Helena Cobban, "The PLO and the 'Intifada'", p. 217.

[3] Yezid Sayigh, *Armed Struggle and the Search for State: The Palestinian National Movement, 1949–1993*, p. 610.

举，进而参与执政。《奥斯陆协议》签署后，巴勒斯坦特殊的政治环境导致政党政治衰落。[①] 巴解组织内反对《奥斯陆协议》的世俗政治派别，如"民阵"和"人阵"，也逐渐失去巴勒斯坦群众的支持。[②] 以色列的严厉打击更严重地削弱了他们的势力，压缩了其活动空间。这些组织的许多领导人和活动家，以及他们的支持者和同情者，转而建立民间组织或加入已有的民间组织，以保持势力并继续参与政治。其中典型的代表就是巴勒斯坦医疗救济委员会联盟（UPMRC）及其领导人穆斯塔法·巴尔古提（Mustafa al-Barghuti）。1993年9月，巴勒斯坦医疗救济委员会联盟联合80多个与左派政党关系密切、较为国际化的重要民间组织成立巴勒斯坦民间组织网络（PNGO）。在世界银行的资金支持下，巴勒斯坦民间组织网络发展成为能够有效行动的游说组织。2002年，巴尔古提以民间组织为基础，建立政党性质的"巴勒斯坦民族倡议"组织（PNI）。2005年，他以独立候选人身份参加大选，自称代表巴勒斯坦人中与任何政治派别都没有关系的"沉默的大多数"，与阿巴斯竞争巴民族权力机构主席一职。2006年巴尔古提当选巴立法委员，2007年任巴勒斯坦民族联合政府新闻部部长。

在巴勒斯坦特殊的政治环境下，民间社会与政党的区别在理论上存在，但在政治实践中，他们之间的界限经常是模糊的。为此，有的学者甚至将巴勒斯坦政党归入民间社会。

第四，巴勒斯坦民间社会具有突出的派系特征。巴勒斯坦民族运动内部的派系分裂投射在被占领土，使得当地民间社会具有突出的派系特征。巴勒斯坦各种世俗政党和派别都拥有自己的资金渠道，他们依靠这些资金支持、控制被占领土民间组织的发展。1982年至1987年年底，被占领土不同派系的学生、妇女和工会运动获得迅速发展，各党派的资金支持在其中起着非常重要的作用。[③] 法塔赫就利用其在

[①] Nathan J. Brown, *Palestinian Politics after the Oslo Accords*, *Resuming Arab Palestine*, pp. 144–145.

[②] Amal Jamal, *The Palestinian National Movement: Politics of Contention, 1967–2005*, p. 143.

[③] Rex Brynen, "The Neopatrimonial Dimension of Palestinian Politics", p. 29.

巴勒斯坦—约旦联合委员会中的主导地位，在向被占领土分发物资时，着重支持附属于自己的政治组织和民间组织，从而建立了控制被占领土各种社会运动的制度基础。① 受党派斗争影响，巴勒斯坦民间社会派系分裂，竞争激烈。例如，被占领土各工会之间竞争的背后，就是法塔赫与巴解组织其他派别以及巴勒斯坦共产党之间争夺政治主导权的斗争。②

派系区别不仅存在于工会、专业协会和妇女团体等规模较大的组织中，而且广泛存在于各种基层组织中，如医疗协会和农业委员会。约旦河西岸有四个分别受到巴勒斯坦共产党、"人阵"、"民阵"和法塔赫支持的医疗协会。巴勒斯坦共产党支持的巴勒斯坦医疗救济委员会联盟成立于1979年，主要由其所属的妇女团体提供服务。1981年，"人阵"建立了人民卫生委员会（PCHS）。同期，"民阵"也开始提供卫生服务，并在1985年正式成立卫生委员会联盟（UHCC），主要由下属的妇女行动委员会提供医疗服务。在这三个医疗协会的竞争压力下，法塔赫在1984年建立卫生委员会（HSC）。"人阵"、"民阵"、法塔赫以及其他世俗政党在被占领土展开的民间组织竞争导致从事相似活动的团体过多。③ 分属不同派系的同类组织之间的竞争促进了工作，同时，也造成了人力和物力的浪费。④ 巴民族权力机构的建立并没有改变民间社会派系竞争的局面。即使在《奥斯陆协议》签署9年后，约旦河西岸和加沙地带的大部分专业协会仍未能统一。⑤

受伊斯兰势力支持的民间组织兴起后，成为巴勒斯坦民间社会派

---

① Amal Jamal, *The Palestinian National Movement: Politics of Contention, 1967–2005*, p. 62.

② Joost R. Hiltermann, "Mass Mobilization under Occupation: The Emerging Trade Union Movement in the West Bank", *MERIP Reports*, No. 136/137, 1985, p. 30.

③ Denis J. Sullivan, "NGOs in Palestine: Agents of Development and Foundation of Civil Society", p. 95.

④ Glenn E. Robinson, "The Role of the Professional Middle Class in the Mobilization of Palestinian Society: The Medical and Agricultural Committees", *International Journal of Middle East Studies*, Vol. 25, No. 2, 1993, p. 302.

⑤ Nathan J. Brown, *Palestinian Politics after the Oslo Accords, Resuming Arab Palestine*, p. 138.

系竞争的重要力量。2006年，哈马斯赢得立法委员会选举，并在2007年割据加沙地带。巴勒斯坦民间社会随之分裂为三个部分：支持巴民族权力机构的组织，主要在约旦河西岸活动；支持哈马斯的组织，主要在加沙地带活动；主张自由、民主的独立组织，由于遭到巴民族权力机构和哈马斯的双重反对，在西岸和加沙地带的活动都受到限制。巴勒斯坦民间社会的派系特征进一步增强。

三　民间社会在巴勒斯坦国家构建中的作用

在巴民族权力机构建立之前，处在以色列占领之下的约旦河西岸和加沙地带居民已经学会进行自我组织，建立了充满活力的民间社会。本土国家机构的缺失，使得民间社会承担了国家本应承担的责任，成为被占领土农业、医疗保健、教育和社会服务等领域的主力军。巴解组织回归约旦河西岸和加沙地带后，面临着如何处理与民间社会关系的问题。

巴民族权力机构与民间社会之间主要是合作互补、相互依赖的关系。巴民族权力机构的过渡政权性质，决定了其仍然依赖民间社会提供社会服务。在其建立一年半后，约旦河西岸和加沙地带的医疗、教育培训、农业推广、住房援助、人权和法律援助、慈善福利、技术援助等多数社会服务仍然由民间组织提供。[①] 同时，大部分民间组织都竭力寻求巴民族权力机构的承认、许可、支持和法律保护。

另外，在二者的关系中也存在相互冲突的地方。巴民族权力机构试图控制民间社会，甚至希望将其并入政府。1995年，巴勒斯坦情报机构以问卷的形式对民间组织及其成员进行详细调查。巴勒斯坦还规定，公开集会必须申请批准，政治团体在订立运输合同时必须获得许可。[②] 巴民族权力机构号召已有的民间组织加入新政府，或者在政府各部管理下继续提供服务。除了那些与法塔赫关系密切的组织响应

---

① Denis J. Sullivan, "NGOs in Palestine: Agents of Development and Foundation of Civil Society", p. 93.
② Nathan J. Brown, *Palestinian Politics after the Oslo Accords*, *Resuming Arab Palestine*, p. 151.

了号召外，其他组织都拒绝了。① 在争取外援方面，巴民族权力机构与民间社会之间也存在着竞争。《奥斯陆协议》签署后，国际社会将大量的援助资金拨付给了巴民族权力机构，对民间社会的援助从1990年前后的1.7亿美元降到1994年的1亿美元，到1996年只有6000万美元。② 但也有一些国际援助者绕过巴民族权力机构，直接与民间组织联系，引起巴民族权力机构的不满。1999年，巴民族权力机构批评民间组织"腐败""受贿""薪水过高"。新闻界也抨击民间组织，称其是将援助巴勒斯坦人的资金装入自己口袋的"肥猫"。③

民间社会对巴民族权力机构进行监督和制约，在一定程度上限制了其威权统治。首先，民间社会批评和反对巴民族权力机构的腐败，是其唯一的内部监督者。其次，民间社会是巴勒斯坦民主的主要内部监督和推动力量。2000年9月，为促进地方选举，民间组织成立选举监督委员会。④ 2005年1月，第二次大选正式启动后，民间组织联合建立"巴勒斯坦国民委员会"全程跟踪投票进程，监督选举。人权组织和倡导团体是巴勒斯坦民主化改革的重要推动者。倡导团体主要在民主、人权以及促进和平等领域进行活动。研究中心是倡导团体在巴勒斯坦的最新发展形式，主要对民主、政治和舆论进行研究，其中很多致力于和平或民间项目。此外，由世俗政治反对派构成的民间组织的领导人和活动家也呼吁内外势力向政府施压，试图迫使其进行民主化改革。一些人还发表请愿书，希望能够影响决策。最后，民间社会推动巴勒斯坦法制建设。为限制民间社会发展，巴民族权力机构以埃及相关法律为基础，起草了民间组织法。该法律草案在1997年提交立法委员会后，遭到民间社会的强烈反对，不得

---

① Benoit Challand, *Palestinian Civil Society: Foreign donors and the power to promote and exclude*, p. 64.
② Benoit Challand, *Palestinian Civil Society: Foreign donors and the power to promote and exclude*, p. 81.
③ Rema Hammami, "Palestinian NGOs since Oslo: From NGO Politics to Social Movements?", p. 16.
④ Nathan J. Brown, *Palestinian Politics after the Oslo Accords, Resuming Arab Palestine*, p. 144.

不多次修改,花了六年时间才得以颁布。与中东地区其他类似法律相比,巴勒斯坦民间组织法较为宽松,且非常进步。① 这与民间社会的压力和影响密不可分。此类活动使得巴民族权力机构与民间社会关系一度紧张。只是到了2000年阿克萨起义爆发后,危急的政治环境才使双方合作增多。

但总体来说,作为巴勒斯坦政府的监督和制约力量,世俗民间组织势力薄弱,尤其是那些与法塔赫没有联系的组织。因此,民间社会对巴勒斯坦民主化进程的推动力有限。

首先,这些民间组织在与巴民族权力机构的关系中处于弱势地位。以阿拉法特为首的回归者掌握着巴民族权力机构的领导权,他们将被占领土成长起来的本土领导人排除在权力结构之外。为削弱本土精英的权力,统治者还对民间社会进行限制。② 政治反对派是组成和领导民间组织的重要力量,但他们反对《奥斯陆协议》,没有参与官方的制度化进程,所以丧失了与统治者建立联盟的机会。他们还抵制了巴勒斯坦首次大选,因而在立法委员会中也没有代表。这些民间组织依赖外部援助生存,很多时候还不得不为此与巴民族权力机构竞争,资金来源和渠道受到限制,导致国际援助减少。由于巴民族权力机构担负起以前由民间社会承担的部分职责,民间组织发挥作用的空间也受到压缩。在新的政治环境下,部分民间组织和网络走向解体,有的虽未解体,但也丧失了活力。

其次,这些民间组织缺乏深厚的社会基础。充当反对派的世俗民间组织主要由城市中产阶级专业精英构成,大部分由当前政治中失势的左派人士组织和领导,缺乏深厚的群众基础。与以部落和家族为基础的传统社会慈善组织以及伊斯兰组织相比,他们不能进行组织的自我扩张,也没有发展出更有成效的政治机制。有的民间组织在规模上

---

① Benoit Challand, *Palestinian Civil Society: Foreign donors and the power to promote and exclude*, p. 66.

② Imco Brouwer, "Weak Democracy and Civil Society Promotion: The Case of Egypt and Palestine", in Marina Ottaway & Thomas Carothers, eds., *Funding virtue: Civil society aid and democracy promotion*, Carnegie Endowment for Int'l Peace, 2000, p. 31.

获得很大发展，但这种发展以国际援助为基础。为获得资金，这些民间组织不得不迎合援助者的要求和条件，根据援助者的利益行动，成为与国际援助者关系密切的"全球化精英"，[1] 而不能满足巴勒斯坦民众的真正需求，导致失去原有的社会基础。[2] 典型例子如一些妇女组织，他们在20世纪90年代初期以前与基层群众联系密切，保持着强大的生命力，现在却日益专业化，与群众的距离越来越远。[3] 虽然这些组织提供重要的专业服务，如教育、医疗和农业支持等，但同时也远离真正的社会推动力，因而对政治没有太多的影响。[4] 事实上，面对巴民族权力机构中主导精英日益增长的威权主义，大部分世俗民间组织甚至无法捍卫自己狭窄的活动空间。

第二节　教育发展及存在的问题

教育，尤其是高等教育对推动巴勒斯坦民族主义发展、促进民族与国家构建具有重要作用和意义。不少学者关注教育与民族主义的关系，埃里克·霍布斯鲍姆就指出，"学校和大学的发展水平是衡量民族主义发展程度的标尺"，"学校，特别是大学，是民族主义最自觉的捍卫者"[5]。巴勒斯坦现代公共教育的发展，使受教育阶层增多，扩大了民族精英的队伍。高等教育培养出新一代的巴勒斯坦民族运动领导层，促进被占领土的民族主义动员，帮助保存和维持巴勒斯坦民族认同，推动巴勒斯坦民族主义在没有国家存在的情况下构建巴勒斯坦民族，并为巴勒斯坦国家构建做准备。然而，巴以和平进程

---

[1] Islah Jad, "NGOs: Between Buzzwords and Social Movements", *Development in Practice*, Vol. 17, No. 4/5, 2007, p. 625.

[2] Benoit Challand, *Palestinian Civil Society: Foreign donors and the power to promote and exclude*, p. 17.

[3] Islah Jad, "NGOs: Between Buzzwords and Social Movements", p. 622.

[4] Amal Jamal, *The Palestinian National Movement: Politics of Contention, 1967 – 2005*, p. 146.

[5] Eric Hobsawn, *The Age of Revolution 1789 – 1848*, New York: Random House, 1996, p. 135.

停滞导致的巴勒斯坦国家构建困境给教育尤其是高等教育带来巨大的危机。

一 巴勒斯坦的教育制度

（一）教育制度①

巴勒斯坦的基础教育可以分为学前教育、初级教育和中等教育。幼儿园为 4—6 岁儿童提供学前教育。幼儿园几乎全部由非政府组织建立，既没有政府资助，也不受教育部管辖，由于不在官方规定的正式学制内，整体入学率不高。

正式学制的基础教育从 6 岁开始，1—10 年级为初级教育，属于义务教育。其中 1—4 年级为初级阶段，安排了社会科学、艺术和工艺课程；5—10 年级为高级阶段。1—9 年级的学生都必须学习国情教育课程，技术和应用科学课程则安排在 5—11 年级，学生从 1 年级就开始学习英语。在高级阶段，安排有一门选修课程，学生可以选修第二外语、家政学、卫生学或环境科学。在 10 年级，开设农艺学、工学、管理学和旅游学课程，学生必须从中选修两门。

中等教育为 11—12 年级，有职业技术和学术两个培养方向。职业技术教育包括工业、贸易、农业和护理等。学术教育分为文科和理科，包括基本课程、三门理科课程（物理、化学和生物）及三门文科课程（经济与管理、历史和地理），学生必须选修两门理科课程和两门文科课程。但由于多种原因，目前只有 1/4 的学生选修理科课程。

高等教育分为两年制的专科学校和四年制的大学（工程专业为 5 年）。学生完成中等教育后方能接受高等教育。

巴勒斯坦还有职业技术培训、成人教育、继续教育、扫盲教育以及为残疾学生提供的特殊教育等教育形式。职业技术培训分为两年制的长期培训和短期培训。成人教育主要由各类文化中心举办。继续教

---

① Birzeit University's Development Studies Programme, *Palestine Human Development Report 2002*, Birzeit University, 2002.

育主要提供职业培训，多由教育部以外的其他机构举办，如劳动和社会事务部、地方机构、国际社会、宗教机构和私人机构等。

巴勒斯坦的学校可以分为政府公办学校、私立学校和近东救济工程处所办学校。东耶路撒冷除了有伊斯兰宗教基金会掌管、隶属巴勒斯坦教育部的学校外，还有一些由市政部门或以色列教育部主管的学校。学校类型有男校、女校及男女合校。

（二）基础教育

巴勒斯坦的基础教育部门比较庞大，并不断发展。1967—1968年，即以色列占领初期，约旦河西岸和加沙地带的学生人数接近22万。20世纪70年代，约有一半学龄儿童接受基础教育，1/3 的人能够继续完成中等教育。1994 年 8 月，巴民族权力机构全面接管教育部门，约旦河西岸和加沙地带的基础教育开始逐渐普及。1994—1995学年，在校生人数达到 65 万。2005—2006 学年，小学和中学入学率比 1999—2000 学年增加将近 25%，12 岁以下儿童入学率几乎达到100%，90% 多的小学生能够升入中学。这种基础教育发展水平在整个中东地区都处于领先地位。[1] 到 2015—2016 学年，巴勒斯坦在校生人数超过 130 万。表 7—1 显示了不同学年巴勒斯坦各地区在校生人数情况。

表 7—1　　　　不同学年巴勒斯坦各地区在校生人数统计

地区与学年	政府 学校	政府 幼儿园	近东救济工程处 学校	私立 学校	私立 幼儿园	合计
巴勒斯坦						
1994—1995	418807	—	161332	37729	36829	654697
2000—2001	615558	53	232407	59163	69194	976375
2015—2016	781169	1350	296835	114804	140046	1334204

---

[1] The World Bank Group Middle East and North Africa Human Development Group, *West Bank and Gaza Education Sector Analysis*, World Bank, 2006.

续表

地区与学年	政府 学校	政府 幼儿园	近东救济工程处 学校	私立 学校	私立 幼儿园	合计
约旦河西岸						
1994—1995	304346	—	43969	34632	35768	418715
2000—2001	431596	—	55667	53585	46728	587576
2015—2016	548820	1274	48776	95569	77447	771886
加沙地带						
1994—1995	114461	—	117363	3097	1061	235982
2000—2001	183962	53	176740	5578	22466	388799
2015—2016	232349	76	248059	19235	62599	562318

资料来源：巴勒斯坦中央统计局。

高出生率及人们对教育的需求使基础教育入学人数不断增加。幼儿园入园率也日益提高，尤其是加沙地带的幼儿园。一些私立学校只接收上过两年幼儿园的儿童，在一定程度上刺激了幼儿园入园人数增多。除了人们对教育的重视、人口激增以外，职业母亲增多也是幼儿园入学率增高的主要原因。

在校生中，男女比例并无明显差别。根据2000—2001学年的统计，男生占全部学生的50.1%，女生占49.9%。但2000年9月阿克萨起义爆发后，巴以大规模冲突导致巴勒斯坦陷入经济危机，很多本应接受中等教育的男生（16岁以上）不得不走向工作岗位，接受中等教育的女生人数超过了男生。根据2015—2016学年的统计，男生占全部学生的49.6%，女生占50.4%。[1]

（三）高等教育

根据设立者不同，巴勒斯坦的高等教育机构可以分为政府高教机构、公共高教机构和私立高教机构三大类。巴勒斯坦大部分大学是公共的非营利性机构，主要由学校理事会负责制定政策，校长负责日常

---

[1] 巴勒斯坦中央统计局，http://www.pcbs.gov.ps。

管理。根据教学内容，高等教育机构又可以分为大学、大学学院和社区学院。大学学习年限不低于三年，一般进行学士级别的学历教育，有的学校可以提供更高级别如硕士、博士等阶段的学历教育。大学学院提供学术或职业教育，学习年限为 2 年或 3 年。社区学院提供不超过一年的学术或职业技术教育。目前巴勒斯坦共有 53 个得到认证的高等教育机构，包括一所开放大学。在约旦河西岸，有 9 所传统大学，12 所大学学院，20 所社区学院。在加沙地带有 5 所传统大学，6 所大学学院，7 所社区学院。这些大学专业设置比较齐全，涵盖人文、自然科学、商业、经济、工程、农学、法律、制药、医学、护理、教育和旅游管理等各个专业。

（四）职业技术教育和培训

职业技术教育和培训对巴勒斯坦的发展及减轻贫困至关重要，受到巴勒斯坦教育与高等教育部、劳动部等部门的重视。除基础教育在中等教育阶段提供职业技术教育外，还有成人教育、继续教育等多种教育形式提供职业技术教育和培训。此项教育与国民经济密切相关，课程设置灵活，并可以根据实际需要安排课程内容。

加沙地带和约旦河西岸有 16 所职业技术学院，其中公办 5 所，私立 4 所，近东救济工程处专门为巴勒斯坦难民开办了 7 所。自 2000 年 9 月以来，动荡的政治形势使职业技术教育与培训进行起来极其困难。冲突在打断学院课程的同时，也限制了人员往来。为尽量减少危险，高等教育部允许学生就近到并非他们所注册的学院上课。近东救济工程处开办的职业教育与培训学院设有住校部，为学生和部分教职工提供膳宿或交通工具。为应付可能出现的困难情况，职业技术教育部门制定了应急计划，采用灵活的教学进度和教学方式，根据专业性质、当地安全状况和劳动力市场需求，随时调整培训时间和培训期限。

二 教育是巴勒斯坦民族主义发展的助推剂

教育在巴勒斯坦民族主义发展过程中发挥着重要的作用。巴勒斯坦现代公共教育的迅速发展，扩大了受教育阶层，也就是充实了民族精英的队伍，打下民族主义发展的群众基础。高等教育培养出了巴勒斯坦新一代的民族主义领导力量，促进了被占领土新生代的崛起。

（一）现代公共教育扩大了巴勒斯坦受教育阶层，充实了民族精英队伍

英国委任统治末期，巴勒斯坦基础教育开始迅速发展。1946—1947学年，学生占巴勒斯坦总人口的11.7%，是阿拉伯世界除黎巴嫩以外比例最高的地区。① 历次中东战争使当地人大规模背井离乡，打破了巴勒斯坦社会城市与乡村的界限，原来生活在偏僻乡村的人因而有更多机会接触城市的教育资源。近东救济工程处为难民设立的免费学校也帮助巴勒斯坦人普及基础教育。20世纪60年代初，约旦河西岸所有的男童和大部分女童都能接受小学教育。1966年，在13—18岁年龄段的巴勒斯坦青少年中，中小学生占39%，这在阿拉伯世界中居于第三位，仅次于科威特和巴林。② 1975—1976学年，约旦河西岸和加沙地带6—14岁年龄段的学龄儿童中，97.5%的人在学校注册读书。③ 巴勒斯坦难民的基础教育也有很大发展。以叙利亚和黎巴嫩为例，巴勒斯坦56%的适龄难民儿童在近东救济工程处开办的小学读书。④ 那些拥有定居身份的巴勒斯坦人没有列入难民统计数，他们的社会经济地位高于难民，往往将子女送入当地公立学校，甚至私立学校。考虑到这个因素，在叙利亚和黎巴嫩的巴勒斯坦适龄儿童入学比例可能更高。

（二）高等教育为巴勒斯坦民族运动培养出新一代领导力量

巴勒斯坦的传统精英在第一次中东战争中受到毁灭性打击，再无

---

① Nabil A. Badran, "The Means of Survival: Education and the Palestinian Community, 1948 – 1967", *Journal of Palestine Studies*, Vol. 9, No. 4, 1980, p. 46.

② Nabil A. Badran, "The Means of Survival: Education and the Palestinian Community, 1948 – 1967", p. 69.

③ Muhsin D. Yusuf, "The Potential Impact of Palestinian Education on a Palestinian State", *Journal of Palestine Studies*, Vol. 8, No. 4, 1979, p. 72.

④ Muhsin D. Yusuf, "The Potential Impact of Palestinian Education on a Palestinian State", pp. 74 – 75.

力领导民族主义运动。以小资产阶级为代表的新生民族主义力量最终在20世纪60年代中期崛起。新一代的巴勒斯坦年轻领导人在委任统治时期建立的新式学校接受基础教育，大部分毕业于阿拉伯世界的大学，一般出身于贫穷或中产阶级家庭。[1] 他们这种相同的教育经历是由巴勒斯坦人的高等教育发展状况决定的。

巴勒斯坦在20世纪50年代才出现两年制大专，主要由约旦政府或近东救济工程处建立，进行师资培训、职业培训或人文教育，无法满足巴勒斯坦人的高等教育需求。因此，在20世纪70年代之前，巴勒斯坦人主要在阿拉伯世界接受高等教育。虽然没有自己的政府或公共机构提供高等教育，但受益于20世纪60年代阿拉伯世界高等教育的繁荣发展，巴勒斯坦人的高等教育水平也获得长足进步。

阿拉伯世界的大学大部分是公立的，学费很少。符合入学标准的巴勒斯坦学生一般都能进入这些大学深造。在埃及和叙利亚，巴勒斯坦学生只要通过资格考试就可入学。[2] 黎巴嫩的贝鲁特阿拉伯大学和黎巴嫩大学的函授教育入学标准更为宽松，只要通过最后的考试即可毕业。函授教育的发展对经济困难的巴勒斯坦学生极为有利，可以在工作的同时接受高等教育。除依靠家庭资助外，埃及、叙利亚和苏丹政府为巴勒斯坦学生提供全额奖学金。近东救济工程处自1955年开始为小部分巴勒斯坦学生提供奖学金。苏联自1967年开始，也为一定数量的巴勒斯坦学生提供全额奖学金。

埃及由于在阿拉伯世界的威望、与巴勒斯坦接壤的地理优势以及低廉的生活成本，吸引了大量巴勒斯坦学生，尤其是加沙地带学生到埃及上大学和研究生的比例很高。1961—1962学年，加沙地带在埃及上大学的学生达到3450人，到1967年人数几乎翻倍。[3] 1962年约

---

[1] Rashid Khalidi, *Palestinian Identity: The Construction of Modern National Consciousness*, p. 180.

[2] Ibrahim Abu Lughod, "Educating a Community in Exile: The Palestinian Experience", *Journal of Palestine Studies*, Vol. 2, No. 3, 1973, p. 101.

[3] Nabil A. Badran, "The Means of Survival: Education and the Palestinian Community, 1948-1967", p. 72.

旦大学建立,为巴勒斯坦学生就近入学提供了方便。叙利亚靠近约旦且生活费较低,是巴勒斯坦大学生求学的另一重要目的地。1967—1968 学年,在叙利亚上大学的巴勒斯坦学生从 1960—1961 学年的 1046 人增加到 2083 人。[①] 此外,还有几百个生活在叙利亚而外出留学的巴勒斯坦人,他们大部分是为了追求更高的学位或获得叙利亚政府奖学金资助。贝鲁特美国大学的声誉和奖学金也吸引了巴勒斯坦大学生。

1969 年,约有 3.3 万名巴勒斯坦大学生就读于各类高校,在阿拉伯国家大学就读的约有 2 万人,其中约有 1.2 万人就读于埃及的大学或埃及在喀土穆、贝鲁特支持建立的大学,3000 人在约旦就读,2500 人在叙利亚就读,[②] 其余的学生就读于欧洲和美国的各类大学,主要学习医学和工程专业。总体来说,20 世纪 60 年代末,每千名巴勒斯坦人中有大学生 11 人,阿拉伯世界当时只有黎巴嫩能达到这个水平。[③]

这使得开罗、贝鲁特和大马士革的大学成为培养巴勒斯坦民族主义运动领导力量的摇篮。1950 年,阿拉法特联合阿布·伊雅德等同学在埃及开罗大学成立巴勒斯坦学生联合会。与此同时,贝鲁特美国大学医学专业学生乔治·哈巴什也在学校组建学生组织。哈立德·瓦齐尔在加沙地带建立了基层军事组织,他毕业于近东救济工程处开办的中学,后进入埃及亚历山大大学。这些小规模的秘密组织逐渐发展成为民族组织网络,开始领导巴勒斯坦人进行独立的民族解放斗争。

(三)被占领土高等教育与新生代力量的崛起

1972 年,位于拉姆安拉附近的比尔宰特大学开始设置四年制的学士学位课程,成为被占领土建立的第一所大学。比尔宰特大学早在

[①] Nabil A. Badran, "The Means of Survival: Education and the Palestinian Community, 1948–1967", pp. 73–74.

[②] Ibrahim Abu Lughod, "Educating a Community in Exile: The Palestinian Experience", p. 108.

[③] Ibrahim Abu Lughod, "Educating a Community in Exile: The Palestinian Experience", p. 109.

1967年就进行两年制的大专教育，后来发展成为巴勒斯坦学术水平最高、设施最好的大学。1973年伯利恒大学由高中发展成为四年制大学，这所大学由天主教兄弟会（the De La Salle Brothers）建立，受到梵蒂冈支持。成功大学位于约旦河西岸城市纳布卢斯，1977年由两年制教师培训学院升格为大学，后来成为巴勒斯坦规模最大的大学。希伯伦大学1971年建立，最初是一所伊斯兰教沙里亚学院，学生大部分来自希伯伦地区，1982年正式采用希伯伦大学的名字。希伯伦大学是当时唯一得到以色列支持的大学，后来成立了理事会，断绝了与以色列教育系统和军事政府的关系。[1] 加沙伊斯兰大学在1978年由附属于埃及爱资哈尔大学的高中发展而成，是加沙地带第一所高等教育机构，主要教授伊斯兰教沙里亚法，也开设人文、科学和商业课程。耶路撒冷大学成立于1984年，是由各独立学院组成的联合大学，行政中心设在东耶路撒冷旧城墙外。

在约旦河西岸和加沙地带，新崛起的民族主义力量也逐渐掌握了巴勒斯坦人的领导权。这些民族主义力量的兴起与被占领土高等教育的迅速发展密切相关。那些因以色列占领而无法外出求学的巴勒斯坦青年由此可以在当地接受高等教育。本土大学的建立减少了高等教育的成本支出，使平民子弟也有机会进入大学深造，被占领土大学约70%的生源来自难民营、农村和小城镇。[2] 高等教育造就的新一代民族主义力量主导了被占领土的地方政治。比尔宰特大学"沙比巴"学生运动的领导人马尔万·巴尔古提可以说是被占领土新一代巴勒斯坦民族主义力量的杰出代表。他参与领导了1987年爆发的第一次因提法达和2000年爆发的阿克萨起义，后来成长为法塔赫高层领导人之一。

约旦河西岸和加沙地带的高校师生在反抗以色列占领的斗争发挥了积极的领导作用。当今许多著名的巴勒斯坦领导人正是领导第一次

---

[1] Gabi Baramki, "Building Palestinian Universities under Occupation", *Journal of Palestine Studies*, Vol. 17, No. 1, 1987, p. 13.

[2] Glenn E. Robinson, *Building a Palestinian State: The Incomplete Revolution*, p. 16.

因提法达的高校师生。比尔宰特大学教师哈南·阿什拉维（Hanan Ashrawi）是因提法达的重要领导人。她被任命为马德里中东和会巴勒斯坦代表团的发言人，是巴勒斯坦代表团的重要成员。巴民族权力机构建立后，她担任了首任高等教育部部长，并连续当选为立法委员。成功大学的阿卜杜勒·萨塔尔·卡塞姆（Abdel Sattar Qasim）后来成为巴勒斯坦立法委员，还在2005年参加总统竞选。为镇压巴勒斯坦人的反抗，以色列军事政府封锁了被占领土的高等教育机构，比尔宰特大学的师生遭到扣押，校长被驱逐，校园被迫关闭。1988年2月以色列军事政府甚至一度关闭被占领土所有高等教育机构，直到12月才允许部分大学重新开放。以色列破坏了被占领土高等教育机构的正常教学活动，但并不能阻止学生和教师在校园外组织起来。

哈马斯是巴勒斯坦民族主义运动中出现的全新成员。约旦河西岸和加沙地带的高等教育机构在以哈马斯为代表的巴勒斯坦伊斯兰激进势力的崛起中也起着非常重要的作用。被占领土部分年轻知识分子从传统文化中寻求新的认同，从宗教中寻求解决巴勒斯坦问题的出路，促进了伊斯兰激进势力在高校中迅速扩展。高等教育机构成为伊斯兰激进势力招募、动员支持者的重要中心。到第一次因提法达爆发前夕，被占领土每所高校都建立了独立的伊斯兰学生组织。[1] 这些伊斯兰学生组织成为世俗民族主义学生组织的有力竞争者。加沙伊斯兰大学中伊斯兰学生组织的势力尤其强大。它作为加沙地带第一所高等教育机构，它建立后不久，就在当地的社会和政治生活中发挥了主导作用。该校的学生会大部分由穆斯林兄弟会控制。[2] 曾担任巴民族权力机构总理的哈马斯领导人伊斯梅尔·哈尼亚就是加沙伊斯兰大学培养出来的学生运动领袖。

三 高等教育促进被占领土的社会动员

随着约旦河西岸和加沙地带高等教育的发展，高校成为巴勒斯坦

---

[1] Reuven Paz, "Higher Education and the Development of Palestinian Islamic Groups", *Middle East Review of International Affairs*（*MERIA*）, Vol. 4, No. 2, June 2000.

[2] Reuven Paz, "Higher Education and the Development of Palestinian Islamic Groups".

民族主义动员的基地。1977—1978 学年，在被占领土大学注册的学生只有 2601 人，四年后，人数就扩大 3 倍多。1987—1988 学年，在成功大学、比尔宰特大学、希伯伦大学、希伯伦理工大学、伯利恒大学、加沙伊斯兰大学、耶路撒冷大学等主要大学注册的学生将近 16000 人。如果算上社区学院和沙里亚学院，就有将近 20000 名大学生。[1] 受高等教育人数的增长促进了被占领土社会结构的转变。高等教育造就的新一代精英对当地传统贵族政治产生了直接挑战。由于土地所有权被以色列破坏、农民阶层日益转变为雇佣劳动力阶层等因素而受到严重削弱的传统贵族进一步丧失政治地位。

新成长起来的知识精英改进了巴勒斯坦的社会动员形式。被占领土涌现大量的新型社会组织，如研究机构、新闻媒体、专业协会、学生组织、青年运动、妇女组织等。在以色列的限制下，被占领土无法建立政党等政治组织。巴解组织各派别都通过这些新型社会组织进行社会动员，尤其重视在大学生中建立组织，招募新生力量。1980 年，"人阵"首先在伯利恒大学建立了"进步学生行动阵线"（Progressive Student Action Front）。随后，"民阵"建立了"学生团结协会"（Student Unity），巴勒斯坦共产党建立了"进步学生联盟"（Progressive Student Union）。法塔赫的青年组织"沙比巴"在学生中建立分支机构的时间相对较晚，然而，由于得到法塔赫充裕的资金支持，学生参与程度高，"沙比巴"在成功大学取得学生运动的领导权，将该大学变成反抗以色列统治的领导中心之一。[2]

通过"沙比巴"等青年和学生组织，巴勒斯坦民族主义者迅速将少数精英的政治理想和行为转变为众多受过教育的普通青年人的实际社会行动。这些青年和学生组织与其他各种新型社会组织的活动范围涵盖教育、慈善、经济发展等社会生活各领域，通过提供社会服务，渗透到巴勒斯坦人社区，填补了被占领土的政治空间。第一次因提法

---

[1] Glenn E. Robinson, *Building a Palestinian State: The Incomplete Revolution*, p. 21.
[2] Hillel Frisch, *Countdown to Statehood: Palestinian State Formation in the West Bank and Gaza*, p. 92.

达期间，学生组织和已有政治派别以及工会活动家一起，投入反抗以色列占领的斗争中，标志着巴勒斯坦社会全面动员起来，社会生活迅速政治化，为未来的巴勒斯坦国家构建打下基础。在被占领土民族主义运动高涨的情况下，巴勒斯坦民族主义运动的重点也从黎巴嫩等周边国家的难民营转向约旦河西岸和加沙地带。

四　高等教育机构打下被占领土国家构建的基础

高等教育机构具有非国家机构的独特身份以及面向学生的定位，这使其成为培养民族认同的天然辅助设施。1967 年以色列占领约旦河西岸和加沙地带后，当地的巴勒斯坦人无法建立准国家机构。为满足社会的迫切需要，培育民族认同，打下未来国家构建的基础，他们必须建立以色列无法反对的机构。而大学正符合这个要求。[①] 在民族主义者的不断奔走推动下，20 世纪 70 年代被占领土成立了各种类型的高等教育机构。因以色列占领而无法外出求学的巴勒斯坦青年有了在当地接受高等教育的机会。高等教育机构保存了传统文化，成为民族意识的载体。这些高校也成为巴勒斯坦民族主义动员的基地。巴解组织各派别在大学建立附属学生组织，积极参与校园政治，领导大学生参与地方活动，将民族主义思想传播到巴勒斯坦社区。

通过建立和管理高等教育机构，被占领土民族主义者开始进行巴勒斯坦国家构建的准备。由于缺乏统一的国家机构对高等教育机构进行规划、认证和管理，被占领土的大学结构各异，家族和宗教利益成为大学的组织基础。[②] 虽然被占领土建立的大学都是阿拉伯大学协会成员，但阿拉伯大学协会并非认证机构。为将这些高校改造成结构统一的制度化机构，建立规范的高等教育体系，1977 年被占领土的民族主义者发起建立"高等教育委员会"，尝试通过教育途径实现国家构建的政治目标。高等教育委员会在成员和组织范围上具有广泛的代

[①] Hillel Frisch, *Countdown to Statehood: Palestinian State Formation in the West Bank and Gaza*, p. 59.

[②] Hillel Frisch, *Countdown to Statehood: Palestinian State Formation in the West Bank and Gaza*, p. 65.

表性，被占领土所有高校都是其成员大学。由来自成员大学的理事会、管理机构和教师代表组成的委员会大会是被占领土自1948年以来第一个将约旦河西岸和加沙地带代表都包括进来的自治的地方公共机构。① 高等教育委员会的宪章将其目标严格限制在教育领域，包括现有机构的发展、大学之间的合作、建立新的大学和学院、在需要的地方或财政许可的情况下建立研究图书馆、与阿拉伯国家合作等。但实际上它的目标完全是政治性的。② 1980年2月，高等教育委员会得到约旦—巴勒斯坦联合委员会的承认，获得100万约旦第纳尔的预算拨款。③

五　教育对巴勒斯坦国家构建的贡献和不足

鉴于教育在国家构建中的重要作用，巴民族权力机构建立后，大力支持教育特别是高等教育的发展，约旦河西岸和加沙地带的教育进入新的发展阶段。1996年巴民族权力机构设立高等教育部，负责中等教育之后的所有教育工作，后与教育部合并组成教育与高等教育部。大学校长会议负责高等教育部与各个大学的协调、合作。高等教育部制定实施了"巴勒斯坦高等教育战略"，把发展高等教育作为促进巴勒斯坦经济、社会发展的重要措施，为提高高等教育质量，加强高等教育课程管理，促进巴勒斯坦高校与国际高等教育机构的合作。1998年12月，巴勒斯坦颁布高等教育法，规定了高等教育的目标、高等教育部的职权、高等教育机构的管理制度等，要求保障学术自由以及高等教育机构的独立与神圣。在巴政府一系列政策的支持下，教育为巴勒斯坦民族国家构建做出了巨大的贡献。

第一，用统一教材促进巴勒斯坦国民认同。

---

① Hillel Frisch, *Countdown to Statehood: Palestinian State Formation in the West Bank and Gaza*, p. 66.

② Hillel Frisch, *Countdown to Statehood: Palestinian State Formation in the West Bank and Gaza*, p. 69.

③ Hillel Frisch, *Countdown to Statehood: Palestinian State Formation in the West Bank and Gaza*, p. 71.

在这方面起最大作用的就是巴勒斯坦课程计划。在巴民族权力机构建立之前，约旦河西岸的学校使用约旦教材，加沙地带的学校主要使用埃及教材。为编撰适合巴勒斯坦情况的统一教材，1995年，巴勒斯坦成立了课程发展中心，制定实施课程计划，着手编撰课本、培训教师。根据课程计划，逐年用新教材更换初级教育和中等教育各年级使用的旧版教材，最终使巴勒斯坦所有学校都使用统一教材。2000—2001学年，一年级和六年级开始使用新教材，2001—2002学年，二年级和七年级也开始使用新教材。到2004—2005学年，新教材更换工作全部完成。所有教材经过两个试用期后正式出版。课程计划安排了内容丰富、现代的学习内容，并具有一定的灵活性，但核心还是向学生灌输知识的传统教学模式。巴勒斯坦教育部门正在努力改变这种状况，注重教师、学生的互动，发挥学生的主观能动性，培养学生探索、钻研知识的兴趣。

第二，高等教育机构为巴勒斯坦培养了大批高素质人力资源。

自英国委任统治以来，面临民族生存挑战的巴勒斯坦人就极为重视教育。在没有国家、政治局势前景不明确的情况下，通过接受高等教育提高自身竞争力、克服就业阻碍，是巴勒斯坦人能够掌握的有效生存手段。高等教育提供的专业技术训练使巴勒斯坦人可以从事医生、教师、工程师和管理人员等具有较高声望的职业，从而改善社会经济地位。因此，巴勒斯坦人寻求各种机会接受高等教育，即使是在阿拉伯海湾国家和北非等地打工的巴勒斯坦人，也努力利用当地的教育资源取得学位。早在20世纪70年代，巴勒斯坦人中高层次人力资源的比例和大学生的比例就都高于其他阿拉伯国家。[①]

约旦河西岸和加沙地带经济发展乏力，就业市场竞争极为激烈。巴勒斯坦人尤其是难民中较高的失业率不但刺激他们去学习技能，推高了其教育程度，而且促使学生尽可能地延长学习年限。2004年的统计数据表明，在18—21岁年龄段的巴勒斯坦青年中，44%的人仍

---

① Nabeel Shaath, "High Level Palestinian Manpower", *Journal of Palestine Studies*, Vol. 1, No. 2, 1972, p. 94.

在接受全日制教育。就世界范围来说，这都是很高的比例。而 2003 年阿拉伯世界其他国家同年龄段青年接受全日制教育的比例只有 15%。[1] 根据 1997 年 12 月的统计资料[2]，在约旦河西岸（不包括耶路撒冷）和加沙地带，拥有两年制大专文凭的有 7.2 万人，其中 5.1 万人（71%）毕业于巴勒斯坦的教育机构；拥有本科学历的有 6.6 万人，其中 2.7 万人（41%）毕业于巴勒斯坦的教育机构；拥有研究生学历的有 6100 人，其中 1000 人（14%）毕业于巴勒斯坦的教育机构。2000—2001 学年，巴勒斯坦高校共有在校大学生 7.5 万多人，而 1994—1995 学年只有 2.8 万人，平均每年增加新生 8000 人。但同期社区大学学生增加较少，只是从 4000 人增至 5000 人。[3] 2009—2010 学年，巴勒斯坦所有高等教育机构共有在校生 19.67 万人。[4]

第三，教育提高了巴勒斯坦女性的文化水平，使她们成为巴勒斯坦民族主义运动的重要力量。

巴勒斯坦传统观念将女性的活动范围局限在家庭之内，不重视她们接受学校教育的问题。女子学校的开设为巴勒斯坦女性提供接受教育的机会，提高了她们在社会权力结构中的地位，为她们投入民族运动创造了条件。特别是近东救济工程处开办的各级学校，确保了难民儿童接受教育，同时也提高了女童的初级教育入学率。1963—1964 学年，在该机构开办的小学里，女生占学生总数的 43.4%，但中学阶段辍学率升高，女生只占学生总数的 18.5%。[5] 与女生较低的中学入学率相对应，大学中的巴勒斯坦女生也很少。1969 年在大马士革

---

[1] World Bank, *West Bank and Gaza: Education Sector Analysis-Impressive Achievements under Harsh Conditions and the Way forward to Consolidate a Quality Education System*, World Bank, September 7, 2006.

[2] Birzeit University's Development Studies Programme, *Palestine Human Development Report 2002*, pp. 101 – 102.

[3] Birzeit University's Development Studies Programme, *Palestine Human Development Report 2002*, p. 103.

[4] State of Palestine, Ministry of Education and Higher Education, *Palestinian Higher Education Statistics 2009 – 2010*.

[5] Ibrahim Abu Lughod, "Educating a Community in Exile: The Palestinian Experience", p. 106.

大学注册的巴勒斯坦学生有 2027 人，女生只有 417 人。[1] 随着巴勒斯坦基础教育的逐渐普及，中小学在校生人数的性别差异日渐缩小。从 1975 年到 1996 年，中小学里面男女生的比例从 1.31 缩小到 1.04。[2]

本地高等教育的发展为完成中学教育的女生提供更多深造机会。比尔宰特大学 2002 年发布的人力资源发展报告显示：约旦河西岸和加沙地带受过高等教育的人群中，女性占男性人数的 58%，但在 30 岁以下年龄段的人群中，男女之间的差距逐渐缩小。[3] 阿克萨起义爆发后，巴勒斯坦经济形势恶化，男生过早地进入劳动力市场，辍学率增加，导致中学阶段女生的比例开始超过男生。[4] 相应地，进入大学的女生也比男生多。2008—2009 学年，巴勒斯坦高等教育机构的毕业生中，女生的比例达到 58.5%。[5] 巴勒斯坦女性不仅接受高等教育的人数增多，在高等教育的学历层次上也有所提高，一些女生取得了硕士甚至博士学位。巴勒斯坦各高等教育机构中就有 286 名具有博士学位的女教师。[6] 然而，巴勒斯坦女大学生在专业选择上的性别色彩仍十分突出。虽然有一些巴勒斯坦女性进入工程科学、计算机编程等以男性为主导的学科领域，但受社会传统文化影响，巴勒斯坦女大学生多选择教育、社会工作、人文、护理和理疗等专业，毕业后从事的大多也是幼教、小学教师、护士等符合传统女性社会角色定位的工作。

巴勒斯坦教育取得了令人瞩目的成就，但还存在很多问题。

---

[1] Ibrahim Abu Lughod, "Educating a Community in Exile: The Palestinian Experience", p. 108.

[2] Palestinian Central Bureau of Statistics, *Women and Men in Palestine: Trends and Statistics*, Ramallah, 1998, p. 47.

[3] Birzeit University's Development Studies Programme, *Palestine Human Development Report 2002*, pp. 102–103.

[4] State of Palestine, Ministry of Education and Higher Education, *Education Development Strategic Plan 2014–2019: A Learning Nation*, 2014, p. 23.

[5] State of Palestine, Ministry of Education and Higher Education, *Palestinian Higher Education Statistics 2009–2010*.

[6] State of Palestine, Ministry of Education and Higher Education, *Higher Education Statistical Yearbook 2012–2013*.

首先，巴勒斯坦的学校数量无法容纳日益增多的学生。公立学校和近东救济工程处开办的学校拥挤不堪。大量捐款投入学校，部分改善了教学条件，然而仍赶不上学生数量的增长速度。私立学校由于收费高昂而情况稍好。政府主办的学前教育机构尤其缺乏。

高等教育仍不能满足当地青年的升学需求。从第一所大学建立到现在，巴勒斯坦高等教育获得了迅速发展，高等教育机构众多，是阿拉伯世界除埃及和沙特阿拉伯以外拥有高等教育机构最多的地区之一。① 当地大学入学率也很高。在18—24岁年龄段人口中，高等教育入学率达到40%，即使与中等收入国家相比，也处于前列。② 但巴勒斯坦青年对高等教育的迫切需求仍然无法得到满足。这与当地人口结构密切相关。巴勒斯坦是世界上人口增长率最高的地区之一，在20世纪60年代，平均每个妇女生育8个孩子，90年代生育率相对下降，但1990—1995年仍然保持了6.61的高生育率，直到2005—2010年生育率才降到4.42。③ 长期的高生育率导致人口结构中青年所占比例相当高。15—24岁年龄段的青年人在1985年时占总人口的20.3%，到2010年则占总人口的21.4%。④

巴勒斯坦民族权力机构建立后，小学和中学教育普及程度的提高相应地增加了对大学尤其是本科教育的需求。急速扩展的高等教育机构也无法容纳暴增的学生。1996—1997学年，在传统大学入学申请者中，只有78%的人能成功；而在社区大学入学申请者中，只有53%的女生和74%的男生能如愿。⑤ 尚有大批年轻人亟须高等教育机会。

---

① Birzeit University's Development Studies Programme, *Palestine Human Development Report 2002*.

② World Bank, *West Bank and Gaza: Education Sector Analysis-Impressive Achievements under Harsh Conditions and the Way forward to Consolidate a Quality Education System*.

③ United Nations, "World Population Prospects: The 2012 Revision", Available on: http://esa.un.org/unpd/wpp/unpp/panel_indicators.htm, 2012.

④ United Nations, "World Population Prospects: The 2012 Revision".

⑤ Palestinian Central Bureau of Statistics, *Women and Men in Palestine: Trends and Statistics*, p. 58.

其次，受政治、社会和经济环境限制，巴勒斯坦教育的质量也需要进一步提高。尽管设置有教育、人文、自然科学、医学、工程和通信技术等将近300个专业，实际上各高校教学内容同质化严重，一些学科只是处于起步阶段。高校研究能力整体不足，社会科学、自然科学及高科技领域的研究明显落后，只有部分学科能够提供硕士阶段的研究生教育。巴勒斯坦高等教育机构要求教师必须具有硕士或博士学位。2012—2013学年，具有博士学位的高校教师共有3119名，占教师总数的44%。[1] 由于学生数量连年增长，学生与教师比例持续升高，原有教师的教学负担过重，只好大量聘用兼职教师，客观上影响了教学质量。师资缺乏成为巴勒斯坦教育部门面临的一大问题。巴勒斯坦部分教师缺乏必要的培训，职业素质难以得到有效提高。薪水跟不上通货膨胀也导致各级教育机构越来越难以征聘和留住有才干的教师。很多教师对待遇不高颇有怨言，尤其是政府所属学校，许多人不得不从事第二职业以提高收入。各学校的硬件设施原本有限，更无法适应学校招生扩大的规模和速度。图书馆藏书和期刊数量少、实验设备不足等问题都限制了教学质量的提高。

再次，文理科发展不均衡、职业技术教育不足是巴勒斯坦高等教育中存在的严重问题。在主要依靠阿拉伯国家大学提供高等教育的时候，这个问题就已经存在。1969年巴勒斯坦研究所主持的"高层次人力资源评估项目"调查显示，受访的巴勒斯坦大学毕业生中，61%的人集中在人文社科、法律、教育等专业，36.1%的人学习科学、机械和农业等学科。[2] 巴民族权力机构建立后，各高校文理科发展不平衡的局面没有改善。社会科学和人文艺术专业的学生远远超出当地就业市场能够容纳的数量。理工类各专业师资有限、学科建设欠缺仍是普遍存在的情况。毕业于自然科学、数学、计算机、医学、工程和农学等科学领域的学生只能占到毕业生总人数的1/3左右。1997年9月

---

[1] State of Palestine, Ministry of Education and Higher Education, *Higher Education Statistical Yearbook 2012/2013*.

[2] Nabeel Shaath, "High Level Palestinian Manpower", p. 83.

底的统计数字表明,在完成高等教育的 25—44 岁年龄段巴勒斯坦人当中,只有 36% 的人就读的是理工类专业。①

职业技术教育对巴勒斯坦的发展及减轻贫困至关重要。但被占领土的大学在建立时就缺乏职业技术教育内容。虽然约旦河西岸 70% 的居民生活在人口数量不足 5 千的小聚居区内,农业占当地国民生产总值(GNP)的 30%,但本地大学的课程中也很少有关于农业计划和发展的内容。② 受传统观念影响,巴勒斯坦人也不愿意接受职业技术教育。1975—1976 学年,在近东救济工程处设立的职业和技术培训学校中,包括师资培训学校学生在内,只有 4500 名学生。③ 估计在世界范围内,就读于职业学校的巴勒斯坦人只有约 10%。④ 职业技术教育和培训虽然受到巴勒斯坦教育和高等教育部、劳动部等部门的重视,但愿意接受职业技术教育的学生仍然不多。2001—2002 学年,巴勒斯坦选择职业技术教育的学生只占学生总数的 3%。⑤

最后,大学生培养与当地经济发展不匹配。

巴勒斯坦高校文理科失衡、缺乏职业技术教育的学生培养状况使高等教育严重脱离当地劳动力市场的实际需求和就业现实。大学课程设置也无法满足当地经济发展和学生的实际需求,大学生缺乏就业技能。其直接后果就是 25% 以上的大学毕业生失业。⑥ 虽然如此,大学毕业生在就业方面仍具有明显优势,具有高等教育程度的人失业率低

---

① Birzeit University's Development Studies Programme, *Palestine Human Development Report 2002*, p. 102.

② Philip E. Davies, "The Educated West Bank Palestinians", *Journal of Palestine Studies*, Vol. 8, No. 3, 1979, p. 69.

③ Report of the Commissioner-General of the UNRWA for Palestine Refugees in the Near East, General Assembly, Official Records Supplement, No. 13, cited in Muhsin D. Yusuf, "The Potential Impact of Palestinian Education on a Palestinian State", p. 81.

④ Muhsin D. Yusuf, "The Potential Impact of Palestinian Education on a Palestinian State", p. 82.

⑤ Birzeit University's Development Studies Programme, *Palestine Human Development Report 2002*.

⑥ State of Palestine, Ministry of Education and Higher Education, *Education Development Strategic Plan 2014 - 2019: A Learning Nation*, p. 13.

于只有小学或中学教育程度的人。在拥有大学文凭的人口中，女性失业率高于男性。由于适合知识女性的就业岗位较少，曾一度出现妇女受教育程度越高，失业率越高的情况。另外，受经济发展水平限制，约旦河西岸和加沙地带对高级人才的需求程度较低。以色列劳动力市场虽然向巴勒斯坦人开放，但主要雇佣受教育程度低的非熟练工人。巴勒斯坦私营部门能够提供的就业岗位非常有限，公共服务部门成为大学毕业生就业的主要渠道。教育部门是巴民族权力机构中最大的用人单位，这导致教育专业的大学生急剧增长。耶路撒冷开放大学中，一半的学生在学习教育专业；教育也是传统大学中学生人数最多的专业，占学生总数的23%。[1] 2005年，教育和高等教育部新增2200个教师岗位，吸引了2.5万多名毕业生申请。

除了就业市场的限制外，约旦河西岸和加沙地带还不时遭受以色列的封锁与占领，法塔赫和哈马斯的冲突也导致巴勒斯坦内部政治局势动荡，这都促使巴勒斯坦高级人才移民，向外寻求发展。广阔的中东地区劳动力市场，尤其是阿拉伯产油国曾经吸纳了大量巴勒斯坦高级人才。巴勒斯坦教师、工程师、医生和管理人员在阿拉伯海湾国家的发展中起了重要作用。1958—1959学年，科威特仅小学就有673名巴勒斯坦教师，占小学教师总数的65%以上。[2] 沙特阿拉伯、阿尔及利亚、利比亚和其他阿拉伯国家也雇用了很多巴勒斯坦教师。1963—1964学年，沙特阿拉伯各级学校一半以上的外籍教师是巴勒斯坦人，小学外籍教师中巴勒斯坦人的比例高达90%。[3] 海湾危机后，由于海合会国家的限制政策，巴勒斯坦人向阿拉伯产油国的移民减少，向加拿大、澳大利亚和美国移民的人数增多。高级人才在巴勒

---

[1] World Bank, *West Bank and Gaza: Education Sector Analysis-Impressive Achievements under Harsh Conditions and the Way forward to Consolidate a Quality Education System*.

[2] Kuwait, Education Department, *Annual Report 1958/59*, cited in Nabil A. Badran, "The Means of Survival: Education and the Palestinian Community, 1948 – 1967", p. 65.

[3] Saudi Arabia, Ministry of Education, *Guide to Educational Statistics for the Year 1383 (1963/64)*, cited in Nabil A. Badran, "The Means of Survival: Education and the Palestinian Community, 1948 – 1967", p. 66.

斯坦移民中占有很大比重。2008年的抽样调查显示，巴勒斯坦每年的向外移民中，接近1/4的人是拥有本科及以上学历的高级人才。估计巴勒斯坦每年向外移民2万至3万人，这意味着每年有五六千高级人才离开约旦河西岸和加沙地带。① 当年对医疗和教育领域拥有本科及以上学历人士进行的调查表明，他们中将近31%的人在考虑移民。②

六　国家构建的困境与巴勒斯坦教育的危机

国家构建的困境使巴勒斯坦教育陷入巨大的危机。首先，动荡的政治局势是教育最大的威胁。以色列设置的检查站、路障、土墩、壕沟等阻碍着约旦河西岸和加沙地带的人员流动。即使在巴以关系稳定时期，当地师生通过众多的检查站到达学校也需要花费大量时间。在双方关系紧张时期，以色列的封锁和宵禁、对约旦河西岸内部以及约旦河西岸与加沙地带之间人员流动的限制，阻碍着各校师生顺利到达学校。公路上的一个以色列检查站就可以使学校教学活动停止几天甚至数周。2000年阿克萨起义爆发后，封锁使学生和教师无法按时到校。在局势最为动荡的2002年，约旦河西岸估计4%的教学时间无法教学。封锁减少后情况有所好转，2003—2004学年无法教学的时间降为0.4%，大部分中小学能够正常开课。隔离墙建成后，成为一条无法跨越的地面障碍，直接阻断了通往各教学设施的道路。为尽量减少危险，高等教育部不得不允许学生就近到其他高校上课。

冲突不仅限制了人员往来，还破坏了各学校正常的教学活动。部分教学设施处于以色列的包围封锁之中，一些校园不时关闭，教学活动被迫停止，教育部门的教学计划无法实施。阿克萨起义期间，希伯伦大学校园被关闭长达两年时间，部分教师在当地的杂货市场和学生

---

① Yasser Shalabi, "Highly-Skilled Migration in the Occupied Palestinian Territory (oPt): Socio-Political Perspectives", Robert Schuman Centre for Advanced Studies, http://cadmus.eui.eu/bitstream/handle/1814/13680/CARIM_ASN_2010_26.pdf?sequence=1, 2010.

② Yasser Shalabi, "Highly-Skilled Migration in the occupied Palestinian territory (oPt): Socio-Political Perspectives", Robert Schuman Centre for Advanced Studies.

会面。哈马斯赢得大选后,以色列的限制更加严格,拒绝持有外国护照的巴勒斯坦人入境或勒令他们限期离境。很多高校教师由于在外出求学期间被注销了巴勒斯坦当地的身份证件,甚至无法再次入境。受各种不利条件限制,正常的教学课程有的被迫压缩课时提前结课,有的因没有机会授课而只好成倍延长课时,有些课程则被迫取消。在以色列的占领下,学习过程碎片化成为巴勒斯坦教育的标志,对教育质量的关注也不得不转到生存斗争方面。

2006年后,以色列对加沙地带的军事行动对教育基础设施造成了极大破坏。巴教育部公布的数据显示,2014年加沙战争损毁了加沙地带690所学校中的180所,导致47.5万名儿童无法入学,对教育质量产生了严重不良影响。除以色列的限制外,哈马斯与法塔赫的冲突也使得加沙地带与约旦河西岸进一步隔绝,加沙地带的大学生无法到达位于约旦河西岸的学校,约旦河西岸的师生也无法去往加沙地带。

其次,经费严重缺乏也限制了教育特别是高等教育的发展。冲突造成巴政府财政困难,虽然有大量捐助,学校的预算也只能保证一半。巴勒斯坦高等教育机构的经费来源于巴民族权力机构的拨款、学费、阿拉伯国家和国际社会的捐助、大学研究中心的收入以及与外国大学的共建。巴民族权力机构从2002年开始每年向高等教育机构拨付2000万美元的经费,2009年涨到3400万美元,2011年高等教育经费预算达到9000万美元。阿克萨起义爆发后,控制着巴勒斯坦边境的以色列政府经常停止向巴方转交代为征收的关税,导致巴民族权力机构的财政赤字居高不下,对高等教育机构的拨款通常每年只能达到预算的60%。[①]

阿拉伯世界和国际组织的援助曾是巴勒斯坦高等教育机构重要的经费来源。阿拉伯世界的援助自海湾战争后就大幅减少。巴民族权力机构成立后成为国际社会的重要援助目标,新成立的人权组织等团体

---

① European Commission, *Higher Education in the Occupied Palestinian Territory*, July, 2012.

也分流了许多西方援助,直接针对高等教育机构的捐助非常有限。欧盟通过"和平项目"在机构建设、人员和学术交流、学术研究等领域对巴勒斯坦的大学进行援助。该项目发起于1991年,在欧盟委员会、联合国教科文组织等国际机构的资金支持下,由12所欧洲大学与耶路撒冷圣城大学、成功大学、比尔宰特大学、伯利恒大学、加沙伊斯兰大学和希伯伦大学等巴勒斯坦6所大学签订"巴勒斯坦—欧洲教育领域学术合作"(Palestinian-European Academic Co-operation in Education)协议。"和平"(PEACE)一词即该项目名称的英文首字母缩写。巴民族权力机构建立后,和平项目得到进一步发展,目前成员范围扩大到欧洲52所大学和巴勒斯坦12所大学。

在财政拨款和捐赠收入减少的情况下,各高校只好通过提高学费来弥补赤字。除了近东救济工程处所属的高校外,巴勒斯坦所有的高等教育机构都向学生收取学费。目前,学费收入已经占这些高校经费来源的60%—70%。[1] 巴勒斯坦的大学生主要依靠家庭、政府和私人机构贷款支付学费。由于巴以冲突对经济发展造成的不良影响,约旦河西岸和加沙地带的家庭普遍承受着失业率上升带来的经济困难。免息的学生贷款也因偿还率低、国际机构和政府拨款不能保证而难以为继。无力负担学费的贫困大学生只好选择退学或延长学习时间。学费连年上涨则将更多的贫困学生推向退学的边缘。比尔宰特大学的学生2013年甚至到总理办公室前抗议学校大幅提高学费。

经费缺乏严重损害了高等教育质量。为节约经费,很多高校不得不削减教职人员,压缩教学内容。高校教师的工资无法合理、及时地发放。2012年,比尔宰特大学的教师就罢课抗议收入过低。包括成功大学在内的一些高校,则通过扩大招生规模增加学费收入,导致生源质量下降,教学质量也难以保障。

---

[1] European Commission, *Higher Education in the Occupied Palestinian Territory*, July, 2012.

第三节 历史记忆与公共文化

大众公共文化在增强共同历史记忆、促进民族国家构建中发挥着不可替代的作用。巴民族权力机构建立后，为塑造国民精神、促进民族国家的社会心理构建，采取各种措施推动巴勒斯坦民族主义史学和大众公共文化的发展。

一 重视发展巴勒斯坦民族主义史学

历史记忆和历史书写在巴勒斯坦民族认同形成过程中，发挥着强大的构建作用。在巴以冲突的环境下，历史书写不仅代表着过去，也塑造着过去。[1] 服务于民族利益的历史书写，是巴勒斯坦人开展民族运动、塑造民族认同的重要举措之一。

（一）巴勒斯坦民族历史书写与民族主义

与欧洲和犹太学者相比，巴勒斯坦学者较晚以民族主义为指导撰写当地历史。直到20世纪30年代初期，相关的历史著作才问世。[2] 一方面是因为巴勒斯坦地区的边界在英国委任统治时期才最后划定；另一方面相较于叙利亚、黎巴嫩和埃及等地，巴勒斯坦缺乏本土高等教育。当地知识分子数量较少，民族主义史学发展较慢，民族主义史观形成较晚。[3]

由于民族主义思潮的影响和推动，以及犹太复国主义的刺激，巴勒斯坦民族主义史学获得长足发展。为了反抗犹太人对巴勒斯坦这块土地的叙事霸权，巴勒斯坦知识分子将历史书写作为武器。特别是

---

[1] Susan Slyomovic, "The Rape of Qula, a Destroyed Palestinian Village", in Ahmad H. Sa'di and Lila Abu-Lughod, eds., *Nakba: Palestine, 1948, and the Claims of Memory*, Columbia University Press, 2007, p. 27.

[2] Beshara Doumani, "Rediscovering Ottoman Palestine: Writing Palestinians into History", p. 10.

[3] Beshara Doumani, "Rediscovering Ottoman Palestine: Writing Palestinians into History", p. 9.

1948年第一次中东战争的失败，给巴勒斯坦人造成巨大灾难。[①] 这种深重的民族挫败感，转化为巴勒斯坦人书写民族历史的强大动力。民族历史书写很大程度上成为他们反抗以色列占领的重要手段。在巴勒斯坦民族主义发展的不同阶段，民族史学发挥着不同的作用。

第一，用民族历史书写促进民族认同。英国委任统治时期，巴勒斯坦人与犹太人的矛盾激化，并迅速反映在史学当中。巴勒斯坦知识分子积极在报纸、杂志上发表民族主义文章，提醒民众警惕犹太人的侵略，希望激发民族情感，凝聚社会力量。记者、律师、政治家和教师等群体最先感受到犹太复国主义的威胁，成为巴勒斯坦民族主义史学早期作品的主要书写者。[②] 他们没有受过专业史学训练，其作品也并非严格意义上的学术著作。

巴勒斯坦知识分子把历史记忆视为"民族遗产"，将其与民族认同紧密联系起来，以史为证，论证巴勒斯坦人的权利问题。他们改变传统伊斯兰史学的研究和书写方式，把巴勒斯坦和巴勒斯坦人作为历史书写单位，将巴勒斯坦人的起源追溯到伊斯兰教兴起以前，构建具有连续性的民族历史叙事。明确巴勒斯坦认同、号召与犹太复国主义者进行斗争，是巴勒斯坦民族主义史学的两大目标。[③] 为此，巴勒斯坦学者出版了丰富多样的著述，例如通史、人物传记、多卷本工具书、历史地理学作品等。他们用书写城市和村庄历史的形式，保存巴勒斯坦人的地方记忆，挖掘巴勒斯坦的独特性，激发民族自豪感。艾斯阿德·曼苏尔（As'ad Mansur）对拿撒勒的研究，阿里夫·阿里夫（Arif al-'Arif）对耶路撒冷、加沙和贝尔谢巴的研究，伊赫桑·尼米

[①] 第一次中东战争惨败，导致巴勒斯坦人丧失建立国家的历史机遇，近百万人的家园被毁灭，流离失所，沦为难民。巴勒斯坦人将这场战争称为"Nakba"，即"浩劫"，将1948年5月15日战争爆发的这一天称为"灾难日"（Nakba Day）。痛苦的创伤经历成为巴勒斯坦人特殊的共同民族记忆。参见艾仁贵《Nakba：现代巴勒斯坦的难民问题与创伤记忆》，《史学理论研究》2013年第2期。

[②] Beshara Doumani, "Rediscovering Ottoman Palestine: Writing Palestinians into History", p. 10.

[③] Beshara Doumani, "Rediscovering Ottoman Palestine: Writing Palestinians into History", pp. 10 – 17.

尔（Ihsan al-Nimr）对纳布卢斯的研究，都是具有代表性的城市史著作。① 他们用历史论证巴勒斯坦自古以来连续不断的"阿拉伯属性"。这既是反驳犹太人的主张，也是泛阿拉伯主义观念在巴勒斯坦史学中的反映。②

巴勒斯坦人的历史教学受到民族主义史学影响。学校教科书成为民族主义史学传播的最大渠道。③ 巴勒斯坦民族主义者认为，历史教育是培养民族认同最重要的途径，新一代巴勒斯坦人必须加强历史学习。在新型世俗阿拉伯学校，受民族主义影响的历史教师编撰教材，向学生传播民族观念。宣扬巴勒斯坦民族认同的史学教育威胁到英国人的利益。在整个委任统治期间，历史教学都是巴勒斯坦民族主义者与英国当局不断摩擦的根源。④

这个时期是巴勒斯坦民族主义史学发展的第一个阶段。随着巴勒斯坦民族主义兴起而出现的民族历史书写尚缺乏专业性，受到泛阿拉伯主义思潮影响。在面临犹太复国主义威胁的情况下，巴勒斯坦的民族历史书写确立了服务民族利益的目标，反过来促进了巴勒斯坦民族主义的发展。当前巴勒斯坦史学的所有重要趋势都可以追溯到这一阶段。⑤ 然而，第一次中东战争后，巴勒斯坦传统精英领导的民族主义衰落，知识分子四处流散，生活动荡，缺乏自己的学术机构和研究经费。民族斗争失败打击和抑制了巴勒斯坦民族主义史学的发展。

第二，发展民族史学，支持民族斗争。20 世纪 60 年代中后期，以巴解组织为代表的现代巴勒斯坦民族运动兴起，特别是 1968 年巴解组织文化部成立，促进了独立的、专业化的巴勒斯坦民族主义史学

---

① Tarif Khalidi, "Palestinian Historiography: 1900–1948", *Journal of Palestine Studies*, Vol. 10, No. 3, 1981, p. 66.
② Meir Litvak, "A Palestinian Past: National Construction and Reconstruction", p. 27.
③ Tarif Khalidi, "Palestinian Historiography: 1900–1948", p. 68.
④ Tarif Khalidi, "Palestinian Historiography: 1900–1948", p. 64.
⑤ Beshara Doumani, "Rediscovering Ottoman Palestine: Writing Palestinians into History", p. 10.

发展。而阿拉伯世界在1967年第三次中东战争中惨败，泛阿拉伯主义思潮陷入低谷，对巴勒斯坦民族主义史学的影响式微。巴勒斯坦民族历史书写开始摆脱泛阿拉伯主义影响，更加关注巴勒斯坦的独特性。支持民族斗争、论证巴勒斯坦认同及其在阿拉伯民族内的地位，成为学者的主要目标。[①]

巴勒斯坦民族主义史学专业化发展的重要标志就是各种研究机构的设立。1963年，瓦立德·哈立迪等在黎巴嫩首都贝鲁特创建巴勒斯坦研究所（Institute for Palestine Studies，IPS）。在促使巴勒斯坦人形成自助思想方面，这个研究所起着重要作用。[②] 巴解组织1965年在贝鲁特成立巴勒斯坦研究中心（Palestine Research Center），作为官方研究机构。在约旦河西岸和加沙地带，得益于本土高等教育的发展，出现了专业研究机构和专职学者。比尔宰特大学的巴勒斯坦社会研究和文献中心就是其中具有代表性的机构。这些巴勒斯坦人自己的研究机构致力于保存巴勒斯坦的历史、政治和文化遗产，研究巴勒斯坦问题，培养青年学者，支持学术出版，促进了民族主义史学的专业化发展。具体表现为：1.重视民族历史文献的搜集、整理和保存，出版档案汇编，丰富了巴勒斯坦历史研究的资料；2.编撰出版民族史学工具书，如巴勒斯坦百科全书、巴勒斯坦各城市和乡村的历史等；3.出版与巴勒斯坦研究有关的著作和期刊。巴勒斯坦研究所就致力于巴勒斯坦事务和阿以冲突问题的历史记录、档案保存和学术研究，以阿拉伯语、英语和法语出版学术著作。他们在华盛顿出版的《巴勒斯坦研究学刊》（*Journal of Palestine Studies*）和在拉姆安拉出版的《耶路撒冷季刊》（*Jerusalem Quarterly*）是研究巴勒斯坦问题的重要学术期刊。

第三，在国家构建的进程中，发挥历史记忆和历史书写的作用。安东尼·史密斯指出，"恢复古老的族裔历史是后续本土动员过程的

[①] Rachel Maissy-Noy, "Palestinian Historiography in Relation to the Territory of Palestine", *Middle Eastern Studies*, Vol. 42, No. 6, 2006, p. 890.

[②] Philip Mattar ed., *Encyclopedia of the Palestinians*, "Walid Khalidi", p. 227.

起点","拥有丰富的真实历史对于满足民族主义的理想是非常必要的"①。巴民族权力机构建立后,把历史记忆作为塑造国民精神、促进国家认同的重要因素,从国家层面支持民族主义史学的发展。首先,挖掘和整理民族历史文化遗产,修复和保护历史遗迹。这成为巴民族权力机构旅游和文物部的重要职责。其次,搜集、保护和研究民族档案资料,这项工作受到巴勒斯坦全社会的重视,政府、高校和非政府组织都积极投身其中。2010年,时任成功大学校长的哈姆达拉就强调,就巴勒斯坦而言,在某些情况下,最重要的是教育、档案和图书馆,它们是"一切的基础、生存的工具"。②再次,推进民族历史教育。在基础教育中讲述具有连续性的民族历史,培养巴勒斯坦认同。③ 最后,重视公共历史,兴建历史博物馆、纪念碑;举办全国性的"灾难日"纪念活动,将巴勒斯坦人的个体创伤记忆整合为民族的公共记忆;展示民族解放运动的历史和成就。然而,巴以和平进程的停滞及双方关系的恶化,导致巴勒斯坦局势动荡不安。在约旦河西岸和加沙地带,经费不足、历史资料和档案遭到破坏、查阅困难、学者行动受到以色列限制等不利条件,制约着史学研究。④

20世纪90年代后,巴勒斯坦移民学者对民族历史的研究进入爆发期。这既受到巴勒斯坦民族运动发展阶段的影响,也与这些学者参与民族运动或中东和平进程密切相关。美国哥伦比亚大学教授拉希德·哈立迪和曾担任伦敦国王学院教授的耶齐德·萨伊格就是典型代表。哈立迪作为巴勒斯坦代表团的顾问之一,参加了马德里和会及在华盛顿举行的巴以双边谈判。萨伊格是中东军事问题专

---

① [英]安东尼·史密斯:《全球化时代的民族与民族主义》,第75页。
② Lorenzo Kamel, "Israel and a Palestinian State: Redrawing Lines?", in Martin Beck, Dietrich Jung, Peter Seeberg eds., *The Levant in Turmoil: Syria, Palestine, and the Transformation of Middle Eastern Politics*, p. 154.
③ Nathan J. Brown, "Contesting National Identity in Palestinian Education", in Robert I. Rotberg ed., *Israeli and Palestinian Narratives of Conflict: History's Double Helix*, pp. 225 – 243.
④ Lauren Banko, "Occupational Hazards, Revisited: Palestinian Historiography", pp. 440 – 441.

家,在巴以和谈时率领巴勒斯坦代表团参加军备控制和地区安全多边工作组(1992—1994年),并作为巴解组织代表参加了1994年《加沙—杰里科协定》的谈判工作。政治活动一时分散了学者们的精力,但为研究提供最鲜活的实践经验,深化了他们对相关问题的认识。

(二)巴勒斯坦民族历史书写:学者和普通民众的共同参与

为塑造民族精神、增强民族凝聚力和自信心,巴勒斯坦学者梳理本民族的独立发展脉络,再现祖辈的历史生活与成就,强调本地区的独特传统,以此强化巴勒斯坦人的民族认同。他们总结巴勒斯坦民族运动的经验教训,整合民族创伤记忆,鼓励巴勒斯坦人寻求新生,承担建立祖国的重任。这些历史研究和书写不可避免地与一些犹太学者的观点冲突。双方关于历史和历史权利的辩论成为塑造巴勒斯坦民族主义史学的一个主要因素。[1]

专业化的民族历史书写,无论是对西方、阿拉伯世界还是巴勒斯坦人自己来说,都是界定和阐释巴勒斯坦民族叙事的重要因素。民族起源、民族认同、民族主义的产生与发展、第一次中东战争及其带来的灾难等,是巴勒斯坦民族叙事的关键问题,也是犹太学者关注的重要内容。在两个民族争夺同一块土地的政治局势下,与犹太人争夺解释民族历史的主导权,成为巴勒斯坦民族史学的重要任务。

犹太复国主义者否认巴勒斯坦人的存在。他们的立场在某种程度上得到了"现代主义"民族理论的注解。这种理论强调民族的现代性,认为民族是"想象的共同体"。[2] 巴勒斯坦学者则坚持认为,巴勒斯坦人从远古时代一直延续至今。在巴勒斯坦人民族起源问题上,他们的很多观点与"永存主义"或"原生主义"民族理论契合。"原生主义"民族理论认为,民族产生于原始的自然状态,在远古人类的

---

[1] Tarif Khalidi, "Palestinian Historiography: 1900 – 1948", pp. 63 – 64; Robert I. Rotberg ed., *Israeli and Palestinian Narratives of Conflict: History's Double Helix*.

[2] [英]本尼迪克特·安德森:《想象的共同体》,吴叡人译,上海人民出版社2005年版,第6页。

血缘家族和小型部落的基础上扩展而成，具有原始的血缘性，并且在悠远的过去就与语言、习俗、宗教、地域等密切相关。①"永存主义"民族理论认为，即使民族主义的意识形态是近代的，民族却始终存在于历史的每一个时期，很多民族甚至在远古时代就已经存在。② 即使那些承认本民族的现代性的巴勒斯坦学者，也强调巴勒斯坦人的历史性、族群基础及文化特征。这种观点具有"族群—象征主义"民族理论的特点。对巴勒斯坦人民族问题的争论反映了西方学术界民族理论研究的现状。虽然民族以及与之密切相关的民族主义在现代世界具有重要影响，但民族的概念是相关领域中最成问题和争议最大的术语。③在这种情况下，向世界证明巴勒斯坦人的民族属性，尤其需要民族史学发挥作用。

这种需要承担的任务，以及全球史学的发展趋势，共同决定了巴勒斯坦民族史学的鲜明特点：学者和大众共同参与历史书写；既重视精英群体的作用，也研究普通民众的文化心态；除政治问题外，还关注经济、社会、文化等层面；研究方法和成果形式多样。传统的巴勒斯坦民族史学，主要由学者书写，着力于政治史、事件史及人物传记等，研究对象主要是民族精英群体，研究方法以档案文献研究为主。除专著外，人物传记辞典、百科全书等形式的史学工具书，成为巴勒斯坦民族史学的一种重要成果形式。

20世纪以来，新史学逐渐取代传统史学，成为西方史学的主流。受新史学的影响，巴勒斯坦学者开始关注农民、城市贫民、妇女、难民、贝都因人等边缘群体，口述史是他们采用的主要研究方法。口述史具有"生动性、广泛性、民主性的特点"，"是一种'自下而上'

---

① 叶江：《当代西方的两种民族理论——兼评安东尼·史密斯的民族（nation）理论》，《中国社会科学》2002年第1期。
② ［英］安东尼·史密斯：《民族主义：理论、意识形态与历史》，叶江译，上海人民出版社2011年版，第53—55页。
③ ［英］安东尼·史密斯：《民族主义：理论、意识形态与历史》，第10页；［英］本尼迪克特·安德森：《想象的共同体》，第2—3页；［英］埃里克·霍布斯鲍姆：《民族与民族主义》，第1页；［英］厄内斯特·盖尔纳：《民族与民族主义》，韩红译，中央编译出版社2002年版，第7—10页。

的史学，一种普通民众而非精英人物的史学"①。在巴勒斯坦传统社会，普通民众的识字率低，无法书写自己的历史，口述史为他们提供了发声的途径。特别是在对巴勒斯坦难民的研究中，通过口述史，广大难民直接参与创伤记忆书写，将亲身经历融入集体记忆，成为巴勒斯坦认同的重要内容。②口述史将人类学、社会学等社会科学的研究方法引入历史研究，改变了巴勒斯坦传统史学的面貌。

地方史尤其是村庄史，是巴勒斯坦民族史学中极富特色的内容。遭到以色列破坏的巴勒斯坦村庄，人口流失，失去了巴勒斯坦特性。研究人员、村民协会或村民个人，收集流散难民的口述史资料，以"村庄纪念书"的形式，保存他们的村庄记忆。村庄史记载了村民的谱系、村庄的政治状况、经济结构、教育文化及社会习俗等生活细节，展示了普通人眼中的巴勒斯坦历史。与传统地方史只关注精英人物不同，村庄史由巴勒斯坦难民直接参与书写，保存着在故乡生活过的第一代难民的乡村体验。③这些村庄史是巴勒斯坦人保存民族记忆、维系民族认同的重要载体。

尽管大众对历史书写的参与日益增多，在巴勒斯坦历史研究中，传统精英家族出身的学者仍具有独特优势。由于部落和家族在社会生活中的特殊地位，早期的巴勒斯坦学者多出身于享有权力、地位和财富的传统精英家族，如大土地所有者、显贵、商业或宗教世家。他们不仅受到当地学术传统训练，还较早地接受了西方现代高等教育。家族背景使他们能够详细、深刻地认识当地的物质和社会文化环境。他们的家族文件，如族人的任命书、财产登记清单、销售票据、房地产记录等，是研究奥斯曼时期巴勒斯坦行政、社会、宗教和文化制度不

---

① 张广智：《"把历史交还给人民"——口述史学的复兴及其现代回响》，《学术研究》2003年第9期。
② Sonia El-Nimr, "Oral History and Palestinian Collective Memory", *Oral History*, Vol. 21, No. 1, 1993, p. 55.
③ Rochelle A. Davis, *Palestinian Village Histories: Geographies of the Displaced*, California: Stanford University Press, 2011, pp. 66 - 67; Beshara Doumani, "Rediscovering Ottoman Palestine: Writing Palestinians into History", p. 17.

可或缺的本土档案资料。家族地位也使他们容易获得奥斯曼法院记录等官方文献。① 这些都是受到新史学研究范式重视的原始材料。例如，出身于纳布卢斯的著名家族，为伊赫桑·尼米尔书写当地历史提供极大便利。根据口述史资料、家族文件及伊斯兰法庭记录，他构建了纳布卢斯的历史，记述了当地遭受贝都因人袭击、内战、部落分化以及反抗中央政府的经历。②

传统精英家族出身的学者继承了家族精英对民族问题的思考。作为民族精英群体，很多学者直接参加了民族运动，或参与了与以色列的和谈工作，掌握了丰富的材料和直接经验。这为他们深入巴勒斯坦社会生活和文化的细节，争取阐释民族历史的主动权奠定基础。耶路撒冷著名的宗教学者世家哈立迪家族就是这方面的典型。早在1911年，作为耶路撒冷地区代表，鲁希·哈立迪就在奥斯曼帝国议会呼吁，警惕犹太复国主义的威胁。③ 瓦立德·哈立迪、拉希德·哈立迪等，也都积极参与民族工作。罗斯玛丽和耶齐德母子所属的萨伊格家族，就有不少学者参与巴勒斯坦民族运动。例如，法耶兹·萨伊格（Fayez Sayigh）是巴勒斯坦全国委员会和巴解组织执委会成员，建立了巴勒斯坦研究中心。他的弟弟阿尼斯·萨伊格（Anis Sayigh）曾担任这个研究机构的领导人（1966—1974），并主编了阿拉伯文版的《巴勒斯坦百科全书》。④

移民学者是巴勒斯坦民族史学的重要研究者和书写者，在国际学术界的影响力更大。巴勒斯坦一些精英得到机会在美国、英国等西方国家接受专业学术训练，成为职业历史学者。虽然任职于西方国家或阿拉伯世界，取得其他国家的国籍，他们仍具有强烈的巴勒斯坦认

---

① Beshara Doumani, "Rediscovering Ottoman Palestine: Writing Palestinians into History", p. 14.

② Tarif Khalidi, "Palestinian Historiography: 1900 – 1948", p. 67; Beshara Doumani, "Archiving Palestine and the Palestinians: The Patrimony of Ihsan Nimr", *Jerusalem Quarterly*, Issue 36, 2009, p. 6.

③ Rashid Khalidi, *Palestinian Identity: The Construction of Modern National Consciousness*, p. 31.

④ Philip Mattar ed., *Encyclopedia of the Palestinians*, "Sayigh Family", pp. 359 – 360.

同，并积极参与巴勒斯坦民族运动或中东和平进程。移民学者利用西方的史学研究方法和概念，从民族角度诠释巴勒斯坦历史，向世界解释巴勒斯坦人和阿拉伯人对巴勒斯坦问题的立场和观点，反驳犹太复国主义者和西方的主张。他们用西方的语言写作，享有突出的学术平台优势，研究成果更易得到国际学术界的认可。

移民学者积极推动国际学术界对巴勒斯坦的研究。美国巴勒斯坦研究的关键性基础就是由享有极高声誉的巴勒斯坦裔学者爱德华·萨义德奠定。他在《东方主义》一书中开创了"殖民话语"分析方法。萨义德发表大量文章分析巴勒斯坦、以色列和中东地区的形势，强调"需要一种关于在中东所发生事件的巴勒斯坦式叙事，以抗衡那种对这些事件的亲以色列叙事"[1]。由于萨义德积极为巴勒斯坦人的权利而著述，学术界和美国媒体改变了理解和表述中东形势的方式。[2] 为了纪念他，他生前任职的哥伦比亚大学设立了"现代阿拉伯研究爱德华·萨义德讲席教授"（Edward Said Professor of Modern Arab Studies）职位。首位就任此职的学者是著名的巴勒斯坦裔历史学者拉希德·哈立迪教授，他曾任哥伦比亚大学历史系主任、北美中东学会（Middle East Studies Association，MESA）主席。依靠在学术界的巨大影响力，拉希德·哈立迪推动哥伦比亚大学在2010年成立巴勒斯坦研究中心，这是美国学术机构内设立的首个此类机构。

（三）巴勒斯坦民族历史书写的特点与存在的问题

在抵制西方帝国主义和殖民主义成为伊斯兰世界主要任务的20世纪，民族主义史学是穆斯林史学的主导趋势。[3] 巴勒斯坦史学具有20世纪穆斯林史学的共同特点。在巴勒斯坦人现代民族意识萌发伊始，当地知识分子就积极以民族主义史观书写历史，用民族主义史学教育新一代的巴勒斯坦人。在民族运动的推动下，巴勒斯坦民族主义

---

[1] ［英］瓦莱丽·肯尼迪：《萨义德》，李自修译，江苏人民出版社2006年版，第3页。

[2] ［英］瓦莱丽·肯尼迪：《萨义德》，第131页。

[3] ［美］格奥尔格·伊格尔斯、王晴佳、苏普里娅·穆赫吉：《全球史学史》，杨豫、王晴佳译，北京大学出版社2019年版，第134页。

史学不断走向专业化,成为界定和阐释巴勒斯坦民族叙事的重要工具。在巴勒斯坦人的历史叙事中,犹太人进入巴勒斯坦并建立以色列国家的整个过程,是殖民主义进入并征服奴役巴勒斯坦的过程,而对以色列及其他西方国家的反抗,是巴勒斯坦人反抗殖民统治的一部分。这种殖民主义话语,深刻地影响了巴勒斯坦的历史书写。①

民族认同是 20 世纪阿拉伯知识阶层话语的重要内容,也是许多著名阿拉伯历史学家的主要关注点。② 在巴勒斯坦,各个社会群体共同参与对民族认同的构建与书写。传统精英家族出身的学者在民族历史书写中具有独特优势,移民学者在国际学术界的影响力更大,而难民等普通民众通过"自下而上"的历史书写,将个体经历融入集体记忆。通过挖掘和呈现历史记忆,历史书写塑造了巴勒斯坦人的集体记忆,成为构建和维系巴勒斯坦认同的重要手段之一。民族认同主导下的历史书写,带动了巴勒斯坦史学的多样化发展,例如后殖民史学、口述史、乡村史、妇女史等分支领域都得到了不同程度的发展。

然而,以民族主义为指导的历史书写存在褊狭之处。巴勒斯坦的民族史学也有着类似的问题,例如刻意追溯民族的独立发展脉络和辉煌过去,在历史书写中剪裁史料等,这都影响到史学的客观性和公正性。民族主义是一把双刃剑,民族主义史学在塑造民族认同的同时,对民族国家构建也存在消极影响。巴以双方过分政治化的史学认识对青少年一代的历史教育有不小的负面影响,不利于促进两个民族的和平共处。③ 巴勒斯坦部分学者也清醒地认识到民族主义史学存在的弊端。虽然受到民族主义思想影响,但他们的研究努力追求学术的客观

---

① Nur Masalha, *The Palestine Nakba, Decolonising History, Narrating the Subaltern, Reclaiming Memory*, pp. 19 – 87.

② Youssef M. Choueiri, *Modern Arab Historiography*, *Historical Discourse and the Nation-State*, London and New York: Routledge, 2013, p. 211.

③ Nathan J. Brown, "Contesting National Identity in Palestinian Education", in Robert I. Rotberg ed., *Israeli and Palestinian Narratives of Conflict: History's Double Helix*, pp. 225 – 243; Sara Zamir, "Building a Reality of Peace and Reconciliation throughSchool Textbooks: Lessons for the Israeli-Palestinian case", *Israel Affairs*, Vol. 23, No. 3, 2017, pp. 566 – 567.

性。① 这有助于国际社会更好地理解巴勒斯坦人，并为巴以两个民族的学术沟通打下基础。

二 通过公共文化塑造国民精神

在国家构建的动员过程中，巴勒斯坦重视艺术、传媒的作用，推动公共文化发展及相关设施建设。纳布卢斯、拉姆安拉、伯利恒、希伯伦和加沙等城市地区公共文化比较繁荣，是博物馆、电影院等文化设施相对集中的地方。位于伯利恒的巴勒斯坦民间艺术中心、巴勒斯坦人恢复民族遗产中心、位于拉姆安拉的希腊—马其顿文化中心、位于希伯伦的巴勒斯坦儿童艺术中心等都是巴勒斯坦著名的文化活动场所。虽然受到持续不断的巴以冲突影响，这些机构依然坚持开展各种社会文化活动。它们举办座谈会、演讲、授课、音乐会、艺术展等活动，在培育、塑造巴勒斯坦国民精神中发挥着重要的作用。

博物馆是巴勒斯坦人反抗以色列占领、争取民族独立的缩影。约旦河西岸共有26家博物馆，加沙地带共有5家博物馆。2016年，共有20多万人次参观博物馆，其中巴勒斯坦人约占77.3%。② 巴勒斯坦国家博物馆于2016年5月落成开幕。这个博物馆位于拉姆安拉北部的比尔宰特，占地4万平方米，是巴勒斯坦面积最大的博物馆，带有画廊、露天剧场、图书馆、教室等附属空间，设施现代化。虽然尚未摆放固定展品，但国家博物馆的建筑和景观设计本身及不定期举办讲座和主题活动，都使其成为展示巴勒斯坦社会历史、进行文化交流的重要场所。

博物馆也是纪念民族代表人物，凝聚民族精神的重要场所。阿拉法特博物馆位于他在拉姆安拉官邸的废墟上，阿拉法特在生命的最后三年被以色列围困在这里，展厅旁边就是他的墓地。这座博物馆收藏着阿拉法特生前使用过的物品及大量珍贵照片、文件和视频，珍藏着

---

① Philip Mattar ed., *Encyclopedia of the Palestinians*, "Preface", pp. vi – vii.
② 巴勒斯坦中央统计局，http://www.pcbs.gov.ps。

巴勒斯坦人进行民族解放斗争的集体记忆，是巴勒斯坦观众最多的博物馆。马哈茂德·达尔维什（Mahmoud Darwish，1941—2008）是最具世界影响力的巴勒斯坦诗人，被视为巴勒斯坦民族的精神符号，阿拉法特称他为"巴勒斯坦的情人"，赞扬他"用笔为争取巴勒斯坦的自由和独立而战，是巴勒斯坦正义事业的代表和象征"[1]。他的早期作品大多描写巴勒斯坦人遭受的故土沦丧、流离失所之苦，以及巴勒斯坦人的反抗斗争，是抵抗运动的一个主要声音。他起草了1988年巴勒斯坦《独立宣言》，曾任巴解组织执委会委员。2012年，拉姆安拉建成达尔维什博物馆，占地约9千平方米，包括达尔维什墓地、展厅、图书馆、多功能厅、室外露天剧场等。

影视戏剧作为传播和记忆媒介，是塑造国民精神、促进国家认同的有效工具。巴勒斯坦本土电影经历了两个明显的发展阶段。诞生于20世纪60年代末的"巴勒斯坦抵抗电影"属于早期的本土电影，大部分为新闻纪录片或短片，主要是抨击以色列的政策，记述圣战和烈士的事迹，彰显巴勒斯坦人的抵抗决心，论证巴勒斯坦人最终解放、重返家园的历史必然性。1968年，法塔赫建立巴勒斯坦电影生产部，并于次年拍摄出第一部纪录片《不能和平解决》。巴解组织及其下属派别也拍摄了一些宣传片和短片。1972年，法塔赫的电影生产部吸收阿拉伯国家致力于巴勒斯坦解放事业的电影工作者，组成"巴勒斯坦电影协会"。20世纪八九十年代，新生代的巴勒斯坦电影人运用先进的电影文化理念和美学原则，将对巴勒斯坦问题的反思、民族记忆与自身经历结合起来，拍摄了一批在艺术和思想上都堪称上乘之作的优秀电影，在国际上产生了重要影响。[2]

巴勒斯坦的剧院具有公共属性，通过影视戏剧等艺术形式，对抗犹太复国主义者的话语，关注巴勒斯坦自身的叙事，在反抗以色列占

---

[1] ［巴勒斯坦］马哈茂德·达尔维什：《马·达尔维什诗选》，薛庆国译，《世界文学》2016年第4期；邹兰芳：《从"在场的缺席者"到"缺席的在场者"：巴勒斯坦诗人达尔维什的自传叙事》，《外国文学评论》2012年第4期。

[2] 邹兰芳：《流亡·记忆·再现——巴勒斯坦电影的回顾及评析》，《艺术评论》2009年第3期。

领、促进巴勒斯坦民族解放和国家构建过程中发挥着积极作用。① 拉姆安拉的阿什塔尔剧院和卡萨巴剧院、杰宁难民营的自由剧院、贝特贾拉的哈拉剧院和阿伊达难民营的拉瓦德剧院，都是约旦河西岸高度专业化的演出机构，不仅能进行电影放映和戏剧表演，还能进行原创性的影视戏剧制作，在本地和国际上都享有很高的声誉。2001年，卡萨巴剧院应邀参加伦敦国际戏剧节，并在2006年、2007年成功举办巴勒斯坦国际电影节，从另一个角度促使国际社会关注巴勒斯坦问题。

邮政业是国家的重要社会公用事业，在传递实物信息的同时，通过邮票传播公共文化，塑造集体意识。巴勒斯坦民族主义运动早在20世纪60年代就把邮票作为提高民族意识的手段，法塔赫等派别通过印制纪念邮票筹款，象征反以武装斗争的蒙面游击队战士成为最典型的邮票图案。自治后，巴勒斯坦发行的邮票得到万国邮政联盟认可，能够在寄往境内外的邮件上使用。巴民族权力机构采取各种措施，规避以色列的限制政策，在邮票上表现巴勒斯坦认同、巴勒斯坦历史的连续性、国家建设进程和国际交往，巴勒斯坦国旗、宗教历史文化遗产、阿拉法特肖像等都是常用的邮票图案。1997年，巴勒斯坦发行《巴勒斯坦之友》系列邮票，纪念阿拉法特与法国总统希拉克、特蕾莎修女等西方政治家和国际知名人士的交往。② 以此表明，阿拉法特是享有广泛国际支持的巴勒斯坦合法领导人，这反过来又被视为建立独立巴勒斯坦国的里程碑。③

---

① Gabriel Varghese, *Palestinian Theatre in the West Bank*, Cham: Palgrave Macmillan, 2020, p. 2.

② "Palestinian Authority Stamps and Covers, West Bank Issues", http://www.palstamps.eu/PSRamallah2.htm.

③ Ido Zelkovitz, "The Battle over Sovereignty: Stamps, Post, and the Creation of a New Palestinian Socio-political Order, 1994 - 2000", *The Journal of the Middle East and Africa*, Vol. 8, No. 2, 2017, pp. 197 - 210.

结　　语

巴勒斯坦民族主义以建立独立国家为目标，并根据形势变化，调整建国的地理范围和斗争方式，最终选择通过与以色列和谈，在约旦河西岸和加沙地带建立巴勒斯坦国。巴民族权力机构建立后，主权缺失限制了巴勒斯坦的国家构建。和平进程及国家构建的挫折导致政治伊斯兰势力哈马斯崛起，巴勒斯坦出现了两种国家模式的竞争。在巴勒斯坦问题日益边缘化的国际环境下，以色列的强硬政策使解决巴勒斯坦问题的"两国方案"面临着危机，巴勒斯坦和以色列成为一个国家的现实正在形成。尽管如此，得到国际社会普遍支持的"两国方案"依然是解决巴勒斯坦问题的合理方案。

一　主权缺失状态下的国家构建

巴勒斯坦民族主义以建立巴勒斯坦国家为目标，属于国家民族主义。与犹太复国主义争夺同一块土地的斗争失败，使巴勒斯坦人丧失了建立独立国家的历史机遇，土地被分割占领，大批巴勒斯坦人被迫流亡，形成包括本土和流亡等不同群体的独特民族。巴勒斯坦民族主义主张武装斗争，在武装斗争的过程中将世俗国家和政治主权思想与大众政治有效结合起来，巩固和强化了巴勒斯坦人的民族认同，初步实现巴勒斯坦的民族构建。在此过程中，巴勒斯坦的国家构建也得到一定程度的发展，巴解组织成为巴勒斯坦国家组织的雏形。在以色列占领下，约旦河西岸和加沙地带社会结构的变迁及本土民族主义运动的兴起，对巴解组织最终形成建立小型国家的战略目标具有重要影响。在建国目标和斗争方式几经变化后，巴勒斯坦人最终选择在约旦河西岸和加沙地带先行自治，作为建立独立国家的第一步。

自治后，巴勒斯坦民族权力机构从政治、军事、经济及社会文化等方面入手，进行国家构建工作。在政治层面，是建立完整的立法、行政、司法体制。在特殊的历史和政治环境下，巴勒斯坦形成两套权力机构：以巴解组织及其最高权力机构巴全国委员会为中心的巴勒斯坦民族主义运动决策机构、以巴民族权力机构及立法委员会为中心的巴勒斯坦自治领导机构。这两套机构同时并存，虽然它们的政治代表性和政治功能不同，但双方在人员和组织上交叉重合，权力交错，难以明确区分。尽管障碍重重，巴民族权力机构主席和巴勒斯坦立法委员会的选举，总理的设立，司法机构的建立和改革，都是巴勒斯坦国家构建的成果。

法制建设是巴勒斯坦国家构建的重要步骤，完善的法制是促进巴勒斯坦社会稳定和发展、吸引国际社会援助和投资的保证。面对历史形成的法律制度，巴勒斯坦整理和编纂原有法律，制定颁布新法律，尽力克服法制体系中存在的结构性缺陷，建立法制基础设施，培养法律人才。

地方治理是巴民族权力机构建立统治基础的重要措施，是巴勒斯坦向独立主权国家过渡进程中的重要工作。巴勒斯坦以约旦河西岸和加沙地带原有的地方政府为基础，建立新的地方治理体制，在此过程中，巴勒斯坦流亡民族主义精英与本土传统精英结盟，巩固了在当地的统治。地方选举是地方政府建设的重要步骤，各派政治势力通过地方选举，争夺地方权力，并为大选做准备。

对军队和警察等合法强制权力的垄断是国家的重要特征之一。巴勒斯坦将安全机构建设作为国家构建的重要工作。以巴解组织武装力量为基础，根据《奥斯陆协议》相关规定，巴勒斯坦建立了主要由警察部队构成的安全机构，并根据形势变化进行了安全机构改革。

经济是巴勒斯坦国家构建的软肋，也是巴勒斯坦在中东和平进程中处于弱势地位的关键因素之一。以色列的长期占领导致巴勒斯坦经济基础薄弱，外贸渠道单一，经济结构失衡。巴勒斯坦通过完善立法、出台刺激政策、兴建基础设施、加强服务工作、开展国际合作等措施，推动工业、农业、旅游业及外贸等各部门经济的发展，以扭转不平衡的经济结构，促进经济可持续发展。

在社会文化方面，组织和动员巴勒斯坦社会，发展教育事业，凝聚国民精神，是巴勒斯坦国家构建的主要措施。以色列占领期间，本土国家机构缺失，民间社会承担了国家本应承担的任务，在社会和政治生活中发挥着特殊而重要的作用。巴勒斯坦民族权力机构建立后，与民间社会合作互补、相互依赖，但也有相互冲突的地方。教育和高等教育对推动巴勒斯坦民族主义发展、促进国家构建具有重要作用和意义。现代公共教育扩大了巴勒斯坦的受教育阶层，充实了民族精英的队伍；高等教育培养出新一代民族主义运动领导层，促进被占领土的民族主义动员，帮助保存和维持巴勒斯坦民族认同，推动巴勒斯坦民族构建，并为巴勒斯坦国家构建做准备。巴民族权力机构建立后，教育事业发展为国家构建培养了大量高素质人才。巴勒斯坦从国家层面支持民族主义史学和公共文化事业的发展，发挥共同历史记忆和公共文化生活在塑造国民精神、促进民族与国家认同中的作用。

二　巴勒斯坦国家构建的障碍

巴以和谈屡次受挫、巴勒斯坦最终地位问题迟迟得不到解决，巴勒斯坦无法获得独立的、完整的主权。主权缺失在政治、军事、经济和社会等方面都给巴勒斯坦国家构建带来巨大挑战。巴勒斯坦没有完整的立法权和司法权，加上行政权力对立法和司法过渡干涉，导致法制建设总体进展缓慢。在巴以签署的一系列协议规定下，巴勒斯坦安全机构的发展受到严格限制，而巴以安全合作遭到巴勒斯坦部分精英和民众的指责，使安全机构面临着严重的合法性危机。由于以色列的持续军事打击，巴勒斯坦安全机构陷于瘫痪，地方激进武装力量乘机坐大。在国际社会直接参与下，巴勒斯坦安全机构进行了改革和重建，巴以安全合作恢复，但安全机构维护巴勒斯坦人利益的能力弱化。巴勒斯坦采取各种措施发展经济，然而，以色列控制着约旦河西岸和加沙地带的所有边界，掌握着资源、能源、技术及劳动力和商品的流通，控制着自治政府的财政收入，巴勒斯坦经济无法摆脱对以色列的依附。国家构建的困境严重阻碍了巴勒斯坦教育、社会文化等事业发展。和平进程停滞及其导致的巴以冲突与巴勒斯坦政治、经济和社会危机，损害了巴解组织及法塔赫的合法性，成为促使哈马斯上台的重要因素。在政治权力分配、安全机构控制权等方面，哈马斯与法塔赫都展开了激烈的博弈。

领土和社会碎片化，经济陷入困境，失业人口剧增，政治势力分裂割据成为巴勒斯坦独立建国的障碍。苦难的加剧刺激巴勒斯坦民族情绪上扬，一些激进势力不断对以色列发动自杀爆炸和暴力袭击，以色列在打击极端势力的同时，连带打击巴勒斯坦主流派别，巴以双方陷入报复与反报复的恶性循环，大量平民伤亡，关系更加恶化。扫除巴勒斯坦独立建国的障碍、取得巴以冲突问题的最终解决，离不开国际社会的斡旋与支持。但美国中东政策的调整、阿拉伯世界整体实力的衰落都使巴勒斯坦问题日益边缘化。

作为当今世界国际政治和经济秩序的主导者，美国对中东地区的政治局势发展具有决定性影响，巴勒斯坦问题基本上都是在美、以、巴这个核心结构内处理，巴以是冲突的主角，美国则是解决问题的主导。美国政府不断出台解决巴以问题的措施，在克林顿政府的斡旋和推动下，巴以达成《奥斯陆协议》，开启了奥斯陆和平进程，由于巴以之间分歧巨大，克林顿在总统任期内未能推动双方就永久地位达成协议。2001年"9·11"事件后，打击恐怖主义、在中东推进民主化进程成为布什政府中东政策的核心，巴以问题被置于反对恐怖主义和中东民主化改造两大政策框架之下，不再是美国中东政策关注的中心。虽然奥巴马重申以"两国方案"解决巴勒斯坦问题，但在内塔尼亚胡的强烈反对下，奥巴马未能采取实质性措施推进巴以和谈。在美国全球战略调整的大背景下，错综复杂的巴以问题淡出了奥巴马政府的战略日程。受美以特殊关系影响，美国历届政府都采取支持以色列的立场。特朗普上台后，对以色列的支持达到前所未有的程度，放弃"两国方案"，出台世纪协议，试图将以色列对约旦河西岸和加沙地带的占领与吞并合法化，巴勒斯坦独立建国的前景更加渺茫。

阿拉伯世界在泛阿拉伯主义的旗帜下，支持巴勒斯坦人，虽然国家利益一直是阿拉伯各国的优先考虑，但他们的政治和经济支持提高了巴解组织的国际地位，推动和促进国际社会关注和解决巴勒斯坦问题。巴勒斯坦与以色列的斗争与和谈，都需要阿拉伯世界统一立场的支持，然而，中东剧变以来，整体实力衰落分散了阿拉伯国家对巴勒斯坦问题的关注。部分阿拉伯国家出现严重的政治动荡，社会分裂和对立，经济凋敝，甚至发生政权更替，实力受到极大削弱。海湾君主制国家躲过了政权更替风潮、保持了社会政治的相对稳定，但也面临着经济转型，政治代际更替的挑战，而卡塔尔与其他阿拉伯国家的外交危机，则使海合会四分五裂。美国和俄罗斯在中东的博弈加剧，他们对阿拉伯国家的拉拢分化，加剧了阿拉伯世界的碎片化。海湾国家与西方国家结盟，推动利比亚、叙利亚等国的政权更替，进一步削弱了阿拉伯世界的团结和影响力。中东地区力量平衡遭到破坏，民族争端和教派矛盾日益突显，围绕叙利亚危机、打击"伊斯兰国"、教派问题、库尔德问题等当前热点，沙特等主要阿拉伯国家与伊朗、土耳其等地区大国展开了复杂博弈。忙于内部事务和地区问题使阿拉伯国家无法投入更多的资源支持巴勒斯坦问题。内斗与混乱使阿拉伯国家难以形成共同立场，客观上改善了以色列在中东的地缘政治环境，为以色列在巴勒斯坦问题上推行强硬政策创造了条件。

三 巴勒斯坦独立国家构建的前景

巴勒斯坦没有通过奥斯陆和平进程实现建立独立国家的目标。相反，随着和平进程的屡屡受挫，巴勒斯坦建立独立主权国家的基础越来越受到削弱。

（一）两种巴勒斯坦国家模式的出现

独立国家构建的挫折促进了哈马斯崛起成为巴勒斯坦民族运动中的另一种领导力量。巴勒斯坦民族主义运动和巴勒斯坦的政治版图都发生了根本性的变化，激进的政治伊斯兰势力成为其中的全新成员。在巴勒斯坦国家的性质、对待以色列的态度、内部权力分配等核心问题上，哈马斯与巴解组织都存在根本分歧。巴解组织致力于建立世俗、民主和多元的现代国家；哈马斯的斗争目标是建立以沙利亚法为指导的伊斯兰国家。巴解组织承认以色列，主张通过与以色列和谈，在约旦河西岸和加沙地带建立独立国家；哈马斯不承认以色列，反对和谈，坚持通过武装斗争消灭以色列，在从地中海到约旦河西岸的历史巴勒斯坦土地上建国。这打破了巴解组织对巴勒斯坦民族主义话语权的垄断，代表了伊斯兰主义对世俗民族主义的挑战，表明巴勒斯坦出现了建立一种与西方民族国家不同的国家模式的可能性。哈马斯与法塔赫分别统治加沙地带和约旦河西岸，使巴勒斯坦两种国家模式的斗争走向白热化，原本就处于弱势地位的巴勒斯坦，在与以色列的对抗和谈判中，更加软弱无力。

（二）"两国方案"的危机与一国现实的形成

以色列依靠自1967年第三次中东战争后形成的对阿拉伯阵营的战略优势，执行强硬不妥协政策，坚决反对建立独立的巴勒斯坦主权国家。特别是自2001年以来，以色列推行强硬政策，利用政治、经济、安全和军事措施来削弱巴勒斯坦。以色列控制了巴勒斯坦的经济命脉，还占领、分割和包围巴勒斯坦领土，在领土、边界划分、定居点以及耶路撒冷地位等巴以和平最棘手的症结问题上制造"新现实"，使本应通过最终地位谈判解决的问题以"既成事实"的方式出现在世人面前。巴勒斯坦事实上处于以色列的全面控制之下。以色列坚持强硬政策不改变，将使解决巴以问题的"两国方案"遭到巨大挑战。

以色列不断扩建的定居点及其对巴勒斯坦人的限制政策极大地削弱了建立独立的、具备生存能力的巴勒斯坦国的基础。欧盟在内部报告中就警告说，如果以色列不改变政策，在1967年边界内建立具备生存能力的巴勒斯坦国将变得遥不可及，以"两国方案"解决巴以冲突的可能性将不复存在。[①] 2016年7月，中东问题四方发表报告称，当前以色列和巴勒斯坦的政策导致以"两国方案"解决巴以冲突的可

---

① Amira Hass, "EU report: Israel policy in West Bank endangers two-state solution", *Haaretz*, 12 Jan. 2012.

能越来越小,巴勒斯坦和以色列成为一个国家的现实正在形成。①"两国方案"的失败将威胁到以色列的犹太国家属性。② 以色列则积极推动立法,从法律上将以色列定义为"犹太民族国家"。另外,以色列将巴勒斯坦承认以色列的犹太国家地位列为重新开始进行和平谈判的条件。这意味着承认以色列的国土仅属于犹太人,不仅将使以色列的阿拉伯人成为二等公民,也严重侵害历次中东战争造成的巴勒斯坦难民重返家园的权利。以色列为和谈设置的这个前提条件遭到巴勒斯坦的拒绝,进一步增加双方重启和谈的难度。

巴勒斯坦人虽有独立建国的愿望,并为此进行了长期斗争,但以色列的强硬政策,巴勒斯坦自身的无力,国际与地区形势的不利等多重因素,导致巴勒斯坦人建立独立主权国家的梦想依旧无法实现。从根本上讲,巴勒斯坦的建国困境反映了巴勒斯坦民族主义与犹太复国主义两种民族主义的冲突。对巴勒斯坦人来说,建立主权完整、独立的巴勒斯坦国是其民族主义的最终目标。对犹太人来说,建立和维护以色列国也是其民族主义的基本目标。而无解的是,两者都要把自己的民族国家建立在历史的巴勒斯坦地区,这是双方冲突不断和巴以和平进程难以取得重大突破的根源,也决定了独立主权的巴勒斯坦国的建立历程异常艰难。从长远来讲,独立巴勒斯坦国的建立取决于中东和平进程的进展,而得到国际社会普遍支持的"两国方案"依然是目前合理的解决方案。

---

① Barak Ravid, "Quartet Releases Report on Impasse in Israeli-Palestinian Peace: 'Two-state Solution in Danger'", *Haaretz*, 1 Jul. 2016.

② Margaret Farris, "Mearsheimer Warns of Apartheid in Israel", *The Brown Daily Herald*, September 28, 2010.

大事纪年

1. 公元前 22 世纪，迦南人有了最初的本土文字。
2. 公元前 3000—前 2500 年左右，闪族人从阿拉伯半岛迁入巴勒斯坦。
3. 公元前 2000 年前后，希伯来人从两河流域移居迦南，后迁徙到埃及。
4. 公元前 13 世纪左右，希伯来人在摩西带领下，重返迦南。
5. 公元前 1025 年，犹太人建立统一的希伯来王国，定都耶路撒冷。
6. 公元前 586 年，新巴比伦王国征服犹太王国，第一圣殿被毁，部分犹太人被掳往巴比伦囚禁。
7. 公元前 538 年，犹太人从巴比伦返回巴勒斯坦，开始第二圣殿时期。
8. 公元前 332—前 142 年，巴勒斯坦处于希腊统治之下。
9. 公元前 63 年，庞培率罗马大军攻陷耶路撒冷。
10. 132 年，巴尔·科赫巴起义，三年后失败。犹太人进入流散时期。
11. 公元 1 世纪，基督教在巴勒斯坦地区诞生。
12. 636 年，阿拉伯军队在雅穆克战役中打败拜占庭军队。
13. 638 年，欧麦尔·伊本·哈塔卜（Umar ibn al-Khattab）夺取耶路撒冷。
14. 1099 年，十字军攻陷耶路撒冷，建立耶路撒冷拉丁王国，继而控制了巴勒斯坦大部分地区。

15. 1187 年，埃及阿尤布王朝素丹萨拉丁在海廷战役中打败十字军，收复耶路撒冷。

16. 1516 年，奥斯曼帝国素丹谢里姆一世打败埃及马木鲁克王朝军队，开始在巴勒斯坦的统治。

17. 1799 年，2 月至 5 月，拿破仑率领法国军队入侵巴勒斯坦。

18. 1830 年，埃及易卜拉欣帕夏率领军队占领巴勒斯坦。

19. 1834 年，巴勒斯坦爆发反埃起义。

20. 1876 年，来自耶路撒冷的巴勒斯坦人代表参加第一届奥斯曼议会。

21. 1878 年，第一个犹太复国主义定居点佩塔提克瓦（Petah Tikva）建立。

22. 1882—1903 年，第一次犹太复国主义移民浪潮，来自东欧的犹太人大批迁往巴勒斯坦。

23. 1887 年，耶路撒冷地区被奥斯曼帝国列为独立的行政单位，直属中央政府管理。

24. 1897 年，第一届犹太复国主义者代表大会在瑞士巴塞尔召开；犹太复国主义组织成立。

25. 1911 年，青年阿拉伯协会成立。

26. 1915—1916 年，麦克马洪与侯赛因通信。

27. 1916 年，阿拉伯大起义；英法签订《赛克斯—皮科协议》。

28. 1917 年，英国发表《贝尔福宣言》，支持犹太人在巴勒斯坦建立"民族之家"；英国占领巴勒斯坦大部分地区。

29. 1918—1920 年，英国对巴勒斯坦实行军事统治。

30. 1918 年，穆斯林—基督教徒联合会成立。

31. 1919 年，美国金—克兰委员会访问巴勒斯坦。

32. 1920 年，协约国召开圣雷莫会议。

33. 1921 年，外约旦与巴勒斯坦分离；雅法发生阿拉伯人反对犹太移民的暴力；阿明·侯赛尼出任巴勒斯坦大穆夫提。

34. 1922 年，国际联盟正式授权英国对巴勒斯坦进行委任统治；

英国承认外约旦为独立的政治实体；穆斯林最高委员会成立。

35. 1929 年，巴勒斯坦爆发阿拉伯人与犹太人的大规模冲突。

36. 1930 年，英国发表帕斯菲尔德白皮书，建议限制犹太人移民巴勒斯坦。

37. 1936—1939 年，巴勒斯坦阿拉伯人大起义。

38. 1936 年，阿拉伯最高委员会成立。

39. 1937 年，皮尔调查报告发表，建议将巴勒斯坦分为"阿拉伯国"和"犹太国"。

40. 1939 年，英国发表关于巴勒斯坦问题的白皮书，严格限制犹太人移居巴勒斯坦和购买土地。

41. 1942 年，犹太复国主义组织提出《比尔特莫尔纲领》。

42. 1945 年，阿拉伯国家联盟成立。

43. 1946 年，英美调查委员会提出调查报告。

44. 1947 年，联合国大会通过《巴勒斯坦将来治理（分治计划）问题的决议》，即联大第 181（二）号决议。

45. 1948 年，英国结束对巴勒斯坦的委任统治；以色列宣布建国；第一次中东战争（巴勒斯坦战争）爆发；"全巴勒斯坦政府"在加沙地带成立。

46. 1949 年，埃及、叙利亚、约旦、黎巴嫩分别与以色列签订停战协议。

47. 1950 年，外约旦正式宣布同约旦河西岸合并，国家更名为"约旦哈希姆王国"。

48. 1956 年，第二次中东战争（苏伊士运河战争）爆发。

49. 1959 年，法塔赫正式成立。

50. 1964 年，第一届巴勒斯坦国民大会召开，巴解组织成立。

51. 1965 年，法塔赫开始反对以色列的武装斗争。

52. 1967 年，第三次中东战争（六五战争）爆发；以色列占领约旦河西岸、加沙地带、西奈半岛和戈兰高地；联合国安理会通过第 242 号决议。

53. 1968 年，法塔赫游击队取得"卡拉迈大捷"。

54. 1969 年，阿拉法特当选为巴解组织执行委员会主席。

55. 1970 年，"黑九月事件"发生，约旦军队与巴解组织游击队爆发冲突。

56. 1971 年，巴解组织被驱逐出约旦。

57. 1973 年，第四次中东战争（十月战争）爆发；联合国安理会通过第 338 号决议。

58. 1974 年，阿拉伯国家首脑会议承认巴解组织为巴勒斯坦人民唯一合法代表；巴解组织成为联合国观察员。

59. 1976 年，巴解组织成为阿盟正式成员。

60. 1977 年，埃及总统萨达特访问以色列；埃、以举行和平谈判。

61. 1978 年，埃及与以色列在美国主持下达成《戴维营协议》；以色列发动"利塔尼行动"报复巴解组织，占领黎巴嫩南部地区。

62. 1979 年，埃及与以色列在华盛顿签署和平条约，阿拉伯国家随后与埃及断交。

63. 1982 年，以色列发动"加利利行动"，入侵黎巴嫩；巴解组织撤出黎巴嫩。

64. 1985 年，以色列从黎巴嫩南部以外地区撤军；巴解组织与约旦达成《约巴协议》。

65. 1987 年，被占领土爆发第一次因提法达；哈马斯成立。

66. 1988 年，约旦宣布切断与约旦河西岸的法律和行政联系；巴解组织公布关于建立独立国家的文件；巴勒斯坦全国委员会发表《独立宣言》；中国宣布承认巴勒斯坦国，两国建交。

67. 1991 年，海湾战争爆发；中东和会在西班牙首都马德里召开。

68. 1992 年，巴以谈判代表首次面对面会谈。

69. 1993 年，巴解组织和以色列签署《临时自治安排原则宣言》（又称《奥斯陆协议》）。

70. 1994 年，巴勒斯坦人实现对加沙和杰里科的自治；约旦与以色列签署和平条约。

71. 1995 年，巴勒斯坦与以色列签署《西岸和加沙地带过渡协议》（亦称《奥斯陆第二协议》）；以色列总理拉宾遇刺身亡。

72. 1996 年，巴勒斯坦举行历史上首次大选，产生了巴勒斯坦立法委员会，阿拉法特当选巴勒斯坦民族权力机构主席；利库德集团在以色列大选中获胜，内塔尼亚胡当选总理。

73. 1997 年，巴以达成《希伯伦协议》，以军撤出希伯伦大部分城区。

74. 1998 年，巴以签署《怀伊协议》。

75. 1999 年，巴以签署《沙姆沙伊赫备忘录》。

76. 2000 年，以色列从黎巴嫩南部撤军；巴以戴维营会谈无果而终；巴勒斯坦爆发阿克萨起义；巴以爆发大规模流血冲突。

77. 2002 年，贝鲁特阿拉伯国家首脑会议提出"阿拉伯和平倡议"。

78. 2003 年，中东和平"路线图"计划出台。

79. 2004 年，阿拉法特逝世。

80. 2004—2005 年，巴勒斯坦第一次地方选举。

81. 2005 年，阿巴斯当选巴勒斯坦民族权力机构第二任主席；埃及、约旦、巴勒斯坦和以色列四方首脑在沙姆沙伊赫会晤，宣布正式结束巴以暴力冲突；以色列撤出加沙地带全部犹太人定居点；以色列对加沙地带发动代号为"蓝天"的军事行动。

82. 2006 年，哈马斯赢得巴勒斯坦第二次立法委员会选举，组建自治政府，伊斯梅尔·哈尼亚任总理；被关押在以色列监狱中的巴勒斯坦多个派别领导人联名签署"狱中协议"；以色列对加沙地带实施代号分别为"夏雨""秋云"的两次军事行动。

83. 2007 年，法塔赫与哈马斯达成《麦加协议》；巴勒斯坦民族联合政府成立，伊斯梅尔·哈尼亚任总理；哈马斯武装夺取加沙地带；法耶兹任巴勒斯坦紧急政府总理；阿巴斯宣布哈马斯武装非法；安纳波利斯国际和平大会召开。

84. 2008 年，也门总统萨利赫提出"也门倡议"；以色列在加沙地带北部展开代号为"热冬"的军事行动；以色列对加沙地带实施代号为"铸铅行动"的军事打击。

85. 2009 年，内塔尼亚胡再次当选以色列总理；巴勒斯坦 13 个派别在开罗举行内部和解对话；法塔赫召开第六次代表大会。

86. 2010 年，以色列军舰袭击国际加沙救援船队；内塔尼亚胡与阿巴斯在华盛顿举行直接谈判。

87. 2011 年，法塔赫与哈马斯等巴勒斯坦 13 个派别在开罗达成和解协议；巴勒斯坦成为联合国教科文组织成员。

88. 2012 年，法塔赫与哈马斯签署《多哈宣言》；约旦河西岸举行地方选举；卡塔尔埃米尔哈马德访问加沙地带；叙利亚关闭哈马斯办公室；以色列对加沙地带发动代号为"防务之柱"的军事行动；埃及总理甘迪勒访问加沙地带；巴勒斯坦取得联合国观察员国地位。

89. 2013 年，阿巴斯签署总统令，正式采用"巴勒斯坦国"名称；哈姆达拉任巴勒斯坦过渡政府总理；巴勒斯坦首次参与联合国投票。

90. 2014 年，法塔赫和哈马斯组建民族联合政府；以色列对加沙地带实施代号为"保护边境"的军事行动。

91. 2015 年，巴勒斯坦加入国际刑事法院等 16 个国际条约和联合国机构；巴勒斯坦联合政府辞职；阿巴斯宣布辞去巴解组织执委会主席职务。

92. 2016 年，法塔赫召开第七次代表大会；联合国安理会通过敦促以色列停止定居点活动的第 2334 号决议。

93. 2017 年，中东和平会议在巴黎召开；以色列议会通过法案，将约旦河西岸非法定居点合法化；哈马斯发表《纲领及政策文件》；约旦河西岸举行地方选举；阿克萨清真寺"安检门"事件引发巴以冲突。巴勒斯坦正式加入国际刑警组织。

参考文献

英文文献

一 档案文献

"Israel-Palestine Liberation Organization Agreement on the Gaza Strip and the Jericho Area", *International Legal Materials*, Vol. 33, No. 3, May 1994, pp. 622 – 720.

"Israel-Palestine Liberation Organization: Interim Agreement on the West Bank and the Gaza Strip, with Selected Annexes", *International Legal Materials*, Vol. 36, No. 3, May 1997, pp. 551 – 649.

"Israel-Palestine Liberation Organization: The Sharm el-Sheikh Memorandum", *International Legal Materials*, Vol. 38; No. 6, 1999, pp. 1465 – 1468.

"Protocol Concerning the Redeployment in Hebron", *Israel Affairs*, Vol. 3, No. 3 – 4, 1997, pp. 337 – 342.

"The Amended Basic Law (Promulgated March 18, 2003)", *The Palestine Year book of International Law*, Vol. XII, 2002/2003, Leiden: Koninklijke Brill NV, 2005.

"The Wye River Memorandum and Related Documents", *Journal of Palestine Studies*, Vol. 28, No. 2, 1999, pp. 135 – 146.

FRUS 1949, 1430 – 40.

Hill, Christopher and Karen E. Smith, eds., *European Foreign Policy:*

Key Documents, London and New York: Routledge, 2000.

Laqueur, Walter ed., *The Israel-Arab Reader: A Documentary History of the Middle East Conflict*, New York: Penguin Books, 1970.

Lukacs, Yehuda ed., *The Israeli-Palestinian Conflict: A Documentary Record*, Cambridge: Cambridge University Press, 1992.

Mahler, Gregory S., *The Arab-Israeli Conflict: An Introduction and Documentary Reader*, 2nd Edition, London and New York: Routledge, 2019.

Moore, John Norton ed., *The Arab-Israeli Conflict Volume IV: The Difficult Search for Peace (1975 – 1988)*, Princeton: Princeton University Press, 1991.

Palestinian Central Bureau of Statistics, *Women and Men in Palestine: Trends and Statistics*, Ramallah, 1998.

Security Council, Road Map to a Permanent Two-State Solution to the Israeli-Palestinian Conflict- Quartet, UN Security Council S/2003/529, Apr. 30, 2003.

Senechal, Thierry, *AFD Municipal Development Project in the Palestinian Territories*, Agence Française de Développement, September 2011.

State of Palestine, Ministry of Educationand Higher Education, *Education Development Strategic Plan 2014 – 2019: A Learning Nation*, 2014.

State of Palestine, Ministry of Educationand Higher Education, *Higher Education Statistical Yearbook 2012 – 2013*.

State of Palestine, Ministry of Educationand Higher Education, *Palestinian Higher Education Statistics 2009 – 2010*.

The EU, *The Mediterranean and the Middle East: A longstanding Partnership*, MEMO/04/294 – Brussels, 10 December 2004.

UN, *Palestinian Question: Two States Vision Affirmed*, SecCo resolution S/RES/1397, Mar. 12, 2002.

二 工具书

Mattar, Philip ed., *Encyclopedia of the Palestinians*, New York: Facts on File, 2000.

Mattar, Philip ed., *Encyclopedia of the Palestinians*, Revised Edition, New York: Facts on File, 2005.

三 研究报告

Birzeit University's Development Studies Programme, *Palestine Human Development Report 2002*.

Brom, Shlomo and Yiftah Shapir, eds., *The Middle East Military Balance 2001 - 2002*, Tel Aviv University, the MIT Press, 2002.

B'Tselem (The Israeli Information Center for Human Rights in the Occupied Territories), *What is Area C*? 9 Oct 2013 Published, 18 May, 2014 Updated, http://www.btselem.org/area_c/what_is_area_c.

Country Report: *Israel & Palestinian Territories*, 2002, London: The Economist Intelligence Unit.

Country Report: *Israel & Palestinian Territories*, 2003, London: The Economist Intelligence Unit.

Country Report: *Palestinian Territories*, 2004, London: The Economist Intelligence Unit.

Country Report: *Palestinian Territories*, 2005, London: The Economist Intelligence Unit.

Country Report: *Palestinian Territories*, 2006, London: The Economist Intelligence Unit.

Country Report: *Palestinian Territories*, 2007, London: The Economist Intelligence Unit.

Country Report: *Palestinian Territories*, 2008, London: The Economist Intelligence Unit.

Country Report: *Palestinian Territories*, 2009, London: The Economist

Intelligence Unit.

Country Report: *Palestinian Territories*, 2010, London: The Economist Intelligence Unit.

Hunter, Robert E. and Seth G. Jones, *Building a Successful Palestinian State: Security*, the RAND Corporation, 2006.

Office of the United Nations Special Coordinator in the Occupied Territories, *Rule of Law Development in the West Bank and Gaza Strip: Survey and State of the Development Effort*, May 1999.

Palestine Economic Policy Research Institute (MAS), *Mapping of Palestinian Non-Governmental Organizations in the West Bank and Gaza Strip*, Ramallah, 2007.

Signoles, Aude, *Local Government in Palestine*, France: Research Department of Agence Française de Développement (AFD), 2010.

The Military Balance 2010, London: International Institute for Strategic Studies, 2010.

The Military Balance 2016, London: International Institute for Strategic Studies, 2016.

The Palestinian Human Rights Monitor, Death Penalties in Palestine: 1995 – 1997; *Introduction to the Death Penalty Question in Palestine*, http://www.phrmg.org.

The Rand Palestinian State Study Team, *Building a successful Palestinian state*, The RAND Corporation, 2005.

The Rand Palestinian State Study Team, *Helping a Palestinian state succeed: Key findings*, the RAND Corporation, 2005.

The Rand Palestinian State Study Team, *The Arc: A Formal Structure for a Palestinian State*, the RAND Corporation, 2005.

UNEP, *Desk Study on the Environment in the Occupied Palestinian Territories*, January 2003.

United Nations Conference on Trade and Development, *Report on UNCTAD Assistance to the Palestinian People: Developments in the Economy of the*

Occupied Palestinian Territory, TD/B/62/3, 2015.

UNOCHA (Office for the Coordination of Humanitarian Affairs), *Barrier Update: Special Focus*, 2011.

World Bank, *West Bank and Gaza: Education Sector Analysis-impressive Achievements under Harsh Conditions and the Way Forward to Consolidate a Quality edUcation System*, 2006.

World Bank, *West Bank and Gaza: Area C and the Future of the Palestinian Economy*, Washington D. C. : World Bank Group, 2013.

World Bank, *Twenty Seven Months: Intifada, Closures and Economic Crisis: An Assessment*, May 2003.

Zilber, Neri and Ghaith al-Omari, *State with No Army, Army with No State: Evolution of the Palestinian Authority Security Forces, 1994 – 2018*, The Washington Institute for Near East Policy, 2018.

四 学位论文

Majida Awashreh, Staying on the Map: An Analysis of the Immediate Outcomes of Amalgamation of Palestinian Local Governments in the West Bank, PhD dissertation, University of Adelaide, 2016.

五 著作

Al-Habil, Wasim, *Occupations and the Local Governments for a Palestinian State*, Saarbrücken: VDM Verlag, 2009.

Allen, David and Alfred Pijpers, eds. , *European Foreign Policy-making and the Arab-Israeli Conflict*, Leiden: Martinus Nijhoff Publishers, 1984.

Amos, John, *The Palestinian Resistance: Organization of a Nationalist Movement*, New York: Pergamon Press, 1980.

Anderson, Norman, *Law Reform in the Muslim World*, London: Athlone Press, 1976.

Antonius, George, *The Arab Awakening: The Story of the Arab National*

Movement, Philadelphia: J. B. Lippincott Company, 1939.

Ayalon, Ami, *Reading Palestine: Printing and Literacy, 1900 – 1948*, Austin: University of Texas Press, 2004.

Bahmad, Layla, *Non-Governmental Organisations in Palestine*, Baden-Baden: Nomos Publishers, 2008.

Bard, Mitchell, *The Arab Lobby: The Invisible Alliance That Undermines America's Interests in the Middle East*, New York: Broadside Books, 2010.

Beck, Martin, Dietrich Jung, Peter Seeberg, eds., *The Levant in Turmoil: Syria, Palestine, and the Transformation of Middle Eastern Politics*, New York: Palgrave Macmillan, 2016.

Brand, Laurie A., *Palestinians in the Arab World: Institution Building and the Search for State*, New York: Columbia University Press, 1988.

Bröning, Michael, *Political Parties in Palestine: Leadership and Thought*, New York: Palgrave Macmillan, 2013.

Bröning, Michael, The *Politics of Change in Palestine: State-Building and Non-Violent Resistance*, New York and London: Pluto Press, 2011.

Brown, Nathan J., *Palestinian Politics after the Oslo Accords, Resuming Arab Palestine*, Berkeley: University of California Press, 2003.

Carter, Jimmy, *Keeping Faith: Memoirs of a President*, New York: Bantam Books, 1982.

Challand, Benoit, *Palestinian Civil Society: Foreign Donors and the Power to Promote and Exclude*, London and New York: Routledge, 2009.

Choueiri, Youssef M., *Modern Arab Historiography, Historical Discourse and the Nation-State*, London and New York: Routledge, 2013.

Clarno, Andy, *Neoliberal Apartheid: Palestine/Israel and South Africa after 1994*, Chicago: University of Chicago Press, 2017.

Cobban, Helena, *The Palestinian Liberation Organization: People, Power and Politics*, Cambridge: Cambridge University Press, 1984.

Cobham, David and Nu'man Kanafani eds., *The Economics of Palestine:*

Economic Policy and Institutional Reform for a Viable Palestinian State, London and New York: Routledge, 2004.

Dannreuther, Roland, *The Soviet Union and the PLO*, New York: St. Martin's Press, 1998.

Davis, Rochelle A., *Palestinian Village Histories: Geographies of the Displaced*, California: Stanford University Press, 2011.

Dosenrode, Søren and Anders Stubkjær, *The European Union and the Middle East*, London: Sheffield Academic Press, 2002.

Doumani, Beshara, *Rediscovering Palestine: Merchants and Peasants in Jabal Nablus, 1700 – 1900*, Berkeley: University of California Press, 1995.

Farsakh, Leila, *Palestinian Labour Migration to Israel: Labour, land and occupation*, London and New York: Routledge, 2005.

Flapan, Simha, *The Birth of Israel: Myths and Realities*, London: Croom Helm, 1987.

Frisch, Hillel, *Countdown to Statehood: Palestinian State Formation in the West Bank and Gaza*, State University of New York Press, 1998.

Frisch, Hillel, *The Palestinian Military: Between Militias and Armies*, London and New York: Routledge, 2008.

Gerber, Haim, *Remembering and Imagining Palestine: Identity and Nationalism from the Crusades to the Present*, New York: Palgrave Macmillan, 2008.

Ghanem, As'ad, *Palestinian Politics after Arafat: A Failed National Movement*, Bloomington and Indianapolis: Indiana University Press, 2010.

Ghanem, As'ad, *The Palestinian Regime: A 'Partial Democracy'*, Brighton: Sussex Academic Press, 2002.

Gharaibeh, Fawzi A., *The Economies of the West Bank and Gaza Strip*, Boulder: Westview Press, 1985.

Gil, Moshe, *A History of Palestine, 634 – 1099*, Cambridge: Cambridge University Press, 1992.

Gingeras, Ryan, *Fall of the Sultanate: The Great War and the End of the Ottoman Empire, 1908 – 1922*, Oxford: Oxford University Press, 2016.

Gürbey, Gülistan, Sabine Hofmann, Ferhad Ibrahim Seyder, eds., *Between State and Non-State: Politics and Society in Kurdistan-Iraq and Palestine*, New York: Palgrave Macmillan, 2017.

Hajjar, Lisa, *Courting Conflict: The Israeli Military Court System in the West Bank and Gaza*, Berkeley: University of California Press, 2005.

Hilal, Jamil, *Where now for Palestine? The Demise of the Wwo-state Solution*, London: Zed Books, 2007.

Hobsawn, Eric, *The Age of Revolution 1789 – 1848*, New York: Random House, 1996.

Hughes, Matthew, *Britain's Pacification of Palestine: The British Army, the Colonial State, and the Arab Revolt, 1936 – 1939*, Cambridge: Cambridge University Press, 2019.

Ifestos, Panayiotis, *European Political Cooperation: Towards a Framework of Supranational Diplomacy?*, Brookfield: Gower Publishing Company, 1987.

Isaac, Rami K., C. Michael Hall and Freya Higgins-Desbiolles, eds., *The Politics and Power of Tourism in Palestine*, London and New York: Routledge, 2016.

Jamal, Amal, *The Palestinian National Movement: Politics of Contention, 1967 – 2005*, Bloomington and Indianapolis: Indiana University Press, 2005.

Jamal, Amaney A., *Barriers to Democracy*, Princeton University Press, 2007.

Johnson, Nels, *Islam and the Politics of Meaning in Palestinian Nationalism*, London: Kegan Paul International, 1982.

Kayyali, A. W., *Palestine: A Modern History*, London: Croom Helm, 1978.

Khalaf, Issa, *Politics in Palestine: Arab Factionalism and Social Disintegration, 1939 – 1948*, Albany: State University of New York Press, 1991.

Khalidi, Rashid, *Brokers of Deceit: How the U. S. Has Undermined Peace in the Middle East*, Boston: Beacon Press, 2014.

Khalidi, Rashid, *Palestinian Identity: The Construction of Modern National Consciousness*, New York: Columbia University Press, 1998.

Khalidi, Rashid, *The Iron Cage: The Story of the Palestinian Struggle for Statehood*, Boston: Beacon Press, 2007.

Khan, Mushtaq Husain ed., *State Formation in Palestine: Viability and Governance During a Social Transformation*, London and New York: RoutledgeCurzon, 2004.

Kimmerling, Baruchand Joel S. Migdal, *Palestinian: The Making of a People*, Mass: Harvard University Press, 1994.

Korany, Bahgat and Ali E. Hillal Dessouki, eds., *The Foreign Policies of Arab States: The Challenge of Globalization*, Cairo: The American University in Cairo Press, 2008.

Lesch, Ann Mosely, *Arab Politics in Palestine, 1917 – 1939: The Frustration of a Nationalist Movement*, Ithaca: Cornell University Press, 1979.

Lesch, Ann Mosely, *Transition to Palestinian Self-Government: Practical Steps toward Israeli-Palestinian Peace*, Bloomington and Indianapolis: Indiana University Press, 1992.

Lia, Brynjar, *A Police Force without a State: A History of the Palestinian Security Forces in the West Bank and Gaza*, UK: Ithaca Press, 2006.

Lia, Brynjar, *Building Arafat's Police: The Politics of International Police Assistance in the Palestinian Territories after the Oslo Agreement*, UK: Ithaca Press, 2009.

Mandel, Neville, *The Arabs and Zionism before World War I*, Berkeley: University of California Press, 1980.

Masalha, Nur, *Palestine: A Four Thousand Year History*, London: Zed Books Ltd, 2018.

Masalha, Nur, *The Palestine Nakba, Decolonising History, Narrating the Subaltern, Reclaiming Memory*, London: Zed Books, 2012.

Menuhin, Moshe, *The Decadence of Judaism in Our Time*, New York: Exposition Press, 1965.

Mishal, Shaul, *The PLO under Arafat: Between Gun and Olive Branch*, New Haven: Yale University Press, 1986.

Morris, Benny, *The Birth of the Palestinian Refugee Problem 1947 - 1949*, Cambridge: Cambridge University Press, 1987.

Munro, Alan, *Arab Storm: Politics and Diplomacy behind the Gulf War*, London and New York: I. B. Tauris & Co Ltd. , 1996.

Muslih, Muhammad Y. , *The Origins of Palestinian Nationalism*, New York: Columbia University Press, 1988.

Nassar, Jamal R. and Roger Heacock, eds. , *Intifada: Palestine at the Crossroads*, New York: Praeger Publishers Inc. , 1990.

Nisan, Mordechai, *Toward a New Israel: The Jewish State and the Arab Question*, New York: AMS Press, 1991.

Norton, Augustus Richard and Martin H. Greenberg, eds. , *The International Relations of the Palestine Liberation Organization*, Carbondale and Edwardsville: Southern Illinois University Press, 1989.

O'balance, Edgar, *The Palestinian Intifada*, New York: St. Martin's Press, 1998.

Ottaway, Marina and Thomas Carothers, eds. , *Funding Virtue: Civil Society aid and Democracy Promotion*, Carnegie Endowment for Int'l Peace, 2000.

Owen, Rogered. , *Studies in the Economic and Social History of Palestine in the Nineteenth and Twentieth Centuries*, London: the Macmillan Press Ltd, 1982.

Pappé, Ilan, *Britain and the Arab-Israeli Conflict, 1948 - 51*, New

York: St. Martin's Press. 1988.

Parsons, Nigel, *The Politics of the Palestinian Authority: From Oslo to al-Aqsa*, London and New York: Routledge, 2005.

Porath, Yehoshua, *The Emergence of the Palestinian-Arab National Movement 1918 – 1929*, London: Frank Cass, 1974.

Porath, Yehoshua, *The Palestinian Arab National Movement: From Riots to Rebellion, 1929 – 1939*, London: Frank Cass, 1977.

Quandt, William B., *Camp David: Peacemaking and Politics*, Washington, D. C.: Brookings Institution Press, 1986.

Quandt, William B., *Decade of Decision: American Policy Toward the Arab-Israeli Conflict, 1967 – 76*, Berkeley: University of California Press, 1977.

Quandt, William B., *Peace Process: American Diplomacy and Arab-Israeli Conflict since 1967*, Brookings Institution Press and the University of California Press, 1993.

Quandt, William B., *The politics of Palestinian nationalism*, Berkeley: University of California Press, 1973.

Robinson, Glenn E., *Building a Palestinian State: The Incomplete Revolution*, Bloomington and Indianapolis: Indiana University Press, 1997.

Rotberg, Robert I. ed., *Israeli And Palestinian Narratives of Conflict: History's Double Helix*, Bloomington and Indianapolis: Indiana University Press, 2006.

Roy, Sara, *Hamas and Civil Society in Gaza: Engaging the Islamist Social Sector*, Princeton University Press, 2011.

Rubin, Barry and Judith Colp Rubin, *Yasir Arafat: A Political Biography*, New York: Oxford University Press, 2003

Rubin, Barry, *Revolution Until Victory? The Politics and History of the PLO*, Mass: Harvard University Press, 1994.

Rubin, Barry, *The Transformation of Palestinian Politics: From Revolution to State-Building*, Mass: Harvard University Press, 1999.

Sayigh, Rosemary, *Palestinians: From Peasants to Revolutionaries: A People's History*, London: Zed Books, 1979.

Sayigh, Yezid, *Armed Struggle and the Search for State: The Palestinian National Movement 1949 – 1993*, Oxford: Oxford University Press, 1999.

Schölch, Alexander, *Palestine in Transformation, 1856 – 1882: Studies in Social, Economic and Political Development*, translated by William C. Young, Michael C. Gerrity, Washington, D. C. : Institute for Palestine Studies, 1993.

Shafir, Gershon, *Land, Labor, and the Origins of the Israel Palestine Conflict, 1882 – 1914*, Berkeley: University of California Press, 1996.

Shahwan, Usamah, *Public Administration in Palestine: Past and Present*, Lanham: University Press of America, 2003.

Shlaim, Avi, *Collusion Across the Jordan: King Abdullah, the Zionist Movement, and the Partition of Palestine*, New York: Columbia University Press, 1988.

Stavridis, Stelios, Theodore Couloumbis, Thanos Veremis and Neville Waites, eds. , *The Foreign Policies of the European Union's Mediterranean States and Applicant Countries in the 1990s*, London: Macmilian Press Ltd. , 1999.

Swedenburg, Ted, *Memories of Revolt: The 1936 – 1939 Rebellion and the Palestinian National Past*, Fayetteville: University of Arkansas Press, 2003.

Taghdisi-Rad, Sahar, *The Political Economy of Aid in Palestine: Relief from Conflict or Development Delayed?*, London and New York: Routledge, 2011.

Tal, Eliyahu, *Whose Jerusalem?*, International Forum for A United Jersulem, 1994.

Talhami, Ghada Hashem, *Syria and the Palestinians: The Clash of Nationalisms*, Florida: University Press of Florida, 2011.

Varghese, Gabriel, *Palestinian Theatre in the West Bank*, Cham: Palgrave Macmillan, 2020.

Youngs, Richard, *Europe and the Middle East: In the Shadow of September 11*, Boulder and London: Lynne Rienner Publishers, 2006.

Ziadeh, Radwan, *Power and Policy in Syria: Intelligence Services, Foreign Relations and Democracy in the Modern Middle East*, London and New York: I. B. Tauris & Co Ltd, 2011.

六 论文

Ajluni, Salem, "The Palestinian Economy and the Second Intifada", *Journal of Palestine Studies*, Vol. 32, No. 3, 2003.

Al-Husseini, Jalal, "UNRWA and the Palestinian Nation-Building Process", *Journal of Palestine Studies*, Vol. 29, No. 2, 2000.

Aranki, Ted N. and Yousef Daoud, "Competition, Substitution, or Discretion: An Analysis of Palestinian and Foreign Guest Workers in the Israeli Labor Market", *Journal of Population Economics*, Vol. 23, No. 4, 2010.

Arnon, A., J. Weinblatt, "Sovereignty and Economic Development: The Case of Israel and Palestine", *The Economic Journal*, Vol. 111, No. 472, 2001.

Arnon, Arie, "Israeli Policy towards the Occupied Palestinian Territories: The Economic Dimension, 1967 – 2007", *Middle East Journal*, Vol. 61, No. 4, 2007.

Aytekin, E. Attila, "Agrarian Relations, Property and Law: An Analysis of the Land Code of 1858 in the Ottoman Empire", *Middle Eastern Studies*, Vol. 45, No. 6, 2009.

Badran, Nabil A., "The Means of Survival: Education and the Palestinian Community, 1948 – 1967", *Journal of Palestine Studies*, Vol. 9, No. 4, 1980.

Baloousha, Hazem, "Dismissed Fatah leader Dahlan says Abbas, Hamas lack 'Serious Nationalism'", *Al-Monitor: The Pulse of the Middle East*, January 3, 2016.

Banko, Lauren, "Occupational Hazards, Revisited: Palestinian Historiography", *Middle East Journal*, Vol. 66, No. 3, 2012.

Baramki, Gabi, "Building Palestinian Universities under Occupation", *Journal of Palestine Studies*, Vol. 17, No. 1, 1987.

Bar-Siman-Tov, Yaacov, "The United States and Israel since 1948: A 'Special Relationship'?", *Diplomatic History*, Vol. 22, No. 2, 1998.

Ben-Youssef, Nadia, Sandra Samaan Tamari, "Enshrining Discrimination: Israel's Nation-State Law", *Journal of Palestine Studies*, Vol. 48, No. 1, 2018.

Bicchi, Federica, "The Debate about the Occupation of Palestinian Territories on UK Campuses, from Politicization to Rewriting the Rules", *Global Affairs*, Vol. 4, No. 1, 2018.

Bookmiller, Kirsten Nakjavaniand Robert J. Bookmiller, "Palestinian Radio and the Intifada", *Journal of Palestine Studies*, Vol. 19, No. 4, 1990.

Brown, Nathan J., "Constituting Palestine: The Effort to Write a Basic Law for the Palestinian Authority", *Middle East Journal*, Vol. 54, No. 1, 2000.

Brynen, Rex, "The Neopatrimonial Dimension of Palestinian Politics", *Journal of Palestine Studies*, Vol. 25, No. 1, 1995.

Bunton, Martin, "Inventing the Status Quo: Ottoman Land-Law during the Palestine Mandate, 1917 – 1936", *The International History Review*, Vol. 21, No. 1, 1999.

Busse, Jan, "Germany and the Israeli Occupation: The Interplay of International Commitments and Domestic Dynamics", *Global Affairs*, Vol. 4, No. 1, 2018.

Cobban, Helena, The PLO and the "Intifada", *Middle East Journal*, Vol. 44, No. 2, 1990.

Cohen, Hillel, "Society-Military Relations in a State-in-the-Making: Palestinian Security Agencies and the 'Treason Discourse' in the Second Intifada", *Armed Forces & Society*, Vol. 38, No. 3, 2012.

Davies, Philip E., "The Educated West Bank Palestinians", *Journal of Palestine Studies*, Vol. 8, No. 3, 1979.

Davis, Rochelle, "Peasant Narratives: Memorial Book Sources for Jerusalem Village History", *Jerusalem Quarterly*, Issue 20, 2004.

Doumani, Beshara, "Rediscovering Ottoman Palestine: Writing Palestinians into History", *Journal of Palestine Studies*, Vol. 21, No. 2, 1992.

El-Jafari, Mahmoud, "An Econometric Model of the West Bank and Gaza Strip Agricultural Exports", *Empirical Economics*, Vol. 19, 1994.

Farsakh, Leila, "Palestinian Economic Development: Paradigm Shifts since the First Intifada", *Journal of Palestine Studies*, Vol. 45, No. 2, 2016.

Firestone, Ya'akov, "Crop-Sharing Economics in Mandatory Palestine-Part I", *Middle Eastern Studies*, Vol. 11, No. 1, 1975, pp. 3 – 23. And Part II, Vol. 11, No. 2, 1975.

Gerber, Haim, "Modernization in Nineteenth-Century Palestine: The Role of Foreign Trade", *Middle Eastern Studies*, Vol. 18, No. 3, 1982.

Gerber, Haim, "The Population of Syria and Palestine in the Nineteenth Century", *African and Asian Studies*, Vol. 13, No. 1, 1979.

Gerber, Haim, "Zionism, Orientalism, and the Palestinians", *Journal of Palestine Studies*, Vol. 33, No. 1, 2003.

Glazer, Steven, "The Palestinian Exodus in 1948", *Journal of Palestine Studies*, Vol. 9, No. 4, 1980.

Hammami, Rema, "Palestinian NGOs since Oslo: From NGO Politics to Social Movements?", *Middle East Report*, No. 214, 2000.

Hass, Amira, "Israel's Closure Policy: An Ineffective Strategy of Containment and Repression", *Journal of Palestine Studies*, Vol. 31, No. 3, 2002.

Hiltermann, Joost R., "Mass Mobilization under Occupation: The Emerging Trade Union Movement in the West Bank", *MERIP Reports*, No. 136/137, 1985.

Høigil, Jacob, "Fatah from Below: The Clash of Generations in Palestine", *British Journal of Middle Eastern Studies*, Vol. 43, No. 4, 2016.

Hollis, Rosemary, "Europe and the Middle East: Power by Stealth?", *International Affairs*, Vol. 73, No. 1, 1997.

İşleyen, Beste, "Building Capacities, Exerting Power: The European Union Police Mission in the Palestinian Authority", *Mediterranean Politics*, Vol. 23, No. 3, 2017.

Issa, Perla, "Rethinking Palestinian Political Factions", *Middle East Critique*, Vol. 27, No. 3, 2018.

Jad, Islah, "NGOs: Between Buzzwords and Social Movements", *Development in Practice*, Vol. 17, No. 4/5, 2007.

Jarbawi, Ali and Wendy Pearlman, "Struggle in a Post-Charisma Transition: Rethinking Palestinian Politics after Arafat", *Journal of Palestine Studies*, Vol. 36, No. 4, 2007.

Khalidi, Rashid, "The Asad Regime and the Palestinian Resistance", *Arab Studies Quarterly*, Vol. 6, No. 4, 1984.

Khalidi, Tarif, "Palestinian Historiography: 1900 – 1948", *Journal of Palestine Studies*, Vol. 10, No. 3, 1981.

Khalidi, Walid, "Plan Dalet: Master Plan for the Conquest of Palestine", *Journal of Palestine Studies*, Vol. 18, No. 1, 1988, pp. 4 – 33, first published in *Middle East Forum*, November 1961.

Khalidi, Walid, "Why Did the Palestinians Leave, Revisited", *Journal of Palestine Studies*, Vol. 34, No. 2, 2005, pp. 42 – 54, first published as "Why Did the Palestinians Leave?", *Middle East Forum*, July 1959.

Khalil, Osamah, "Pax Americana: The United States, the Palestinians, and the Peace Process, 1948 – 2008", *CR: The New Centennial Review*, Vol. 8, No. 2, 2008.

Knudsen, Are, "Crescent and sword: The Hamas Enigma", *Third World Quarterly*, Vol. 26, No. 8, 2005.

Knudsen, Are, "Crescent and sword: The Hamas Enigma", *Third World Quarterly*, Vol. 26, No. 8, 2005.

Lewis, Samuel W., "The United States and Israel: Evolution of an Unwritten Alliance", *Middle East Journal*, Vol. 53, No. 3, Special Issue on Israel, 1999.

Lia, Brynjar, "The Establishment of a Palestinian Police Force in the West Bank and Gaza Strip", *International Peacekeeping*, Vol. 6, No. 4, 1999.

Litvak, Meir, "A Palestinian Past: National Construction and Reconstruction", *History and Memory*, Vol. 6, No. 2, 1994.

Lochery, Neill, "The Netanyahu Era: From Crisis to Crisis, 1996 – 99", *Israel Affairs*, Vol. 6, No. 3 – 4, 2000.

Luft, Gal, "The Palestinian Security Services: Between Police and Army", *Middle East Review of International Affairs (Meria)*, Vol. 3, No. 2, 1999.

Lughod, Ibrahim Abu, "Educating a Community in Exile: The Palestinian Experience", *Journal of Palestine Studies*, Vol. 2, No. 3, 1973.

Maissy-Noy, Rachel, "Palestinian Historiography in Relation to the Territory of Palestine", *Middle Eastern Studies*, Vol. 42, No. 6, 2006.

Marten, Kimberly, "Reformed or Deformed? Patronage Politics, International Influence, and the Palestinian Authority Security Forces", *International Peacekeeping*, Vol. 21, No. 2, 2014.

Muslih, Muhammad, "Palestinian Civil Society", *Middle East Journal*, Vol. 47, No. 2, 1993.

Nafi, Basheer M., "Shaykh 'Izz al-Din al-Qassam: A Reformist and a Rebel Leader", *Journal of Islamic Studies*, Vol. 8, No. 2, 1997.

Nakhleh, Khalil, "Non-Governmental Organizations and Palestine: The Politics of Money", *Journal of Refugee Studies*, Vol. 2, No. 1, 1989.

Nassar, Maha, Richard Levy, Noel Keough and Nashaat N. Nassar, "Agricultural Land Use Change and Its Drivers in the Palestinian Landscape Under Political Instability, the Case of Tulkarm City", *Journal of Borderlands Studies*, Vol. 34, No. 3, 2019.

Nassar, Nashaat N., "Agricultural Land Use Change and its Drivers in the Palestinian Landscape Under Political Instability, the Case of Tulkarm City", *Journal of Borderlands Studies*, Vol. 34, No. 3, 2019.

Öke, Mim Kemal, "The Ottoman Empire, Zionism, and the Question of Palestine (1880 – 1908)", *International Journal of Middle East Studies*, Vol. 14, No. 3, August, 1982.

Paz, Reuven, "Higher Education and the Development of Palestinian Islamic Groups", *Middle East Review of International Affairs (MERIA)*, Vol. 4, No. 2, 2000.

Persson, Anders, "Palestine at the End of the State-building Process: Technical Achievements, Political Failures", *Mediterranean Politics*, Vol. 23, No. 4, 2018.

Rejai, Mostafa and Cynthia H. Enloe, "Nation-States and State-Nations", *International Studies Quarterly*, Vol. 13, No. 2, 1969.

Robinson, Glenn E., "The Politics of Legal Reform in Palestine", *Journal of Palestine Studies*, Vol. 27, No. 1, 1997.

Robinson, Glenn E., "The Role of the Professional Middle Class in the Mobilization of Palestinian Society: The Medical and Agricultural Committees", *International Journal of Middle East Studies*, Vol. 25, No. 2, 1993.

Shaath, Nabeel, "High Level Palestinian Manpower", *Journal of Palestine Studies*, Vol. 1, No. 2, 1972.

Shehadeh, Raja, "The Land Law of Palestine: An Analysis of the Definition of State Lands", *Journal of Palestine Studies*, Vol. 11, No. 2,

1982.

Shikaki, Khalil, "Palestinians Divided", *Foreign Affairs*, Vol. 81, No. 1, 2002.

Shlaim, Avi, "The War of the Israeli Historians", *Annales*, Oxford University, 59: 1, January-February 2004.

Smerling, Miri, "Despite pressure from White House, Regulation Law passes in Knesset", *Jerusalem Online*, Feb. 6, 2017

Totah, Faedah M., "The Palestinian Cause in Syrian Nationalism", *Dialectical Anthropology*, Vol. 42, No. 4, 2018.

Totten, Michael J., "The New Arab-Israeli Alliance", *World Affairs*, Vol. 179, No. 2, 2016.

Usher, Graham, "Fatah's Tanzim: Origins and Politics", *Middle East Report*, No. 217, 2000.

Usher, Graham, "The Politics of Internal Security: The PA's New Intelligence Services", *Journal of Palestine Studies*, Vol. 25, No. 2, 1996.

Voltolini, Benedetta, "France and the Israeli Occupation: Talking the Talk, but not Walking the Walk?", *Global Affairs*, Vol. 4, No. 1, 2018.

Yaqub, Salim, "The United States and the Arab-Israeli Conflict, 1947 to the Present", *OAH Magazine of History*, Vol. 20, No. 3, 2006.

Yusuf, Muhsin D., "The Potential Impact of Palestinian Education on a Palestinian State", *Journal of Palestine Studies*, Vol. 8, No. 4, 1979.

Zelkovitz, Ido, "The Battle over Sovereignty: Stamps, Post, and the Creation of a New Palestinian Socio-political Order, 1994 – 2000", *The Journal of the Middle East and Africa*, Vol. 8, No. 2, 2017.

七 主要网站

巴勒斯坦比尔宰特大学法学研究所，http://lawcenter.birzeit.edu。
巴勒斯坦国际新闻中心，http://www.ipc.gov.ps。
巴勒斯坦国家新闻中心，http://www.pnic.gov.ps。

巴勒斯坦红新月会，http://www.palestinercs.org。
巴勒斯坦民族权力机构，http://www.pna.net。
巴勒斯坦人权中心，http://www.pchrgaza.org。
巴勒斯坦投资促进处，http://www.pipa.gov.ps。
巴勒斯坦信息技术协会，http://www.pita-palestine.org。
巴勒斯坦证券交易所，http://www.p-s-e.com。
巴勒斯坦中央统计局，http://www.pcbs.gov.ps。
巴勒斯坦中央选举委员会，http://www.elections.ps。
联合国巴勒斯坦问题信息系统，https://www.un.org/unispal/zh/data-collection/。
联合国教科文组织，http://www.unesco.org/general/eng/programmes/peace-palestine。
联合国近东巴勒斯坦难民救济和工程处，http://www.un.org/unrwa。
联合国文献中心，https://www.un.org/en/sections/general/documents/
美国中央情报局，https://www.cia.gov/cia/publications/factbook。
耶路撒冷传媒通讯中心（JMCC），http://www.jmcc.org。

中文文献

一　档案

巴勒斯坦解放组织驻京办事处：《巴勒斯坦问题和巴解组织》，巴勒斯坦解放组织驻京办事处1980年版。
国际关系研究所编：《巴勒斯坦问题参考资料》，世界知识出版社1960年版。
《联合国近东巴勒斯坦难民救济和工程处主任专员的报告（2000年7月1日至2001年6月30日）》，大会正式记录，第五十六届会议，补编第13号（A/56/13），联合国，2001。
尹崇敬主编：《中东问题100年》，新华出版社1999年版。

二 工具书

［英］戴维·米勒、韦农·波格丹诺编：《布莱克维尔政治学百科全书》，中国问题研究所等译，中国政法大学出版社1992年版。

赵国忠主编：《简明西亚北非百科全书》，中国社会科学出版社2000年版。

三 著作

（一）外文著作中译本

［巴勒斯坦］阿布·伊亚德：《不回故乡，毋宁死亡》，阎瑞松译，西北大学中东研究所、历史系资料室1983年版。

［巴勒斯坦］亨利·卡坦：《巴勒斯坦，阿拉伯人和以色列》，西北大学伊斯兰教研究所译，北京人民出版社1975年版。

［巴勒斯坦］马哈茂德·阿巴斯：《奥斯陆之路——巴以和谈内幕》，李成文等译，世界知识出版社1997年版。

［巴勒斯坦］穆罕默德·萨拉马·纳哈勒：《巴勒斯坦地理》，潘定宇、杨灏城译，北京出版社1978年版。

［德］马克斯·韦伯：《经济与社会》第一卷、第二卷，阎克文译，上海人民出版社2010年版。

［古希腊］希罗多德：《历史》，王以铸译，商务印书馆2019年版。

［美］爱德华·W.萨义德：《最后的天空之后：巴勒斯坦人的生活》，金玥珏译，中信出版社2015年版。

［美］菲利浦·希提：《阿拉伯通史》（第十版），马坚译，新世界出版社2015年版。

［美］弗朗西斯·福山：《国家构建：21世纪的国家治理与世界秩序》，郭华译，学林出版社2017年版。

［美］弗朗西斯·福山：《政治秩序的起源：从前人类时代到法国大革命》，毛俊杰译，广西师范大学出版社2012年版。

［美］格奥尔格·伊格尔斯、王晴佳、苏普里娅·穆赫吉：《全球史学史》，杨豫、王晴佳译，北京大学出版社2019年版。

［美］吉米·卡特：《牢墙内的巴勒斯坦》，郭仲德译，西北大学出版社 2007 年版。

［美］凯马尔·H. 卡尔帕特编：《当代中东的政治和社会思想》，陈和丰等译，中国社会科学出版社 1992 年版。

［美］塞缪尔·亨廷顿：《文明的冲突与世界秩序的重建》，周琪、刘绯、张立平、王圆译，新华出版社 2010 年版。

［美］塞缪尔·亨廷顿：《我们是谁？——美国国家特性面临的挑战》，程克雄译，新华出版社 2005 年版。

［美］威廉·匡特：《中东和平进程：1967 年以来的美国外交和阿以冲突》，饶淑莹等译，华东师范大学出版社 2009 年版。

［美］沃尔特·拉克：《犹太复国主义史》，徐方、阎瑞松译，上海三联书店 1992 年版。

［美］约翰·J. 米尔斯海默、斯蒂芬·M. 沃尔特：《以色列游说集团与美国对外政策》，王传兴译，上海人民出版社 2019 年版。

［日］田上四郎：《中东战争全史》，军事科学院外国军事研究部译，解放军出版社 1985 年版。

［以色列］艾兰·佩普：《现代巴勒斯坦史》（第二版），王健、秦颖、罗锐译，上海人民出版社 2010 年版。

［以色列］多尔·戈尔德：《耶路撒冷：伊斯兰激进派、西方及圣城的未来》，王育伟、关媛译，世界知识出版社 2014 年版。

［以色列］摩西·马奥茨：《阿萨德传》，殷罡等译，世界知识出版社 1992 年版。

［以色列］耶胡达·卡尔蒙等：《以色列地理》，北京大学地理系经济地理教研室译，北京出版社 1979 年版。

［意］G. 萨托利：《政党与政党体制》，王明进译，商务印书馆 2006 年版。

［意］安格鲁·帕尼比昂科：《政党：组织与权力》，周建勇译，上海人民出版社 2013 年版。

［英］阿兰·哈特：《阿拉法特传》，吕乃君等译，中国社会科学出版社 1990 年版。

［英］埃里克·霍布斯鲍姆：《民族与民族主义》，李金梅译，上海人民出版社2006年版。

［英］艾伦·韦尔：《政党与政党制度》，谢峰译，北京大学出版社2011年版。

［英］安东尼·吉登斯：《民族国家与暴力》，胡宗泽、赵力涛、王铭铭译，生活·读书·新知三联书店1998年版。

［英］安东尼·吉登斯：《现代性的后果》，田禾译，译林出版社2000年版。

［英］安东尼·史密斯：《民族主义：理论、意识形态与历史》，叶江译，上海人民出版社2011年版。

［英］安东尼·史密斯：《全球化时代的民族与民族主义》，龚维斌、良警宇译，中央编译出版社2002年版。

［英］本尼迪克特·安德森：《想象的共同体》，吴叡人译，上海人民出版社2005年版。

［英］狄利普·希罗：《中东内幕》，叶进、汪忠民译，天津人民出版社1986年版。

［英］厄内斯特·盖尔纳：《民族与民族主义》，韩红译，中央编译出版社2002年版。

［英］理查德·艾伦：《阿拉伯—以色列冲突的背景和前途》，艾玮生等译，商务印书馆1981年版。

［英］迈克尔·曼：《社会权力的来源（第二卷）》，陈海宏等译，上海人民出版社2007年版。

［英］诺·库尔森：《伊斯兰教法律史》，吴云贵译，中国社会科学出版社1986年版。

［英］诺亚·卢卡斯：《以色列现代史》，杜先菊、彭艳译，商务印书馆1997年版。

［英］乔治·柯克：《1945—1950年的中东》，复旦大学历史系世界史教研组译，上海译文出版社1980年版。

［英］瓦莱丽·肯尼迪：《萨义德》，李自修译，江苏人民出版社2006年版。

［英］西蒙·蒙蒂菲奥里：《耶路撒冷三千年》，张倩红、马丹静译，民主与建设出版社 2015 年版。

（二）中文著作

陈茂荣：《马克思主义视野的"民族认同"问题研究》，中国社会科学出版社 2014 年版。

陈天社：《阿拉伯世界与巴勒斯坦问题》，世界知识出版社 2013 年版。

陈天社：《哈马斯研究》，人民出版社 2017 年版。

高鸿钧：《伊斯兰法：传统与现代化》，社会科学文献出版社 1996 年版。

郭应德：《阿拉伯史纲》，中国社会科学出版社 1991 年版。

季国兴、陈和丰等：《第二次世界大战后中东战争史》，中国社会科学出版社 1987 年版。

金宜久主编：《伊斯兰教史》，中国社会科学出版社 1990 年版。

李平民：《英国的分而治之与阿—以冲突的根源》，上海社会科学院出版社 2000 年版。

李兴刚：《阿以冲突中的犹太定居点问题研究》，云南大学出版社 2011 年版。

刘竟、张士智、朱莉：《苏联中东关系史》，中国社会科学出版社 1987 年版。

宁骚：《民族与国家——民族关系与民族政策的国际比较》，北京大学出版社 1995 年版。

彭树智主编：《伊斯兰教与中东现代化进程》，西北大学出版社 1997 年版。

彭树智主编：《中东国家和中东问题》，河南大学出版社 1991 年版。

王建娥：《族际政治：20 世纪的理论与实践》，社会科学文献出版社 2011 年版。

王京烈：《阿拉法特全传》，长春出版社 1996 年版。

王三义：《英国在中东的委任统治研究》，世界知识出版社 2008 年版。

王泰平主编:《新中国外交50年》,北京出版社1999年版。

王铁铮:《中东国家通史·约旦卷》,商务印书馆2004年版。

王新刚、王立红:《中东和平进程》,时事出版社2012年版。

吴云贵:《伊斯兰教法概略》,中国社会科学出版社1993年版。

西北大学伊斯兰教研究所编:《巴勒斯坦问题历史概况》,陕西人民出版社1973年版。

徐向群、宫少朋主编:《中东和谈史(1913—1995年)》,中国社会科学出版社1998年版。

徐迅:《民族主义》,中国社会科学出版社1998年版。

杨灏城、江淳:《纳赛尔和萨达特时代的埃及》,商务印书馆1997年版。

杨辉:《中东国家通史·巴勒斯坦卷》,商务印书馆2002年版。

殷罡主编:《阿以冲突——问题和出路》,国际文化出版公司2002年版。

于春洋:《现代民族国家建构:理论、历史与现实》,中国社会科学出版社2016年版。

张士智、赵慧杰:《美国中东关系史》,中国社会科学出版社1993年版。

赵国忠主编:《八十年代中东内幕》,浙江人民出版社1989年版。

赵克仁:《美国与中东和平进程研究》,世界知识出版社2005年版。

周平:《多民族国家的族际政治整合》,中央编译出版社2012年版。

四 论文:

陈天社:《巴勒斯坦民族认同与国家构建探析》,《郑州大学学报》(哲学社会科学版)2016年第1期。

郭丹彤:《论新王国时期埃及和巴勒斯坦地区的关系》,《东北师大学报》(哲学社会科学版)2004年第2期。

黄民兴:《20世纪阿拉伯民族主义的特点》,《西亚非洲》2001年第3期。

李莉、唐志超:《巴以僵局及其未来走势》,《现代国际关系》2002年第 2 期。

梁洁：《试论巴勒斯坦的建国权利及其实现》，《西亚非洲》2013 年第 3 期。

刘中民：《巴勒斯坦内部伊斯兰主义与世俗民族主义的矛盾纷争——以哈马斯和巴勒斯坦解放组织的关系为例》，《西亚非洲》2013 年第 2 期。

刘中民：《从阿拉伯民族主义到巴勒斯坦民族主义——20 世纪上半叶巴勒斯坦地区民族主义的发展与转型》，《西亚非洲》2011 年第 7 期。

卢光盛：《巴勒斯坦建国前景分析》，《阿拉伯世界研究》1999 年第 2 期。

马晓霖：《掣肘巴勒斯坦独立建国的外部因素》，《西亚非洲》2017 年第 4 期。

毛文莉：《从国际法看巴勒斯坦建国》，《阿拉伯世界》2003 年第 3 期。

钮松、路璐：《欧盟主要国家承认巴勒斯坦国之因及其影响》，《江南社会学院学报》2015 年第 4 期。

唐恬波：《埃及和以色列走向"暖和平"》，《世界知识》2016 年第 17 期。

唐志超：《当前巴勒斯坦内部危机透视》，《现代国际关系》2004 年第 8 期。

田文林：《看透中东乱局：沙特与伊朗"新冷战"》，《当代世界》2015 年第 6 期。

王京烈：《阿拉法特推迟宣布建国》，《世界知识》1999 年第 10 期。

王京烈：《巴勒斯坦向何处去》，《国际政治》2003 年第 1 期。

王京烈：《巴以冲突：理论构建与前瞻分析》，《阿拉伯世界研究》2006 年第 1 期。

王锁劳：《麦克马洪承诺与巴勒斯坦争端》，《世界历史》2000 年第 2 期。

王维周：《中东局势中的重大事件——巴勒斯坦国的建立及前景》，

《国际展望》1988年第23期。

杨辉、马学清：《巴勒斯坦民族主义起源及早期实践》，《西亚非洲》2002年第2期。

杨辉、马学清：《巴勒斯坦战略目标的演变》，《西亚非洲》2002年第6期。

杨辉：《巴勒斯坦斗争方式的演变》，《西亚非洲》2004年第4期。

杨辉：《试论巴勒斯坦民族构建问题——本土与流亡民族主义的磨合与分歧》，《西亚非洲》2006年第9期。

杨雪冬：《民族国家与国家构建：一个理论综述》，《执政的逻辑：政党国家与社会（复旦政治学评论第3辑）》，上海辞书出版社2005年版。

叶江：《当代西方的两种民族理论——兼评安东尼·史密斯的民族（nation）理论》，《中国社会科学》2002年第1期。

殷罡：《巴勒斯坦国：从无人理睬到呼之欲出》，《当代世界》2008年第4期。

余国庆：《巴勒斯坦建国梦难圆》，《时事报告》2011年第10期。

张世均：《阿拉法特的民族主义思想及其实践》，《西亚非洲》2008年第12期。

赵国忠：《评以色列总理沙龙的"单边行动计划"》，《和平与发展》2004年第3期。

赵宏图：《巴勒斯坦建国问题的由来及前景》，《现代国际关系》2000年第9期。

赵克仁：《从阿拉伯民族主义到巴勒斯坦民族主义——巴勒斯坦民族的成长历程》，《世界民族》2007年第1期。

赵克仁：《联合国与巴勒斯坦民族自决权》，《世界民族》2001年第4期。

赵克仁：《因提法达与巴以和平进程》，《世界历史》1996年第6期。

赵洲：《巴勒斯坦入联的国际博弈与体系责任》，《西亚非洲》2012年第4期。

赵洲：《联合国会员国的身份获得与主权国家身份建构——以巴勒斯

坦申请加入联合国为例》,《太平洋学报》2012 年第 5 期。
周平:《对民族国家的再认识》,《政治学研究》2009 年第 4 期。
邹兰芳:《从"在场的缺席者"到"缺席的在场者":巴勒斯坦诗人达尔维什的自传叙事》,《外国文学评论》2012 年第 4 期。
邹兰芳:《流亡·记忆·再现——巴勒斯坦电影的回顾及评析》,《艺术评论》2009 年第 3 期。

索　引

"9·11"事件　116，306

A

阿布·伊亚德　85，196

阿克萨烈士旅　106，210—214

阿克萨起义　81，89，105，106，128，141，158，160，162，189，202，204，209，210，213—216，232，235，237，239，240，242，243，247，265，269，274，281，286，287

阿克萨清真寺　38，81，89，104，105

阿拉伯大起义　45，46

阿拉伯最高委员会　50，51，53，59，61

阿明·侯赛尼　48，50，51，59，64

埃及　1—3，7，15，17，19，20，33，34，37，39，45，46，51，61，63—69，72，75，83—92，97—99，101，112，115，118，121，123，124，126，133，134，136，159，164，166，168，169，173—176，178，180，181，185，188，195，198，199，205，216，224，228，229，233，234，239，252，254，257，264，272—274，279，282，289

艾哈迈德·亚辛　77，161

安全机构改革　211，212，214，215，304

奥斯曼帝国　1，9，12，19，39—46，55，57，166—168，174，175，178—180，182，185，297

《奥斯曼民法典》　167，174，175

B

巴迪尔党　151

巴解阵（巴勒斯坦解放阵线）　71

巴解组织　2，8，10，19—26，29，30，65—80，82—89，91—102，105，112—116，121—127，130—139，145，146，148，153，154，156—159，162，163，170，171，181，183，186，187，189，190，195—201，207，208，212，214，

索　引 / 345

254—259，261—263，276，277，
291，292，294，297，301，303，
304，306—308

巴拉克　105

巴勒斯坦安全机构　27，127，199，
201，204—208，210，211，214—
217，305

巴勒斯坦大穆夫提　48，59

巴勒斯坦《独立宣言》　301

巴勒斯坦共产党　71，73，76，260，
262，276

巴勒斯坦国民解放军　199，201，
202，205

《巴勒斯坦国民宪章》　3，67，70，
73，102，104，116，163

巴勒斯坦解放军　67，83，85，93，
197—199

巴勒斯坦金融管理局　224

巴勒斯坦立法委员会（巴立法委员
会）　25，127，129，147—149，
304

巴勒斯坦民族权力机构（巴民族权力
机构）　24，30，80，95，108，
117，128，137，141，146，147，
157—160，164，166，170，182，
183，199，200，202，206，207，
218，224，253，282，304，305

巴勒斯坦全国委员会（巴全国委员
会）　2，3，67，69，72，73，78，
79，87，94，95，104，114，146，
148，170，190，297

巴勒斯坦人民党　71，190，193

巴勒斯坦认同　7，8，10，12，13，
17，32，66，290，292，293，296，
297，299，302

巴黎《经济议定书》　223—225，229，
234，235，242

巴以安全合作　27，30，195，206，
207，209—211，216，217，305

百天改革　212，246，247

《贝尔福宣言》　43，46—48，51，111

比尔宰特大学　6，189，273—276，
281，288，292

伯利恒　35，63，103，158，179，186，
227，228，231，240，274，276，
288，300

C

财政　31，70，85，89，118，127，
128，149，150，152，153，155，
164，179—181，183—185，196，
212，215，220，229，235，236，
242—249，278，287，288，306

成功大学　153，173，274—276，288，
293

城市贵族　56，66

出生率　269

传统精英　32，54，58—60，66，67，
156，186，271，291，296，297，
299，304

D

大选　117，127，141，147，148，150，
152，158，162，170，177，187，

188，261，264，265，287，304

代尔·亚辛村 54

《戴维营协议》 20，65，86，92，97，121—123，134，136，254

德国 45，122，124，126，130—132，175

迪米人 37

地方选举 59，75，162，165，178—181，186—194，264，304

第二次中东战争（苏伊士运河战争） 65

第纳尔 224，278

第三次中东战争（六五战争） 1，30，64—66，74，84，85，92，96，106，110，133，140，196，198，219，292，308

第四次中东战争（十月战争） 74，85，92，101，119，120，134，135，140，198

第一次中东战争（巴勒斯坦战争） 1—3，8，10，11，15，16，18，19，60—66，95，107，142，156，168，180，195，271，289，291，294

电力 232，233，235，242

电影 300—302

E

俄罗斯 117，129，132，136—138，141，215，246，307

F

法国 9，39，46，62，122—126，128—132，167，174，184，302

法鲁克·卡杜米 78，85，157

法塔赫（巴勒斯坦民族解放运动） 23，26，30，68—73，76，82—85，90—98，110，117，122，133—135，138，148，150—160，162—165，178，186，187，189—193，195—202，209，210，212，213，232，235，256，259—263，265，274，276，285，287，301，302，306，308

法塔特 55

法制 30，153，165—168，170，172—174，176—178，183，246，247，264，304，305

封锁 105，110，137，188，221，223，225，230，232，237—241，247，249，275，285，286

腐败 14，17，128，158，187，209，212，215，247，248，264

妇女 18，20，54，143，150，181，211，252，253，258，260—262，266，276，282，285，295，299

G

改革与发展计划 248，249

高等教育 65，68，76，157，189，255，266，267，269—289，292，296，305

隔离墙 106，109，238，239，243，286

工业 17，47，219，220，222，223，226，230，232，234—236，239，

247，267，305

工业园区 226，239

公路 183，226，228，238，239，286

关税 224，229，235，242，287

国际货币基金组织 153，243，247

过渡期 2，103，114，146，225，232

《过渡协议》 103，104，116，146，148，149，154，170，201，203—206，224，232

H

哈立德·迈沙阿勒（迈沙阿勒） 90，161

哈立迪家族 42，297

哈马斯 23，27，29，30，73，77，90，94，106，117，137，150—153，158，160—165，171，177，178，187—193，195，200，201，208，209，211—217，232，233，235，237，239，240，242，243，245，246，248，253，256，257，260，263，275，285，287，303，306—308

海湾战争 79，102，115，125，136，221，223，287

黑九月事件 74，85，93，96，112，197

侯赛尼家族 18，42，56，59

《侯赛因—麦克马洪通信》 14，45

《怀伊协议》 104，105，116，206，207，215，228

回归者 157，209，265

J

基本法 147—149，154，168，170—172，202

基督教 35，43，56，58，93，97，98，150，155，168，171，256

《加沙—杰里科协议》 80，103，146，170，175，177，201—206，224

贾布里勒·拉朱布 191，209

检查站 105，110，192，202，221，238，286

教材 9，25，278，279，291

杰里科 33，46，103，147，201，205，216，226，231

精英家族 42，43，55，64，65，252

就业 75，85，119，176，184，187，219—226，228，230，235—237，239，242，244—246，248，249，279，283—285

剧院 301，302

军事法令 166，169，173，175，176，181，253

K

卡拉迈大捷 95，133，156，196，197

卡塞姆旅 161，188，201，213，214

L

拉宾 102，103，237

拉法口岸 216

拉米·哈姆达拉 153

拉姆安拉 89，103，106，159，179，

183，186，192，210，231，273，292，300—302

拉姆拉 38，43

黎巴嫩 1，8，14，21，36，45，51，63，64，72，74，85，86，93，94，97—101，103，124，129，131，135，142，161，173，197，199，204，257，258，271—273，277，289，292

联合国 1—3，49，53，54，59—63，65，66，73，74，78—80，87，89，92，96，101，102，111—115，117，118，120，122，124，125，127，131，132，134—144，189，198，215，228，236，238，239，246，254，288

联合国近东巴勒斯坦难民救济和工程处（近东救济工程处） 127，142

两国方案 24，51，71，79，118，119，131，207，303，306，308，309

旅游业 17，227—229，239，240，305

M

马尔万·巴尔古提 158，159，164，191，210，274

马哈茂德·阿巴斯（阿巴斯） 148，188

马哈茂德·阿鲁勒 159，191

马哈茂德·达尔维什 301

贸易 8，36，126，128，220，222—225，229，230，234，235，240，241，247，267

美国 3，5，7，9，11，13，20，22，24，26，52，53，62，63，82，86，87，92，99，102，104，106，110—121，123—125，127，129—132，134—137，139—141，144，153，162，164，188，211，215，216，220，229，241，242，245—247，259，273，285，293，297，298，306，307

民族主义史学 289—294，298，299，305

穆巴拉克 72，86，88，90

穆罕默德·达赫兰（达赫兰） 152，159，209

穆斯林—基督教教徒联合会 56，58，59

穆斯林最高委员会 48

N

纳沙希比家族 18，42，52，56，59

难民 8，9，16，18，53，65，66，70，78，80，82，84，89，97，105，107，111—113，118，119，124，127，128，135，139，140，142，143，149，186，197，241，259，270，271，279，280，289，295，296，299，309

内阁 78，117，149，151—153，164，172，212，213

内塔尼亚胡 103—105，109，118，306

内政部 44，152，153，164，180，212—215

农村委员会 181，182，184，185

索　引　/　349

农业　33，42，126，151，218，219，221—223，225，226，230，232，234，235，238，239，247，249，253，255，256，260，262，263，266，267，283，284，305

努赛巴家族　43

女生　269，280—282

O

欧共体　119—127，131

欧盟　117，123，125—132，137，141，150，151，162，188，215，229，233，241，245，246，249，288，308

P

贫困　47，240—242，245，270，284，288

Q

千禧年　227，240

乔治·哈巴什　71，96，136，273

全巴勒斯坦政府　61

R

人斗阵（巴勒斯坦人民斗争阵线）　71，72，93，193

人阵（解放巴勒斯坦人民阵线）　71

人阵（总部）［解放巴勒斯坦人民阵线（总指挥部）］　71，72，93

入学率　267—269，280，282

S

撒玛利亚人　150，171

萨拉丁　38

萨拉姆·法耶兹（法耶兹）　152

《塞克斯—皮科协定》　46

沙比巴　23，200，260，274，276

沙龙　81，89，105，106，158，192

沙姆　36

《沙姆沙伊赫备忘录》　105

沙特　83，85—87，89，90，99，100，119，123，127，162，188，196，228，229，282，285，307

"闪电"（巴勒斯坦人民解放战争先锋队）　71

失业率　187，189，220，237，241，242，247，249，279，284，285，288

十字军　6，7，9，17，19，38，39

世界银行　127，153，172，212，226，229，240，242，244，245，248，249，255，261

市政区　179—185，193

舒凯里　67，70，83，95

税款　50，144，235，236，242—244，246，248

苏联　62，71，73

素丹　39—41，44，166，167

T

坦齐马特　41，42，166，167，174，175

坦齐姆　200，209—211

土地制度　40，41

W

外约旦　42，51，58，61，63—66，95

O

倭马亚王朝 36—38

X

《希伯伦协议》 104

小资产阶级 68，272

新谢克尔 224，242

叙利亚 1，9，33，36，38，42，45，46，50，51，54—56，58，60，63，64，70—72，84，92—95，98—101，133，136，142，161，173，188，197—199，228，229，271—273，289，307

选举法 149，150，170，171，183，187

Y

亚西尔·阿拉法特（阿拉法特） 68，78

耶路撒冷 1—3，9，12，23，34—40，42—44，46—49，51，53，54，56，57，59，62—64，66，67，77，80，83，88—90，103—105，107，109，110，112，114，118，119，122，135，139，147，149，151，162，168，169，171，173，178，179，191，192，233，268，274，276，280，285，288，290，292，297，308

叶海亚·辛瓦尔 161

伊拉克 37，51，63，64，71，79，89，99，100，117，125，133，198，199，229，258

伊斯梅尔·哈尼亚（哈尼亚） 90，161，275

伊兹·丁·卡塞姆 49，50

以色列 1—3，6，7，10，12，13，15，16，18，19，21—26，28—31，34，44，52，54，55，63—68，70，71，73—81，83，84，86—92，94—96，98—126，128—133，135—137，139，140，142—146，152，153，155，156，158—162，164—166，169—171，175—178，181，183—197，200—211，214—249，251—254，257，258，260，261，263，268，274—277，285—287，290，293，296—309

因提法达 17，26，76—78，81，88，157，160，187，200，209，221，223，236，252，253，255，256，258—260，274—276

英国委任统治 1，11，17，22，43，46—49，58，66，68，166—169，171，174，175，179，180，195，252，271，279，289，290

邮票 302

犹太复国主义 3，8—10，12—18，20，32，43—54，56—58，61，62，66，73，91，101，111，133，289—291，297，303，309

《犹太民族国家法案》 107

犹太人定居点 78，80，104—110，118，119，131，144，170，183，

184，200，206，208，211，219，225，233，236，241

狱中协议　164

援助　85，89，111，117，118，124，125，127，128，132，133，137，142，143，164，166，183，188，191，213，215，216，229，230，233，237，244—246，248—250，254—260，263—266，287，288，304

约巴邦联　87，94，136

约旦哈希姆王国　64，95

Z

职业技术教育　267，270，283，284

中东和平"路线图"　106，117，130，137，141，215，216，243，247

总理　13，102，103，105，106，110，113，117，122，147，149—154，158，172，212—214，275，288，304

总统　2，146，150，154，188，190，202—204，213，216，248，275，306

总统卫队　213，216

后　　记

　　本书是笔者主持的国家社科基金青年项目"巴勒斯坦民族国家构建的进程与困境研究"的最终成果。这个项目于 2013 年立项。为了做好这个项目，除了大量的文献阅读外，我还到美国哥伦比亚大学巴勒斯坦研究中心学习，与国际同行交流，到巴勒斯坦和以色列进行田野调查，搜集资料。历经几度寒暑，终于在 2019 年年初完成书稿。

　　2014 年 8 月至 2015 年 7 月，我到美国哥伦比亚大学历史系做访问学者。哥伦比亚大学是世界著名的巴勒斯坦研究的中心。这在很大程度上得益于巴勒斯坦裔学者爱德华·萨义德教授的学术遗产。萨义德教授生前在这所大学任教四十年，著述丰厚，打下了美国巴勒斯坦研究的关键性基础。而今，他的学术声望继续吸引着各领域的巴勒斯坦研究学者来到这里。在学校的主图书馆，设立了以爱德华·萨义德命名的阅览室，陈列着他的全部著作和论文。更重要的是，该校还在 2003 年设立了"现代阿拉伯研究爱德华·萨义德讲席教授"岗位，鼓励阿拉伯领域的研究。

　　2010 年巴勒斯坦研究中心的设立进一步加强了哥伦比亚大学的相关学术研究。这是美国学术机构内设立的首个此类机构。设立该中心的目的是推动对巴勒斯坦进行全面的学术研究，为进行相关研究的学者和学生提供专门的交流场所。中心积极促进与约旦河西岸和加沙地带的学术交流，与其他国家和地区致力于巴勒斯坦研究的机构和学者也建立了密切的联系，具有广泛的学术影响力。

　　我的合作导师就是首任"现代阿拉伯研究爱德华·萨义德讲席教

授"拉希德·哈立迪。他出身于耶路撒冷著名的学者世家，在巴勒斯坦和中东研究领域成果丰硕。在访问期间，笔者参加了哈立迪教授开设的"巴勒斯坦现代史"专题讨论课和"20世纪中东史"专业课。"巴勒斯坦现代史"专题讨论课关注自19世纪以来巴勒斯坦的重大历史问题，最大的特点是从巴勒斯坦史学编撰的视角探讨巴勒斯坦历史，尤其注重比较各种巴勒斯坦历史编撰方式之间的差异。在以往的研究中，笔者也注意到不同立场的学者对巴勒斯坦历史的解释差别明显，但尚未想到探讨和研究这种差别。哈立迪教授的讨论课启发笔者从历史书写中理解国际社会对巴勒斯坦历史的塑造和构建，以及这种塑造和构建对巴勒斯坦建立独立国家的影响。哈立迪教授为巴勒斯坦现代史专题讨论课列出了详尽的书目，涵盖所有重要的巴勒斯坦史学著作。受条件限制，部分著作笔者之前只是知道而无从读到。这次访学正好能够利用哥伦比亚大学的丰富资料，弥补以前资料上的缺憾。专题讨论课和巴勒斯坦研究中心的各种学术讲座让笔者获益良多，开阔了学术视野，打开了研究思路。

对哥伦比亚大学的访问也使笔者深切体会到阿以冲突问题对美国中东研究学界的影响，特别是在政治与学术的互相影响方面，感受更加深刻。由于美国在阿以和谈中的重要作用，犹太院外集团和阿拉伯利益集团一直积极活动，努力影响美国的相关政策。他们的矛盾加深了美国中东研究学界的政治分歧，阿以冲突问题成为其中的一个焦点。北美中东学会1966年成立伊始就规定，避免公开讨论阿以冲突等争议性问题。就连学会第一任主席也选择由马格里布研究专家威廉·扎特曼（Willam Zartman）担任，以避免涉及阿以冲突问题。直到1970年北美中东学会才放开了对学者们讨论这个问题的限制。鉴于犹太利益集团在美国阿以冲突叙事中的强大影响，爱德华·萨义德等阿拉伯学者积极为巴勒斯坦人的权利著述。与犹太利益集团相比，阿拉伯学者的这些活动影响有限，但仍不免受到攻击。[①] 作为巴勒斯坦裔学者，拉希德·哈立迪教授政治立场温和，曾公开谴责针对平民的

---

① 具体参见拙作《利益集团与美国的中东研究》，《美国研究》2018年第3期。

自杀性爆炸袭击是"战争犯罪",批评哈马斯和其他巴勒斯坦领导人的行为。但他捍卫巴勒斯坦人抵抗以色列占领的权利,批评美国偏袒以色列的政策,指责美国作为巴以冲突的调停人,事实上是阻碍了和平进程。很多亲以色列活动家和犹太裔学者质疑他的这些观点,并将他与恐怖主义联系起来。这些情况,提醒笔者在研究中要注意摆正立场,客观认识和分析巴勒斯坦问题。

2016年6月至7月,笔者到巴勒斯坦和以色列进行为期两个月的国际调研与交流活动。巴勒斯坦边境由以色列控制,各地区被以色列隔离墙和检查站分割包围。从办理签证到进入约旦河西岸,笔者对巴勒斯坦的实际处境有了真切的体会,特别是穿越以色列检查站,拥挤、漫长的排队让人焦灼。笔者走访了约旦河西岸的拉姆安拉、伯利恒、杰里科、希伯伦和纳布卢斯等重要城市,不同城市的自然环境差别不大,但基础设施建设、经济发展条件和发展水平各不相同,巴以冲突对当地巴勒斯坦人的社会生活影响程度也不一样。

与巴勒斯坦学者、政府官员、宗教和商业人士交流是调研活动的重要内容。我与巴勒斯坦圣城大学研究生院副院长哈桑教授讨论了以色列政策对约旦河西岸经济、社会的影响,尤其是以色列劳工政策、边界检查政策、税收政策等对巴勒斯坦人生活的限制;向他了解法塔赫与哈马斯学生组织的活动与特点,切实体会到巴勒斯坦各政治力量的群众动员及其在民众中的影响力。笔者到拉姆安拉拜访曾任巴勒斯坦驻中国大使馆文化参赞多年的扎卡利亚博士,就巴勒斯坦当前的政治局势、法塔赫的内部关系等问题向他请教。在纳布卢斯,笔者向撒玛利亚博物馆馆长请教撒玛利亚人的情况及他们对巴以和平问题的看法;与巴勒斯坦证券交易所公司部经理希贾兹就交易所运行、巴勒斯坦经济发展进行交流。笔者还拜访了嫁在纳布卢斯的中国姑娘钟彩燕一家,更深入地接触到真实的巴勒斯坦人的生活,纠正了我对一些问题的刻板印象。

耶路撒冷和戈兰高地是阿以争端中的关键地区,也是笔者着重考察的地方。对三大宗教场所的考察,让笔者对以色列和巴勒斯坦都宣称耶路撒冷是"不可分割的首都"有了更深入的认识。耶路撒冷的战争遗迹和以色列对第三次中东战争的纪念性叙述、当地的阿拉伯人社区及其在以色列控制下的生活都是关注的重点。这些实地考察和交流，丰富了笔者对巴勒斯坦的感性认识，搜集到大量反映实际状况的第一手最新资料，有助于增强研究的准确性和现场感，极大促进了此课题的完成。

在巴勒斯坦的考察和调研活动得到新华社驻加沙分社、中国驻巴勒斯坦办事处的大力支持。新华社两任驻加沙分社记者马晓霖、刘立伟和高路为考察提供了非常多的帮助。与中国驻巴勒斯坦办事处陈兴忠主任、罗敏昕等外交官的交流加深了我对巴勒斯坦问题的理解。希伯来大学孔子学院中方副院长、来自北京大学的王宇教授为访问提供了极大便利。所有这些帮助，我都铭记于心，深怀感激。

本书的部分研究已经作为阶段性成果发表，分别是：《20世纪巴勒斯坦民间社会的发展与特点》(《世界历史》2014年第2期)、《试论巴勒斯坦民族主义的发展阶段及其特征》(第一作者)(《史学理论研究》2014年第2期)、《高等教育与巴勒斯坦民族国家之构建》(《阿拉伯世界研究》2015年第4期)、《论巴勒斯坦建国困境形成的因素》[《郑州大学学报》(哲学社会科学版)2017年第4期]、《塞西执政以来埃及对巴勒斯坦的政策》(《阿拉伯世界研究》2017年第6期)、《巴勒斯坦的地方治理——历史与现实》[《杭州师范大学学报》(社会科学版)2018年第2期]、《利益集团与美国的中东研究》(《美国研究》2018年第3期，《新华文摘》2018年第19期转载)、《历史记忆、历史书写与民族认同——以巴勒斯坦民族主义史学为例》(《史学理论研究》2020年第3期)，还有部分研究成果增补到列国志《巴勒斯坦》(第二版)(社会科学文献出版社2017年版)。书中的巴勒斯坦与西欧国家及欧盟关系部分，很多内容来自我的博士学位论文《欧盟对阿拉伯政策研究》。这些内容没有在文中逐一标注，特此说明。研究还存在很多不成熟的地方，恳请各位读者批评指正。

姚惠娜

2024年12月于北京